KB265774

現代 國語의 待遇法 研究

現代 國語의
待遇法 研究

李潤夏 著

도서출판 역락

머리말

　대우법 문제는 국어 문법이 안고 있는 최대의 과제 가운데 하나라고 할 수 있다. 국어가 대우법이 발달한 언어인 이상, 대우 표현이 실제로 쓰이지 않는 문장이란 상상조차 할 수 없는 일이기 때문이다. 따라서, 대우법에 대한 전반적인 해명이 이루어지지 않는 한, 국어 문법의 다른 영역에 대한 해명은 기대할 수 없는 것이라고 할 수 있다. 국어가 주제-설명 구조의 언어인가 단순한 주어-서술어 구조의 언어인가 하는 문제에 대해서도 어떤 가능한 해답을 제공할 수 있을 것으로 기대해 볼 수 있고, 국어의 교착어적인 특성에 대해서도 어떤 암시를 제시할 수 있을 것으로 예상해 볼 수 있는 것이다.

　그러나, 이제까지의 대우법 논의는 다양함 속에 혼미를 거듭한 양상이었다. 일정한 대우법 체계가 결여된 상태에서, 국어의 어휘재가 대우 표현과 관련된다는 지적과 함께 언어 외적 요소가 또한 대우 표현과 관련된다는 지적이 산발적으로 개진되어 온 지경이기 때문이다.

　본 논의는 이와 같은 산발적인 주장이나 이론을 하나의 체계로 묶으려는 데 목적을 두었다. 대우법은 무엇보다 '화자의 의도'가 중요한 기능을 하는데 이는 무표적인 것과 유표적인 것으로 구분될 수 있음을 명백히 하였으며, {-시-}나 {-삽-}과 같은 선어말에 의한 대우 표현과 어말 어미에 의한 대우 표현은 그 통사·의미적 특성을 고려하여 문법적인 대우로, '-님'이 연결된 일련의 어휘나 '진지'와 같은 어휘 등은 그 고유한 어휘의 대우 자질을 고려하여 어휘

적 대우임을 상정하고, 이 둘을 묶어 언어재에 의한 대우라 상정하
였다. 그리고, 특히 유표적인 화자의 의도가 대우 표현에 작용하는
경우를 분리하여 운용 및 책략적인 대우로 상정하기도 하였다.

　문법적인 대우에 관련되는 {-시-}나 {-삽-}의 쓰임에 대한 논의
에서 국어 문장의 기본 구조는 결코 주어-서술어 구조는 아님을
확인하게 되었고, 어말 어미의 쓰임에 대한 논의에서 청자 대우
등급의 명명법으로 평서법 어미로의 명명이 온당하다는 사실, 현
대적인 {-삽-}의 이형태 중 어말어미화 한 것과 재구조화 된 것이
존재한다는 사실 등을 명백히 하였다. 이러한 사실은 국어가 교착
어에 속하는 언어임을 확인하는 절차이기도 하여서 소득이라면 소
득이라 할 수 있다. 운용 및 책략적인 대우법은 문체와 장면에 의
한 운용적인 대우와 높이는 책략과 낮추는 책략에 의한 책략적인
대우로 구분되는데, 이 때, 문법적인 대우에 관련되는 언어 형식은
원칙적으로 비관여적인 것으로 전제하였다.

　이 책은 1999학년도 제 2학기에 서울대학교 대학원에 제출한
박사학위 논문을 부분적으로 수정한 것이다. 논문 지도를 통하여
끊임없는 가르침을 주신 安秉禧 선생님, 李翊燮 선생님, 심사 과정
에서 세세히 깨우침을 주신 任洪彬 선생님, 金倉燮 선생님, 李賢熙
선생님, 그리고 밖에서 격려를 아끼지 않으신 李基文 선생님, 金完
鎭 선생님, 高永根 선생님께 심심한 감사를 드린다. 이러한 깨우
침, 격려, 조언이 없었던들 필경 오늘은 없었을 것이다. 물론, 본

논의가 안고 있을지도 모르는 모든 오류는 전적으로 연구자 본인의 것임을 분명히 밝혀 둔다.

또한, 논문 작성을 위한 자료 구입 과정이나 교정 단계에서 덕성여자대학교 도서관 직원들이나 조교 황소영, 김도란 양에게도 적지 않은 도움을 받은 것을 이 자리를 빌어 고마움을 표한다. 끝으로, 이 책의 출판에 세심한 배려와 지원을 주신 도서 출판 역락의 이 대현 대표는 물론, 편집부 직원들께도 고마움을 표한다.

2001년 5월

著者 씀

차례

I. 서 론

1.1. 연구 목적

이 연구는 우리 나라 사람들의 일상적인 언어 생활에서 중요한 역할을 하고 국어 문법에서 특히 큰 비중을 차지하는, 국어만이 지닌 특징이라 해도 지나치지 않은 대우법 사용에 대한 검토를 바탕으로 현대 국어의 대우법 체계를 확립하고, 대우법과 관련하는 언어 형태들의 통사적 특성과 의미적 기능을 체계적으로 기술하는 것을 목적으로 한다.

솔직히 말해서, 우리 말이나 글에서 대우 표현과 관련되는 형태나 어휘를 빼 버린다면 아마 남는 형식은 거의 없을 것이다. 이는 곧 우리말이나 글의 구성은 전적으로 대우 표현으로 이루어져 있음을 의미하는 것이다. 예컨대, 우리 속담에 '말 한마디에 천 량 빚 갚는다'는 말이 있다. 이 말이 뜻하는 바도 바로 그러하다. 화자가 상대에게 어떤 식의 표현을 하느냐에 따라 화자에 대한 상대의 마음이나 태도는 달라진다는 것인데, 이를 바꿔 표현하면 우리 말이나 글 하나 하나는 모두 대우 표현과 관련된다고 할 수 있다. 이와 같이 일상적인 언어 생활에서 대우법 사용이 중요한 기능을 하고 우리말이나 글 하나 하나가 모두 대우 표현과 관련되는 것이라면, 우리 말이나 글에 대한 연구나 관심은 애당초 대우법에서부터 출발한다 해도 지나치지 않는다. 국어의 문법 현상 가운데 대우법에 대한 논의만큼 다양하고 활발한 논의도 흔치 않음이 이를 입증해 준다. 따라서, 국어 문법에서 이제 대우법에 대해서는 더 이상 논의가 필요 없다 할만큼 그 양이나 질은 풍부하고 뛰어난 것이다.

그러나, 국어가 다양하고 풍부한 대우 표현 그 자체라면, 여전히 검토되어야 하고 논의되어야 할 부분은 있는 것으로 생각한다. 가령, '아버님은 가신다'와 '아버지는 가신다'라는 문장 성립의 차이와 '아버지는 간다'와 '아버지는 가신다'라는 문장 성립의 차이가 같은 원리로 해석이 가능한 것인가 하는 것이라든지, '사장님의 큰아드님'이라는 표현도 가능하지만 '사장님의 큰아들 그 자식'이라는 표현도 가능한 것은 아직도 미해결의 장으로 남아 있는 것이다. 전자는 학계에서 어휘적 대우와 문법적 대우가 대우법 체계에서 제 자리를 찾지 못함을 나타내는 것이고, 후자는 화자의 의도가 때로는 유표적으로 나타나 높임 인물과 관련하는 인물에 대하여 존대 파급이 봉쇄되기도 함을 나타내는 것이다.

따라서, 이 연구는 대우법과 관련하는 언어 형태들의 통사적 특성과 의미적 기능을 철저히 규명하고 이를 바탕으로 현대 국어 대우법 체계를 확립하는 데 힘을 기울이기로 한다.

1.2. 연구 방법

현대 국어 대우법 체계의 정립을 위한 선결 과제인 대우 관련 언어 형태들의 기능적인 면과 성격적인 면에 대한 철저한 검토와 규명을 위해서는 대체로 사회언어학에서 이용되는 계량적인 수치에 의존하는 연구 방법이 원용될 수 있고, 변형 생성 문법에서 이용되는 모어 화자의 직관에 의존하는 연구 방법이 원용될 수 있다.

그런데, 본고는 직관에 의존하는 방법을 원용한다. Chomsky (1957)적인 제 언어에 정통한 모어 화자(native speaker)라면 누구나 가지고 있다 할 수 있는 언어 능력(linguistic competence)이란 점을 중시해서이다. 그리고 문법의 목표가 언어 능력, 특히 문법 능력을 어떠한 형식으로든 표현해 내고 발굴해 내는 것에 있다면, Chomsky(1965)에서 제기된 문법의 충족성(adequacy)을 본고의 기본적인 연구 방법으로 삼는다. Chomsky(1965)에서 제기된 문법의 충족성은 관찰적 충족성(observational adequacy), 기술적 충족성(descriptive adequacy), 그리고 설명적 충족성 (explanatory adequacy)과 같이 세 단계로 나뉘는데, 어느 단계에서나 직관(intuition)은 결코 경시될 수 없는 것이다.

관찰적 충족성(observational adequacy)이 어떤 문장이 통사·의미·음운론적으로 적격한(well-formed) 문장인가 아닌가를 말하는 단계이고, 기술적 충족성(descriptive adequacy)이 어떤 문장의 통사·의미·음운론적인 구조를 기술하고 이 구조에 대한 모어 화자의 직관을 체계적으로 설명하는 단계이며, 설명적 충족성(explanatory adequacy)이 어떤 문장의 적격성 여부와 구조에 대한 기술을, 알맞은 정도로 단순함과 아울러 가장 일반적이며 보편적인 원리로 설명해 내는 단계라 할 때, 본고는 국어의 언어적 특성에 철저히 입각하여 논의를 전개할 것이다.

국어의 언어적 특성은 화용적(pragmatic)이라 할 수 있다. 이러한 언어적 특성으로 국어는 주제(topic)가 발달한 언어이기도 하다. 그런데, 주제의 성격이나 개념에 대해서는 학계의 견해와 입장이 다양하다. 이들 견해와 입장을 크게 셋으로 구분한다면, 첫째 국어의 주제를 文頭에 오는 '은/는' 성분에만, 그것도 대조적인 강세를 가지지 않을 경우나 총칭적인 의미를 가질 경우에만 국한하는 매우 협소한 견해(양동휘(1974a), 채완(1979), 박승윤(1981)등 참조)이며, 둘째, 주제는 그 성격상 본래적으로 문법적인 개념이 아니라 담화적인 개념이라고 하는 견해(양인석(1972), 김영희(1978), 성기철(1985a), 박승윤(1986) 등 참조)이고, 셋째, Li & Thompson(1976)적인 의미를 그대로 수용하여 국어는 '주제-주어 동시 부각형 언어'가 아니라 '주제-설명'(topic-comment)의 구조이며, 따라서 주제는 문장의 나머지 부분 혹은 화자의 의도와 관련하여 '언급 대상성'(aboutness)[1]이라는 의미론적인 특징을 갖는다는 견해이다. 임홍빈(1987) 참조.

따라서, 본고는 국어가 '주제-부각형 언어'이며 그 문장 구조는 '주제-설명'(topic-comment) 구조이고, '설명'(comment) 부분은 이미 하나의 문장이며, 결과적으로 국어는 담화-중심적인 언어(discourse-oriented language)라는 가설에 입각한다.

1.3. 연구사

1.3.1. 이른 시기의 연구

이 시기의 대우법에 대한 논의는 한마디로 지엽적이고 부분적이며 단편적이다. 그러나 이 시기의 연구가 국어에는 일정한 언어 형태에 의한 대우 표현이 있음을 지적하고 있음이 주목된다.

이 시기의 특징은 국어의 대우 현상에 대한 인식이나 연구가 외국인에 의해 주도되었다는 점이다. 조사에 의하면, 국어의 대우 현상에 대한 그 최초의 인식은 Dallet(1874)에서 확인된다.[2] 개략적이고 부분적이나 {-시-}의 존대 기능과 어휘적 대우 현상에 대한 언급은 주목을 요한다.

Dallet(1874) 이후 Ridel(1881)은 두 가지 면에서 주목된다. 하나는 대우 표현과 관련하는 형태가 용언의 활용 형식에 포함되어 있다는 것이며,[3] 다른 하나는 문법적인 대우 현상에 대한 언급 외에 Ridel(1881:118-119)에서 어휘적 대우에 속하는 동사, 형용사, 명사, 대명사의 예 40여 개를 '비칭어'(Termes vulgaires) 및 '존칭어'(Termes Respectueux)로 구분, 따로 제시하고 있는 것이다.

이 시기의 국어 대우법의 연구는 편의상 크게 네 부류로 나눌 수 있다.[4] 첫째는 선어말 어미 {-시-}나 {-삽-}에 대한 인식 차원의 수준에 머물러 있는 것이고, 둘째는 어말 어미 형태에 대한 간략한 지적이나 기술 정도에 머물러 있는 것이며, 셋째는 단어 또는 어휘 형태에 대한 개략적인 언급이나 기술이 나타나 있는 것이고, 넷째는 선어말 어미 형태 및 어말 어미 형태에 의한 문법적 대우 현상과 어휘적 대우 현상 등이 동시에 언급되어 있거나 기술되어 있는 것이다.

첫째 부류에 속하는 연구는 다시 {-시-}, {-삽-}을 언급하고 있는 논의와 여기에 어말 어미 형태도 포함하여 언급하고 있는 논의로 나뉜다. 우선, 전자와 관련하는 연구는 다시 {-시-}만을 다룬 것과 {-시-}와 {-삽-}을 함께 다룬 것으로 나뉜다. {-시-}만을 다룬 것에는 {-시-}를 '높임밑'으로 본 李奎榮(1916-1919?:18)가 있으며, {-시-}와 {-삽-}을 함께 다룬 것에는 {-시-}를 '존경형' (honorific forms), {-삽-}을 '겸양형'(humble forms)으로 본 Aston(1879:336)가 있다.

후자와 관련하는 연구는 내용에 따라 다시 셋으로 나뉜다. 하나는 어말 어미 형태와 {-시-}를 다루고 있는 것이고, 둘은 어말 어미 형태, {-시-}, 그리고 {-삽-}을 다루고 있는 것이며, 셋은 반말을 취급하고 있는 것이다.[5] 첫째에 속하는 것에는 {-시-}를 '타의 동작을 존경하는' 요소, {-삽-}을 '자기의 동작을 謙恭하는' 요소로 본 兪吉濬(1904)[6], 崔光玉(1908), {-시-}를 '존경형'으로 본 朴勝彬(1931, 1935, 1937) 등이 있으며, 둘째에 속하는 것에는

{-시-}, {-삽-}을 '공손 접미사'(polite suffixes)로 본 Scott (1887:31, 1893:71), {-시-}, {-삽-}을 각기 '존칭과 겸칭의 조동사'로 본 高橋亨(1909), {-시-}는 '경어의 조사', {-삽-}은 '종지형 조동사'의 일종으로 본 藥師寺知曨(1909:67-68), {-시-}를 '존경토'로 본 이상춘(1946), {-시-}, {-삽-}을 존경형과 겸손형의 '보충형 존경격'으로 본 朴相埈(1932), 그리고 Ramstedt(1939)[7] 등이 있다. 셋째에 속하는 것에는, 명시적이고 구체적인 기술은 보이지 않으나 반말의 쓰임을 언급하고 있는 논의, 즉 Gale(1894 =1903), 李鳳雲(1897),[8] 李奎昉(1922),[9] 姜邁·金鎭浩(1925), 金熙祥(1927) 등이 있다. 그런데 金熙祥(1927)에는 {-시-}는 '존대토', {-삽-}은 '겸손토'로 되어 있으며, 특히 '어말 어미 대우'라는 용어에서 '대우'라는 말이 사용되어 있다. Gale(1894=1903, 1916)에는 화계가 '반말' 포함 6등분되어 있으며, {-시-}는 언급 대상 인물(주로 주어 인물)과 관련되나 {-삽-}은 화자의 청자에 대한 관련 요소라 언급되어 있다. Gale(1894=1903, 1916)에 대해서는 본고 p.28 참조. 李奎昉(1922)에는 반말에 대한 최초의 언급이 발견된다. 즉, '반말'이란 어휘의 사용, 반말은 존대 표현에는 쓰이지 못한다는 기능적 특성에 대한 기술, 그리고 그 자체로는 완전한 형태를 갖추지 못한 형태적인 특성에 대한 기술 등이 투명하게 드러나 있다. 여기에 그 내용을 가져온다.

(1) 李奎昉(1922:154-158)의 반말 정의
　　반말은 手下와 平等의 中間에 用하는 語가 有하니, 俗 所謂 半語(반말)라 謂하는 者라. 助動詞의 一部 又는 全部를 생략한 것이니, 若 適當히 使用치 안이하면 人의 怒를 招할지니라.

　둘째 부류, 어말 어미 형태에 대한 간략한 지적이나 기술 정도에 머물러 있는 연구는 다시 외국인에 의한 것과 우리 나라 사람에 의한 것으로 나누어 볼 수 있다. 외국인에 의한 것에는 어미 형

태와 청자의 계급(rank)이나 연령(age)과의 관계가 언급되어 있는
Ross(1877:4), Ross(1878:398) 및 Imbault-Huart(1889:
22), 화계가 3등분되어 있는 Ross(1882:11) 및 寶迫繁勝(1880,
李瑞慶 校閱), 예의(civility)에 의해 화계가 3등분되어 있는
MacIntyre(1880-1882?), 겸양(politely)에 의해 화계가 4등분
되어 있는 Ramstedt(1928:452), 그리고 Scott(1891) 등이 있
다. Scott(1891:xix, xx)에는 Scott(1887, 1893)과 달리 어미
활용 형태는 공적인 계급(official rank)을 나타낸다거나 우리 사
회는 계급이나 계층(gradation or caste)으로 유지된다거나 경어
의 체계는 예의 범절(view of etiquette and courtesy)에 의해
이루어진다거나 하는 언급이 있다. 우리 나라 사람에 의한 것에는
화계 기준이라고까지는 말할 수 없지만 그와 유사한 상황적 요소
가 명시적인 경우와 그렇지 않은 경우 둘로 나뉜다. 명시적인 것
에는 '年紀, 지위'의 金奎植(1909), '長幼, 尊卑'의 周時經(1910),
'尊卑'의 李常春(1925) 등이 있으며, 그렇지 못한 것에는 崔在翊
(1918), 李奎榮(1913년경), 金元祐(1922), 李弼秀(1922, 1923),
鄭國采(1926), 金允經(1932) 등이 있다.

셋째 부류, 단어나 어휘 형태에 대한 개략적인 언급이나 기술이
나타나 있는 연구에는 대부분 어말 어미 형태 및 {-시-}가 다루어
져 있기도 하다. 따라서 이들은 내용에 따라 셋으로 나뉜다. 첫째
어휘적 대우 현상과 {-시-}에 의한 대우 현상이 다루어져 있는 것
이고, 둘째 어휘적 대우 현상과 어말 어미 형태에 의한 대우 현상
이 다루어져 있는 것이며, 셋째 첫째와 둘째의 것이 다 포함되어
있는 것, 즉 어휘적 대우 현상, {-시-}에 의한 대우 현상, 그리고
어말 어미 형태에 의한 대우 현상이 모두 다루어져 있는 것이다.

첫째에는 Dallet(1874) 외에 前間恭作(마에마 쿄사쿠)(1909)
가 속하며,[10] 둘째에는 金枓奉(1916, 1922), 李奎榮(1920), 申
明均(1933), 沈宜麟(1936)[11] 등이 속한다. 특히 金枓奉(1916,

1922)에는 어휘 대우와 어말 어미(맺)의 대우의 구별이 주목된다. 金科奉(1916:107, 1922:74)에는 임자토 '가/께서/계압서'와 '야/여/시여'가 '높,낮,같/높음/맨높음'으로 대립되어 있으며, 金科奉(1916:131-132, 1922:89)에는 '-옵-'이 결합됨으로써 어미가 높아지는 것으로 되어 있다. 金科奉(1916, 1922)적인 어휘 대우는 용어는 물론 대상이 조사라는 것까지 李奎榮(1920), 申明均(1933), 그리고 沈宜麟(1936)에 그대로 답습된다. 다만, 沈宜麟(1936)에는 조사 외에 동사 자체의 존경사가 포함되어 있음이 다를 뿐이다. 조사에 의하면, 우리 나라 사람에 의해서 이와 같이 어휘적 대우와 어말 어미의 대우가 달리 취급되어 있는 연구는 金科奉(1916, 1922)가 최초이다.

셋째에는 Underwood(元杜尤)(1890), 奧山仙三(1928), 張志暎(1930년대) 등이 속한다. Underwood(元杜尤)(1890)에는 '존경법'(honorifics)이란 용어를 사용한 것, 화자와 청자의 신분에 따라 존칭어가 달라진다는 것, {-시-}는 존경 동사를 만드는 첨사(particle)라는 것, '자오/줌으시오'의 대립 또는 '아바지/어루신네'의 대립이나 후치사(postpotions)[12]의 대립이 어휘적 대우라 하는 것, 그리고 객체 존대가 설정되어 있는 것이 두드러진다. 특히 이 연구에는 '드리오, 품흐오('묻다'의 의미), 감조오('뵈다'의 의미), 뫼시오, 엿즈오, 환츠흐시오' 등이 동사의 목적 대상 인물(objects of the verb)에 대한 존대에 쓰이는 존칭 동사로 해석되어 있다. 奧山仙三(1928:72-78)에도 Underwood(元杜尤)(1890)에서와 같이 '존경법'이란 용어가 쓰이고 있으며, 어말 어미 형태가 '존경의 度'에 의해 세 단계로 나뉘어 있고, 어휘적 대우가 설정되어 있다. 특히 어휘적 대우에 '-님' 연결 형식이 포함되는 것으로 시사하고 있다. 張志暎(1930년대)에는 '동사의 尊卑稱'라 해서 {-시-} 결합형과 '먹-/잡수시-, 자-/주무시-, 죽-/돌아가시-, 니르-/여쭙-'와 같은 대립을 보이고 있다.

넷째 부류, 선어말 어미 형태 및 어말 어미 형태에 의한 문법적 대우 현상과 어휘적 대우 현상 등이 동시에 언급되어 있거나 기술되어 있는 연구는 복잡하고 다양하다. 그러나 이들 연구도 편의상 둘로 나누어 검토한다. 하나는 '-요'를 대우 표현과 관련하는 요소로 보는 연구이고 다른 하나는 '반말'에 대한 기술 유무로 구분되는 연구이다.

우선, '-요'를 대우 표현과 관련하는 요소로 보는 연구는 다시 셋으로 나눌 수 있다. (1) '-요' 외에 어말 어미 형태, {-삽-}, 혹은 {-시-}를 포함하고 있는 것이고, (2) '-요' 외에 어말 어미 형태, 반말, 그리고 {-시-}, {-삽-}을 포함하고 있는 것이며, (3) '-요' 외에 어말 어미 형태, 반말, {-시-}, {-삽-}, 그리고 어휘적 대우 현상까지 포함하고 있는 것이다. 먼저, (1) '-요' 외에 어말 어미 형태, {-삽-}을 포함하는 것에는 朴重華(1923:87)[13], 이상춘(1925:104-107)가 있다. 그런데 이상춘(1925:104-107)에는 '-요'가 'ㄹ세, 로다'와 함께 名動詞의 아래에만 쓰인다고 언급되어 있다. (2) '-요' 외에 어말 어미 형태, 반말, 그리고 {-시-}, {-삽-}을 포함하고 있는 연구는 다시 '-요, 어말 어미 형태, 반말'을 기술 대상으로 하는 洪起文(1927)과 '-요, 어말 어미 형태, 반말'은 물론, {-시-}, {-삽-}까지를 기술 대상으로 하는 李完應(1926, 1929)으로 나눌 수 있다. 洪起文(1927)에는 '-요'는 '반말' 포함 화계[14] 5등분에서 '하오체'에 속하며, 그 기능은 "종결사로 어느 助詞든지 그 미테 부트서는 고만 그 말의 종결을 짓는다."라 규정되어 있다. 李完應(1926:141-159)에는 화계와 명령법의 등분이 일치하지 않는다. 화계는 '對下,' '對等 또는 對下,' '普通,' '尊敬'과 같이 넷으로 나누고 있으나 명령법은 '반말'[15] 등외, '아라, 게, 오, 시오, ㅂ시오, 십시오'[16]와 같이 여섯으로 나누어 {-시-}나 {-삽-}이 누적된 형태를 하나의 독립된 화계로 인정하고 있다. (3) '-요' 외에 어말 어미 형태, 반말, {-시-}, {-삽-}, 그리고 어휘적 대우 현상을 포함하고 있는 것에는 Gale(奇一)(1894＝1903)이 있다. Gale(奇一)(1894＝1903:3-37, 88-91)는 주로 화계에 의한 대우, '존경법' 설정 및 그 관련 요소의 제시 및 대우 기능, 그리고 어휘적 대우 등을 다루고 있다. 화계와 관련해서는 '반말'(Half talk forms (forms lacking respectful ending)을 등분 속에 포함시키고 있으며, 존경법(Honorifics)에 대해서는 크게 둘로 나누어 {-삽-}에 의한 청자(The person spoken to) 대우와 {-시-}에 의한 언급 대상 인물(The person spoken of)에 대한 대우를 상정하고 있다. 다음, 어휘적 대우에 대해서는 구체적인 기술은 없으나 명사와 동사 어휘의 존대말을 47 개나 제시하고 있다.

둘째, '반말'에 대한 기술 유무로 구분되는 연구는 다시 둘로 나눌 수 있다. 하나는 '반말'에 대한 언급이나 기술은 없으나 '어말 어미 형태, -시-, -삽-, 어휘적 대우'에 대한 언급이나 기술은 있는 것이고, 다른 하나는 '반말'은 물론, '어말 어미 형태, -시-, -삽-, -요, 어휘적 대우'를 모두 다루고 있는 것이다. 전자에는 '존경법'이란 용어가 보이는 朝鮮總督府(1917)이 있으며, 후자에는 新庄順貞(1918)[17], 魯璣柱(1923), Eckardt(1923),[18] 최현배(1937＝1961) 등이 있다.

Eckardt(1923)은 첫째, 명사, 조사는 물론 '-님' 연결형까지 어휘적 대우로 취급하고, 둘째, '반말'(halbe form) 포함 화계를 5등분하며, 셋째, {-시-}, {-삽-}을 존칭형으로 취급하고, 넷째, 어말 어미는 사회 계층과 관련하는 것으로 언급하고 있다.

최현배(1937＝1961)의 대우법 체계는 대우 현상에 대한 피상적이며 소략하고, 단편적이며 부분적인 입장에서 탈피하여 구체적이며 자세하고, 종합적이며 명시적이다. 그러나, 최현배(1937＝1961)의 대우법 체계에서 무엇보다 큰 문제는 어휘적 대우를 문법적 대우의 하위 범주처럼 취급하고 있는 것이다. 여기에 최현배(1937＝1961)의 대우법 체계의 골격을 가져오기로 한다.

(2) 최현배(1937)의 대우법 체계

　가. 도움줄기

　　ㄱ) 낮춤 도움줄기

　　　옵(으옵), 오(으오), ㅂ(읍).

　　　자옵, 자오, 잡.

　　　사옵, 사오, 삽, 습.

　　ㄴ) 높임 도움줄기: 시.

　나. 높임의 서로 맞음(존경의 상응)

　　ㄱ) 말의 높임의 두 가지

　　a. 움직임과 바탈의 임자인 사람 곧 월의 임자를 높이는 것.

　　　(가) 그 사람을 나타내는 말을 높이는 것.

　　　　(ㄱ) 대이름씨 높임: 당신, 자네, 나, 저, 등.

　　　　(ㄴ) 이름 밑에 높임말 "선, 씨, 님" 또는 관직 따위를 붙
　　　　　　이는 것: 아무 선(公), 설씨(薛氏), 강(姜) 님, 등.

　　　(나) 움직임과 바탈을 나타내는 말을 높이는 것.

　　　　(ㄱ) '(으)시'를 더하는 것.

　　　　(ㄴ) 움직임과 바탈을 높이는 말을 쓰는 것: 주무시다,
　　　　　　듭시다, 계시다, 등.

　　b. 말 듣는 이를 높임: 아주 높임, 예사 높임, 예사 낮춤, 아
　　　　주 낮춤.

　　　(가) 말하는 이에게 친근한 사람과 일몬은 될 수 있는대로
　　　　　낮은 말 사용.

　　　　(ㄱ) 사람

　　　　　(a) 조부모나 계급적으로 극히 높은 사람에게: 아비,
　　　　　　　어미, 형, 누이, 등.

　　　　　(b) 보통으로 타인에게: 家親, 慈親, 아버지, 어머니,
　　　　　　　형, 아우, 內子, 鄙族, 등.

　　　　(ㄴ) 일몬(사물): 鄙家, 拙著, 弊校, 愚見, 등.

　　　(나) 말 듣는 이에게 친근한 사람과 일몬은 될 수 있는 대로
　　　　　높은 말을 사용.

　　　　(ㄱ) 사람: 尊大人, 春府丈, 慈堂, 아버님, 伯氏, 季氏,
　　　　　　　夫人, 등.

　　　　(ㄴ) 일몬(사물): 貴家, 貴校, 尊銜, 高見, 御命, 등.

> **참고**: 한자로 된 것은 높고 순우리말은 낮다고 생각함:
> 아버님/春府丈, 어머님/慈堂, 누님/姉氏, 며느리/子婦,
> 집/宅, 숙부, 백부/阮丈, 令姪, 咸氏, 등.

다. 움직씨의 마침법: 아주 낮춤(극비칭, 해라), 예사 낮춤(보통 비칭,
　　하게), 예사 높임(보통 존칭, 하오), 아주 높임(극존칭, 합쇼),
　　등외 반말(半語).

라. 반말의 정의: '해라'와 '하게', '하게'와 '하오'의 중간에 있는 말이니 ;
　　그 어느 쪽임을 똑똑히 들어내지 아니하여, 그 등분의 말맛을
　　흐리게 하려는 경우에 쓰이느니라. 그러므로 반말은 '아주 높임'
　　아님만은 분명하니라.

마. 임자자리 토 및 곳자리 토의 높임: 께서, 께옵서/께, 께로.

　최현배(1937)의 체계에서 주목되는 것은 네 가지이다. 첫째,
{-시-}, {-삽-}을 도움줄기(보조어간)로 설정한 것, 둘째, 주체 혹
은 주어 대우와 청자 대우를 존경의 상응에서 다루고 있는 것, 셋
째, 조사는 제외하고 명사, 대명사 및 동사의 높임말을 존경의 상
응에 포함시킴으로써 결과적으로 어휘적 대우를 주체 혹은 주어
대우와 청자 대우 속에 예속화시킨 것, 넷째, 화계를 '반말' 등외,
4등분하고 있는 것이다.

　첫째, '선어말 어미'라는 개념이 확립되기 전에 학계에 전통적으
로 인식되어 온 현상이기도 하지만, {-시-}, {-삽-}을 도움줄기
(보조어간)로 설정함으로써 이들 형태가 결합된 용언을 높임말로
다루고 있는 점이다. 이와 관련하여 이희승(1949:133)의 '주의
2'를 가져온다.

(3) 이희승(1949:133)의 '주의 2'
　　보조어간 "옵," "으옵," "압," "으압," "삽," "잡" 들은 "ㅂ" 받침 변
　　칙 용언으로 활용하여, 모음으로 시작된 어미가 올 때에는, 다음
　　과 같이 된다.
　　　　　　하옵＋으니 → 하오오니
　　　　　　가압＋으면 → 가아오면

믿삽+아야 → 믿사와야

받잡+아서 → 받자와서

둘째, 주체 대우와 청자 대우를 존경의 상응에서 다룸으로써 문법적인 대우와 문체론적인 대우를 혼동하게 되었다. {-시-}나 어미 형태에 의한 대우는 문법적인 대우이고 존경의 상응은 문체론적인 대우 현상인 것이다. 문체론적인 대우 현상은 언어 형태에 의한 문법적 대우 및 어휘적 대우가 다 적용된 뒤 실제 문장에서 발화-운용적인 면이나 화자-책략적인 요인으로 대우 표현의 오용 여부를 따지는 차원의 문제이다.

셋째, 조사는 제외하고 명사, 대명사 및 동사의 높임말을 존경의 상응에 포함시킴으로써 결과적으로 어휘적 대우를 주체 대우와 청자 대우 속에 예속화시킨 것은 문법적 대우의 특성과 어휘적 대우의 특성이 구별되지 못했음을 뜻한다. 문법적 대우의 특성과 어휘적 대우의 특성의 근본적 차이는 문장의 특정 성분과 관련하느냐 않느냐에 있다 할 수 있다. 임홍빈(1990:707-708) 참조.

넷째, 화계를 '반말' 등외, 4등분함으로써 이후 학계에서 화계를 구분하는 데 등분과 등외의 방법이 통용되었다. 고영근(1974)의 '요'-통합 가능형이나 성기철(1985a)의 '두루'의 개념이 대체로 이에 속한다.

이 시기의 연구를 요약하면 다음과 같다. 첫째, 이 시기의 연구는 어말 어미 형태에 의한 청자 대우에 높은 관심을 보인다. 이는 곧 그 당시는 국어의 대우 현상이 용언의 활용 어미에 의해 다 설명되는 것으로 인식되었는지 모른다. 그러나 국어에는 언어 형태에 의한 문법적인 대우법과 어휘적인 대우법이 있는 것이다. 둘째, 그것이 체계를 이루지는 못하였으나 부분적으로 어휘적 대우에 관심을 보인 연구도 있다. 셋째, 반말에 대한 명시적인 정의도 나타난다. 넷째, 본격화한 것은 아니나 '-요'가 화계에 쓰이고 있다. '오→

요'와 같은 音便, 말을 종결하는 종결사, 존대 첨사, 등이 그러하다. 다섯째, '해라'체의 '-라'가 '단정의 첨사'(afirmativeparticle)로 규정되어 있다. Ramstedt(1939) 참조. 여섯째, {-삽-}의 이형태 '-옵-'이 '-오-'와 '-ㅂ-'으로 분석될 수 있다는 개연성을 보이기도 한다. 李奎昉(1922) 및 姜邁·김진호(1925=1930) 참조. 일곱째, '-님' 연결형이 높임말로 언급되어 있기도 한다. Eckardt(1923), 奧山仙三(1928) 참조. 여덟째, 이른바 '객체 존대'의 설정이 눈에 띈다. Underwood(元杜尤)(1890) 참조. 아홉째, '順次的인 敬意 형태'라 해서 높임의 책략이 보인다. Ridel(1881), 新庄順貞(1918), 李完應(1926) 참조. 열째, 존비, 계급, 연령, 신분, 예의, 겸양, 사회 계층과 같은 언어 외적 요소가 화계 등급의 기준이라는 견해도 있다. 新庄順貞(1918), Ross(1877,1878), Imbault-Huart(1889), Eckardt(1923=1973), Scott(1891), MacIntyre(1880-1882?), Ramstedt(1928), 金奎植(1909), 周時經(1910) 및 李常春(1925) 참조.

1.3.2. 1940년대부터 1960년대까지의 연구

이 시기의 국어 대우법 관련 연구는 크게 두 부류로 구분할 수 있다. 하나는 1.3.1.에서 검토한 바 있는 연구와 거의 다름없이 지엽적이고 단편적으로 대우법 관련 요소를 언급하거나 기술하고 있는 연구이며, 다른 하나는 일정한 형식의 대우법 체계를 정립하고 그 체계 하에서 대우법 관련 요소를 기술하고 있는 연구이다.

우선, 대우법 관련 요소를 여전히 단편적이며 지엽적으로 다루고 있는 연구를 검토하기로 한다. 이에 속하는 연구는 크게 넷으로 구분된다. 첫째는 선어말 어미 {-시-}나 {-삽-}에 대한 인식이나 언급이 나타나 있는 것이고, 둘째는 어말 어미 형태에 관한 지적이나 기술이 드러나 있는 것이며, 셋째는 단어나 어휘 형태에 대한 언급이나 기술이 나타나 있는 것이고, 넷째는 선어말 어미 형태 및 어말 어미 형태에 의한 대우 현상과 어휘적 대우 현상 등이 함께 언급되어 있거나 기술되어 있는 것이다.

첫째, 주로 {-시-}, {-삽-}에 대한 인식이나 언급이 나타나 있는 논저는 다시 (1) {-시-}, {-삽-}을 언급하고 있는 것과 (2) 여기에 어말 어미 형태까지도 포함하여 언급하고 있는 것, 둘로 나눌 수 있다. 우선, (1) {-시-}, {-삽-}을 언급하고 있는 것에는 다시 {-시-}만을 다룬 것 하나와 {-시-}와 {-삽-}을 함께 다룬 것 둘로 나눌 수 있다. {-시-}만을 다룬 것에는 幸田寧達(권영달)(1941)이 있으며, {-시-}와 {-삽-}을 함께 다룬 것에는 Martin(1954a), 金敏洙(1955:161)가 있고, 여기에 {-이-}까지 포함하여 언급하고 있는 것에는 이숭녕(1949)가 있다. Martin(1954a:35)에는 '-시오- , -시옵-'을 신분 형태소(status morpheme)로서 존칭 표지(honorific marker)로 그리고 특히 '-삽-'을 고풍의 겸손 형태소(archaichumble morpheme)로 기술되어 있다.[19] 다음, (2) {-시-}, {-삽-}은 물론 어말 어미 형태까지 포함하고 있는 연구는 취급되거나 언급되어 있는 내용에 따라 다시 셋으로 나눌 수 있다. 첫째는 어말 어미 형태와 {-시-}를 다루고 있는 것이며, 둘째는 어말 어미 형태, {-시-}, {-삽-}을 다루고 있는 것이고, 셋째는 반말을 취급하고 있는 것이다. 첫째에 속하는 것에는 李常春(1946), 朴鍾禹(1946) 등이 있으며, 둘째에 속하는 것에는 朝鮮總督府(1943), Pai(1944), 鄭寅承(1956), 金敏洙 외(1960) 등이 있다. 셋째에 속하는 것에는, 명시적이며 구체적인 기술은 보이지 않으나 반말의 쓰임을 나타내고 있는 Sunoo(1940), 박창해(1946) 및 유재헌(1946), 鄭寅承(1949), 그리고 고창식·이명권·이병호(1965) 등이 있다.

둘째, 어말 어미 형태에 관한 지적이나 기술이 드러나 있는 것에는 張河一(1947), 李永哲(1948) 등이 있다. 셋째, 어휘적 대우 현상, {-시-}에 의한 대우 현상, 그리고 어말 어미 형태에 의한 대우 현상 모두를 다루고 있는 논저에는 Clark(1965)가 있다.

넷째, 선어말 어미 형태 및 어말 어미 형태에 의한 대우 현상과 어휘적 대우 현상 등이 함께 언급되어 있거나 기술되어 있는 논저나 논의는 복잡하고 다양하다. 특히 이 부류에 속하는 논저나 논의들은 편의상 (1) '-요'를 대우 표현과 관련하는 요소로 간주하고 있는 것, (2) '반말'에 대한 기술이 있는 것과 없는 것으로 구분하여 검토하기로 한다.

(1) '-요'를 대우 표현과 관련하는 요소로 간주하고 있는 논저나 논의는 다시 셋으로 나누어 살펴볼 수 있다. 첫째는 '-요' 외에 어말 어미 형태, {-삽-}, 혹은 {-시-}를 포함하고 있는 것이며, 둘째는 '-요' 외에 어말 어미 형태, 반말, 그리고 {-시-}, {-삽-}을 포함하고 있는 것이고, 셋째는 '-요' 외에 어말 어미 형태, 반말, {-시-}, {-삽-}, 그리고 어휘적 대우 현상을 포함하고 있는 것이다.

우선, '-요' 외에 어말 어미 형태, {-시-}, {-삽-}을 포함하여 기술하고 있는 것에는 Rogers(1953, 1956)[20]과 Lukoff(1954)가 있다. 여기서 Lukoff(1954)의 내용에 대해 잠깐 언급한다. Lukoff(1954)는 주로 어말 어미 형태에 의한 대우법을 기술하고 있는데, 그 과정에서 우리에게 몇 가지 중요한 시사를 던져 주고 있다. 첫째, 동사의 語幹과 語末 語尾는 대우법상 기능의 차이를 보인다는 것이다. 즉, 어간(stem)은 화자와 언급 대상 인물(the person spoken about)과의 격식적 관계(the formality relation)를 나타내는 기능을 가지며, 어미(sentence-final suffixes)는 화자와 청자(the person spoken to)와의 격식적 관계(the formality relation)를 나타내는 기능을 가진다는 것이다(p.161). 이러한 인식은 임홍빈(1985b)의 어떤 어휘 요소가 어간에 가까우면 가까울수록 문장의 주어와 관련하는 기능을 가지게 되나, 어말 어미에 가까우면 가까울수록 청자에 관련하는 기능을 가지게 된다는 논리와 같다고 할 수 있다. 둘째, 기본적으로 '-오'와 '-소' 그리고 '-요'를 교체형(alternant forms)으로 간주하고 있는 점이다. 그런데 '-오'는 다소 격식적

(mid-formal)이면서 정동사 어미 '-다' 뒤에 붙어 쓰이며(예, 없다오), '-소'는 다만 비격식적인 형태이고, '-요'는 계사 뒤에서 '-(이)외요, -(이)예요, -(이)애요, -(이)야요'와 같은 형태로 주로 여성이 남성에게 말할 때 쓰이면서 특히 비격식적인(informal) 형태 뒤에 붙어서 공손한 표현을 나타낸다고 한다. 예컨대, 비격식적 명령법(informal imperative) '-세' 뒤에 '-요'가 결합된 '-세요'가 그렇다는 것이다.[21] 그러나 이러한 주장은 더 많은 검토와 연구가 따라야 한다고 본다. 셋째, '-음니다, -음니까, -ㅂ디다, -ㅂ디까, -ㅂ시다, -ㅂ지요' 등의 형태에서 '-ㅂ-'이 再分析(Reanalysis)될 가능성을 시사하고 있는 것이다(pp.172-173.) 이 때의 '-ㅂ-'은 공손의 기능을 가지는 것으로, 그래서 여기에 '보다 더 공손'(making a still more polite request form)의 기능을 가지는 {-시-}가 결합되면 공손의 극대화를 꾀할 수 있다 한다. 예컨대, '-ㅂ시다, -ㅂ시오'를 공손의 권고형(polite hortative forms)이라 하는 것이 바로 그것이라는 것이다(pp.129-130).

둘째, '-요' 외에 어말 어미 형태, 반말, 그리고 {-시-}, {-삽-}을 포함하고 있는 것으로는 洪起文(1946)이 있다. 洪起文(1946: 159-165, 359-372)에서 주목되는 것은 대우 현상과 사회 구조의 상관 관계에 대한 언급이다. 이에 의하면, 국어에 유달리 대우법이 발달하게 된 배경은 한국 사회가 구조적으로 계급 혹은 계층의 사회라는 점이다. 따라서 국어의 종결사에도 그 계급 의식이 반영되는 것은 당연한 일이며, 이것이 尊卑 형태로 나타나 '語階'[22]를 이루는 것은 지극히 자연스러운 일인 것으로 보고 있다. 이리하여 어계를 '반말'[23] 포함, '존대, 하오[24], 하게, 해라, 반말' 등으로 5등분하고 있다. 한편, 尊敬形을 설정, 이를 둘로 구분하고 있는데, 하나는 남을 높이는 기능의 他尊形이요 다른 하나는 자기 몸을 낮추는 기능의 自卑形이다. 그리고 이에 대응되는 어휘 요소를 '虛辭'라 불러 {-시-}는 타존형의 허사, {-삽-}은 자비형의 허사라 한다. 그런데 {-시-}와 {-삽-}의 문법적 기능에 대해서는 어떠한 본격적이며 구체적인 설명이 없다. 그러나, {-시-}는 화자 자신, 즉 1인칭에는 절대로 쓰일 수 없으며, {-삽-}은 그 쓰임 분포가 종결 형태에만 한정되지 않고 연결 형태에도 나타난다고 한다.[25] 그리고 '-요'에 대해서는 존대 종결사의 變體로 보고, 그 기능을 "존대의 變體로 名詞, 副詞 等이나 후치사, 접속사에 붙어 종결사 노릇을 하며 또는 존대, 반말, 하게 등 종결사에 겹붙는대 비록 반말이나 하게에 붙더라도 존대로 쓰며 설명, 의문, 명령에 똑같이 '요'를 쓴다."고 기술하고 있기도 하다.

셋째, '-요' 외에 어말 어미 형태, 반말, {-시-}, {-삽-}, 그리고 어휘적 대우 현상을 포함하고 있는 것에는 Martin(1954b)가 있다. Martin(1954b=1979:62-65)에는 '尊敬法'(Honorifics) 밑에 '께서,' '분', 그리고 '님'에 의한 어휘 존칭어에 대한 것과 {-시-}에 의한 어휘 존칭어에 대한 것을 상정하고 있다.

(2) '반말'에 대한 기술이 있는 것과 없는 것은 다시 둘로 나누어 볼 수 있다. 우선, 반말에 대한 기술은 없으나 '어말 어미 형태, -시-, -삽-, 어휘적 대우'에 대한 언급이 있는 연구에는 박태윤(1948), 李崇寧(1954,[26] 1956a[27]), 김민수(1960, 1969)[28], Pulth(1960)[29] 한국국어교육연구회(1964a, b)[30] 등이 있다. 한편, 반말이 있는 연구는 다시 대략 셋으로 나눌 수 있는데, 하나는 '어말 어미 형태, -시-, 어휘적 대우'를 다루고 있는 것이고, 둘은 '어말 어미 형태, -시-, -요, 어휘적 대우'를 다루고 있는 것이며, 셋은 '어말 어미 형태, -시-, -삽-, -요, 어휘적 대우'를 다루고 있는 것이다. 하나, 즉 '반말' 외에 '어말 어미 형태, -시-, 어휘적 대우'를 다루고 있는 것에는 김윤경(1948)[31]이 있고, 둘, 즉 '반말' 외에 '어말 어미 형태, -시-, -요, 어휘적 대우'를 다루고 있는 것에는 Lee(1955)[32]가 있으며, 셋, 즉 '반말' 외에 '어말 어미 형태, -시-, -삽-, -요, 어휘적 대우'를 다루고 있는 것에는 Dupont &

Millot(1965)[33]가 있다.

이 시기에 일정한 형식의 대우법 체계를 정립하고 그 체계 하에서 대우법 관련 요소를 기술하고 있는 연구에는 대체로 鄭烈模(1946), 金根洙(1947), 李熙昇(1949), 許 雄(1954=1961), 李崇寧(1956b), 최태호(1957) 등이다.

鄭烈模(1946)에는 최현배(1937)에서 드러난 체계상의 종합적인 면이 다소 극복되어 있다. 가령, 최현배(1937)에서 드러난 어휘적 대우 현상에 대한 처리가 鄭烈模(1946:110-113)에서는 어느 정도 어휘적 대우법으로 독립시키려 한 점이 그러하다. 그래서 어휘를 크게 '존칭'과 '비칭'으로 나누고, 다시 존칭은 자체 존칭, 주체 존칭, 객체 존칭 등 셋으로 나누는 한편, 비칭은 자체 비칭과 소유 비칭 등 둘로 나누어 그 세분화를 꾀하고 있다. 반면에 鄭烈模(1946)에는 동사와 관련하는 대우 현상을 한 데 모아 주체 높임, 객체 높임, 가짐 높임(所有尊稱), 상대 높임 등으로 구분하고 있다. 여기서 우선 우리의 주목을 끄는 것은 그 용어이다. 주체 높임이니 객체 높임이니 가짐 높임(所有尊稱)이니 상대 높임이니 하는 용어는 이후 오늘날에도 지속적으로 거의 그대로 통용되어 쓰이며 오히려 관례화 되는 것으로 여겨진다. 따라서 허 웅(1954=1961)에서의 용어의 쓰임, 성기철(1985a)에서의 용어의 쓰임, 서정수(1984)에서의 용어의 쓰임, 그리고 이익섭(1974)에서의 용어의 쓰임 등등이 바로 여기서 胚胎되었다 해도 지나치지 않는다.

鄭烈模(1946)의 대우법 체계는 최현배(1937)보다 얼마간 체재의 틀을 갖추었다 할 수 있다. 그 내용은 다음과 같다. 첫째, 명사를 '존칭'과 '비칭'으로 나누어 어휘적 대우 체계를 동사의 높임과 구별하고 있는 점, 둘째, 비칭의 경우 화자, 즉 자기와 관련하는 것에 대해서는 특별히 '겸하칭'이라 하여 일반적인 비칭어와 구별하고 있는 점,[34] 셋째, '갑신다, 합신다, 납신다, 듭신다, 습신다' 등의 동사가 주체 높임의 동사라는 점,[35] 넷째, '-께 드린다, -께

여쭈어라, -에 받친다, -을 모시고, 보이러' 등이 객체 높임이라는 점,[36] 다섯째, 소유자를 높이기 위해 소유된 물건을 높이는 것을 가짐 높임이라는 점이다.[37]

金根洙(1947:73-75)의 대우법 체계의 특징을 한 마디로 말하면, '경어법'이란[38] 상위 범주 아래 (1) 주어를 존경하는 것, (2) 客語(보어와 목적어)를 존경하는 것, (3) 듣는 이나 읽는 이를 존경하는 것, (4) 품사별 경어 등 항목을 두어 구별하고 있는 점이다. 이러한 대우법 체계에서 우리에게 특별하게 생각되는 것은 무엇보다 '품사별 경어'라 해서 어휘적 대우 문제를 따로 한 항목으로 설정하고 있는 점이다. 뿐만 아니라, 최현배(1937)나 정렬모(1946)에서처럼 어휘적 대우 현상이 다시 주어를 존경하는 항목이나 객어를 존경하는 항목에 중복되어 취급되지 않은 점이다. 이러한 점에서 金根洙(1947)의 대우법 체계는 進一步한 것이라 할 수 있다. 이 체계의 하위 항목 중 특별히 우리의 관심을 끄는 것은 (2)와 (3)이다. (2)에서 특기할 만한 것은 客語(보어와 목적어)를 존경하는 동사의 예로 '여쭤라' 외에 '오시라'가 제시되어 있는 점이다. 다음의 예문이 그것이다.

(4) 당신을 오시라 합니다.

예 (4)에 대한 구체적인 설명이 없어 단정할 수 없으나, 이 예문이 목적어를 존경하는 문장임이 분명하다면, 그리고 이 문장의 성립에 아무런 이상이 없다면, 이 문장에서 목적어 대상 인물 '당신'을 존경하는 요소는 '-시-' 외에 어떤 다른 요소도 없다 할 것이다. '-시-'가 목적어 대상 인물을 존대할 수도 있다는 {-시-}가 가지는 하나의 특이한 용법이라 할 수 있다. 이에 대해서는 3장 참조.

(3)에서 주목되는 것은 화계 명칭이 서술형 기준으로 되어 있는 점이다. 이러한 견해는 이숭녕(1956b)에도 나타나며, 근래의 임

홍빈·장소원(1995)에도 그 가능성이 제시되었다. 이에 대해서는 5장에서 상론하기로 한다. 우선, 金根洙(1947)의 해당 부분만 여기에 가져온다.

> (5) 金根洙(1947)의 화계
>   가. 등분
>   '한다' 식의 아주 낮추는 말
>   '하네' 식의 예사 낮추는 말 ─────────┐
>   '하오' 식의 덜 높이는 말   │
>   '합니다' 식의 예사 높이는 말 ──────────┘ (경어)
>   '하옵니다' 식의 아주 높이는 말
>   나. 등외: 반말

(5)에서 '등분'과 '등외'는 연구자의 해석에 따른 것이다. 金根洙(1947)에는 등분을 기술한 뒤 "이 밖에 '반말'이 있다"고 언급했을 뿐이다. 金根洙(1947)의 품사별 경어 항목에는 명사, 대명사, 동사, 존재사의 존대말이 제시되어 있는데, 동사의 경우 {-시-}가 결합된 형태가 예시되어 있지 않은 점으로 보아 대우법 논의에서 {-시-}와 어휘는 달리 기술되어야 한다는 점을 인식하고 있지 않나 추측된다.

金根洙(1947)의 대우법 체계의 특징은 첫째 어휘적 대우가 문법적 대우와 달리 다루어져 있다는 것, 둘째 {-시-}가 목적어 대상 인물을 존대할 개연성도 있다는 것, 셋째 화계 명칭을 서술형의 명칭으로 하고 있다는 것이라 할 수 있다.

李熙昇(1949)의 체계는 기본적으로 최현배(1937)적이라 할 수 있다. 어휘적 대우가 문법적 대우에 포함되어 있는 점이 특히 그러하다. 李熙昇(1949)의 대우법 체계는 '공대법' 범주에서 다루어져 있다.[39) 공대법은 크게 둘로 나뉜다. 하나는 상대편이나 이야기 속에 나오는 이를 높이는 존경법이고 다른 하나는 자기를 낮추는 겸손법이다.

李熙昇(1949)의 공대법 체계의 색다른 점 몇 가지가 있다. 첫째, 주체 존대, 객체 존대, 상대 존대와 같은 대우법이 개념조차 남기지 않고 존경법과 겸손법에 합류되어 있는 점이다. 둘째, 주체 존대, 객체 존대, 상대 존대가 공대법의 존경법과 겸손법에 포함된 상태에서 기존 객체 존대와 관련하는 '여쭙다, 드리다' 같은 동사가 '겸사말'로 지칭되어 있는 점이다. 그러나 그 관련 대상 인물이 누구인지는 불투명하다. 셋째, {-삽-} 결합형이 'ㅂ' 받침 변칙 용언으로 활용한다는 점이다. 그러나 이는 결코 그렇지 않다. 이에 대해서는 (3)에 대한 논의 참조. 넷째, 공대법에 포함되어 있음에도 불구하고 다시 존비법[40]에서 다루어진 '반말'이 등외로 처리된 점이다. 이러한 인식은 최현배(1937), 정렬모(1946), 김근수(1947)적이라 할 수 있다. 다섯째, 조사 '은/는' 및 '도'의 존대말이 '께서'가 선행된 '께서는, 께서도'라는 점이다. 그러나 '께서' 자체가 단순하게 주격 조사 '이/가'의 높임말이 아닌 한, 이러한 해석은 다소 오해가 있는 것으로 생각된다. 6.3.3. 참조.

주지하는 바와 같이, 대우법 논의에서 허 웅(1954=1961)[41]이 차지하는 비중은 크다.[42] 허 웅(1954=1961)의 존대법 체계의 문제점은 다음과 같다. 첫째, 존대법은 '형태론'에 속한다는 점이다. 그러나 {-시-}, {-삽-}의 대우법의 기능만 살펴보더라도 존대법은 형태론에 속하는 것이 결코 아닌 것이다. 형태론은 원리적으로 문장 성분과는 관련하지 않기 때문이다. 언어 형식으로서의 형태(form)와 '형태론'(morphology)의 혼선이라 여겨진다. 둘째, 존대법은 '형태론'에 속하는 범주라 하면서 특수한 어휘의 경우는 어휘론적 방법이라 하여 스스로 모순에 빠지는 결과를 보이는 점이다. 그러나, 특수한 어휘의 경우는 어휘적 대우 방법임이 간파됨은 고무적인 일이라 할 수 있다. 그런데, '-님' 연결형은 다시 형태론적 방법이라 함으로써 동일한 어휘의 문제를 때로는 어휘적인 방법인 것으로, 때로는 형태론적인 방법인 것으로 다루고 있는 점이다. 어휘가 문장의 특정한 성분과 관련되는 것이 아니라면, '-님' 연결형도 그와 같은 속성을 갖는 것으로 해석해야 일관적이라 할 수 있다. 따라서, '-님' 연결형도 어휘적인 방법에 지나지 않는다. 임홍빈(1990) 참조. 셋째, 체언이나 조사에 의한 존대법이 문법에서 그다지 중요한 과제가 되지 못한다 함으로써 어휘적 대우가 과소 평가되어 있는 점이다. 그러나, '아비가 가셨다'가 결코 성립되지 못하는 이유가 '아버님'으로 써야 할 것을 '아비'로 쓴 결과라면 어휘적 대우는 결코 대우법 체계에서 과소 평가될 수 없다 할 수 있다. 넷째, 존대 대상 인물과 관련하는 사람이나 사물을 존대하는 것을 '간접적 존대'라 한 점이다. 이는 정렬모(1946)의 가짐 높임의 변형인데, 성격은 다소 다르나 원리는 같은 서정수(1984)의 간접 대우, 장석진(1973)의 존대 파급으로 발전하였다. 그러나, 이러한 대우 현상은 최현배(1937)적인 '존경의 상응'과 같은 '대우의 일치' 현상에 지나지 않는 것으로 생각된다. 다섯째, 용언은 모두 보통말과 존대말의 대립이 있다는 점이다. {-시-}나 {-삽-}의 결합으로 그 용언이 존대말이 된다는 해석이다. 이러한 논리는 이른 시기의 대부분 연구에서 흔히 나타난 경향인 것이다. 그러나 만약, '값이 싸시다'가 가능한 문장이라면, 그리고 이 경우의 {-시-}는 결코 관련 성분으로 '값이'를 취할 수 없는 것이라면, '싸다/싸시다'는 '보통말/존대말'의 관계라 할 수 없다. {-시-}는 분명히 인물과 관련하는 형태인 것이다. 여섯째, 국어의 기본적인 구조가 '주어＋객어＋용언' 구조로 보는 점이다. 이는 객체 존대법의 정당성을 위한 조치라 여겨진다.

李崇寧(1956b:139-143)의 대우법 체계는 원리적인 면에서 최현배(1937), 정렬모(1946), 허 웅(1954)와 크게 다르지 않다. 다만, 명칭의 이름이 달라진 정도에 지나지 않는다. 李崇寧(1956b)는 '敬語法' 범주 아래 하위 범주로 (1) 주어 경어법, (2) 공손법, (3) 목적어 경어법을 두고 있다. 이러한 명칭과 구분은 이후 이익섭(1974)와 대체로 같다. 주어 경어법에 대해서는 특기할 만한 것이 없다. 이 범주 속에 어휘적 대우가 포함되어 있는 것까지 전통적인 방식인 것이다. 이는 곧 문법적 대우와 어휘적 대우가 분화되지 않았음을 뜻한다. 공손법에서 특기할 것은 그 화계 명칭이 김근수(1947)적으로 '한다-하네-하오-합니다'와 같이 평서법 어미에 의한 것이다.

최태호(1957:10-20)의 대우법 체계는 특별히 설정된 범주는 없지만 '경어' 아래 (1) 어휘적 대우, (2) 존경법과 겸손법이 구분되어 있음이 특징이라 할 수 있다. 이와 같이 '어휘적 대우'라는 범주가 명칭과 함께 독립적으로 다루어진 것은 정렬모(1946), 허웅(1954=1961) 이래 처음인 것으로 생각된다. 그런데 어휘적 대우가 독립적으로 분리되어 있음에도 불구하고 다시 존경법과 겸손법에 포함된 것은 그 차별화가 분명히 인식되지 못하였음을 알 수 있다.

이 시기의 연구는 크게 두 부류로 나눌 수 있는데, 하나는 1.3.1.의 연구와 별반 다름없이 대우 표현과 관련하는 언어 형태를 부분적으로 혹은 지엽적으로 다루어 체계에까지는 미치지 못한 것이고, 다른 하나는 관련 형태들의 유기적 관계를 통하여 일정한 형식의 틀을 갖춘 것이다.

일정한 형식의 틀을 갖춘 체계로는 鄭烈模(1946), 金根洙(1947), 李熙昇(1949), 許 雄(1954=1961), 李崇寧(1956b), 최태호(1957)을 꼽을 수 있다. 무엇보다도, 이들이 갖는 연구사적 의의는 큰 것이다. 최현배(1937)에서 배태되었다 해도 좋은 포괄적이고 종합적인 국어의 대우 현상을 대우 표현과 관련하는 언어 형태의 기능에 초점을 맞추어 하위 범주화하려는 의도가 역력한 것이다.

우선, 그 명칭이 '경어법'이든 '대우법'이든 간에 국어에는 경어 현상을 나타내는 범주의 설정이 필요하다는 의식의 작용이 엿보인다. 金根洙(1947), 李崇寧(1956b), 최태호(1957)의 '경어법' 또는 '경어', 李熙昇(1949)의 '공대법', 그리고 許 雄(1954 = 1961)의 '존대법'이 그러하다.

둘째, 상위 범주 '경어법' 또는 '공대법' 아래 어휘적 대우와 문법적 대우를 구분하려는 고무적인 현상이 나타나고 있다. 그러나 원리적인 면이나 기술 태도에 문제가 없지 않으나, 이들은 그 구분 방식에서 차이가 있다. 첫째는 鄭烈模(1946), 許 雄(1954 = 1961)에서처럼 어휘적 대우를 용언의 활용형에 의한 문법적 대우와 대별하는 방식이고, 둘째는 金根洙(1947)에서처럼 어휘적 대우를 '주어 존경,' '객어 존경,' '듣는 이와 읽는 이 존경'과 평행적으로 구분하는 방식이며, 셋째는 李崇寧(1956b)에서처럼 어휘적 대우를 '주어 경어법,' '공손법,' '목적어 경어법' 속에 포함시키는 방식이고, 넷째는 李熙昇(1949)에서처럼 '공대법'의 하위 범주 '존경법'과 '겸손법' 속에 어휘적 대우와 문법적 대우를 대등한 자격으로 포함시키는 방식이며, 다섯째 최태호(1957)에서처럼 우선, 어휘적 대우와 존경법 및 겸손법을 대별하고 다시 어휘적 대우를 존경법과 겸손법에 포함시키는 방식이다.

이들 구분 방식에서 가장 바람직한 것은 鄭烈模(1946) 및 許 雄(1954 = 1961)적인 것이라 할 수 있다. 許 雄(1954 = 1961)에서 밝힌 바와 같이 용언의 활용 어미에 의한 대우 외에 어휘론적 방법에 의한 대우가 있기 때문이다. 그러나, 許 雄(1954 = 1961)에서 용언의 활용 어미에 의한 대우와 '-님'에 의한 대우를 형태론적이라 한 점이나 어휘론적 방법에 의한 대우가 경시된 점은 그 본질을 꿰뚫지 못한 처사라 판단된다. 활용 어미에 의한 대우가 형태론적인 방법이라는 인식은 활용형을 구성하는 개별 형태들의 고유한 기능적 차이를 식별하지 못한 데서 기인한 것으로 이해된다. 가령, 선어말 어미 {-시-}의 기능이 결코 어간의 기능과 같지 않다는 것만 상기하더라도 그러한 해석은 받아들여질 수 없다. 또, Lukoff(1954:161)에서 용언의 어간은 화자와 언급 대상 인물과의 격식적인 관계를, 그리고 어말 어미는 화자와 청자와의 격식적인 관계를 나타낸다는 기술도 어간과 어미의 의미 작용이 엄연히 다름을 시사하는 것이다. 용언의 활용형에서 어간에 가까운 형태의 기능과 어말 어미에 가까운 형태의 기능에 차이가 있음을 밝힌 논의로 임홍빈(1985b) 참조. 허 웅(1954=1961)적인 이러한 해석 논리는 엄격히 말해서 나머지 鄭烈模(1946), 金根洙(1947), 李熙昇(1949), 李崇寧(1956b), 최태호(1957)에서도 은연중 수용되어 있다. 다만, 허 웅(1954=1961)에서 명시되었을 뿐이다.

최태호(1957)에서 전향적인 의의를 갖는, 어휘의 층위에 따른 '평어 : 경어 : 비어'와 같은 三枝的 대립 체계의 어휘적 대우가 만약 허 웅(1954=1961)적인 대우법 체계에 편제되었더라면, 그 가상의 체계는 언어 형태에 의한 대우 체계로는 바람직한 체계가 되었을지도 모른다. 이러한 가정은 최태호(1957)의 어휘의 층위에 따른 '평어 : 경어 : 비어'와 같은 三枝的 대립 체계의 정립이 어휘적 대우가 지향하는 과제의 하나라는 것을 의미하는 것이다.

셋째, 비록 '-님'의 연결 현상을 조어법적인 것으로 기술하지 않고 형태론적인 방법으로 기술하기는 하였으나 '-님' 연결형을 그 자체로 존대말로 본 허 웅(1954=1961)은 의의를 갖는다. 최현배(1937), 정렬모(1946) 외에 거의 많은 연구에서 암시된 현상이 표면화되었기 때문이다.

넷째, 정렬모(1946)에서 비롯되었다 해도 과언이 아닌, 주체 존대, 객체 존대, 상대 존대와 같은 범주 명칭이 허 웅(1954=1961)에서 확고하게 자리를 잡게 되었다. 그러나, 주체와 객체의 뜻하는 바가 무엇인지에 대한 논란, 객체 존대가 주체 존대나 상대 존대와 평행적으로 취급되어야 하는 대우 현상인지에 대한 반성, 등은 여전히 문제로 남는다 할 수 있다. 가령, 성기철(1985a)에서 확대된 '주체'의 개념이나 객체 존대가 중세적인 {-습-}의 기능을 대신한다는 인식 같은 것이 바로 그러하다. 이에 대해서는 3장 및 4장 참조.

1.3.3. 1970년대 이후의 연구

1.3.1. 및 1.3.2.에서 검토한 바와 같이, 최현배(1937), 鄭烈模(1946), 金根洙(1947), 李熙昇(1949), 許 雄(1954=1961), 李崇寧(1956b), 최태호(1957) 등을 제외하면 앞선 시기의 대우법 연구는 대우법과 관련하는 개별 요소에 대한 연구가 주종을 이루었다 할 수 있다. 그런데 1970년대 이후에는 한편으로는 대우법 관련 요소에 대한 개별적인 연구가 심화되었으며, 다른 한편으로는 대우법 체계에 대한 연구도 활발하게 전개되었다. 이러한 1970년대 이후의 연구 배경은 1960년대 후반부터 국어학 연구에 변형·생성 문법이 새로이 소개됨으로써 형성되었다고 할 수 있다.

이 시기의 대우법 연구는 크게 두 흐름으로 갈리어 전개된다. 하나는 전통적인 방법에 의거한 것이며 다른 하나는 변형·생성 문법의 이론적 방법에 의거한 것이다. 예컨대, 대우법 논의에서 {-시-}에 대한 학자들의 첨예한 견해와 주장의 대립이 이러한 배경을 말해 준다. 그러나, 개별적인 언어 형태에 의한 대우법은 각론에서 검토하기로 하고 여기서는 대우법 체계에 대한 것만 검토하기로 한다. 이 시기의 대우법 체계에 대한 대표적인 연구는 성기철(1985a), 서정수(1984), 이익섭(1974), 임홍빈(1990), 임홍빈·장소원(1995)를 들 수 있다. 그런데, 이들 연구는 임홍빈(1990), 임홍빈·장소원(1995)를 제외하면, 성기철(1985a), 서정수(1984), 이익섭(1974) 등은 대체로 전통적인 방법에 의거한 체계라 할 수 있다.

성기철(1985a)의 대우법 체계는 한 마디로 최현배(1937), 정렬모(1946), 허 웅(1954=1961)을 솜씨있게 종합한 것이다. 그만큼 전통적인 방법에 의거한 체계라 할 수 있다. 우선, 대우법 체계의 틀이 '대우법'이라는 상위 범주 아래 하위 범주로 주체 대우,

청자 대우, 객체 대우와 같이 셋으로 나뉘어 있는 점이 그러하고, 거의 어휘적 대우 문제를 도외시하고 있는 점이 그러하다. 특히 거의 어휘적 대우 문제를 도외시하는 태도는 허 웅(1954＝1961) 적이라 할 수 있다.

그러나, 성기철(1985a)의 대우법 체계는 앞선 연구의 답습만은 결코 아니다. 그의 방법론적 원리는 국어의 문장 구조가 '중주어문' 구조라는 데 두고 있다. 이러한 구조적 특성에 입각하여 성기철(1985a)는 우선, {-시-}의 기능에 접근한다. 이러한 원리의 배경은 성기철(1985:41)에서도 시사된 것처럼 아마 최현배(1937)에서 배태되었는지 모른다.[43] 뿐만 아니라, 허 웅(1954＝1961)의 '주어＋객어＋용언' 구조도 한 참고가 되었는지 모른다. 구조와 관련한 논의는 3.2.1. 참조. 이후 이러한 특이한 중주어 현상은 그 개진이 언제부터인지 확실치 않으나, 전통 문법에서 '총주어-소주어' 또는 '대주어-소주어'라는 개념으로 해석되어 왔다. 임홍빈(1974) 참조. 그런데 1960년대 중반 이후 변형·생성 문법이 도입되면서 이러한 '대주어-소주어'의 개념은, 한편에서는 심층 구조에서의 속격 구성이 변형 규칙의 적용을 받아 표면 구조에서 이중 주어로 생성되는 것으로 해석되고,[44] 다른 한편에서는 구조는 보존되어야 한다는 입장에서 '총주어' 혹은 '대주어'는 '주제'로, 그리고 '소주어'는 그대로 문장의 주어로 해석되기도 하였다. 임홍빈(1972, 1974, 1985d) 참조. 이러한 이중 주어 현상에 대한 학계의 지대한 관심은 곧 국어 문장의 구조적 특성은 물론, 국어가 어느 유형에 속하는 언어인지에 대한 보다 근본적이고 본질적인 연구를 촉진시킨 계기가 되었다.

성기철(1985a)에서 상정된 '중주어문' 구조는 다음과 같다.

(6) (X)…Y…시

(6)에서 '(X)'는 상위 주체이고, 'Y'는 하위 주체 혹은 주어이다.

상위 주체는 나타나지 않는 경우도 있으므로 괄호로 묶였다. 이 경우 '시'는 조건에 따라 '(X)'와 관련하기도 하고 'Y'와 관련하기도 한다는 것이다. 그러나, '시'가 'X'와 'Y'에 동시에 관련하는 일은 원천적으로 봉쇄된다. 가령, 한 문장에 'X'와 'Y'가 동시에 나타나는 경우, 성기철(1985a)는 〔 Y…시〕를 서술절로 가정하고 있기 때문이다.[45] 그런데 이러한 구조에서 {-시-}의 쓰임에 대해 서정수(1972, 1984)에서는 '간접 대우'의 논리로, 그리고 장석진(1973)에서는 '존대 파급 현상'으로 해석하고 있다. 이에 대해서는 3장 및 7.4.3. 참조.

다음 문장을 보도록 한다.

(7) 아버지께서 <u>병환이 나시었다</u>.

(7)은 최현배(1937:788)에서 다룬 문장이다. 최현배(1937:788)에 의하면 '큰 임자'인 '아버지께서'를 화자가 높이고자 하는 경우 서술어 '나다'를 '-시-'로써 높여야 하는 것으로 해석되며, 성기철(1985a)에 의하면 서술절, 즉 내포문인 '병환이 나시었다'가 상태 동사의 문장이고, 상위 주체, 즉 '아버지께서'가 그 문장의 경험주인 경우 상위 주체는 '-시-'로써 존대되는 것으로 해석된다. 그러나, {-시-}가 어휘적 대우와 관련하는 형태가 아니라면, 최현배(1937) 식으로 '-시-'에 의해 동사 '나다'가 존대말이 되는 것이 아니며, 온전한 문장 앞에 오는 성분이 문장의 사태나 사건을 경험하는 주체라면, 성기철(1985a) 식으로 '-시-'가 상위 주체인 또 하나의 주어 개념에 속하는 성분을 존대하는 것으로 해석할 것이 아니라, 경험주를 존대하는 것으로 해석하면 그만인 것으로 생각된다. 이에 대해서는 3장에서 상론하기로 한다.

성기철(1985a)의 청자 대우는 높임과 낮춤, 등분과 등외로 화계를 체계화하고 있다. 여기서 등분과 등외의 방식은 곧 최현배(1937)적이라 할 수 있다. 다음은 그의 화계 체계이다.

(8) 성기철(1985:132)의 화계 체계

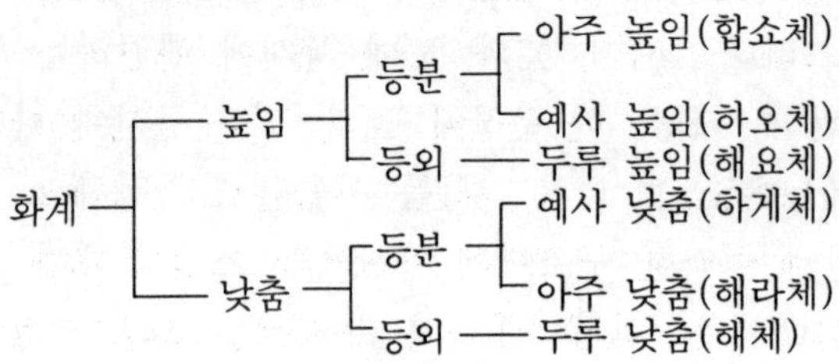

성기철(1985a)는 '해'체와 '해요'체를 '두루 낮춤'과 '두루 높임'이라 한 근거를 그 화계 쓰임의 폭이 큰 데서 찾고 있다. 그런데 용어 '두루'는 이미 정렬모(1946)에서 '두루빛'으로 규정된 바 있다. 최현배(1937)에서 비롯한 등분과 등외의 방식은 다소 문제가 있어 보인다. 언어 형태로 청자를 등급화하는 경우, 등분 속에 포함시키지 못할 화계는 결코 없는 것으로 판단되기 때문이다. 이에 대해서는 5장 참조.

결론적으로 성기철(1985a)에서 특기할 점은 첫째, 국어의 구조는 중주어문 구조라는 것이고, 둘째, 이러한 의미에서 국어에는 서술절의 상정이 가능하다는 것이며, 셋째, 화계를 등분과 등외로 구분하고 있다는 것이다.

서정수(1984)의 대우법 체계의 특징은 대우법 체계가 대상 위주 체계와 방법 위주 체계 둘로 나뉘어 있는 점이다. 대상 위주 체계는 대우 대상 인물이 누구냐에 따라 종전의 구분 방식을 취한 것이며, 방법 위주 체계는 대상 인물을 대우하는 방법에 따라 구분한 것이다.

이 체계에는 몇 가지 주목되는 점이 있다. 첫째, 대우 대상 인물에 따른 대상 위주 체계와 대우 방법에 따른 방법 위주 체계의 구분 근거가 불투명하다는 점이다. 서정수(1984)에서는 대상 위주 체계는 문법적 대우법을, 그리고 방법 위주 체계는 어휘적 대우법을 암시하는 것으로 생각되는데, 그렇다고 전적으로 대상 위주 체계에서 문법적 대우법만을 취급하는 것도 아니고 방법 위주 체계에서 어휘적 대우법만을 취급하는 것도 아니다. 객체 대우가 순수히 문법적 대우법에 속하는 것이냐 하는 문제는 여전히 해명 되어 있지 않기 때문이다.

둘째, 앞선 몇몇 연구와는 달리 청자 대우가 우선하고 있는 점 이다. 그러나 이러한 기술 태도는 이미 1.3.1. 및 1.3.2.에서 검 토한 이른 시기의 대우법 관련 연구들의 방식과 같다 할 수 있다. 즉, 어말 어미 형태에 의한 청자 대우 현상에 먼저 주목한 것이 그러하다. 그러나, 용언의 활용 형태가 어간, {-시-}, {-삽-}과 같 은 선어말 어미, 그리고 어말 어미로 분석되는 것이라면, 특별한 전제가 없는 한, 그 배열 순서에 따라 관련 문법 현상을 기술하는 것이 자연스러운 일이라고 생각한다. 예컨대, '납신다'의 경우 그 배열 순서에 따라 기능을 검토하면 어간, '-ㅂ-' 그리고 '-시-'는 모 두 주체와 관련하는 형태이나, '-ㄴ다'는 청자와 관련하는 형태라 할 때, 청자 대우에 대한 논의가 주체 대우보다 우선되어야 할 아 무런 근거가 없는 것이다. 이러한 점을 고려하면, 국어의 대우법 기술은 종전의 방식대로 청자 대우는 주체 대우, 객체 대우에 대 한 기술 뒤에 논의되어야 할 것이다. 임홍빈(1990) 참조.

셋째, 국어의 모든 어휘를 존대 자질에 따라 존대법(존경법)에 속하는 것과 비존대법(비존경법)에 속하는 것으로 二分하고 있는 점이다. 그러나 이러한 구분 방법은 문제가 있다. 첫째, 국어의 모 든 어휘는 존대말과 비존대말로 구분되지 않기 때문이다. 둘째, 서 정수(1984)에서 기술된 것처럼 '예삿말'이 비존대말에 속하는 것 이라면, 예삿말은 본래 존대말에 속하는 것도 아니고 비존대말에 속하는 것도 아닌 단순히 보통말에 지나지 않는데 비존대말에 속 하는 것으로 기술되었기 때문이다. 일종의 모순이라 할 수 있다.

넷째, 청자 대우의 화계를 존대와 비존대, 그리고 격식체와 비 격식체로 구분하여 성기철(1985a)와 다른 특징을 나타낸다. 즉,

성기철(1985a)의 '등외'가 서정수(1984)에서는 비격식체로 취급되어 있다. 여기서 문제는 현대 사회의 현실을 어느 용어가 더 잘 반영하고 있느냐 하는 것이다. 이에 대해서는 5장 참조.

이익섭(1974)의 대우법 체계는 원칙적으로 전통적인 주체 경어법, 객체 경어법, 상대 경어법의 체계를 고수하고 있다. 그러나, 이익섭(1974)의 대우법 체계는 서너 가지 특징을 갖는다.

첫째, 경어법 체계의 틀을 제시하여 세 하위 경어법을 설명하고 있는 점이다. 다음이 그것이다.

(9) "NP(화자) - NP(청자) - s〔NP(주어) - NP(객어) - V - X〕s - X"

주체 경어법은 文 밖과 文 안의 조건으로, 객체 경어법은 文 안의 조건만으로, 그리고 상대 경어법은 文 내부 조건과 무관하고 文 밖의 조건만으로 각각 해석된다고 보는 것이다. 이러한 경어법 체계의 틀은 그 간 말로써 기술되거나 설명되어 온 경어법의 체계를 간략하게 형식화하였다는 점에서 특기할 만하다 할 수 있다. 그러나 이토록 간략한 형식의 틀로 해석되지 않는 대우 현상도 있다. {-시-}가 유표적으로 쓰이는 경우가 그러하다. 이에 대해서는 2장, 3장, 그리고 7장 참조.

둘째, 경어법의 정의에서, 화자의 대상 인물에 대한 신분성 부여 혹은 신분적인 자질 부여가 경어법이라 한 점이다. 이는 곧 {-시-}가 하나의 신분 표지라고 해석될 여지를 보인다. Martin(1954a)의 '신분 형태소의 존칭 표지', 이숭녕(1964)의 '신분성 표시'를 연상케 한다. 이러한 의식은 임동훈(1996)의 '상위자에 관여하는 사태를 유표적으로 가리키는 사회적 지시소'에도 나타난다.

셋째, 특히 존대와 친밀(격식)과 같은 청자 자질로 화계를 '반말체, 해라체, 하게체, 하오체, 해요체, 합쇼체'처럼 6등분하고 있는 점이다. 이러한 화계 구분에는 (1) 존대에 속하는 것은 해요체와 합쇼체만 상정되어 있는 것, (2) 등분과 등외라는 개념이 무시되

어 있는 것, (3) 해요체가 합쇼체보다 낮은 화계로 다루어진 것의
특성이 나타난다.

넷째, 경어법에서 화자의 의도가 큰 비중을 차지한다는 점이다.
화자는 對人間의 존비 관계를 판정하고 각 개인의 신분성을 매기
는 사람이기 때문이라는 것이다.

이상의 성기철(1985a), 서정수(1984), 이익섭(1974)의 체계
가 대체로 전통적인 방법에 의거한 체계라면, 임홍빈(1990), 임
홍빈·장소원(1995)의 체계는 대체로 변형·생성 문법적인 방법
에 의거한 체계라 할 수 있다.[46] 우선, 임홍빈(1990)은 기존의
대우법 체계가 어휘적 대우 현상을 대수롭지 않게 여기는 경향을
검토하면서 국어의 대우법 체계의 정립을 위해 어휘적 대우법이
마땅히 설정되어야 한다고 역설하고 있다. 국어의 대우법 체계에
서 어휘적 대우법 설정의 당위성을 공론화한 최초의 논의라 할 수
있다. 이러한 당위성이 임홍빈·장소원(1995:373)에서 현실화하
였다. 여기에 그의 체계를 가져온다.

(10) 임홍빈·장소원(1995)의 대우법 체계
　가. 표현
　　(A) 대우 표현 : 문법적 대우나 어휘적 대우를 가진 표현.
　　(B) 비대우 표현 : 대우 표현을 가지지 않은 표현.
　나. 대우 표현
　　(A) 문법적 대우 : 주체 높임법, 상대 높임법, 객체 높임법.
　　(B) 어휘적 대우 : 어휘 및 어휘적 요소에 의한 대우.
　다. 어휘적 대우
　　(A) 높임말 : 높임 체언(선생님, 어머님, 영부인(令夫人), 영식(令
　　　　　　　息), 진지, 말씀, 댁, 귀사(貴社) 등), 높임 용언,
　　　　　　　높임 조사(께서, 께 등).
　　(B) 낮춤말 : 낮춤 체언(저, 소생(小生), 말씀, 폐사(弊社), 졸
　　　　　　　고(拙稿), 졸저(拙著), 돈아(豚兒), 여식(女息)
　　　　　　　등), 낮춤 용언(돼지다, 물러나다 등).

　　라. 높임 용언
　　　　(A) 주체 높임 용언 : 계시다, 잡수시다, 자시다, 주무시다.
　　　　(B) 객체 높임 용언 : 드리다, 모시다, 여쭈다.

　　(10)에서 특히 주목을 요하는 것은 (나)의 대우 표현의 구분이다. 대우 표현이 특정한 문장 성분과 관련하는지의 여부가 구분의 기준이 되어 보인다. 어휘적 대우 표현은 특정한 문장 성분과 관련하지 않기 때문이다. 어휘적 대우가 대우법 체계의 한 하위 범주가 되는 경우, 어휘가 어휘의 대우 자질에 따라 높임말, 낮춤말 같은 충위를 가지는 것은 당연한 일이며, 이러한 의미에서 (다)는 의의를 갖는다 할 수 있다. 이와 관련하여 임홍빈(1990)에서는 '평칭어 : 존칭어 : 비칭어'의 三枝的 대립 체계를 수립하고 있다. (라)와 같이 특별히 높임 용언을 분리한 것은 기존 체계에서의 객체 존대에 대한 기술이 불투명함을 해명하기 위한 처사라 여겨진다.
　　임홍빈(1990)에는 이상의 체계가 주어져 있지 않다. 거기서는 국어의 대우 현상을 포괄하는 체계에 보다 관심을 보이고 있다. 가령, 대우 표현과 관련하는 언어 형태에 의한 대우법과 비록 언어 형태에 의해서 표현된 대우 현상이기는 하나 그러한 현상이 실제 발화 상황이나 담화에서 수행되는 경우 나타날 수 있는 운용적인 면의 대우법을 대별하고 있다. 그에 의하면 전자는 소재적 체계, 후자는 운용적 체계이다.
　　이 시기의 대우법 체계에 대한 연구는 어휘적 대우 현상을 어떻게 처리하느냐에 따라 두 갈래로 전개되었다 할 수 있다. 하나는 기존의 전통적인 방법에 의거한 연구이고, 다른 하나는 변형·생성 문법적인 방법에 의거한 연구이다. 결론적으로, 전자는 어휘적 대우법을 경시하거나 소홀히 다루고 있고, 후자는 어휘적 대우법을 국어의 대우법 체계에 포함시키고 있다.
　　전통적인 방법에 입각한 연구도 구체적인 내용에 들어가서는 많은 차이를 갖는다. 성기철(1985a)에서는 중주어문 구조와 서술절의 개념을 설정하여 대우법에 접근한다. 이러한 가정 하에 '상위 주체,' '하위 주체'의 개념이 정립되었으며, 이에 입각하여 가령, {-시-}는 단위 문장에서는 하위 주체, 즉 주어를 존대하나, 복합 문장에서는 상위 주체를 존대한다는 논리를 전개하는 것이다. 그러나, 국어의 문장 구조가 '주제-설명'의 구조라 가정하는 경우, 성기철(1985a)의 논리는 그만큼 약화된다고 판단된다.

서정수(1984)에서는 성기철(1985a)적인 중주어문 구조에서의 부분적으로 나타나는 특이한 대우 현상을 간접 대우 또는 압존법의 논리로 해석하는 한편, 별도로 어휘적 대우 체계는 다루고 있지 않으나 국어의 모든 어휘는 대우 자질을 갖는다는 가정 하에 문장에 나타나는 어휘의 대우의 일치 현상에 주목하고 있다.

이익섭(1974)에서는 경어법 체계의 틀을 상정하여 문법적인 대우법을 해석한다. 대우법에 대한 이전 연구가 말로만 기술되어 오던 폐단을 체계의 틀을 형식화함으로써 간명해진 장점을 지닌다 할 수 있다. 더욱이, 그러한 형식화된 틀의 대우 작용에 화자의 의도가 간과될 수 없다는 지적도 의의 있다 하겠다.

기존의 전통적인 방법에서 벗어나 어휘적 대우 현상을 독립적인 체계로 보고 국어의 대우법 체계의 한 하위 범주로 처리한 임홍빈(1990), 임홍빈·장소원(1995)는 국어의 전반적인 대우 현상을 기술하는데 강점을 갖는다 할 수 있다. 예컨대, 대우 표현과 관련하는 언어 형태 중, {-시-}, {-삽-} 그리고 어미 형태가 나타내는 대우 작용과 어휘 또는 어휘적 요소가 나타내는 대우 작용이 엄연히 다르다는 것이 그러하다.

1.4. 논의의 구성

이미 우리는 1장에서 본고의 연구 목적 및 연구 방법, 그리고 그 간의 연구사를 간략히 검토, 기술하였다. 2장에서는 내용을 크게 세 부분으로 나누어 검토, 기술한다. 1절은 대우법의 일반적인 성격과 대우법 명칭에 대한 것이고, 2절은 대우법과 관련하는 요소, 즉 언어 형태적인 요소와 상황적인 요소에 대한 것이며, 3절은 우리의 대우법 체계에 대한 것이다. 특히 3절에서는 우선 대우 표현과 관련하는 언어 형태의 그 기능적 차이를 명백히 밝히고, 이를 바탕으로 언어재에 의한 대우법 체계와 언어 외적 요소, 즉 실제 발화 상황이나 담화에서 나타날 수 있는, 혹은 화자의 특별한 의도나 목적으로 나타날 수 있는 운용 및 책략적인 대우를 상정할 것이다. 특히 책략적인 대우 현상에서는 화자의 유표적 의도가 논의된다. 3장에서는 기존의 연구에 대한 검토를 바탕으로 {-시-}의 본질적 기능에 대해 논의할 것이다. 2절 기존의 연구는 다시 존대설과 호응설, 주체 존대설, 존칭 체언의 무정화설, 그리고 경험주 존대설로 나누어 검토한다. 이를 바탕으로 3절에서는 {-시-}는 심리적 행동주에 대한 존대 표지라고 가정할 것이다. 그리고 4절은 논의 내용을 정리한다. 4장에서는 현대 국어의 {-삽-}의 기능을 규명할 것이다. 이를 위해 2절에서는 중세 국어의 {습}의 기능을 검토하며, 3절에서는 현대 국어의 {-삽-}의 형태에는 어떤 것들이 있는지 살펴본다. 이를 바탕으로 4절에서는 현대 국어의 {-삽-}의 기능이 화자와의 이해 관계, 영향 관계에 있는 대상 인물에 대한 겸양이라는 것을 밝힐 것이다. 5절에서는 3절과 4절의 결과를 바탕으로 비수행적인 '압'에 대해 검토하며, 6절에서는 청자와 관련하는 {-삽-}의 형태를 검토한다. 그리고 7절은 논의 내용을 정리한다. 5장에서는 청자 등급화에 초점을 맞추어 기술할 것이다. 2절에서는 화계 구분에 대한 기존의 연구를 면밀히 검토한다. 3절에서는 2절의 결과에 입각하여 격식성을 기준으로 화계를 설정하며 화계의 명칭을 서술형의 명칭으로 할 것을 제안할 것이다. 그리고 4절은 논의 내용을 정리한다. 6장에서는 어휘적 대우법을 국어의 대우법 체계의 한 하위 범주로 설정할 것을 제안할 것이다. 2절에서는 기존의 논의를 검토하고, 3절에서는 2절의 검토 내용을 바탕으로 어휘적 대우 체계를 확립한다. 그리고 4절은 논의 내용을 정리한다. 7장에서는 언어 외적 요소, 즉 실제 발화 상황이나 담화 상황이나 화자의 특별한 의도나 목적이 제약이 되는 대우 현상에 대해 검토할 것이다. 2절에서는 기존의 연구를 검토하고, 3절에서는 운용적인 대우 현상을 검토하며, 4절에서는 책략적인 대우 현상을 검토한다. 그리고 5절은 논의 내용을 정리할 것이다. 끝으로, 8장에서는 이 연구의 결론과 미진한 남은 문제를 언급할 것이다.

각 주

1) 주제와 '언급 대상성'의 의미론적 특징에 대해서는 임홍빈(1985d), 임홍빈(1987) 및 Kuno(1972) 참조.
2) Dallet(1874:XGII-XGIII)의 국어의 대우 의식은 다음 글에서 잘 나타나 있다.

Le verbe honorifique se forme en ajoutant 'si-ta' aux radicaux termines par une voyelle, 'eusi-ta' a ceux qui sont terminee par une consonne. Pour les verbes en 'tha', ou ajoute au radical 'heusi-ta'. 흐다-흐시다. L'honorifique des verbes substantifs est : 일다-계시다, 일다, 이실다, 이시다 등.

이 내용의 요지는 첫째 '-(으)시-'가 동사 어간에 결합됨으로써 그 동사는 존경 동사가 된다는 것이며, 둘째 존경 동사에는 어휘적 특성에 의한 자체 존경 동사도 있다는 것이다.
3) Ridel(1881:99)에는 다음과 같은 내용이 기술되어 있다.

Chaque terminaison de chaque temps du verbe varie, en effet, suivant le rang de la personne de qui parle, de celle à qui l'on parle, de celle de qui l'on parle.

여기서 뜻하는 바는 대략 세 가지이다. 첫째 대우 대상 인물에 대한 존대 표현은 거의 화자에 주어져 있다는 것이고, 둘째 용언의 활용 형식은 화자, 청자 그리고 언급 대상 인물의 계급(rang)이 반영되어 있다는 것이며, 셋째 용언의 활용 형식에는 화자 관련의 형태, 청자 관련의 형태, 그리고 언급 대상 인물 관련의 형태 등이 한 데 결합되어 있다는 것이다.
4) 대부분의 연구에는 대우 표현과 관련하는 언어 형태가 둘 이상 기술되어 있거나 언급되어 있다. 이러함에도 불구하고 이와 같이 편의상 네 부류로 구분한 이유는 대우 표현 관련 언어 형태들의 기능적 특성을 고려해서이다. 가령, {-시-}나 {-삽-}의 기능적 특성과 어휘의 기능적 특성이 결코 동일하지 않음을 고려하여 {-시-}, {-삽-}을 한 부류로, 그리고 어휘적 대우를 한 부류로 묶어 구분하는 방법이 그렇다 할 수 있다.
5) '반말'을 취급하고 있는 연구를 따로 떼어 구분한 것은 화계에 있어 반말이 차지하는 비중이 큼을 고려한 것이다.
6) 兪吉濬(1904:24)의 대우 의식을 여기에 가져오면 다음과 같다.

1) 尊敬ᄒᄂ 意를 表ᄒᄂ 者니 他의 動作을 尊敬홈이라. 현재 '시,' 미래 '실,' 과거 '신' 及 連鎖段 '사,' 終結段 '소셔' 等語로 成ᄒᄂ니라.
   손님이 오시오 / 가실 길이 머오 / 어룬이 불으신다 / 상감게웁셔 됴셔를 나리사 / 뎡사를 명빅히 ᄒ시와 빅셩을 구졔ᄒ시웁소셔
2) 謙恭ᄒᄂ 意를 表ᄒᄂ 者니 他에 對ᄒ야 自己의 動作을 謙恭홈이라. 現在 及 過去 '니다' 未來 '이다' 等語로 成ᄒᄂ니,
   그 스룸이 져기 오웁니다(或은 '니다'의 代에 'ᄂ이다')(현재)
   어졔 그 스룸을 맛나습니다(或은 '니다'의 代에 'ᄂ이다')(과거)

7) Ramstedt(1939:69)에는 다음과 같은 화계가 제시되어 있다.
   (1) a straightforward form(=low): -ta(-다), -te(-데), -ci(-지).
   (2) a familiar sociable form(=middle), polite form: -o, -io, -so.
   (3) a polite or honorific form(=high): -mnida(written -pnida, -pnaida, -pniida).

8) 우리의 조사에 따르면, 李鳳雲(1897)은 국어의 대우 현상을 암시적으로나마 밝힌 우리 나라 사람에 의한 최초의 견해라 할 수 있으며 아울러 '반말'에 대한 최초의 인식이라 할 수 있다.
   李鳳雲(1897:10)에는 반말이 화계상 등외로 처리된 것으로 보인다.
   가. 홉시오, ᄆ네다, ᄆ넷가? 홉시다.
       ᄒ오,   ᄒ오,   쇼?   ᄒ세.
       ᄒ여라, ᄒ다,   ᄒ자.
   나. 반말 : ᄒᄂ, ᄒ지, 홀너라.

9) 李奎昉(1922:142)에는 {-삽-}의 형태가 분석될 가능성을 시사해 주기도 한다. "'웁'이 入하는 조동사는 보통 구어에서는 其 '오'를 略하고 'ㅂ'만 用하여 'ㅂ니다, ㅂ지오, ㅂ더이다'와 如히 發音하며…"라는 언급이 그것이다. 이러한 분석 태도는 姜邁・金鎭浩(1925:106), 沈宜麟(1936:94-95), 그리고 Lukoff(1954:172-173)에도 보이며, 최근에는 '형태소핵'과 '형태소변'이란 개념 정립을 위한 임홍빈(1985b)의 논의가 있다.

10) 前間恭作(마에마 쿄사쿠)(1909)에는 높임 동사를 첫째 {-시-}에 의한 것, 둘째 '특수하게 존칭을 나타내는 동사', 셋째 '비칭으로 존칭을 나타내는 것'으로 구분되어 있다. 둘째에는 '먹-/자시-, 잡숩-, 잡수시-, 죽-/도라가시-, 자-/주무시-'가 예시되어 있고, 셋째에는 '니르-/엿줍-, 듯-/듯줍-, 니/닛줍(忘)'이 예시되어 있다. 그러나 이에는 문제가 있다. 가령, {-시-} 결합형이 자체 높임 용언과 뒤섞여 있는 것과 완곡어가 높임 용언으로 되어 있는 것이다.

11) 沈宜麟(1936:108-109)에는 특히 '께서는'이 주제 표지 '은/는'의 존경 형태로 지적되어 있다. 이러한 해석은 李熙昇(1949:126-135)에도 발견된다.

12) 구체적인 예가 없어 단정할 수 없으나, 여기서 후치사(postpotions)의 개

념은 조사의 개념에 해당하는 것으로 생각된다. 더욱이 국어 학계의 한 편에서 조사를 후치사(postpotions)라 하는 관례도 바로 여기서 기원한 것이 아닌가 추측된다. 이승욱(1957) 참조.

13) 이 연구에는 '-요'가 '-오'의 音便에 따른 것이라 되어 있다. '이오→이요'의 예를 든 것으로 보아 일종의 'ㅣ'모음 동화 현상으로 이해한 듯이 생각된다. 그러나 '-요'가 '-오'에서 왔는지는 분명치 않다. 일반적인 학계의 견해는 '-오'는 {-삽-}의 한 이형태이다.

14) 洪起文(1927)에는 화계를 '말의 尊卑的 구별'의 뜻으로 '어계'(語階)라 한다.

15) '반말'에 대한 구체적인 언급은 李完應(1926)에 없고 李完應(1929:130)에 있다. 다음이 그것이다.

> 6단계 외에 '반말'이라 云하야 동사의 語根에 活用字를 附하야 命令語에 用하는 事가 有하니 계급으로 論하면 對等의 '게'와 普通의 '오'의 中間에 位하나니라.

> 이규방(1922:154-158)가 '반말'에 대한 형태적인 특성을 밝힌 것이라면, 이완응(1929:130)는 '반말'의 쓰임의 특성을 밝힌 것이라 판단된다. '하게'체와 '하오'체의 중간 단계라는 언급이 그러하다.

16) 李完應(1926)에서는 명령법 '-시오,' '-ㅂ시오,' '-십시오' 등이 각각 독립적인 등급으로 나뉘어 있다. 이와 같은 등급 방식은 일찍이 新庄順貞(1918)의 '-시오'의 '順次的 敬意'의 내용과 다름없다. 이러한 경향은 Lee(1955), Pulth(1960)에서도 확인된다. 그러나 이처럼 등급화된 명령의 형태를 모두 독립된 화계로 인정하는 데에는 문제가 있다고 생각한다. 이들의 형태가 {-시-}와 {-삽-}에 의해 누적된 敬意를 표하는 것이라면 이는 바로 문체적인 현상에 해당되는 것이며, 문체적 대우 현상이 문법적 대우 현상과 구별되는 것이라면 '-ㅂ시오'와 '-십시오'는 하나로 묶어 같은 화계로 조정되어야 할 것이다.

17) 新庄順貞(1918:51-62)의 요지는 다음과 같다. 첫째, 조선은 양반, 중인 및 常漢의 계급이 뚜렷한 사회이며 또한 長幼의 구별이 중한 사회이므로 계급적인 어말 어미가 발달하였다. 둘째, 그 계급어에 의해 화계를 좁게는 ᄒ여라, ᄒ게(친교간, 바로 아랫사람에게), ᄒ여(반어, 아랫사람에게), ᄒ소(情味가 없는 語, 대등 이하에서), ᄒ오(평등, 보통 상호간에), ᄒ시오('ᄒ오'의 順次 敬意))처럼 6등분하고, 넓게는 특히 명령법의 경우 여기에 다시 {-시-}와 {-삽-}이 누적된 'ᄒᆸ시오, ᄒ십시오, ᄒ십시사' 셋을 더하여 9등분하고 있다.

18) 우리가 다룬 자료는 정확히 Eckardt(1923)은 아니다. 그러나 Eckardt(1962)나 Eckardt(1973)은 Eckardt(1923)의 개정판이므로 자료로

다루어도 별 문제가 없는 것으로 생각한다.

19) Martin(1954a:35)에서 '-시오-, -시옵-'이 신분 형태소(status morpheme)의 존칭 표지(honorific marker)라는 견해는 이숭녕(1964)의 '상위의 신분성 표시'나 최근 임동훈(1996)의 '신분 표지'와 맥을 같이하는 것으로 생각된다.

20) 무엇보다도 Rogers(1956)에 대해 특기되어야 하는 것은 {-시-}나 {-삽-}이 결합된 형태는 격식적인 형태(Formal form)로서 공손체(Polite Style)에 해당하나 그렇지 않은 형태는 덜 딱딱한(less stiff) 느낌의 비격식적인 '-요'를 취한다는 간략한 언급이다.

21) '-세요'를 이와 같이 비격식적 명령법(informal imperative) '-세'와 존대 요소 '-요'로 분석하는 방법은 가령, '하세요'를 '하세'라는 명령법 혹은 청유형의 종결 형식에 다시 '-요'가 결합된 것으로 분석하는 방법과 별반 다르지 않다고 하겠다. 그러나, 학자에 따라서는 '하세요'의 '-세-'에서 존대 기능의 {-시-}가 분석될 개연성이 있음을 주장하기도 한다.

22) 일반적으로는 Speech level의 의미로 '話階'를 사용하는데, 洪起文(1927, 1946)은 독특하게 '말의 層下를 이름'의 뜻으로 '語階'를 사용하고 있다.

23) 洪起文(1946)에서는 반말을 "어계를 불분명히 하는 것이라 間或 '존대, 하오, 하게, 또는 해라'와도 석거 쓰나 그 自體 역 한 어계를 이루니 '하오'보담 낮고 '하게'보담 높다고 볼 수 잇스며"와 같이 정의하고 있다.

24) 특히 '하오'체에 속하는 '-우'를 '-오'가 音轉된 형태로 보는 것이 주목된다.

25) 여기서 우리의 주목을 끄는 것은 두 가지이다. 하나는 {-삽-}의 이형태에는 연결 형태도 있다는 것이며 다른 하나는 {-삽-}의 이형태가 11개로 되어 있는 점이다.

    a. 연결 형태에만 쓰이는 것: 사오, 아오.
    b. 종결 형태에만 쓰이는 것: 습, 읍.
    c. 두 형태에 다 쓰이는 것: 오, 옵, ㅂ, 사옵, 삽, 아옵, 압.

이 형태 목록에서 특기할 것은 '오'와 'ㅂ'이 당당한 이형태의 하나라는 사실이다. 만약, '오'와 'ㅂ'이 당당한 이형태라면, '-옵-'은 {-삽-}의 증가형이라 할 수 있다. 임홍빈(1985b) 참조.

26) 李崇寧(1954:119-128)에서 주목되는 것은 '경어법'이란 용어를 사용한 것과 우리 나라 사회가 원래 貴賤의 계급이 분명한 계급 사회이며 이러한 사회적 대비 관계가 인간 관계의 기본이 되어서 '예절'과 관련되는 대우법이 특히 발달하게 되었다는 것이다.

27) 李崇寧(1956a:91-95)에서는 두 가지 면이 주목된다. 하나는 Underwood(1890)적인 '뵈오니, 갚사와, 듣잡고' 등의 동사가 글의 목적어가 높

을 경우에 쓰이는 동사라는 것이며, 다른 하나는 화계 명칭을 '-다→-네→ -오→-ㅂ니다'와 같이 평서형으로 부르고 있는 것이다.

28) 金敏洙(1960:197-200)에는 대우법을 '말 대우'라 이르고 있다. 그리고 말 대우는 크게 공대체와 하대체로 나뉘고, 다시 공대체는 존경체와 겸손체로 나뉜다.

29) Pulth(1960:46-48)에는 '님, 씨'가 존칭어로 제시되어 있다.

30) 한국국어교육연구회(1964a:110-111)에서는 어휘를 크게 상대방을 공대해서 쓰는 말씨 '恭待語'와 상대방을 업신여기거나 낮추어 대접하는 말씨 '卑語'로 구분하고 있다. '공대어'는 다시 몇 갈래로 나뉘는데 그 중에 높임의 낱말(어휘 자체로서 존칭어), 높임의 접미사 '-님'에 의한 존칭어가 주목된다. 한편, 卑語와 俗語가 구별되어 있다. 상대방을 업신여기거나 낮추어 대접하는 말씨를 卑語라 이르며 通俗的으로 쓰이는 저속한 말을 俗語라 하고 있다. '卑語'의 예로는 주둥아리, 뱃놈, 대가리, 눈깔, 모가지, 배때기 등이, 그리고 俗語의 예로는 공갈, 큰집(감옥소), 동그라미(돈) 등이 제시되어 있다. 이러한 어휘 구분 방식은 거의 金敏洙(1960)을 따른 것으로 이해된다.

31) 金允經(1948a:127)에는 등외로 처리된 반말이 "('하오'와 '하게'의 중간 또는 '하게'와 '해라'의 중간) 흔히 지위 높은 이가 지위 낮은 사람을 대하여 말할 때에 끝맺는 맺씨. 말끝을 맺지 않고 흐리어 버리는 것"으로 정의되어 있다.

32) Lee(1955:77)에서 주목되는 것은 다음과 같다. 첫째, '반말'체는 가장 낮은 형식 또는 가까운 친구에게나 부인에게 애정의 표시로 쓰일 수 있는 등급이라는 것이고, 둘째 '어요'체는 화계상 그 개념이 다소 모호한 것인데 그러나 낮은 비칭형(low talk)은 아니고 어느 계층의 사람에게나 두루 쓰일 수 있는 것이며, 셋째 존칭(High form), 더 존칭(Higher form), 그리고 극존칭(Highest form)의 등급의 차이는 {-시-}와 {-삽-}의 결합 양상에 따른 결과라는 것이고, 넷째 어미 '-라'는 보통의 직접 명령(common direct order) 형식이라는 것이다.

33) Dupont & Millot(1965:65-82)에는 다음이 주목된다. 첫째, '-라'는 예의 '기대하시라'와 같이 특정한 사람에게 말하는 상황이 아닐 때 쓰인다는 것이고 둘째, 私的인 형식이며 현재 매우 활발히 쓰이는 '반말'은 '-요'와 결합하여 존칭이 될 수 있다는 것이며 셋째, '-요'나 이것에 계사가 결합된 형식 '-이요, -이에요, 이애요' 등은 여성어투라는 것이다.

34) 鄭烈模(1946)의 '겸하칭'은 김민수(1960, 1969), 임홍빈(1990)에서는 '겸칭어'로 나타난다.

35) 이들 동사가 주체 존대와 관련함은 이미 최현배(1937)에서 지적된 바 있다. 정렬모(1946)의 이들 동사에 대한 언급은 다음과 같다. "혹, '시' 위에 'ㅂ'을 더하여 '갑신다, 합신다, 납신다, 듭신다, 습신다' 따위가 있는데 이것

은 옛날 별다른 계급에 대하여 쓰던 말이다." 문제는 이들 동사가 {-시-}가 결합된 '오신다'와 평행적으로 취급되어 있는 점이다. 우리의 입장은 이들 동사는 어휘적 대우 차원의 문제요 '오신다'와 같이 {-시-} 결합형은 문법적 대우 차원의 문제라 보는 것이다. 6.3.2. 참조.

36) 이러한 인식은 이후 학계에 지대한 영향을 끼쳤다 할 수 있다. 그러나, 문제는 '객체 높임'의 성격 규명이다. 이들 동사의 기능이 중세의 {-삽-}의 기능에 대응되느냐 하는 문제이다. 만약 그러하다면 이들 동사는 문법적인 대우의 문제로 검토되어야 하겠지만, 그렇지 않다면 어휘적인 대우의 문제로 검토되어야 할 것이다. 이에 대해서는 6.3.2. 참조.

37) 여기의 '가짐 높임'은 이후 조금씩 성격을 달리하나 허 웅(1954=1961)의 '간접적 존재', 장석진(1973)의 '존대 파급', 서정수(1984)의 '간접 대우'의 싹이 되었다 할 수 있다.

38) 김근수(1947)의 '경어법' 정의는 다음과 같다. "남을 존경함에는 저를 낮추는 방법과 남을 높이는 방법과의 두 가지가 있다. 그러므로 謙稱(저를 낮춰 부름)과 敬稱과를 통틀어 敬語라 하는 것이다."

39) '恭待法'이란 용어는 金敏洙(1960, 1969)에서도 쓰인다.

40) 어미 형태를 '존비'와 관련시킨 연구는 역사가 오래다. 주시경(1910)에서 이미 확인되었다. 이를 바탕으로 한 이희승(1949)적인 존비법 체계는 특히 高永根(1974b)에 그대로 이어져 온다.

41) 허 웅(1954)와 허 웅(1961)의 관계는 후자가 전자의 개수본이다. 그러나 대우법에 관한 원리가 동일하므로 여기서 우리는 같은 표시를 하였다. 본고에서는 김종훈(1984)에 수록된 허 웅(1961)을 참고하였다.

42) 허 웅(1954=1961)이 학계에 소개되기 시작하면서, 국어의 대우법 논의는 본격화되었음을 우리는 잘 안다. 국어의 대우 현상에 대해 1950년대 후반부터 1960년대 중반까지의 치열한 論爭의 불씨가 바로 허 웅(1954=1961)에서 비롯되었음이 이를 입증한다. 특히 {-시-}와 {-삽-}의 본질적 기능에 대한 치열한 논쟁이나 그 용어의 타당성에 대한 논박 등등이 모두 허 웅(1954=1961)의 등장에서 기인한다. 예컨대, 존대설과 호응설의 대립, '주체,' '객체'라는 용어가 문장 개념으로 정당한지 여부에 대한 공방, 등등이 그러하다.

43) 이에 대해서 최현배(1937=1961:788)에 다음과 같은 기술이 보인다. 관련 부분만 가져온다.

"말하는 이가 높이는 인격자가 월의 큰 임자가 될 적에는 풀이씨를 높힘도 무관하니,"

    a. <u>아버지께서</u> 병환이 나셨다.

    b. <u>아버지께서</u> 옷이 <u>맞으신</u>다.

    c. <u>할아버지께서는</u> 신이 <u>크시</u>다.

44) 성격은 다소 다르나 梁璿錫(1972), 宋錫重(1967), 서정수(1971) 등이 있다.

45) 여기서 서술절을 〔 Y…시〕로 나타낸 것은 성기철(1985a)의 논리에 충실하게 따라 보자는 의도 외에 별다른 의도는 없다.

46) 임홍빈(1990), 임홍빈·장소원(1995)의 체계를 변형·생성 문법적인 방법에 의거한 체계라고 단정한 것은 다소 과장적이다. 다만, 기존의 전통적인 방법에 의거한 체계와 차별화를 위해 원용한 표현이 지나지 않는다. 그러나, 이들 연구는 대우 표현과 관련하는 언어 형태의 기능적 특성을 규명하고, 이를 바탕으로 대우 현상을 궁구하는 점에 있어 기존의 체계와는 크게 다르다 할 수 있다.

Ⅱ. 대우법 관련 요소와 대우법 체계

2.1. 대우법의 성격 및 명칭

2.1.1. 대우법의 성격

대우법은 화자가 대상 인물, 즉 청자, 문장에 나타나는 인물인 주격 대상 인물, 여격 대상 인물, 주제 대상 인물, 속격 대상 인물 및 목적격 대상 인물과의 인간 관계에 따라 알맞은 말로 알맞은 정도로 대우함을 의미한다. 대우법 기능이 이러한 경우, 대우법은 몇 가지 특성을 지닌다 할 수 있다. 첫째, 이익섭(1974)의 '경어법 체계의 틀'처럼 대우법은 문장에 나타나는 대상 인물은 물론, 발화 상황이나 담화 상황에서 교차적으로 관여하는 화자와 청자를 포함하는 특징을 갖는다. 이러한 특성에 주목하여 서정수(1972)는 수행-분석적인 방법으로 대우법을 논의하기도 하였다. 그러나, 국어에는 이미 용언의 활용 어미로 문장 밖의 화자와 청자의 대우 관계가 설정되므로 특별히 수행-분석적인 방식으로 대우법을 설명하지 않아도 될 것이다. 다만, 용언의 활용 어미로 나타나는 대우법 관련 언어 형태의 기능을 철저히 규명하는 일이 무엇보다 중요하다고 본다.

둘째, 임홍빈(1985c:30)에서 지적한 바와 같이, '대우'가 일반적으로 사람에 대하여 쓰이는 어휘라면 문법적인 대우의 경우 그 대상은 원칙적으로 인물이어야 한다. 인물이 아닌 사물을 존대하거나 대우하는 일은 이미 범상한 세계의 일이 아니다. 혹, 의인화된 표현으로서 '비가 오신다' 같은 말이 성립할 수 있음을 들어 대우가 반드시 인물 중심적이지 않다고 반론을 제기할 수도 있다. 그러나 '*비님이 오신다' 같이 '비'에 존칭 접미사 '-님'이 연결되지 못하며,[1] '할아버지의 수염이 기십니다' 에서 {-시-}가 '수염'을 존대하는 것이 아니라 속격 대상 '할아버지'를 존대하는 것이라면, 문법적인 대우의 경우 그 대상은 인물이어야 한다.

셋째, 문장이나 담화에 직·간접적으로 참여하는 인물에 대하여 알맞은 정도로 알맞은 대우를 표현하는 주체는 전적으로 화자이다. 이러한 '화자의 의도'는 미묘한 심리적인 작용이라 할 수 있으므로, 이를 구체화하기는 심히 어려운 일이다. 그러나, 우리는 화자 멋대로 혹은 임의대로 존대 표현이 쓰인다고는 할 수 없다. 아무리 미묘한 심리적인 작용이라 해도 거기에는 그 나름의 질서가 있다고 생각한다. 우리는 실제 발화 상황 혹은 담화 상황에서 종종 두 가지 경향의 대우법 사용을 목격하게 된다. 하나는 반드시 존대 표현이 사용되어야 하는 상황에서 존대 표현이 쓰이는 경우이며, 다른 하나는 결코 그렇지 않은 상황에서 존대 표현이 쓰이는 경우이다. 전자의 경우 존대 표현이 쓰이지 않으면 우리는 잘못된 쓰임이라 해서 이의 시정을 촉구하게 된다. 그런데 후자의 경우, 존대 표현이 쓰이면 우리는 이러한 현상에 대한 확실한 입장을 유보하게 된다. 그러한 현상은 우리의 일반적인 관념 밖의 파격적인 대우 현상이기 때문이다. 그러나 후자의 경우, 그 문장이나 발화의 성립이 자연스러운 것이라면, 이 또한 화자의 의도와 관련한다 해야 옳을 것이다. 화자의 의도 없이 어떠한 대우 표현도 발현될 수 없는 것이다. 여기서 우리는 화자의 의도를 크게 둘로 나누어 볼 필요가 있다. 하나는 규범적이며 처방적인 화자의 의도이고, 다른 하나는 일종의 계산된 책략적인 화자의 의도이다. 그리고 우리는 특히 전자의 경우를 화자의 무표적인 의도로 그리고 후자의 경우를 화자의 유표적인 의도로 상정한다.[2] 여기서 우리는 화자의 의도를 다음과 같이 정리하기로 한다.

　(1) 화자의 의도
　　　화자의 의도는 크게 둘로 나뉜다. 하나는 무표적(Unmarked)인 것이고 다른 하나는 유표적(Marked)인 것이다. 무표적인 기능은 존대 대상 인물에게는 반드시 존대 절차를, 그리고 비존대 대상 인물에게는 반드시 비존대 절차를 수행하는 규범적이고 처방적인 것이며, 유표적인 기능은 존대 대상 인물임에도 불구하고 존대 절차를 수행하지 않거나, 비존대 대상 인물임에도 불구하고 존대 절차를 수행하는 것이다.

　넷째, 첫째와 관련하는 것이기도 한데, 대우법은 본래 언어의 형태로 이루어진다. 이는 심지어 화자와 청자를 나타내는 어휘가 문장이나 담화에 직접 표현되어 있지 않은 경우라도 이들 인물과 관련하는 대우 표현은 용언의 활용 형식에 드러남을 뜻한다. 즉, 어간 형태는 문장이나 발화의 행위나 상태의 주체와 관련하고, 어말 어미 형태는 일반적으로 청자와 관련하며, 선어말 어미 {-시-}, {-삽-}은 경우에 따라 화자, 청자, 그리고 다른 대상 인물과 관련한다. 이에 대해서는 Lukoff(1954:171-173) 및 임홍빈(1985b) 참조.

　다섯째, 셋째와 관련되는 것인데, 대우법은 부분적으로 화용적인 특성을 갖기도 한다. 대우법이 기본적으로 언어 형태로 나타나는 범주이기는 하나, 발화나 담화에서 화자와 청자와의 관계, 화자와 주격 대상 인물, 주제 대상 인물, 여격 대상 인물, 혹은 목적격 대상 인물과의 관계, 청자와 주격 대상 인물, 주제 대상 인물, 여격 대상 인물, 혹은 목적격 대상 인물과의 관계, 그리고 화자와 청자의 관계를 접어 두고 주격 대상 인물과 여격 대상 인물 혹은 목적격 대상 인물과의 관계 등등의 인간 관계가 간과되어서는 안 된다는 점에서 화용적이라 할 수 있다. 그런데, 이러한 관계는 전적으로 어떤 사회나 집단에서 차지하고 있는 대상 인물의 '위치'에서 결정되는 것이다. 그 동안 대우법 논의에서 상황적인 요소인 존비, 계급, 연령, 지위, 정중, 예의, 겸양, 친소 관계, 격식, 그리고 힘과 유대 관계 등등이 대우 현상의 논의에서 한 해결 방안으로 제시되어 온 것이 바로 이러한 이유에 근거하는 것이다.

2.1.2. 대우법 명칭

국어에는 언어 형태에 의한 대우 현상과 그렇지 않은 운용 및 책략적인 대우 현상이 있다. 그런데, 그 동안 학계에서는 이러한 대우 현상을 가리키는 명칭이 통일적이지 못하여 여러 가지 다양한 용어로 사용되어 온 것이 사실이다. 따라서, 우리는 본 절에서 국어의 전반적인 대우 현상을 포괄하는 명칭으로 '대우법'이란 용어의 사용을 제안한다.

대우법 명칭과 관련하여 우리는 이를 두 부류로 나누어 검토한다. 하나는 구체적인 명칭이 없는 경우이고, 다른 하나는 구체적인 명칭이 있는 경우이다.

우선, 구체적인 명칭이 없는 경우부터 살펴보기로 한다. 이들의 특징은 한 마디로 어말 어미 형태에 초점을 맞추었다는 점이다. '조동사'(유길준, 1904), '높낮'(주시경, 1910), '층사토'(김규식, 1909), '말 대우'(김두봉, 1916), '종지토에 의한 대우의 구별'(김희상, 1927), '助詞'(안확, 1917), '無期助詞'(이필수, 1922), '尊卑'(주시경1910, 이상춘, 1925), '종지 조용사'(李完應, 1929), '종지형'(박상준, 1932), '존경사'(박태윤, 1949), '어미 활용'(Ross, 1877), '공손 형태'(MacIntyre, 1880-1882?), '존칭'(前間恭作,

1909), '계급어'(新庄順貞, 1918), '문말 접미사'(Lukoff, 1954) 등등이 바로 그러하다.

그러나, 이러한 명칭에도 우리의 주목을 끄는 대목이 있다. 첫째, 이들 명칭의 대부분이 청자 대우와 관련하는 것이다. '조동사', '층사토', '종지토에 의한 대우의 구별', '존비', '종지 조용사', '종지형', '어미 활용', '공손 형태', '존칭', '계급어', 그리고 '문말 접미사' 등등의 명칭이 이에 해당한다. 다만, 문제가 되는 것은 아무 비판 없이 {-시-}나 {-삽-}이 청자와 관련하는 형태로 기술되어 있는 점이다. 둘째, 우리의 '대우법' 명칭과 아주 흡사한 것으로 여겨지는 '높·낮', '존비', '공손 형태' 및 '존칭' 같은 용어가 있는 점이다. 가령, 여기에 '법' 한 자만 더하면 '높낮법', '존비법', '공손법' 및 '존칭법'이 되어 얼마간 대우 현상을 포괄하는 듯이 이해되기 때문이다. 셋째, 김두봉(1916)의 '말 대우' 및 김희상(1927:143)의 '종지토에 의한 대우의 구별'에서 '대우'라는 말이 보이는 점이다. 특히 후자에서는 '대우'가 어미에 의한 청자 대우로 인식되어 쓰였으나, 화자의 청자에 대한 존대 의식도 한 대우 의식이라 한다면, '대우'라는 말의 사용은 우리의 주목을 끌기에 충분하다. 넷째, 新庄順貞(1918:51-65)의 '계급어'라는 용어의 사용이다. 여기서 우리는 화계가 사회적인 신분과 맞물려 사용되고 있음을 간파하게 된다. 이러한 의식은 김규식(1909, 1912)의 '層詞吐'에서도 발견되는데, 이후 홍기문(1946), 이숭녕(1954, 1956a, 1956b)에서도 확인된다.

다음, 구체적인 명칭이 있는 경우를 살펴보자. 우리의 조사에 의하면, 범주 명으로서 대우법 명칭의 최초는 金根洙(1947)[3]의 '경어법'으로 알고 있다. 이 용어는 오늘날에도 일부 학자들에 의해 자주 사용되고 있다. 대우 현상을 가리키는 말에는 '경어법' 외에 '공대법', '대우법', '존대법', '존비법', '말 대접법', '더 낮춤법과 더 높임법', '높임법' 그리고 '존경법'(Honorifics) 등이 있다. 그런데, 이들 용어의 쓰임의 적격, 부적격성에 대해서는 이미 성기철(1970),

서정수(1972), 임홍빈(1985b) 등에서 얼마간 포괄적으로 비판되
어 왔다. 특히 임홍빈·장소원(1995:371-373)에서는 비판이 보
다 구체화되어 있다.

'경어법', '공대법', '대우법,' '존대법', '존비법', '말 대접법', '더
낮춤법과 더 높임법', '높임법' 그리고 '존경법'(Honorifics) 등의
명칭은 그 용어가 뜻하는 바에 따라 대략 다음 셋으로 구분할 수
있다.

(2) 대우 현상과 관련하는 명칭의 구분
　　(가) 높이는 면만 나타내는 명칭: 경어법, 공대법, 존대법, 높임법,
　　　　 존경법.
　　(나) 높임과 낮춤의 면 둘 다를 나타내는 명칭: 존비법, 더 낮춤법
　　　　 과 더 높임법.
　　(다) 높임과 낮춤의 면을 표현에 나타내지 않는 명칭 : 대우법,
　　　　 말 대접법, 말 대우.

국어의 전반적인 대우 현상은 높이는 면만 있는 것이 아니라 낮
추는 면도 있으므로, (2다)의 명칭을 제외하고 원칙적으로 (가),
나)의 명칭은 대우법 명칭으로 적절치 못하다.

(2가)의 '경어법'은 金根洙(1947)에서 처음 쓰이기 시작하여 李
崇寧(1954), 安秉禧(1961), 李翊燮(1974) 등을 거치면서 학계
에 오랫동안 사용되어 온 술어이다. 만약 국어의 대우 현상에 높
이는 면만 있다면, 이 용어의 쓰임은 지극히 자연스럽다 할 수 있
다. 반대로 '경어법'이란 범주 아래 만약 낮추는 방법이 포함된다
면, 이는 스스로 모순된다고 봐야 옳을 것이다. 그런데 '경어법'이
란 용어를 사용하고 있는 金根洙(1947:73)에 이러한 모순이 발
견된다. "남을 존경함에는 저를 낮추는 방법과 남을 높이는 방법과
의 두 가지가 있다. 그러므로 謙稱(저를 낮춰 부름)과 敬稱과를
통틀어 敬語라 한다."가 바로 그러하다.[4] 게다가, 김근수(1947)에

는 "'한다' 식의 아주 낮추는 말"과 "'하네' 식의 예사 낮추는 말" 같은 화계가 '경어법' 아래 기술되기도 한다. 이러한 의미에서 대우 현상의 범주 명칭으로 '경어법'은 결코 바람직하지 않다. '공대법'이란 명칭은 李熙昇(1949), 김민수(1960, 1969)에서만 거의 쓰인 것으로 알고 있다. 그런데, '공대법' 아래 공대와 전혀 관련되지 않는 존비법이 포함됨으로써 이 또한 스스로 모순에 빠졌다고 할 수 있다. 존비법이란 존대나 공대와는 대립 관계에 있는 비칭이나 하대까지를 포함하는 술어이기 때문이다.

'경어법'과 '공대법'이 국어 대우 현상의 범주 명칭으로 적절치 못한 것과 마찬가지로 허 웅(1954=1961)의 '존대법', 한길(1991)의 '높임법'도 적절치 못하다. 이들 연구는 존대 외에 비존대 현상도 다루고 있기 때문이다. 특히 후자의 경우는 종결 어미에 대한 연구이므로 더욱 그러하다. '존경법'(Honorifics)은 주로 외국인들에 의해 쓰인 용어인데, Underwood(元杜尤)(1890), Gale(1894), 朝鮮總督府(1917), 奧山仙三(1928), 그리고 Martin(1954) 등에서 보인다. 그런데, 이 범주 아래 다루어진 형태는 대체로 {-시-}나 어말 어미 형태이므로 대우 현상의 범주 명칭으로는 취약하다 할 수 있다.

(2나)의 '존비법', '더 낮춤법과 더 높임법'은 대우의 대상이 '존귀한 인물' 또는 '높임의 인물'과 '그렇지 않은 인물'과의 대립적 관계를 뜻하는 명칭이라는 점에서 (2가)의 다른 용어들보다 일리가 있다 하겠다. 그러나 이 용어의 약점은 전반적인 대우 현상의 범주 명칭으로 쓰이기보다는 청자 대우와 관련하는 어말 어미 형태의 '존비'나 '더 낮춤과 더 높임'을 구별하는 의미로 쓰인 데 있다. 예컨대, 李熙昇(1949)의 '존비법'이 그러하고, '존비법'이란 명칭을 학계에 일반화한 고영근(1974b)에서의 쓰임도 그러하다. 게다가, '尊卑'[5]는 어휘가 풍기는 어감이 오늘날에는 그리 좋게 여겨지지 않는 점도 명칭이 정당성을 부여받기에 한 장애 요소가 된다 할

수 있다.

끝으로, 국어의 전반적인 대우 현상을 포용하는 명칭으로 현재 가장 적절하다고 판단되는 것에는 (2다)의 '대우법,' '말 대접법', 그리고 '말 대우'가 있다. 이들 명칭에는 분명히 강점이 있다. 높임이나 낮춤의 어느 한쪽 면에 치우쳐서 대우 현상을 가리키지 않기 때문이다. 그러나 김승곤(1996)의 '말 대접법'이란 명칭에서 '말'은 불필요하게 느껴지며, 또 '대접'은 흔히 물질적인 거래로 남에게 호의를 베풀 경우에 쓰이는 말이므로 언어로 표현되는 대우 현상을 가리키기에는 부족함이 많다고 생각된다.

학계에서 '대우'라는 어휘를 대우 현상의 범주 명칭으로 사용한 것에는 김민수(1960)의 '말 대우'가 있다.[6] 비록 '대우' 앞에 '말'이 덧붙어 쓰이고 그 뒤에 '법'이 붙어 쓰이지 않았으나, '대우'는 대우 현상의 기본적 성격을 가장 정확히 반영하는 어휘라 생각된다. 이러한 점을 고려하면, 성기철(1970)에서 쓰인 명칭 '대우법'은 대우 현상을 가장 적절하게 나타내는 말이라 할 수 있다. 물론 성기철(1970)에서는 '대우법' 명칭을 때로 '존비법'이라 부르기도 하였으나, 이후 성기철(1976, 1984, 1985)에서는 일관되게 '대우법'을 쓰고 있다. 이것이 보편화되어 이후 '대우법'이란 명칭은 서정수(1972), 黃迪倫(1976a), 김종택(1981), 그리고 임홍빈(1985a) 등에서 자리잡게 되었다.

2.2. 대우법 관련 요소

국어의 대우 현상과 관련하는 요소들은 크게 두 부류로 나눌 수 있다. 하나는 언어적인 것이고, 다른 하나는 상황적인 것이다. 전자는 대우 현상의 본질적인 것으로 언어 형태로 나타나며, 후자는 대우 현상의 주변적인 것으로 사회적 요인이나 심리적 요인의 작용으로 나타난다. 여기서 우리는 언어 형태로 나타나는 것은 형태적인 요소로 간주하고, 사회적 요인이나 심리적 요인의 작용으로 나타나는 것은 상황적인 요소로 간주하여 구별하기로 한다.

2.2.1. 형태적인 요소

주지하는 바와 같이, 국어의 대우법은 국어의 모든 言語材 혹은 語彙材를 사용함으로써 이루어지는 문법의 한 범주라 할 수 있다. 그런데, 우리가 여기서 '言語材' 혹은 '語彙材'라는 말 대신에 '형태적'이라는 말을 사용하는 이유는 첫째, '상황적'인 것과 차별하기 위해서이며, 둘째, 대우법과 관련하는 언어 형태들의 고유한 대우법상의 기능을 변별하기 위해서이다. 이러한 점을 고려하여, 우리는 형태적인 요소를 크게 품사, 선어말 어미, 어말 어미' 셋으로 나눈다.[7]

먼저, 다음의 예문을 통하여 형태적인 요소들이 대우 표현에 어떻게 기여하는지 살펴보자.

    (3) 가. 아버님이 진지를/*밥을 잡수신다.
         나. 아버님이 독일제 안경/*안경님을 가지고 계시다.
         다. 철수야, 네가/*당신이 시장에 가려무나.
         라. 그놈/그 애 참 못 쓰겠어.
         마. 아버님께서, 아버지께서
            /아버님이, ?아버지가 이르신 말씀이 옳아.
         바. 옥희야, 이거 할머님께, ?할머니께
            /?할머님에게, 할머니에게 드려라.
         사. 할아버님/?할아버지, 삼촌이 왔습니다.
         아. 교수님이 연구실에 계십니다/*있습니다, *있으십니다.
         자. 전에 미국에서 내게 도움을 주신 귀한 손님이 오셨네/??*왔네.
         차. 아범아, 사돈댁 어른께서 어제 돌아가셨다는구나

        /??*죽으셨다는구나, *죽었다는구나.
    카. 네가 할아버지를 모시고/*데리고 가지 그래.
    타. 과장님, 이 보고서 사장님께 드리죠/*주죠.
    파. 아버님이 크게 노여워하셨습니다/노여워하셨어요
        /노여워 하셨어/*노여워했어.
    하. 저희 할아버님이 안방에 드십니다/듭십니다/드시옵니다
        /드옵십니다.

   예문 (3)의 (가-라)는 명사의 경우, (마-바)는 조사의 경우, (사)는 '-님' 연결의 경우, (아-차)는 동사 및 동사와 {-시-}의 쓰임의 경우, (카-타)는 이른바 객체 존대와 관련하는 동사의 경우, (파)는 '-요'의 쓰임의 경우, 그리고 (하)는 {-삽-}의 쓰임의 경우를 각각 나타낸 것이다.

   먼저 명사의 경우를 검토하기로 한다. (가)는 '아버님'이 존대 인물이며, 그리고 '밥'에 대립하는 높임말로 '진지'가 있으므로 '밥'의 쓰임은 절대로 허용되지 않음을 나타내 준다. 곧, '밥'과 '진지'가 대우 자질에 의해 대립함을 보여 주는 것이다. 한편, (나)는 '안경'에 대립하는 높임말이 특별히 없으므로, 주격 대상 인물이 존대 인물일지라도 '안경'을 그대로 쓸 수밖에 없음을 나타낸다. 그리고, '-님'은 '안경'과 같은 어휘에는 연결되지 못함도 나타낸다. 이러한 (가-나)의 현상에서 우리는 두 가지 사실을 접하게 된다. 하나는 국어 어휘가 모두 대우 자질을 갖고 그에 의한 층위로 대립되지 않는다는 점이다. 그런데 서정수(1984)에는 국어의 어휘 모두 층위에 의한 대립의 관계를 가지는 것으로 기술되어 있다. 다른 하나는 '-님'은 무정물에는 연결되지 못한다는 점이다.

   (가)와 (나)가 시사하는 명사의 대우법상의 기능은 대명사가 쓰인 (다)에도 그대로 적용이 가능하다. '철수'가 비존대 인물이므로 그를 지칭하는 말로 대명사 '당신'의 쓰임은 절대로 허용되지 않는 것이다. 이러한 사실에서 이 경우의 '당신'은 2인칭 대명사 '너'에

대립하는 높임말임을 알 수 있다. (라)는 정서적인 차이가 있기는 하지만, '그놈'의 쓰임이나 '그 애'의 쓰임이 모두 가능한 문장이다. 직관적으로 '그놈'이 '그 애'보다 높임의 정도가 낮은 어휘라 여겨지는데도 문장의 성립에 이상이 없다면, '그놈'과 '그 애'도 어떤 대우적 층위를 갖는다고 할 수 있을 것이다. 높임의 정도가 낮은 어휘를 낮춤말 또는 비칭어라 하는 경우, '그놈'은 분명히 이에 속할 것이다.

다음, 조사의 쓰임을 보자. (마)에서 '아버지가'가 다소 어색하게 느껴지는 것만은 분명하다. 정상적인 표현으로는 '-께서'가 연결되거나 '-님'이 연결되어야 할 것이다. {-시-}와 연관-해석해서 그러하다. 동일 인물에 대한 존대 표현은 일관성을 유지하는 것이 일반적인 화법인 것이다. 최현배(1937)적인 '존경의 상응', 즉 대우의 일치 현상으로 해석이 가능하다고 할 수 있다. 그러함에도 불구하고 문장의 성립이 모두 가능한 것이라면, 이 경우 '께서'와 '이/가'가 평행적으로 쓰인 점에 주목하지 않으면 안 된다. 이에 대해서는 6.3.3.에서 면밀히 다룰 것이다. 우선 여기서 지적하고자 하는 것은 '께서'가 아무 조건 없이 주격 조사 '이/가'의 높임 조사는 아니라는 점이다. 직관적으로 '-님'의 쓰임도 그러하지만, '께서'의 쓰임도 실제 발화 상황이나 담화 장면과 밀접한 관련을 갖는 것으로 추측된다.[8] '께서'와 '이/가'의 이러한 미묘한 쓰임은 (바)의 '께'와 '에게'의 쓰임에도 그대로 드러난다. '-님'이 연결되는 경우 '께'가 뒤따라야 자연스럽고, 그렇지 않은 경우 '에게'가 훨씬 자연스러운 것이 그러하다. 즉, 대우의 일치 현상으로 해석이 가능한 것을 뜻하는 것이다. 그러나, (바)에서 '할머님께'와 '할머니에게'가 다 가능한 표현이라면, '께'가 '에게'의 높임 조사라 하더라도 특히 실제 발화 상황이나 담화 장면과 밀접한 관련을 갖는 조사라 할 수 있을 것이다. 6.3.3. 참조. 우리의 이러한 가정은 예 (사)에서 확인된다. 규범적이고 처방적인 입장에서는 '-님' 연결형을 강요할 것이다. 평면적인 문장 속에서의 대우 일치 현상을 문제 삼기 때문이다. 그러나, 실제로 우리 주위의 발화는 거의 '할아버지'라 생각된다. 오히려 '할아버님'의 발화는 거부감을 줄 수도 있다. 구태의연한 표현인 것처럼 느껴져 발랄한 느낌을 주지 못하는 것으로 받아들여지는 것이 바로 그러하다. 다만, 공개적이고[9] 격식을 갖춘 자리이거나 화자의 관련 인물이 아니거나 화자의 나이가 지긋한 경우에의 쓰임은 '할아버님'이 제격이라 할 수 있다. '-님'이 가지는 화용적인 특성이다.

이제 (아-차)의 용언의 경우를 검토하기로 한다. 예 (아)에서 우리는 두 가지 현상에 주목한다. 첫째, '있다'가 '存在'의 의미가 아니라 '所在'의 의미로 쓰이는 경우,[10] 대상 인물이 존대 인물이면 '있다'는 절대로 쓰이지 못하고 '계시다'만 쓰인다. 이러한 사실은 '계시다'는 '소재'의 의미 '있다'의 높임말이 됨을 시사해 준다. 이는 곧 '존재' 의미의 '있다'에 대립하는 높임말은 없다는 것을 뜻하기도 한다. 혹시 '神은 계시다'와 같은 말이 가능한 것으로 여길는지도 모른다. 그러나 이러한 표현은 특정한 상황에서의 특정한 화자의 발화에 해당한다. '神'과 관련되는 일에 종사하거나 믿는 사람의 발화가 그것이다. 보통은 '神은 있다'이다. 둘째, 가령 '존재' 의미의 '있다'의 어휘적 높임말이 없는 경우, 그렇다면 대신 {-시-}가 결합된 *있으시다'와 같은 형태가 쓰여야 할 텐데 사실은 그렇지가 못하다. 이러한 사실에서 {-시-}는 용언을 높임말로 파생시키는 기능을 갖지 않음을 알 수 있다. 그런데, 1.3.에서 검토된 대부분의 연구에서는 {-시-}가 용언을 높임말로 파생시키는 기능을 가지는 것처럼 다루어져 왔다. 이러한 성향은 특히 이른바 '호응설'로 발전한 것으로 판단된다. 3.2.1. 참조. {-시-}가 결코 용언을 높임말로 파생시키는 기능을 갖지 않는다는 해석은 (자)의 경우에도 적용된다. 즉, '오다'의 존대어가 '오시다'는 될 수 없다는 것이다. (자)에서 '오셨네'가 정상적인 표현이지만, 문자 그대로 청자가 '귀한 손님'이 아니라 화자가 그렇게 표현한 말에 지나지 않는 경우나 문제의 '귀한 손님'이 실제 담화 장면에 없는 경우, 미묘하지만 '왔네'도 쓰일 수 있는 것이다. 이러한 현상은 {-시-}가 파생 기능의 형태가 아니라, 문법적인 기능의 형태라는 사실을 말해 준다. 물론, 대우 가치의 면에서는 '오시다'와 같은 {-시-} 결합형[11] '계시다'와 같은 높임말과 동일한 효과를 지닌다고 할 수 있을지도 모른다. 그러나 이러한 효과는 표현 가치의 문제이지 문법적인 대우의 문제가 아니다. 따라서, '오시다'와 '계시다'는 결코 같은 층위에서 취급될 성격의 형태가 아니다. 예 (차)의 경우는 또 다르다. 이에는 두 가지 문제가 걸려 있다. 하나는 '돌아가시다'가 '죽다'의 높임말인가 하는 것이며, 다른 하나는 그러한 경우 {-시-}는 분석이 불가능한가 하는 것이다. {-시-}의 분리 가능성에 대해서는 이미 (자)의 '오시다'에서 검토된 바 있다. 이 점만으로 '돌아가시다'는 '죽다'의 높임말이 될 수 없다. 이를 지지해 주는 것이 미묘하기는 하나 '죽으셨다는구나'가 다소 성립의 여지를 보이는 점이다. 대상 인물의 '죽음'이란 행위가 {-시-}로서 존대되는 경우이다. 그러나 여전히 '죽으시다'가 '돌아가시다'에 비해 부자연스러운 것이 문제로 남는다. 이는 '죽다'와 '돌아가다'의 어휘적 관계로 설명이 가능하다고 본다. 즉, 존대 인물의 '죽음'에 대하여 직설적으로 또는 존대 형식을 빌지 않고 '죽은' 행위를 말하는 것은 우선 예우 차원에서 적절치 못한 일이며, 둘째, 그렇다고 '죽다'에 대립하는 높임말이 따로 있는 것도 아니어서 '죽은' 행위를 우회적으로 표현하는 어휘를 선택해 쓸 수밖에 별도리가 없는 것이다. 그 우회적으로 표현하는 어휘가 바로 '돌아가다'이다. 그런데 기존의 대부분의 연구에서는 '돌아가시다'가 높임말로 처리되어 온 것이 사실이다. 임홍빈 (1990) 참조. 임홍빈(1990), 임홍빈·장소원(1995)에서는 이와 같은 우회적인 표현의 어휘를 '품격어' 혹은 '美化語'라 부르고 있는데, 우리는 우회적이란 어휘의 의미를 살려 '婉曲語'라 부르기로 한다. 따라서 '완곡어'에 해당하는 말은 원칙적으로 어휘적 대우의 논의에서 배제되어야 한다.

예 (카)와 (타)는 이른바 객체 대우와 관련하는 동사의 쓰임을 보인 문장이다. (카)에서 '데리고'가 쓰이지 못하고, (타)에서 '주죠'가 쓰이지 못하는 것은 자명하다. 목적격 대상 인물이나 여격 대상 인물이 화자는 물론, 주격 대상 인물에 비해 낙차가 큰[12] 존대 인물이면, 존대 자질이 없는 '데리고'나 '주다'는 쓰이지 못하고 존대 자질이 있는 '모시다'나 '드리다'가 쓰이기 때문이다. 그러나, 목적격 대상 인물이나 여격 대상 인물이 화자는 물론, 주격 대상 인물보다 낙차가 큰 존대 인물이라 하더라도 특별히 주어진 어휘적 높임 동사가 없는 경우에는 존대 자질이 없는 예사 동사가 쓰이는 수밖에 없다. 예컨대, '철수가 해외에 계신 아버님께 편지를 썼다'에서 '쓰다'의 쓰임이 그러하다. 이 경우, '아버님'이 비록 존대 인물이기는 하지만 '쓰다'에 대립하는 어휘적 높임말이 없으므로 어쩔 도리 없이 '쓰다'가 쓰일 수밖에 없는 것이다. 혹자는 '올리다'가 '쓰다'의 높임말이라고 주장할 수도 있다. 그러나 '올리다'와 '쓰다'의 관계는 대우 층위의 문제가 아니라 문체적인 현상의 문제인 것이다. 따라서, '주다'와 '드리다'의 관계, '데리고'와 '모시고'의 관계는 곧 '있다 : 계시다'의 관계에 해당한다. 다만, 전자는 목적격 대상 인물이나 여격 대상 인물이 존대 인물인 경우에, 그리고 후자는 주격 대상 인물이 존대 인물인 경우에 한하여 쓰이는 차이를 가질 뿐이다.

예 (파)에서 우리는 두 가지 면을 검토한다. 하나는 화계의 쓰임이고 다른 하나는 {-시-}의 쓰임이다. 먼저 화계의 쓰임부터 살펴보도록 한다. '노여워하셨습니다'와 '노여워하셨어요'는 어미 형태 '-습니다'와 '-어요'로 보아 일반적으로 청자가 화자보다 상위자인 경우에 쓰이는 형식이다. 다만, 이들의 차이는 전자는 {-삽-}의 형태가 결합된 형식이고 후자는 반말 형태 '-아/어'에 '-요'가 결합된 형식이란 점이다. 이를 특히 성기철(1985a)에서는 등분과 등외의 관계로, 그리고 기술적인 면에서 조금씩 차이가 있기는 하나, 대체로 이익섭(1974), 서정수(1984), 한길(1991), 임홍빈·장소원(1995)에서는 격식과 비격식의 관계로 구분하고 있다.[13] 다음, '노여워하셨어'는 어미 형태가 반말 형태 '-어'로 보아 청자가 화자와 대등 관계에 있는 사람이거나 하위자인 경우에 쓰이는 형식이다. 반말 형태 '-아/어'에 대한 해석은 '-어요'에 대한 해석과 동일하다. 성기철(1985a)에서의 등외, 이익섭(1974), 서정수(1984), 한길(1991), 임홍빈·장소원(1995)에서의 비격식이 바로 그러하다. 그런데, 반말 형태 '-아/어'와 그것에 '-요'가 결합된 '-아/어요'에 대해 특히 고영근(1974b)에서는 '-요' 통합 가능형과 '-요' 통합형으로 구분하여 부르고 있다.[14] 화계에 대한 논의는 5장 참조. 다음, 자명하지만 '노여워했어'가 절대로 쓰이지 못하는 이유는 예의 다른 형식과 달리 {-시-}가 결합되지 못하였기 때문이다. 여기서 {-시-}의 기능은 주격 대상 인물 '아버님'과 관련하고 있다. 이러한 현상으로 그 간 학계에서는 대부분 {-시-}를 주어나 주체를 존대하는 요소라 하였다. 그러나, 이와 같은 {-시-}에 대한 전통적인 인식에 이의를 제기한 연구도 있다. 박양규(1975a), 임홍빈(1985c) 참조.

예 (하)에서는 '-ㅂ-'의 기능에 대해 검토하기로 한다. 먼저, '드십니다'부터 보기로 하자. 결론부터 말하면, 예의 '-ㅂ-'은 (파)의 '-습-'의 기능과 동일한 기능을 갖는 형태이다. 청자와 관련하는 기능을 뜻한다. 그러나, '듭십니다'의 경우는 '드십니다'와 다르다. 우선 '듭십니다'에는 예의 '-ㅂ-'이 둘이나 결합되어 있다. 이 경우 두 '-ㅂ-'을 모두 청자와 관련하는 형태로 볼 수 없을 것이다. 직관적으로도 선행 '-ㅂ-'은 청자와 관련하지 않는다. 만약, 선행 '-ㅂ-'도 청자와 관련한다면, 우리는 '-ㅂ십니다'와 같은 청자 관련 어말 어미 형태를 상정해야만 한다.

그러나, 이러한 분석이나 해석은 정당화될 수 없다. 그 이유는 첫째, '듭십니다'와 '드십니다'를 평행적으로 놓고 보는 경우, 동일 인물에 '할아버님'에 대한 {-시-}의 쓰임이 이질화되기 때문이다. 즉, '드십니다'의 '-시-'는 대상 인물 '할아버님'을 향하는데, '듭십니다'의 {-시-}는 청자를 향하는 결과를 초래하게 되는 것이다. 여기서 백보 양보하여 '듭십니다'의 {-시-}가 청자를 향하는 요소라 하자. 그러나 이러한 경우 '할아버님이 안방에 듭십니다'는 절대로 성립되어서는 안 된다. '할아버님'이 존대 대상 인물인 한, 그에 대한 존대 표현의 형태는 쓰여야 마땅하기 때문이다.

둘째, '-시-'가 청자를 향하는 문장은 명령문이나 의문문에서 가능하지만, 예의 (하)처럼 평서문에서는 거의 불가능하기 때문이다. 예컨대, '앉으십시오'의 '-시-', 행위주와 청자가 동일 인물의 경우 '가세요?'의 '-시-'는 청자를 향하는 요소라 할 수 있다.

따라서, '-ㅂ십니다'는 청자와 관련하는 하나의 어말 어미 형태가 아니며, 이러한 의미에서 분석이 가능한 형식이다. 즉, 선행 '-ㅂ-'은 청자가 아니라 문장의 주격 대상 인물과 관련하는 형태라 할 수 있다. '듭십니다'의 선행 '-ㅂ-'의 이러한 기능에 대해 최현배(1937:347-358), 정렬모(1946), 임홍빈(1985b:424) 등에서 이미 시사된 바 있다. 이러한 현상을 그대로 받아들이는 경우, 현대적인 {-삽-}의 한 가지인 '-ㅂ-'은 언제나 청자와 관련하는 형태라고 할 수는 없는 일이다. 4장 참조. 이러한 해석은 '드시옵니다' 및 '드옵십니다' 형식에도 유효하다. '드시옵니다'의 형식에서 '-옵-'은 청자와 관련하는 형태이며, '드옵십니다'의 형식에서 선행 '-옵-'은 주격 대상 인물과 관련하는 형태이고, 후행 '-ㅂ-'은 청자와 관련하는 형태이다.

이상의 논의를 요약하면, 대우법과 관련하는 언어 형식에는 어휘적인 자격으로 관련하는 형태와 문법적인 자격으로 관련하는 형태가 있는데, 첫째, 어휘적인 자격으로 관련하는 형태에는 명사,

대명사, 조사, 동사가 있으며, 둘째, 문법적인 자격으로 관련하는 형태에는 {-시-}, {-삽} 그리고 어미 형태가 있다. 그리고, 특히 어휘 자질에 의한 어휘적 대우 현상은 그 자질이 어떠하냐에 따라 대우 층위가 있다고 할 수 있다.

2.2.2. 상황적인 요소

2.2.1.에서 검토한 형태적인 요소가 언어 형식으로 대우 현상과 직접적으로 관련하는 것이라면, 여기서 다룰 상황적인 요소는 대우 현상과 간접적으로 관련하는 것이라 할 수 있다. 상황적인 요소는 곧 사회적인 요인이나 심리적인 요인이라 할 수도 있는데, 여기서 상황적인 요소는 우리가 일단 언어 형식으로 발화하는 경우, 그 발화에 주변적으로 혹은 부차적으로 작용하는 요소를 가리킨다.

주지하는 바와 같이, 어떤 사회나 집단 혹은 공동체의 전달 수단이 언어라 할 경우, 정도의 차이는 있으나,[15] 언어는 그 사회나 집단 혹은 공동체의 속성[16]을 얼마간 반영한다 할 수 있다. 그러나 이러한 사회와 언어와의 관계는 반드시 비례 관계로 설명되지는 않는다. 예를 들어서, 어떤 사회를 혹독한 봉건 사회라고 가정하는 경우, 그래서 그 사회에 속하는 사람들은 사회적으로 혹은 신분적으로 엄격하게 계급을 준수하지 않으면 안 된다 하는 경우, 그 사회에 통용되는 언어에는 비례적으로 반드시 그 계급성이 반영되는 것으로 예상된다. 그러나, 그러한 예상은 예상으로 그칠 공산이 크다. 그 이유는, 첫째, 우리 나라 사회가 중세 시대의 유럽의 여러 국가만큼 사회적 계급성이 뚜렷하게 발달한 사회로 여겨지지 않으며, 둘째, 설령 그렇다 할 경우, 그렇다면 반대로 그들 국가의 언어들이 우리 국어만큼 대우 표현이 발달했느냐 하면 현실은 결코 그렇지 않은 것이다.

이러한 우리의 추측이 옳은 것이라면, 우리 나라의 대우법 발달은 사회적인 요인보다 심리적인 요인이 더 많은 작용을 한 것으로 이해된다. 여기서 심리적인 요인이란 인간 대 인간의 접촉에서 느끼는 의식이나 의도를 뜻하는 것이며, 이러한 추론이 정당하다면 국어의 대우법은 본래 가족 사회에서 싹텄다고 해야 옳을 것이다.[17) 이러한 가족 구성원끼리의 존대 의식이 점차 일반 사회에 확산되지 않았나 추측해 본다. 가령, 다음과 같은 표현이 오해의 소지를 불러일으키는 것도 이러한 사정을 잘 대변해 주는 것이다.

(4) A : 당신은 이 세상에서 가장 마음이 너그러우세요.
　　B : 그 점에선 당신도 마찬 가지예요.
(5) A : 당신이 뭐 길래 나보고 이래라 저래라 하는 거요?
　　B : 뭐, 당신이라고? 어디다 대고 당신이라고 하는 거야?

(4)의 표현은 전혀 그렇지 않은데, (5)의 표현이 시비조가 되는 것은 주지하는 바와 같이 '당신'의 쓰임이 문제되었기 때문이다. 일반적으로는 '당신'이 2인칭 대명사 '너'의 높임말인데, (5)에서 시비가 된 것은 바로 높임 대명사 '당신'은 친족간 혹은 부부간 혹은 그와 동일한 관계로 여겨도 좋을 만큼 막역한 사이에나 쓰이는 말이지 전혀 그러한 관계에 있지 않은 상대에게는 쓰일 수 없는 어휘라는 점 때문이다. 따라서, 국어의 대우법은 인간 대 인간의 심리적인 작용이 우선되는 것이고, 사회적인 현상은 그 다음으로 생각된다. 즉, 일차적으로 대우법이 분명 사회와 관련이 있기는 있으나, 가족이라는 작은 사회이지 일반 사회 전반은 아니라는 것이다. 이러한 의미에서 대우 표현은 가족 혹은 친족간에서 쓰이기 시작하다 점차 사회 전반에 확산되어 일반화된 것이라 가정할 수 있다. 이러한 가정이 한낱 가정으로 끝나지 않는다면, 화계와 관련해서 그 동안 학계에서 기준이 되어 온 존비(높·낮), 계급(신분, 연령), 지위[18), 정중, 예의, 겸양, 공손[19), 친소[20), 격식과 비격식[21), 힘과

유대[22] 등은 주변적 혹은 부분적으로 관련된다 해야 옳을 것이다.
이러한 현상과 관련하여 다음의 예문을 검토하기로 한다.

   (6) 가. 우리/저희 아버지는 부산에 가셨습니다.
      나. 우리 아버지는 부산에 가셨소.
      다. 우리 아버지는 부산에 가셨네.
      라. 우리 아버지는 부산에 가셨어요.
      마. 우리 아버지는 부산에 가셨어.

예 (6가-마)의 의미를 정확히 파악하기 위해서 우리는 두 가지 면에 주목한다. 하나는 언어 형식이고, 다른 하나는 상황적인 요소이다. 언어 형식은 표현된 것이므로 별반 어려움이 없으나, 상황적인 요소는 추상적이어서 그 실체를 파악하기가 어렵다. 상황적인 요소의 규명을 위해서 우리는 필연적으로 적절한 발화 상황이나 장면을 상정해야만 한다. 발화 상황이나 장면의 상정은 화자의 정신 세계 혹은 심리 세계에 투영되어 있는 문장 내용의 사태나 사건에 대한 어떤 믿음이나 지식을 인지하게 해 주기 때문이다.

우선, 언어 형식에 주목하기로 한다. 예 (6)은 화계의 범열(paradigm)이라 할 수 있다. '-ㅂ니다'체, '-오'체, '-네'체, '-아/어요'체, '-아/어'체가 그러하다. 서술형 기준의 화계 명칭에 대한 논의는 5.3. 참조.

(6가)에서 '우리'와 '저희'는 모두 가능한 표현이라 할 수 있다. 피상적으로 생각하면 어미가 '-습니다'이니까 '저희'만 가능한 것처럼 느껴지지만 화자보다 청자가 단순히 나이만 많은 경우, 절대로 쓰이지 못하는 것은 아니다. 가령, 화자와 청자가 가족 관계이거나 친족 관계가 아니라[23] 사회에서 맺어진 관계 예컨대, 젊은 변호사와 그 사무실에서 일을 보는 나이 많은 사무장의 관계를 상정하면 '우리'가 쓰이지 못할 하등의 이유가 없다. 이러한 경우, 나이 든 사무장 청자와 젊은 변호사 화자와의 관계는 '尊'과 '卑'의 관계가

아니라 그 역의 관계라 할 수 있으며, 이와 같은 논리에 따라 계급 관계도 그 역의 관계라 해야 옳을 것이다. 친소 관계도 마찬가지라 할 수 있는데, 사무실에서 함께 일을 하는 관계라면, 그 관계가 소원하다고 할 수는 없다. 그리고 '힘과 유대'의 관계가 힘의 세기는 유대감과 반비례한다는 것이라면, 다시 말해서 유대가 깊으면 깊을수록 힘의 세기는 약화되며 유대가 낮으면 낮을수록 힘의 세기는 강화되는 것이라면, 젊은 변호사는 '-습니다'를 사용하였으니까 '힘'이 약해야 당연한 것인데 현실적으로는 그가 강자이다.

이러한 우리의 해석이 틀리지 않는다면, 우리는 어미 형태의 쓰임은 반드시 화자와 청자의 관계가 존비 관계, 계급 관계, 친소 관계, 그리고 '힘과 유대'의 관계로 해명되지는 않는다고 할 수 있다. 그들의 관계는 오히려 상황적인 요소의 역의 관계로 해석되는 경우가 가능하기 때문이다. 다만, 연령이 강력하게 작용하는 듯이 여겨지는데(이익섭(1974. 註3) 참조), 여기의 '존비'나 '계급'이 연령에 따른 것이 아니라면 우리의 해석은 결코 무리하지 않은 것이며, 설령 연령이 강력한 작용을 한다 하더라도 그것은 심리적으로 화자가 그의 가족 구성원의 연령차에 따른 발화를 염두에 두며 발화한 것으로 해석될 수 있으므로, 크게 문제되지 않는다 할 수 있다. 화자는 언제나 타인과 대화를 하는 경우 어법의 사용에 있어서 심리적으로 그의 가족 구성원의 그 어떤 존재를 연상하면서 적절하고 알맞은 어휘를 선택하는 것으로 생각된다. 따라서 우리는 소박하게 (6가)의 '-습니-'는 화자의 청자에 대한 겸양 혹은 존대를 나타내는 격식적인 언어 형식에 지나지 않는다 할 수 있다.

(6나)는 (6가)와 달리 연령이 제한되는 발화이다. 즉, 화자와 청자가 20대 이하의 사람이면 절대로 쓰일 수 없다. 그것도 화자와 청자가 동등한 관계로 인식되는 경우나 가능한 발화이다. 이러한 쓰임은 전적으로 어미 '-소'에 달려 있다. 평서문에 쓰이는 '-소'가 중세의 '亽'의 발달형이라 하는 경우, 우리는 이숭녕(1981:380)의

'공손법 형태', 허 웅(1975:923)의 '강조-영탄법', 고영근(1981: 141)의 '감동법', 그리고 임홍빈(1985:452)의 '간접화 기능'을 그대로 받아들이기로 한다. '-소'에 대한 이러한 견해를 그대로 받아들이는 경우, '-소'에는 '-습니-'에서 확인되는 '-삽-'의 형태가 확인되지 않으므로 그만큼 청자에 대한 화자의 겸양이나 존대가 낮다 할 수 있으며 이러한 점에서 상위자에게는 절대로 쓰이지 못한다. 따라서 '-소'는 화자와 청자의 낙차, 친소, 그리고 힘과 유대 같은 영향 관계가 거의 고려되지 않은 형태라 할 수 있다.

(6가)에 대한 해석과 (6나)에 대한 해석이 부분적으로 적용되는 발화가 (6다)이다. (6가)의 '심리적으로 화자가 그의 가족 구성원의 연령차를 고려한 발화'라는 점이 그렇고, (6나)의 '30대 이상의 화자와 청자가 동등한 관계로 인식되는 경우에나 실현되는 발화'라는 점이 그러하다. (6가)적인 특성은 (6다)의 '-네'체가 장인이나 장모 같은 손윗사람이 사위 같은 손아랫사람에게 또는 직장의 상사가 그보다 나이가 적으나 결코 젊지 않은 부하 직원에게 보통으로 쓰임을 뜻하며, (6나)적인 특성은 나이든 연령층의 친구간 또는 직장 동료간에 흔히 쓰일 수 있음을 뜻한다. 그런데 자명한 것은 어미 '-네'는 중세 국어 공손법 표지 {-이-}가 융합된 형태라는 사실이다. 이러한 점에서 '-네'체는 나이가 든 손윗사람이 그리 젊지 않은 손아랫사람에게 얼마간 대우하려는 경우에나 쓰이는 형태라 할 수 있다. (6다)의 '-네'가 이러한 특성을 가지는 것이라면, '-네'체와 관련하여 존비 관계, 계급 관계, 친소 관계, 그리고 힘과 유대 관계 등은 별로 관련되지 않는다 할 수 있다. 따라서, '-네'는 융합된 {-이-}에 의하여 청자에 대한 화자의 얼마간의 겸양이 드러나는 형태이며, 이러한 기능은 30대 이상의 화자와 청자가 친구간이거나 또 그렇게 인식되는 동료간에, 또는 심리적으로 화자가 그의 가족 구성원의 연령차를 염두에 두고 손아랫사람에게 얼마간 대우하는 형태라 할 수 있다.

이상의 논의를 요약하면 '-습니다'는 상위자에게 쓰이는 화계이나 '-소'나 '-네'는 그렇지 않은 화계라 할 수 있다. 이러한 시사가 한길(199140) 및 임홍빈·장소원(1995:393)에도 기술되어 있다.

이제 (6라)와 (6마)를 검토하기로 한다. (6마)는 반말 형식의 발화이다. 즉, 반말 형태 '-아/어'로 문 종결이 이루어지고 있다. 반말 형식은 두 가지 특징을 갖는다. 하나는 형태적인 면이며, 다른 하나는 쓰임의 양상이다. 우선, 형태적인 특징을 검토한다. 그런데, 형태적인 면도 크게 두 견해로 나누어 검토할 수 있다. 하나는 김종택(1981)적인 '어요'나 '어라'의 생략형이라는 견해와 다른 하나는 대부분의 학자가 인정하는 바와 같은 종결 어미라는 견해이다. 우리는 후자의 입장을 따른다. 반말 형식이 하나의 종결 어미라 하는 경우, 그것으로 문장이 종결되기는 하나 그 자체로 서법이 구분되지는 않는다. 임홍빈(1984a)적인 수행-억양의 도움이 필요한 것이다.[24] 이러한 반말의 형태적인 특성이 '-습니다,' '-소,' '-네'와 크게 다른 점이다. 즉, 언어 형식적인 면에서 반말 형식은 서법을 나타내는 고유한 형태를 가지지 못하였는데, '-습니다,' '-소,' '-네'는 그 자체로 서법을 나타낸다. 이러한 차이를 중시하여 우리는 '-습니다,' '-소,' '-네'는 격식적인 형식이고, 반말 '-아/어'는 비격식적인 형식이라 구분한다.

둘째, 반말 형식의 쓰임 양상인데, 반말은 앞에서 검토한 '-습니다,' '-소,' '-네'와 달리 특정한 계층의 사람만이 쓰는 형식이 전혀 아니다. 이러한 쓰임의 특징으로 '반말'이 정렬모(1946)의 '두루빛' 이후 '두루 낮춤'으로 인식되었는지 모르며, 또한 친근한 느낌을 주는 형태로 이해되었는지 모른다. 그런데, 특히 '-습니다'와는 달리 반말 형태에는 존대와 관련하는 어떠한 형태도 존재하지 않는다. 다만, '-아/어'의 형태로 문장을 맺을 뿐이다. 이러한 점에서 반말 형태 '-아/어'는 정동사 어미 '-다'와 유사한 속성을 지니는지 모른다.[25] 따라서, 반말 형태의 특징이 이렇다 하는 경우, 반말 형태

'아/어'는 존비, 계급, 친소, 힘과 유대 관계 등과 같은 상황적인 요소와 특별히 관련된다고 할 수는 없다.

이제 우리는 예 (6가-다) 및 (6마)에 대한 해석을, 특히 (6마)에 대한 해석을 (6라)에 적용하기로 한다. 여기서 말할 필요도 없겠지만, (6라)의 '-아/어요' 형태를 간략히 설명하면 반말 형태 '-아/어'로 문장이 종결된 형식 뒤에 다시 '-요'가 결합됨으로써 결과적으로 청자를 존대하게 된다고 할 수 있을 것이다. '-아/어요'체에 대한 이러한 일반적인 인식을 받아들인다면, 우리는 여기서 두 가지 사실을 확인할 수 있다. '-아/어요'는 한편으로는 반말 형태 '-아/어'의 특성을 지니는 것이며, 다른 한편으로는 반말 형태 '-아/어'가 지니지 못한 높임 기능을 가진다는 것이다. 이러한 점을 고려할 때, '-아/어요'는 높임 기능을 가지기는 하지만, 그 원리와 성격은 '-습니다'와 전혀 다르다고 할 수 있다. 즉, '-습니다'는 높임 기능의 선어말 어미 형태 '-습-'이 결합된 형식이나 '-아/어요'는 비격식적인 반말 형태 '-아/어'에 존대 기능의 첨사 '-요'가 결합된 형식이다. 이러한 점으로 성기철(1985a)는 '-아/어요'체를 두루 높임으로 구분하고 있다. 따라서 첨사 '-요'에 의한 존대 형태 '-아/어요'는 여전히 비격식적인 형태라 할 수 있다.

이상의 논의를 요약하면 다음과 같다. 첫째, 청자 등급과 관련하는 화계와 상황적인 요소와의 관련성에 있어 존비(높·낮), 계급, 지위, 친소, 힘과 유대와 같은 상황적인 요소들은 거의 관련되지 않으나, 연령,[26] 격식과 비격식 등은 직접적으로는 아니라 하더라도 간접적으로 관련된다 할 수 있다.

둘째, 화계의 언어 형태에 있어서, 1) '-습니다'와 '-아/어요'는 화자의 계층과 상관없이 모두 청자를 높이는 등급에 속하는 것이지만, '-습-'과 '-아/어' 및 '-요'와 같은 언어 형태의 차이로 전자는 격식적인 것이고 후자는 비격식적인 것이며, 2) '-소'와 '-네'는 상당한 정도의 연령에 이른 화자와 청자간에 얼마간 대우하는 기능을 가지나 전혀 상위자에게 쓰이지 못하는 점에서 높임의 등급에도 속하지 못하며 그렇다고 낮춤의 등급에도 속하지 못하고, 3) '-아/어'는 그 형태 및 쓰임의 특성으로 화자의 계층과 상관없이 동등간에 혹은 상대적으로 하위자라 판단되는 사람에게 쓰이는 점에서 낮춤의 등급에 속한다.

2.3. 대우법 체계

본 절의 목적은 현대 국어의 대우 현상을 체계화하는 데 있다. 이를 위하여 논의의 방향을 크게 두 갈래로 전개할 것이다. 하나는 2.2.1.에서 간략히 검토한 바 있는 언어 형태에 의한 대우법에 대한 것이며, 다른 하나는 발화-상황 또는 담화-상황과 화자의 유표적인 의도에 의한 운용 및 책략적인 대우법에 대한 것이다.

2.3.1. 언어재에 의한 대우

기본적으로 대우 현상이 언어 형식에 의해 표현되는 것이라면, 결국 그 언어 형식은 대우 표현에 관련하는 요소라 할 수 있다. 이러한 점을 비판 없이 받아들이는 경우, 국어의 모든 언어재는 곧 대우법과 관련하는 형태라고 추측할 수도 있을 것이다. 그러나 조금만 주의를 게을리 하지 않는다면, 그러한 추측은 추측에 불과함을 알게 된다. 가령, 직관적으로도 '연필, 종이, 악수(握手), 머리카락, 머리, 배(腹), …,' 등은 대우법과 관련하는 형태로 판단되지 않는다. '-님'이란 어휘적 요소가 연결되는 경우 높임말이 된다고 가정할 때, '*연필님, *종이님, *악수님(握手), *머리카락님, *머리님, *배님(腹), …,' 등은 전혀 성립되지 않기 때문이다.

그렇다면, 대우법과 관련하는 언어 형식은 어떤 성격의 어휘들인가? 이러한 물음에 대한 해답은 자명하다 할 수 있다. 대우법의 범주적 특성이 인물 중심적인 것이라면,[27] 대우법과 관련하는 언어 형식도 인물, 즉 사람과 관련하는 것이 주종을 이루어야 한다고 생각한다.[28] 여기서 우리는 잠정적으로 대우와 관련하는 언어 형식의 성격을 다음과 같이 정리하기로 한다.

  (7) 대우법과 관련하는 언어 형식의 성격
      대우법과 관련하는 언어 형식은 원칙적으로 인물, 즉 사람과 관련하는 형태이어야 한다.

이제 우리는 (7)의 성격을 예문을 통하여 검토하기로 한다.

  (8) 가. 아버님의 손이/*手가/*手足이/*손님이 떨리신다.
      나. 사장(님) 아들이/아드님이, 슈胤이, 슈息이/자식이, 아들놈이,
          자식놈이 결혼한다.
      다. 선생님께서, 선생께서/선생님이, 선생이 하신 말씀 두고두고
          명심하겠습니다.
      라. 삼촌이/철수가 저녁을 잡수신다/먹는다.
      마. 선생님께 꽃을 드리옵니다, 드리오리다/*주겠습니다, *주오리
          다, *주리다.
      바. 과장님 조부께서 어젯밤에 돌아가셨어, *돌아갔어/*죽으셨
          어, *죽었어.

  (7)이 시사하는 바처럼 대우법과 관련하는 언어 형식이 원칙적으로 인물, 즉 사람과 관련하는 형태라면, 예 (8)은 명사, 조사, 동사가 어떻게 사람과 관련하는지를 보여 준다. 우선 (8가)부터 살펴보기로 하자. 여기서 '손' 외에 '手'나 '手足'은 절대로 쓰일 수 없다. '手'가 의미적으로 '손'을 가리킬 수는 있으나 국어에는 그러한 어휘가 실재하지 않으며, 그리고 '手足'이 실제로 쓰이나, 그 어휘가 '손'만을 가리키는 것인지는 확실치 않다. 일반적으로 '수족'은

'손발'을 뜻하는 것으로 안다. 그렇다고 '손'에 '-님'이 연결된 '*손님'이 가능한 표현이냐 하면 그렇지도 않다. 이러한 사실로 '손'은 비록 사람과 관련하는 어휘이기는 하지만 대우법 논의에서 제외되어야 할 것이다. 굳이 최현배(1937)적인 존경의 상응, 즉 대우의 일치를 원용하지 않더라도 '아버님'이 존대 대상 인물이라면 마땅히 그와 관련하는 사람이나 사물을 지칭하는 어휘도 높임말로 일치를 보여야 하는데, '손'에 대립하는 높임말이 따로 없으므로 그냥 '손'이 쓰이는 수밖에 없는 것이다. 그런데, 우리의 견해와 달리 서정수(1984:27)에서는 이러한 경우에 쓰이는 어휘를 '무표 존대 형태'라 규정하고 있다. 6장 참조.

우리의 이러한 논리는 (8나)에서 확인된다. (8나)에서 '아들'의 쓰임은 원천적으로 봉쇄되지 않는다. 규범적으로는 존대 대상 인물 '사장(님)'의 '아들'이니까 '-님'이 연결된 어휘 '아드님'이나 '아들'의 높임말로 여겨지는 '令胤, 令息' 등이 바람직한 것으로 여겨지나, '사장'이 실제 발화 현장에 있지 않는 상황의 경우 '아들'의 쓰임이 부자연스러울 하등의 이유가 없는 것이다. 여기서, 우리는 두 가지 사실에 직면하게 된다. 하나는 '아들'과 '아드님, 영윤, 영식'이 대립의 층위를 갖는다는 것이고, 다른 하나는 '-님'은 2.2.1.에서 개략적으로 언급된 바와 같이 발화 상황 또는 담화 상황과 깊은 관련을 갖는 형태라는 것이다. 한편, 화자의 판단에 '사장의 아들'이 못마땅한 존재로 느껴지는 경우 '자식, 아들놈, 자식놈'도 쓰이지 못할 하등의 이유가 없다고 생각된다. 화자의 '사장의 아들'에 대한 비하하는 태도나 적개심 따위의 의식 작용의 발현이라 할 수 있다. 이것이 사실이라면, '자식, 아들놈, 자식놈'과 같은 어휘는 '아들'보다 층위가 낮은 낮춤말에 속한다고 할 수 있을 것이다. 따라서 (8나)에 쓰인 '아들,' '아드님, 영윤, 영식' 그리고 '자식, 아들놈, 자식놈'은 '예삿말 : 높임말 : 낮춤말' 혹은 '평칭어 : 존칭어 : 비칭어'의 三枝的 체계를 이룬다고 할 수 있다.

이러한 우리의 해석은 (8다)의 조사에도 적용이 가능하다. 우선, '선생님께서,' '선생께서,' '선생님이,' 그리고 '선생이' 등이 모두 가능한 표현임을 밝혀 둔다. 다만, 그 쓰임의 양상은 다소 다르다 할 수 있다. '선생님께서'와 '선생님이'는 화자가 그의 제자이거나 학부형인 경우 가능하고, '선생께서'와 '선생이'는 화자가 그의 동료 간이거나 학교장인 경우 가능하다. 이들 명사구의 쓰임이 이러한 차이를 갖는다는 것이 사실이라면, '-님'이 '께서'보다 높임의 기능을 더 갖는 형태라 할 수 있을 것이다. 또, '-님께서'가 '-님이'보다 그리고 '-께서'가 '-이'보다 대상 인물을 더 높이는 것으로 느껴지는 점에서 분명 '께서'가 '이'의 높임말이라고 할 수 있다. 그러나, '-님' 연결 여부가 '께서'의 연결 여부보다 더 높임의 기능과 관련하는 것으로 판단되는 한, '께서'가 '이'의 높임말이라는 데에는 어떤 제약이 따르는 것으로 여겨진다. 가령, '께서'가 통사 · 의미적인 면의 주격 조사 '이/가'의 높임말이 아니라, 화용적인 면의 높임말이 아닌가 하는 것이다. 6.3.3. 참조.

이제 동사의 경우를 보도록 한다. (8라)는 주격 대상 인물을 높이는 동사의 문장이다. 여기서 '삼촌이 잡수신다'와 '철수가 먹는다'는 모두 가능한 표현이다. 그러나, 특수한 상황을 제외하고 '삼촌이 먹는다'와 '철수가 잡수신다'는 절대로 성립이 되지 않는다. 이러한 현상은 동사 '잡수시다'는 주격 대상 인물이 존대 인물이기를 요구하나 '먹다'는 비존대 인물을 요구함을 시사해 준다. 따라서, 동사 '잡수시다'와 '먹다'는 명사의 경우처럼 어휘적 대우의 층위를 이룬다고 할 수 있다. '높임말 : 예삿말'의 대립이 그것이다.

(8마)는 객체 존대의 문장이다. 따라서 당연히 동사 '드리다'의 쓰임이 자연스러운 것이다. 이를 역으로 해석하는 경우 일련의 *'주겠습니다', *'주오리다', *'주리다'가 전혀 성립하지 못하는 것은 화자는 물론, 주격 대상 인물보다 상위자인 '선생님'이 여격 대상 인물로 상정되어 있기 때문이다. 이러한 사실은 동사 '드리다'가

'주다'의 높임말임을 시사한다. 따라서 '드리다'와 '주다'는 어휘적 대우의 층위를 이룬다 할 수 있다.

다음, (8바)의 '돌아가다'와 '죽다'의 관계에 주목한다. 이 현상과 관련해서 이미 우리는 2.2.1.의 예 (3차)에서 검토한 바 있다. 거기서 이 두 어휘의 관계는 높임말과 예삿말 같은 어휘적 대우의 층위의 관계는 아니라 하였다. 다만, 예삿말 '죽다'에 대립하는 높임말이 따로 존재하지 않고, 그러나 존대 대상 인물이 '죽은' 상황을 표현하기는 해야 하는 경우, 직설적이고 직접적인 의미를 띠는 동사 '죽다' 대신에 그러한 의미를 우회적으로 표현하는 '돌아가다'가 쓰인 것에 지나지 않는다. 이러한 우회적 표현의 어휘를 우리는 '완곡어'라 하였다. 그래서 이러한 완곡어는 어휘적 대우법 논의에서 원칙적으로 제외되어야 한다고 하였다.

다음, 이상의 어휘적 대우와 성격을 달리하는 대우 현상에 주목하기로 한다. 다음의 예문을 보자.

(9) 가. 김 교수가/박 계장이 유학을 마치고 *귀국하셨다/귀국했다.
　　나. 장관님이 드십니다, 듭십니다/*듭니다.
　　다. 할아버지께서 안방에 계십니다/계셔요/계시오/계시네/계셔.

(9가)에서 행동주 '김 교수'나 '박 계장'이 화자보다 하위자인 경우 화자의 유표적인 의도가 개입되지 않는 한 *귀국하셨다'는 전혀 쓰이지 못하는 것이나, '귀국했다'는 자연스럽게 쓰인다. {-시-}가 존귀한 인물과 관련해서만 쓰인다는 점을 나타내 준다 할 수 있다. 그렇다면 문제는 {-시-}의 성격이 어떠하냐 하는 것이다. 그런데, 여기서 직관적으로 {-시-}는 주어 성분 '김 교수'나 '박 계장'이 존귀한 인물이 아니기 때문에 쓰이지 못한 것이라 할 수 있다. 이는 곧 {-시-}는 문장의 특정한 성분과 관련하는 형태임을 의미해 준다. 이러한 의미에서 {-시-}는 명사, 조사, 동사처럼 어휘적 대우와 관련하는 요소가 아니라 문법적 대우와 관련하는 요소이다.

다음, (9나)에서 '*듭니다'가 절대로 쓰일 수 없는 것은 (9가)의 논리에 따른다. (9가)에서 {-시-}는 문장의 주어 성분이 존대 대상 인물인 경우에 한하여 나타나는 형태라 하였다. 그런데 (9나)의 주어 성분은 존대 인물 '장관님'이 왔는데도 어말 어미 형식 '듭니다'에서 {-시-}를 찾을 수 없기 때문이다. 어말 어미 형식 '듭니다'의 '-ㅂ-'은 청자와 관련하는 형태이지 주어 성분과 관련하는 형태는 아니다. 따라서, 문장이 성립하려면 {-시-}가 결합된 형식 '듭십니다'라야 한다. 어말 어미 형식 '듭십니다'의 선행 '-ㅂ-'과 후행 '-ㅂ-'의 기능은 2.2.1.의 예문 (3하)에서 이미 밝힌 바 있다. 선행 '-ㅂ-'은 주어 성분과 관련하는 {-삽-}이고, 후행 '-ㅂ-'은 청자와 관련하는 {-삽-}이 바로 그것이다. 이러한 사실로 {-삽-}도 {-시-}와 마찬가지로 문법적 대우와 관련하는 요소라 할 수 있다.

예 (9다)는 청자와 관련하는 어말 어미 형태를 제시하고 있다. 예의 '계시-'는 이미 2.2.1. 예 (3아)에서 밝힌 바와 같이 주체 높임의 동사이다. 따라서 청자와 관련하는 형태는 '계십니다'의 '-ㅂ니다', '계셔요'의 '-어요', '계시오'의 '-오', '계시네'의 '-네', 그리고 '계셔'의 '-어'가 된다. 이들 형태는 곧 화계를 이루는데, 따라서 이와 같이 화계와 관련하는 요소는 말할 것도 없이 문법적인 대우와 관련하는 형태라 할 수 있다.

이상의 논의를 우리는 (7)에 포함시켜 그 내용을 다음과 같이 수정하기로 한다.

   (10) 대우법과 관련하는 언어 형식의 성격(수정)
      대우법과 관련하는 언어 형식은 원칙적으로 인물, 즉 사람과 관련하는 형태이어야 하는데, 언어 형식은 대우법과 관련하는 기능적 차이에 따라 어휘적 대우와 관련하는 형태와 문법적 대우와 관련하는 형태로 구분된다. 어휘적 대우와 관련하는 형태는 어휘의 대우 층위를 이루며, 문법적 대우와 관련하는 형태는 {-시-}, {-삽-}과 같은 선어말 어미 형태와 어말 어미 형태로 나뉜다.

(10)에서 규정한 것처럼 언어 형식으로 나타나는 국어의 대우법에는 어휘적 자질에 의한 어휘적 대우와 {-시-}와 {-삽-}, 그리고 어미 형태의 통사·의미적 기능에 의한 문법적 대우가 있다. 이를 다음과 같이 체계화하도록 한다.

    (11) 언어재에 의한 대우
      가. 문법적 대우
        a. 선어말 어미 {-시-}와 {-삽-}에 의한 대우.
        b. 어미 형태에 의한 대우.
      나. 어휘적 대우

2.3.1.1. 문법적 대우

(11)의 체계에서 문법적 대우는 선어말 어미 형태 {-시-}, {-삽-}에 의한 대우와 어미 형태에 의한 대우로 구분되었는데, 이와 같이 구분하게 된 근거는 선어말 어미 형태 {-시-}, {-삽-}의 대우 기능과 어미 형태의 대우 기능이 다르다는 데 두고 있다. 이는 곧 문법적 대우는 본래 문장의 통사 구조와 밀접한 관련이 있다는 것을 뜻하는데, 그 통사 구조에서 선어말 어미 형태 {-시-}, {-삽-}의 기능과 일련의 어미 형태의 기능은 결코 동일한 양식과 방식으로 수행되지 않음을 의미한다. 따라서, 문법적 대우의 해명을 위해서는 두 가지 면이 선결되지 않으면 안 된다. 하나는 국어의 문장 구조에 대한 올바른 이해이며, 다른 하나는 용언의 활용형에 대한 올바른 분석이다.

전자는 결국 국어의 문장 구조가 '주어 - 서술어' 구조인가 '주제 - 설명' 구조인가 하는 문제와 관련하는 것이며, 후자는 용언의 활용형의 구조가 '어간+선어말 어미+어미'로 분석이 되고 그래서 '어간'의 기능, '선어말 어미'의 기능, 그리고 '어미'의 기능이 제각기 다르다 하는 경우, 그 분석을 정확히 해야 하는 문제와 관련하는 것이다. 이에 본 절에서 우리는 두 문제에 대하여 논의를 전개한다.

먼저, 국어의 문장 구조에 대해 검토하기로 한다.

    (12) 가. 할머니가 건강하시다.
         나. 우리는 할머니가 건강하시다.
    (13) 가. NP-VP
         나. NP_1-NP_2-VP
    (14) 가. 〔$_{FP}$ 〔$_{HP}$ 〔$_{VP}$ 〔$_{KP}$ 할머니가〕 〔$_V$ 건강하-〕〕 〔$_H$ -시-〕〕〔$_F$ -다〕〕
         나. 〔$_{FP}$ 〔$_{HP}$ 〔$_{VP}$ 〔$_{NP}$ 우리는〕 〔$_{VP}$ 〔$_{KP}$ 할머니가〕 〔$_V$ 건강하-〕〕〕 〔$_H$ -시-〕〕 〔$_F$ -다〕〕
         다. 〔$_{FP}$ 〔$_{HP}$ 〔$_{VP}$ 〔$_{TOP}$ 우리는〕 〔$_{VP}$ 〔$_{KP}$ 할머니가〕〔$_V$ 건강하-〕〕〕 〔$_H$ -시-〕〕 〔$_F$ -다〕〕

국어에는 (12가)와 같은 문장은 물론, (12나)와 같은 문장도 얼마든지 가능하다. 이와 같이 국어에서 (12가)와 (12나)가 다 가능한 경우, 국어에는 (13가)와 같은 구조와 (13나)와 같은 구조가 있다고 할 수 있다. 이 경우, (13가)는 (12가)의 구조로, (13나)는 (12나)의 구조로 각각 해석된다. 그런데 문제는 여기서부터 발생한다. 즉, 이를 그대로 받아들이는 경우, 국어의 근본적인 문장 구조가 무엇인지 불투명해지는 것이다. 국어에는 (13가), (13나)와 같은 구조가 평행적으로 공존한다고 할 수는 없기 때문이다.

일단, (13가)의 구조를 '주어-서술어' 구조라 하자. 이럴 경우, (12가)에 대해서는 더 이상의 논의가 필요 없다. (14가)의 구조의 구조로 해석하면 그만이다. 여기서 잠깐 (14가)의 구조 표지에 대해 설명한다. FP는 종래의 S''의 개념이다. 한때 국어 문장의 기본 구조를 'S+C'로 분석하였을 때의 'COMP'가 F(=final endings)로 대체된 구조이다. 이는 Chomsky(1981d, 1982)의 '확대 투영 원리'에 입각하는 것이다. 원래는 HP 범주 앞에 TP(=tense phrase),

즉 시제 선어말 어미의 자리도 있다. 그러나 (12)는 형용사문이므로 여기서는 제외하였다. HP(=honorific phrase)는 {-시-}가 나타날 범주이다. VP는 동사구로서 종래의 S의 개념에 해당한다. KP(=kasus phrase)는 조사가 결합된 명사구에 해당하는 범주이다. 여기서 주의를 요하는 것은 VP는 동사구로서 종래의 S의 개념이고, 그 하위 범주로 주어 성분 KP가 상정되는 것이라면, 이전의 논의와는 다르게 주어를 동사구 내적 주어(vp-inernal subject)라 하는 점이다. 임홍빈(1997) 참조.

(12가)의 구조가 (14가)로 나타내지는 경우, 그렇다면 (12나)의 구조는 어떻게 나타내야 하는 것이냐 하는 것이다. (12나)에는 완전한 문장 구성으로 판단되는 구조 앞에 또 하나의 명사구 '우리는'이 있기 때문이다. 여기서 일단, (12가)의 구조인 (14가)를 그대로 (12나)에 적용하여 잠정적으로 그 구조를 (14나)처럼 나타내기로 한다. 이러할 경우, 우리는 주어 앞에 오는 명사구를 어떻게 처리해야 하는 문제에 봉착하게 된다. 이에 대한 해석은 두 가지라 할 수 있을 것이다. 하나는 성기철(1985a)적인 상위 주체로 보는 견해와 임홍빈(1972, 1985d)적인 주제로 보는 견해이다.

먼저, 성기철(1985a)적으로 주어 앞에 오는 명사구를 상위 주체로 보고 주어를 하위 주체로 보는 경우, 종래의 S의 개념 VP가 V'나 V와 동일한 층위의 범주로 해석되어야 하는 논리의 모순을 가져온다. 만약 그러하다면, 1960년대부터 일기 시작한 언어 이론은 무력해지는 것이다. 예컨대, 확대 투영 원리가 그것이다. 그렇다고 하위 주체가 상위 주체의 서술어로 해석될 수도 없는 일이다. 그것은 혹시 의미 세계에서 얼마간 가능할 수 있을지 모르나, 통사의 세계에서는 거의 의미 없는 것이라 할 수 있다. 임동훈(1996) 참조. 또 분명한 근거 없이 하나의 서술어에 두 개의 주어가 올 수도 있다는 주장도 받아들일 수 없다. 서술어의 선택 제약에 위배되는 것이다. 따라서 하나의 서술어는 하나의 주어하고

만 관련한다고 본다.[29] 3.2.2. 참조.

이와 같이, 국어에는 문장 개념의 VP가 서술절이 되는 못하며 그러한 의미에서 한 문장에 두 개의 주어가 올 수 없다고 한다면, 국어 문장의 기본 구조는 문장 개념의 VP 앞에 주제 성분의 명사구가 전제되는 구조라 할 수 있다. 이러한 구조가 바로 (14다)이다.

국어가 구조적으로 주제를 갖는 특성의 언어라 가정할 때, 다음 문장에서 {-시-}와 {-삽-}의 기능을 규명하는 일은 별로 어려움을 느끼지 않는다. 대우법과 관련하는 언어 형식의 성격(10)에 의하면 {-시-}, {-삽-}은 원칙적으로 인물과 관련하는 형태이기 때문에 그 관련 대상 인물만 찾아내면 문제는 해결되는 것이다.

다음 문장을 보기로 하자.

(15) 가. 아버님은 병환이 나셨다.
　　　나. 사장님께서 듭십니다.

(15가)의 ‘-시-’는 조건 (10)에 저촉되지 않으므로 ‘아버님’과 관련해야 한다. 그런데 (14다)의 구조에 비추어 보면 ‘아버님은’은 주제인 것이다. 이 때 {-시-}는 주어 성분의 인물을 높이는 것이 아니라 주제 성분의 인물을 높인다고 보아야 한다. (15가)의 구조를 (14다)의 구조로 나타내면 다음과 같다.

(16) [FP [TP [HP [VP [TOP 아버님은] [VP [KP 병환이] [V 나-]]]
　　　　[H -시-]] [T -었-]] [F -다]]

(16)의 구조가 (14다)의 구조와 다른 것은 첫째, 과거 시제 선어말 어미 ‘었’이 ‘T’의 범주에 들어간 것이며, 둘째, ‘-시-’가 주어 ‘병환이’를 뛰어 넘어 주제 대상 인물 ‘아버님’을 높이는 것이다. {-시-}가 특정한 성분과 관련하지 않는 한 예라 할 수 있다. {-시-}가 가지는 이러한 특이한 기능을 특히 장석진(1973)은 ‘존대 파급 현

상'으로, 서정수(1984)는 '간접적인 대우'로, 박양규(1975a)는 '존칭 체언의 무정화'로, 그리고 임홍빈(1985c)는 '경험주 존대'로 해석하고 있다.

(15나)의 '듭십니다'에 대해서는 이미 2.2.1.의 예 (3하) 그리고 2.3.1.의 (9나)에서 얼마간 설명되었다. 선행 '-ㅂ-'은 '사장님께서'와 관련하며, 후행 '-ㅂ-'은 청자와 관련한다는 것이고, 그리고 '-시-'는 '사장님께서'와 관련한다는 것이다. 특히 조사 '께서'가 소박하게 주격 조사 '이/가'의 높임말이 아니라 가정하는 경우, (15나)의 구조는 다음과 같이 나타낼 수 있다.

(17) 가. [FP [PLP [PL [MDP [MD [HMP [HM [HP [VP[TOP 사장님께서i]
　　　　[VP [KP ei] [V 듭-]]] [H -시-]][HM-ㅂ-]] [MD -느-]] [PL -이-]] [F -다]]

　　나. [FP [PLP [PL [HP [VP [TOP 사장님께서i] [VP [KP ei] [V 듭-]]] [H -시-]] [PL -ㅂ니-]] [F -다]]

(17가)가 정식 구조라면, (17나)는 약식 구조이다. (17가)의 정식 구조에서 PLP(=polite phrase)는 공손구 범주로 문장에 {-시-}와 {-삽-}이 모두 나타나는 경우를 대비한 것이고, MDP (=modal phrase)는 양상구 범주로 현대 국어에서 시제적인 의미가 약화되어 상의 의미로 쓰이는 선어말 어미 '-느-'와 '-더-'를 나타내기 위한 것이며,[30) HMP(=humble phrase)는 겸양구로 {-삽-}을 나타내기 위한 것이다. 이를 약식으로 나타낸 (17나)는 특히 청자 대우를 해석하는 데 이점이 있다. 현대 국어에서 시제적인 의미가 약화되어 상의 의미로 쓰이는 선어말 어미 '-느-'와 '-더-'에 공손 선어말 어미 {-이-}가 결합된 '-ㅂ니-'와 '-ㅂ디-'는 {-삽-}의 결합으로 재구조화된 어미로 해석할 수 있기 때문이다.

4.6. 참조.

(17)의 구조에서 주제 '사장님께서'는 공범주 주어와 동지표되어

있다. 이는 (15나)의 구조와 (15가)의 구조가 그만큼 차이가 있음을 나타내는 것이다.

이상의 논의를 한 마디로 요약하면, 문법적 대우와 관련하는 언어 형태는 문장의 통사 구조와 밀접한 관계를 갖는다고 할 수 있다. 따라서 문법적 대우와 관련하는 언어 형태의 기능은 국어 문장의 기본 구조가 '주어-서술어'의 구조가 아니라, '주제-설명'의 구조라고 하는 경우 명쾌하게 규명되는 것으로 생각한다. 그런데, 문법적 대우와 관련하는 형태는 모두 용언의 활용형에 결합되어 있으므로, 문법적 대우 체계가 엄정하게 확립되려면 활용형의 구조가 명백하게 분석되어야 한다. 이를 위해 임홍빈(1985b:406)에서 최대 분석의 원리를 가져오도록 한다.[31]

(18) 최대 분석의 원리
형태소 분석에 관한 한, 그 분석은 궁극적인 단위에 이르기까지 행해져야 한다.

(18)에 입각하여 다음 문장을 검토하기로 하자.

(19) 가. 아버님이 그대로 계십니다.
나. 아버님이 그대로 계시옵니다.
다. 아버님이 그대로 계시옵십니다.
(20) 가. 그대로 가시오.
나. 그대로 가십시오.
다. 그대로 가시옵소서.

예 (19)는 평서문이고, (20)은 명령문이다. 평서문부터 검토하기로 한다. (19가)의 '계십니다'는 '계시-'와 '-ㅂ니다'로 분석이 되는데, 여기서 '계시-'는 주어 '아버님'과 관련하며 '-ㅂ니다'는 청자와 관련한다. 그런데 엄밀하게 말하면 '-ㅂ니다'는 더 분석이 가능하다. '-ㅂ-,' '-니-' 그리고 '-다'가 바로 그것이다. '-다'는 정동사 어미, '-니'는 현대 국어의 {-느-}에 {-이}가 융합된 형태, 그리고 '-ㅂ-'은 현대 국어의 {-삽-}의 이형태이다. 그러나, 다음 문장이 성립하지 못하는 것으로 보아 '-ㅂ니다'는 재구조화한 형식이라 해야 온당할 것이다. 이러한 형식에 대해 학계에서는 복합 형태라 하고 있다. 성기철(1985a) 및 한길(1991) 참조. 다음과 같은 문장이 성립하지 못하기 때문이다. 4.6. 참조.

    (21) 가. *아버님이 그대로 계십.
         나. *아버님이 그대로 계십니.
         다. *아버님이 그대로 계십다.

예 (19가)의 '계십니다'에 대한 분석 방법은 (19나-다)의 '계시옵니다, 계시옵십니다'에도 그대로 적용되는 것이다. '계시옵니다'는 '계시- + -옵니다'로, 그리고 '계시옵십니다'는 '계시- + -옵- + -시- + -ㅂ니다'로 각각 분석되는 것이 그러하다. 이러할 경우, '계시옵니다'에서 '-옵-'은 '-ㅂ니다'의 '-ㅂ-'과 평행적인 관계에 있으므로 청자와 관련하는 형태인데, 표현 가치 면에서 더 청자를 높이는 것으로 판단된다. '-옵-'이 임홍빈(1985b)적인 {-삽-}의 형태소핵이 중복된 형태이기 때문이다. 4장 참조. 그런데, '계시옵십니다'는 다소 설명이 필요하다. 우선, (19가) 식으로 '계시옵십니다'에서 '-ㅂ니다'를 청자와 관련하는 형식이라 하자. 그렇다면 남은 형식 '-옵시-'는 주격 대상 인물 '아버님'과 관련하는 형태라 할 수밖에 없다. '-옵십니다'를 청자와 관련하는 형식이라 하는 경우 형태소 분석의 최대 원리에 저촉되고, 예의 (19)는 화자, 주격 대상 인물, 그리고 청자 외의 인물이 관련되는 문장이 아니기 때문이다. 사실이 이러하다면, 표현 가치 면에서 (19다)는 (19가)보다 주격 대상 인물에 대한 높임이 강화되었다 할 수 있다. 최현배(1937), 이승욱(1968) 및 임홍빈(1985b)) 참조. 뿐만 아니라 '듭시-'의 '-ㅂ-'과 마찬가지로 '-옵-'도 청자 외의 인물과 관련한다 할 수 있다.

　이제, 명령문 (20)을 검토하기로 하자. (20가)의 '가시오'는 '가
- + -시- + -오'로 분석된다. 여기서 '-시-'는 청자로서의 주어와
관련하며,[32] '-오'는 단순한 청자와 관련한다. 이러한 분석 방법은
다소 복잡한 형식인 (20나-다)의 '가십시오, 가시옵소서'에도 그대
로 적용이 가능하다. '가십시오'는 '가 + -시- + -ㅂ- + -시-
+ -오'로 분석되는데, 이 경우 단순한 청자와 관련하는 형태는 어
미 '-ㅂ시오'이다. 이와 같이 {-삽-}이나 {-시-}가 중복되어 결합되
는 경우 그 요소들이 어떤 대상 인물과 관련하는 것인지 불투명할
때, 우리 식으로 청자로서의 주어와 단순한 청자를 구별하여 문제에
접근하는 것도 한 방법이 될 수 있다고 믿는다. 임홍빈(1985b)에
서는 '{-삽-}의 위치 조건'이란 것을 상정하여 그 해법으로 삼고
있다.

　그런데 우리는 '-ㅂ시오'의 '-시-'가 당연히 존대 기능의 {-시-}
인 것으로 전제하며 논의를 전개하였다. 그러나, 보다 일반적으로
는 학계에서 이 {-시-}를 '시킴'의 의미의 '-시-'로 해석하기도 한
다. 만약 '-ㅂ시오'의 '-시-'가 존대 기능의 {-시-}가 아니라는 견해
를 받아들이는 경우, '하셔'(=하시어)의 '-시-'는 어떻게 처리되어
야 하는 것인지 망설이게 된다. 가령 이 경우, 평서형으로 쓰일 때
는 존대 기능, 명령법으로 쓰일 때는 '시킴'의 기능이라 할 수는 없
는 일이기 때문이다. 이러한 점에서 우리는 이 '-시-'도 존대 기능
의 {-시-}로 보고자 한다.

　다음, '가시옵소서'는 말할 것도 없이 '가 + -시- + -옵- + -
소서'로 분석되는데, 이 때, '-옵-'과 '-소서'는 단순한 청자와 관련
하는 것으로 보아야 온당할 것이다. '-옵소서'가 '-소서'보다 표현
가치가 큰 차이만 가질 뿐이다.

　이상의 논의를 요약하면, 활용형에 {-시-}나 {-삽-}이 중복되어
결합되었을 때, 그 중복된 형식이 곧 청자와 관련하지 않는다는

것이다. 다시 말해서 중복된 형식의 개개의 형태가 청자 한 인물과 관련하는 경우도 있으나, 결코 그렇지 않은 경우도 있을 수 있다는 것이다. 따라서 문법적 대우와 관련하는 형태의 기능을 올바르게 규명하기 위해서는 무엇보다 철저한 형태소 분석이 선행되어야 한다고 하겠다.

2.3.1.2. 어휘적 대우

어휘적 대우는 오랫동안 학계에서 거의 그 독자성을 인정받지 못한 실정이다.[33] 주체 대우 혹은 주체 존대, 객체 대우 혹은 객체 존대, 청자 대우 혹은 상대 존대의 三分法的 대우 체계에 예속되어 {-시-}나 {-삽-}, 그리고 어미 형태를 다루는 데에서 취급되어 온 것이 고작이다.

그러나, (10)에서 본 바와 같이, 어휘는 그 기능이 {-시-}, {-삽-}, 그리고 어미 형태와 엄연히 다른 것이므로, 어휘에 의한 대우 현상은 대우법 논의에서 독립적으로 취급되어야 할 것이다. {-시-}, {-삽-}, 그리고 어미 형태에 의한 대우가 문장의 통사 구조와 관련하여 실현되는 문법적인 현상이라면, 어휘에 의한 대우법은 문장 구조와는 상관없이 다만, 그 어휘의 존대 자질과 관련하여 실현되는 대우 현상이라 할 수 있다. 따라서 본 절에서는 어휘적 대우의 특성을 규명하여 그것이 문법적 대우와 차별되어야 함을 검토할 것이다.

다음 문장에서 어휘가 대우 표현에 어떻게 관련하는지 검토하기로 한다.

> (22) 가. 아버님이 독일제 안경/*안경님을 쓰셨다.
>　　　 나. 철수야, 네가/*당신이 그 일을 하렴.
>　　　 다. 아버님께/??아버지에게 여쭈어 봐.
>　　　 라. 철수야, 이거 아버지 갖다 드려/*줘.

　　마. 아버님이 곤히 주무신다/*잔다.

　예 (22가)에서 `*안경님`을 포함하는 문장은 절대로 성립할 수 없다. 그 이유는 자명하다. {-시-}가 쓰인 것으로 보아 (22가)는 분명히 존대 표현의 문장이라 여겨지는데, `*안경님`은 '안경'의 높임말이 못 되므로 성립이 불가해진 것이다. 그런데, 여기서 우리는 최현배(1937)적인 '존경의 상응'으로 이를 해명하는 것은 아님을 밝혀 둔다. '존경의 상응'은 이미 표현된 발화나 문장에서의 대우 일치를 문제 삼는 일종의 문체적인 현상이기 때문이다. 그러나 '안경'을 포함하는 문장은 지극히 성립이 자연스럽다.

　이러한 현상을 통해서 우리는 어휘적 대우 현상에 대해 세 가지 가정을 전제한다. 첫째, 어휘적 대우법은 문장의 구조와 전혀 관련하지 않는다. 만약, 어휘적 대우법이 문장의 통사 구조와 관련하는 것이라면, `*안경님`이 포함된 문장이 성립하지 못할 하등의 이유가 없다고 생각된다. 이는 곧 어휘적 대우법이 문장의 특정한 성분과 관련하지 않는다는 논리와 같다고 할 수 있다. 둘째, 어휘적 대우법은 모든 어휘가 대우적 층위를 가짐을 전제로 하지 않는다. 만약, 모든 어휘가 대우의 층위를 갖는 것이라면, '안경'에 대립하는 높임말이 당연히 쓰였어야 하는 것이다. 그러나 '안경'이란 어휘는 그러한 층위를 갖지 못한 어휘이므로, 비록 존대 표현의 문장이라 할지라도 쓰일 수밖에 없는 것이다. 그런데 서정수(1984:22), 서정수(1984:27)에서는 이러한 어휘를 '무표 존대 형태'라 하여 여전히 존대말로 취급되어 있다. 6장 참조. 셋째, '-님'은 특별한 경우를 제외하고 인물과만 연결된다.[34] 이는 곧 `*안경님`이 성립되지 못함을 뜻한다. '안경'은 사물이기 때문이다.

　(22나)는 대명사의 쓰임을 보인 문장인데, 이 경우 '철수'를 지칭하는 대명사로 '당신'은 절대로 쓰일 수 없으나 '네'는 쓰일 수 있다. 이러한 사실은 2인칭 대명사의 경우 '네'와 '당신'이 대우상의

층위를 이룸을 시사해 준다. 따라서, 우리는 2인칭 대명사 '네'와 '당신'은 '안경'과는 달리 어휘적 대우와 관련하는 어휘에 속한다고 할 수 있다.

(22다)에서 '??아버지에게'의 쓰임은 절대로 불가한 것은 아니라 여겨지기는 하나, '아버님께'에 비하면 결코 바람직한 것으로는 생각되지 않는다. 이러한 의미에서 '에게'와 '께'는 대우상의 층위를 이룬다고 할 수 있다. 다만, '아버지에게'가 여전히 성립의 개연성을 가지는 것은 그 형식에 '-님'이 연결되지 않았기 때문이 아닌가 추측해 본다. 6.3.3. 참조.

(22라)는 화자는 물론 주격 대상 인물보다도 여격 대상 인물이 상위자이면 동사 '주다'가 절대로 쓰이지 못하고 반드시 '드리다'가 쓰여야 함을 나타내는 문장이다. 그런데 역으로, 여격 대상 인물이 주격 대상 인물보다 하위자이면, '드리다'는 쓰이지 못하고, 특별한 경우를 제외하고[35] '주다'만 쓰이는 것이다. 이러한 현상은 '주다'와 '드리다'가 엄연히 대우상의 층위를 이룸을 뜻하는 것이다. 따라서, 동사 '드리다'와 '주다'는 어휘적 대우에 속하는 어휘이다.[36] 그런데, 누구라 말할 것도 없이 종래에는 '드리다'를 포함한 몇몇 일부 동사가 문법적인 기능을 수행하는 것으로 해석해 온 것이 사실이다. 그러나 우리는 '드리다'와 같은 일부 동사는 객체를 존대하기는 하나 통사 구조에 의해 존대하는 것이 아니라 어휘적 자질에 의해 존대한다고 본다.

이와 관련하여 다음 문장을 보기로 한다.

(23) 가. 말씀만 <u>여쭙고</u>, 아버님 곁을 떠나겠습니다.
　　　나. 말씀만 <u>여쭈옵고</u>, 아버님 곁을 떠나겠습니다.

(23)의 '여쭈다' 혹은 '여쭙다'도 '드리다'와 같이 여격 대상 인물을 높이는 기능을 가지는 동사이다. 이 경우, 특히 (나)에서 '-옵-'은 여격 대상 인물이자 청자인 '아버님'과 관련하여 쓰인 것으로

해석할 수 있다. 만약 이러한 해석이 옳은 것이라면, 예 (23나)는 동사 '여쭈다'와 선어말 어미 '-옵-'이 여격 대상 인물을 문법적으로 중복하여 존대하는 것으로 해석되는 것이 아니라, 동사 '여쭈다'는 어휘적 자질에 의하여, 그리고 선어말 어미 '-옵-'은 통사·의미 기능에 의하여 여격 대상 인물을 존대하는 것으로 해석되어야 할 것이다. 따라서, 우리는 종전의 객체 존대와 관련하는 몇몇 동사를 어휘적 대우에 포함시킬 것이다. 6.3.2. 참조.

　(22마)는 (22라)의 논리에 따르는 대우 현상이다. '자다 : 주무시다'의 대립이 '주다 : 드리다'의 대립과 동일한 현상으로 설명이 가능하다는 것이다. 다만, 대상 인물의 차이만 있을 뿐이다. 즉, 후자는 소위 객체에 대한 것이나, 전자는 주체에 대한 것일 뿐이다. 6.3.2. 참조.

　이상의 논의를 요약하면 다음과 같이 정리할 수 있다.

　　(24) 어휘적 대우의 성격
　　　　어휘적 대우법과 관련하는 어휘는 대우상의 층위를 가지는 어휘로서 문법적 대우 기능의 {-시-}나 {-삽-} 혹은 어미 형태와는 근본적으로 그 성격을 달리한다. 여기서 대우상의 층위란 대우법상의 높임말, 예삿말, 낮춤말과 같은 층위를 말하는 것이며, {-시-}나 {-삽-} 혹은 어미 형태와 성격을 달리한다는 것은 어휘적 대우는 문장의 특정한 성분과 관련하지 않음을 뜻한다.

2.3.2. 운용 및 책략적인 대우

　2.3.1.의 언어재에 의한 대우법이 언어 형태의 고유한 기능이나 자질에 의해 표현되는 대우 현상이라면, 국어에는 다른 경향의 대우 현상도 있다. 즉, 특정한 발화 상황 또는 담화 상황과 화자의 특별한 의도나 목적이 작용함으로써 나타나는 대우 현상도 국어에는 있다.

여기서 우리는 한 가지 제의를 한다. 언어재에 의한 대우법과 운용 및 책략적인 대우법의 차이가 어디에 있는가와 관련하는 제의이다. 자명하지만, 국어의 대우법은 기본적으로 언어 형태에 의해 표현되는 범주이다. 이러한 사실에서, 국어에 나타나는 모든 대우 현상은 언어 형태에 의해 표현된다 해도 과언이 아니다. 달리 말해서 국어의 대우법에는 문법적인 대우와 어휘적인 대우밖에 없다고 보는 것이다. 그러나, 2.1. 및 2.2.에서 살펴본 바와 같이, 국어의 대우법이 기원적으로 가족 사회에 뿌리를 두고 생겨 점차 일반 사회로 확대, 발달하였다고 가정하는 경우, 일반 사회를 상대할 때 대우 표현에 언어 외적인 요소가 작용하지 말라는 법은 없는 것이다. 가령, 다른 사람 앞에서 화자의 자기 관련 인물이나 사물에 대하여서는 원칙적으로 높이지 않는 것이 하나의 언어 예의나 예절에 속하는 것이 그러하다. 이 때, 언어 예절과 같은 것이 바로 대우 표현에 작용하는 언어 외적 요소라 할 수 있다. 임홍빈·장소원(1995:375)에서는 이러한 현상을 '자기 낮춤 원리'라 한다.

이러한 의미에서, 운용 및 책략적인 대우는 분명히 언어 형태에 의해 표현되는 대우 현상이기는 하나, 실제 쓰임에 있어 언어 외적 요소의 제약을 받음으로써 규범적인 언어 형태의 쓰임에서 벗어나는 대우법 사용의 경우를 가리키는 것이다. 따라서 우리는 이러한 대우 현상이 우리 사회에 엄연히 있는 것으로 보고, 발화 상황이나 담화 상황이 제약적인 경우는 운용적인 대우로, 그리고 화자의 특별한 의도나 목적이 제약적인 경우는 책략적인 대우로 부르기로 한다. 그런데, 이와 같은 구분에도 여전히 문제는 있다. 즉, 운용적인 대우에는 화자의 의도가 전혀 영향을 미치지 않으며, 책략적인 대우에는 발화 상황이나 담화 장면이 전혀 영향을 미치지 않느냐 하는 것이다. 그러나, 그 영향 관계에서 어느 것이 더 큰 비중을 차지하느냐에 따라 구분한다.

논의에 앞서 여기서 우리는 2.1.1.의 (1)을 다시 상기할 필요가 있다. 즉, 화자의 의도는 무표적(Unmarked)인 것과 유표적(Marked)인 것으로 구분되는데, 무표적인 기능은 대우 절차를 수행함에 있어 규범적이고 처방적인 데 반하여, 유표적인 기능은 그렇지 못하다는 것이다. 이러한 구분을 여기에 적용한다면, 대체로 이제까지 논의한 언어재에 의한 대우 현상은 무표적인 화자의 의도와 관련하는 것으로 불 수 있으며, 여기서 다룰 운용 및 책략적인 대우 현상은 유표적인 화자의 의도와 관련하는 것으로 볼 수 있다.

2.3.2.1. 운용적인 대우

운용적인 대우란 특정한 발화 상황이나 담화 상황의 영향으로 문법적인 대우와 관련하는 언어 형태의 쓰임이 얼마간 제약을 받는 대우라 할 수 있다. 운용적 대우는 다시 문체에 따른 대우와 장면에 따른 대우로 구별할 수 있다.

먼저, 문체에 따른 대우 현상에 주목하기로 한다. 문체에 따른 대우 현상은 발화나 문장의 대상이 누구이며 어떠하냐에 따라 구어체와 문어체로 나눌 수 있다.

우선, 구어체부터 검토하기로 한다. 일반적으로 대중을 청자로 하는 말하기 형식에 나타나는 구어체는 그 속성상 발화 현장성을 지니므로 원칙적으로 아주 높임 형태의 언어 형식을 취한다. 예컨대, 연설장에서의 발화, 회의장에서의 발화, 강의실에서의 발화 등 등에서는 거의 예외 없이 아주 높임 형태의 언어 형식이 원칙적으로 지켜지는 것이 그러하다. 이와 같은 공개적인 발화에서의 대우 표현은 임홍빈·장소원(1995：375)의 '다자(多者) 최우선 원칙'으로도 해명이 가능하며, 특히 아주 높임 형태가 격식체의 형식이라면 격식적인 자리에서 쓰이는 대우 표현이라는 것으로도 해명이 가능하다 할 수 있다.

그러나, 구어체와 마찬가지로 많은 대중을 대상으로 하는 문어체는 사정이 다르다. 문어체는 구어체와 달리 전달 목적에 따라 다시 크게 두 갈래로 나누어진다. 하나는 보도의 목적을 위한 형식에서의 문체이고, 다른 하나는 문학 양식에서의 문체이다. 보도의 목적을 위해 쓰이는 신문, 잡지 등의 문체는 일반적으로 아주 낮춤 형태의 언어 형식이 쓰이지만, 문학 양식은 반드시 그렇지는 않다. 가령, 소설의 문체는 보통은 아주 낮춤 형태의 언어 형식이 주로 쓰이지만 그렇다고 반드시 그렇지 않음이 그러하다. 독백체의 소설이 그 좋은 예라 할 수 있다. 이러한 점을 고려한다면, 문학 양식의 문체는 작가의 의도나 기호가 문체의 결정에 큰 작용을 하는 것으로 생각된다. 임홍빈·장소원(1995:374)적인 '청자 중심주의'의 표현과 '화자 중심주의'의 표현이 교차하는 현상이라 할 수도 있을 것이다. 그러나, 연설이나 회의의 문체가 거의 일관되게 '청자 중심주의'의 구어체의 특징을 갖는 점을 고려한다면, 문학 작품의 문체는 작가의 의도에 따라 때로는 '청자 중심주의'의 표현의 문체로, 때로는 '화자 중심주의'의 표현의 문체로 교차한다고 할 수 있다.

다음, 장면에 따른 대우 현상에 주목하기로 한다. 특정한 발화 상황 또는 담화 장면이란 제약의 작용으로 나타나는 대우 현상은 다시 둘로 나누어 검토할 수 있다. 첫째는 발화 상황이 격식적인 자리이냐 아니냐에 따른 것이고, 둘째는 담화에 참여하는 인물 중, 청자가 최상위자인 경우에 따른 것이다. 그러나, 청자가 최상위자인 경우에 따른 대우 현상에는 주의가 필요하다. 후술하겠지만, 두 가지 문제만 지적하고 넘어가도록 한다. 가령, 서정수(1984)적인 '압존법'이 우리의 청자 최상위 조건과 같은 것이라면, 첫째, 청자 최상위 조건은 발화 상황의 현장성과 관련되며, 둘째, 청자 최상위 조건이 발화 상황의 현장성과 관련이 없다 하더라도 청자와 주격 대상 인물이 화자의 자기 관련 인물이냐 아니냐에 따라 존대 표현은 달라진다는 것이다. 이러한 의미에서 우리는 청자 최상위 조건을 운용적인 대우 현상에 포함시킨다.

먼저, 격식적인 자리의 여부부터 검토하기로 한다.

> (25) 가. ?김 교수, 세상이 참 한심스럽게 돌아갑니다.
> 나. 김 교수, 세상이 참 한심스럽게 돌아가요.
> 다. 여보게, 세상이 참 한심스럽게 돌아가네.
> 라. 이봐, 세상이 참 한심스럽게 돌아가잖아.
> 마. 야, 세상이 참 한심스럽게 돌아간다.
>
> (이상 화자, 청자는 친구 사이)

예 (25)는 화자와 청자가 중년층의 친구간의 발화나 담화이다. 이러한 경우, (25가)는 '-님'의 결여가 다소 기묘하게 느껴지기는 하나, 그렇다고 문장의 성립까지 부정되지는 않는다. 그런데, 친구간의 발화인데도 {-삽-}이 쓰인 것으로 보아 남을 의식하는 공개적이며 격식적인 자리의 발화로 여겨진다. 이 점에서 공개적이며 격식적인 자리에서는 의례적으로 격식적 언어 형태라 할 수 있는 '합니다'체가 쓰였다고 할 수 있다. 여기서 의례적이란 화자의 의도가 일상적이지 않음을 뜻한다. 이 경우 화자와 청자의 사적인 입장은 전혀 고려되지 않고 있다. 상황적인 여건이 이렇게 발화하게 만든 것으로 생각된다. 한편, (나)는 공개적이며 격식적인 자리에서 '합니다'체와 섞여서 발화될 수는 있으나, 일방적으로는 거의 발화되지 않는 것으로 여겨진다. 그 이유는 비격식적인 언어 형태 '해요'체를 씀으로써 사적인 입장의 고려가 다소 영향을 미치기 때문이다. 이 경우에도 존대 요소 '-요'는 상황을 의식하여 쓴 의례적인 표현이라 할 수 있다. (다)는 무엇보다 '연령'이 작용하는 발화인데, 격식적인 자리이기는 하나 완전한 격식을 갖춰 발화하지 않아도 좋을 그러한 상황의 자리에서나 가능한 발화이다. 이러한 점에서, (다)는 (가), (나)보다 사적인 입장이 고려된 발화라 할 수 있다. '하네'체는 존대의 기능이 없기 때문이다. (라)와 (마)는 공적인 입장을 떨쳐 버린 경우에나 가능한 발화이다. (라)는 반말 형태이므로, 공개적이며 격식적인 자리에서는 절대로 쓰이지 못한다. 언어 형식 자체가 비격식적일 뿐 아니라 존대 표현이 전혀 나타나 있지 않기 때문이다. 이러한 해석은 다소 과장적이다. 동창회 같은 자리가 공적인 자리이고 격식적인 자리라면, 이러한 상황에서는 (라)와 같은 반말 형태의 쓰임이 더 일반적이기 때문이다. 그러나, 동창회라는 자리는 동질 집단의 자리라 할 수 있으므로 언제나 화자와 청자는 일 대 일의 관계에 놓인다 할 수 있으며, 이러한 경우의 자리는 사적인 자리라 할 수 있는 것이다. 이와 유사한 인식이 임홍빈·장소원(1995:375)에도 보인다. (라)는 한 마디로 어린 시절 동심의 세계의 발화라 할 수 있다. (마)는 존대 표현은 쓰이지 않았으나 언어 형식 자체는 격식을 갖추고 있으므로 (라)와 구별된다. 즉, 사적인 입장은 크게 고려되는 것이지만 격식을 차려 하는 발화라 할 수 있다. 가령, 화자와 청자 외에 또 다른 사람이 함께 있는 상황의 발화로 판단된다. 그 '남'을 의식한 만큼 (마)는 (라)보다 격식적이라 여겨진다.

다음, 담화에 참여하는 인물 중, 청자가 최상위자인 경우를 검토하기로 하자. 앞에서 밝힌 것처럼 청자가 최상위자인 경우에 따른 대우 현상에는 주의가 필요하다. 하나는 청자 최상위 조건은 발화 상황의 현장성과 관련된다는 것이며, 다른 하나는 청자 최상위 조건이 발화 상황의 현장성과 관련이 없다 하더라도 청자와 주격 대상 인물이 화자의 자기 관련 인물이냐 아니냐에 따라 존대 표현은 달라진다는 것이다.

다음 문장을 살펴보기로 한다.

(26) 가. 할아버님, 아버지<u>가</u> <u>퇴근했습니다</u>.
　　　나. 할아버님, 철수 아버님이 <u>오셨습니다</u>.

다. 아버님이 퇴근하셨습니다.

(26가)는 서정수(1984)적인 압존법에 해당하는 발화이다. 주지하는 바와 같이, 압존법은 청자가 최상위자인 경우의 상황에서 문장이나 발화에 나타나는 다른 대상 인물이 화자보다 상위자일지라도 화자는 결코 그 다른 대상 인물에 존대 표현을 쓰지 못하는 대우 현상을 말한다. 예컨대 조사 '께서'의 쓰임, '-님'의 연결, {-시-}의 쓰임 따위가 원천적으로 봉쇄되는 것이다. 이러한 의미에서 (26가)는 성립이 가능하다. 그러나, (26나)의 성립도 우리는 추호도 의심하지 않는다. 만약 (26나)가 문장이나 발화로서 성립이 가능하다면, 청자 최상위 조건은 무조건적으로 적용되는 무표적인 대우 현상의 제약은 아니라 할 수 있다. (26나)가 성립하는 이유는 자명하다. 청자 '할아버님'은 화자의 자기 관련 인물이고, 주격 대상 인물 '철수 아버님'은 '남'인 상황의 발화이기 때문이다. 이 경우 청자는 화자의 존대 표현에 비관여적이다. 이러한 점에서 청자 최상위 조건은 운용적인 대우 현상에 속한다 할 수 있다. 다음, (26다)와 같이 청자가 구체적으로 상정되지 않는 경우, 우리는 존대 대상 인물에 대해 '-님'이나 '께서', 그리고 {-시-}를 사용하지 않으면 안 된다. 규범에 저촉되기 때문이다. 이러한 현상을 발화나 담화의 현장을 고려하여 생각해 본다면, 최상위자인 청자가 발화 상황이나 담화 상황에 실재하는 경우에는 대상 인물에 존대 표현이 쓰일 수 없으나, 최상위자인 청자가 발화 상황이나 담화 상황에 실재하지 않는 경우에는 대상 인물에 존대 표현이 쓰일 수 있다고 해야 할 것이다. 만약 이러한 가정이 옳은 것이라면, 청자 최상위 조건은 발화 상황이나 담화 상황과 관련하는 운용적인 대우 현상이라 할 수 있다. 따라서, 청자 최상위 조건은 본래 발화가 현장성을 가질 때에나 유용한 제약인 것이다.

그런데, 서정수(1984)적인 압존법을 그대로 받아들이는 경우 청자 최상위 조건이 거의 약화되는 상황도 있다고 여겨진다. 다음 문장을 보도록 하자.

(27) 가. 할아버지, 판사 영감이 <u>퇴근합니다</u>.
　　　나. 할아버지, 판사 영감이 <u>??퇴근하십니다</u>.

(판사 영감＝화자의 아버지)

(27)은 참여 인물이 모두 화자의 자기 관련 인물의 발화이다. 이러한 점에서, (27가)만이 성립한다 해야 규범적이다. 그런데, (27나)도 얼마간 성립의 여지가 있는 것으로 여겨진다. 만약 성립의 여지가 있는 것이라면, 청자 최상위 조건은 그만큼 약화되었다 할 수 있을 것이다. 다음과 같은 특수한 상황이 전제되는 경우 (27나)도 성립이 가능해 보인다. 가령, '할아버지'가 집안의 한 가장으로서 자기 역할을 제대로 못하는, 예컨대 늘 집을 비우고 사는 인물이거나 주위의 눈총을 받을 만큼의 행동을 하는 인물로 상정되는 경우, 화자인 '손자'는 자기 '아버지'의 자랑스러움을 은연중에 드러내는 표현을 쓸 수도 있을 것이라 추측한다. 다른 차원의 인격 대 인격의 표현이다. 이 때의 화자는 물론 '할아버지'에 대한 특별한 대우 의식은 없다고 봐야 한다. 일종의 유표적 대우 의식이라 할 수 있다. 만약 이러한 해석이 유효한 것이라면, 청자 최상위 조건, 즉 압존법은 상황과 관련되는 대우 현상의 하나라 할 수 있다.

따라서, 청자 최상위 조건은 일종의 담화 장면에서 나타나는 대우 현상의 제약이며, 심지어는 특수한 상황의 경우에는 그 제약이 거의 약화되기도 한다.

2.3.2.2. 책략적인 대우

앞서도 언급했지만, 책략적인 대우 현상은 화자의 특별한 의도나 목적이 제약적으로 나타나는 대우 현상이라 할 수 있다.[37]

그러나, 그렇다고 해서 책략적인 대우에 발화 상황이나 담화 장면이 전혀 영향을 미치지 않는다고는 볼 수 없다. 다만, 운용적인 대우 현상보다 그 영향을 덜 받는 것으로 여겨진다. 책략적인 대우 현상은 다시 셋으로 나누어 검토할 수 있다. 첫째, 대상 인물에 대해 존대 표현이 중복되어 쓰이는 것이고, 둘째, 첫째와는 달리 존대 표현이 당연히 쓰여야 할 자리에 쓰이지 않고 쓰이지 말아야 할 자리에 쓰이는 것이며, 셋째, 존대 인물과 관련하는 인물이나 사물을 일률적으로 존대 표현을 하는 것이다. 특히 셋째는 서정수(1984)의 간접 대우와 장석진(1973)의 존대 파급 현상과 관련하는 현상이다.

우선, 대상 인물에 대한 존대 표현의 중복 현상부터 검토하기로 한다. 다음 예문을 검토하기로 한다.

> (28) 가. 사장님이 손수 하시면/하옵시면, 저희들은 몸둘 바를 모릅니다/모르옵니다.
> 나. 회장님, 정 믿어지지 않으시면/않으시오면, 저희를 나무라십시오.
> 다. 그냥 보내드리겠습니다/드리겠사옵니다.

(28)의 (가-다)가 성립이 자연스러운 발화나 문장이라면, 예의 斜線(/) 뒤의 형태는 선행 형태보다 존대 대상 인물을 향한 화자의 대우 의식이 다소 유별나게 느껴진다. 이러한 별난 대우 표현은 언제나 가능한 것은 아니다. 특별히 존대 대상 인물에 대한 화자의 심리 작용에 의해 가능한 것이다. 예컨대, (28가)의 내포문의 경우 {-시-} 하나만으로도 '사장님'에 대한 예우는 충분한 것인데 '-옵-'을 첨가함으로써 화자는 청자에 대한 예우를 극대화하고 있음이 그러하다. 이러한 현상을 우리는 '존대 표현의 중복 현상'이라 부르는 것이다. 이와 같은 '존대 표현의 중복 현상'은 표현의 가치가 배가되거나 중첩되는 현상이라고도 할 수 있다. 이를 임홍

빈·장소원(1995:377)에서는 '최대 높임의 원리'라 부르며, 이정복(1998:248)에서는 '수혜자 공손 전략'이라 부른다.

이러한 '존대 표현의 중복 현상'은 (나)와 (다)에도 그대로 나타나 있다. (나)에는 '-오-'를 첨가시킴으로써, 그리고 (다)에는 '-습-' 대신에 '-사옵-'을 씀으로써 표현 가치가 제고되어 있다. 그런데 (다)의 '-습-'과 '-사옵-'에 대해서는 다소 설명이 필요하다. 표현 가치 면에서 분명히 '-사옵-'이 '-습-'보다 크게 느껴지는데 그 이유는 '-옵-'이란 형태에서 찾을 수밖에 없다고 판단된다. '-옵-'은 일종의 {-삽-}의 중복형이라 할 수 있다. 임홍빈(1985b:418-419) 및 4.3. 참조.

다음, 대상 인물에 대해 존대 표현이 일관되게 쓰이지 않는 현상을 살펴보도록 한다. 여기서 일관되게 쓰이지 않다는 것은 존대 표현의 쓰임이 우리의 예상을 벗어남을 가리킨다. 이러한 의미에서 이와 같은 표현은 유표적인 화자의 의도의 전형이라고 할 수도 있을 것이다.

다음 문장을 보자.

(29) 가. 너의 할아버지 돌아왔니?
     나. 너의 할아버지 <u>돌아오셨니?</u> (이상 화자=할아버지 친구)
(30) 가. 저것이 제 남편이 데리러 올 때만 기다리고 있답니다.
     나. 저것이 제 남편이 <u>모시러</u> 올 때만 기다리고 있답니다.

(이익섭(1974:47))

일반적인 발화나 문장으로는 (29가)가 온당하다. 이러한 의미에서 (29가)는 규범적인 발화라 할 수 있다. 즉, 화자가 주격 대상 인물의 친구이며, 주격 대상 인물의 손자인 청자보다 상위자인 경우의 발화이므로 {-시-}가 쓰이지 않아도 자연스러운 발화나 문장이 되는 것이다. 그런데, (29나)도 문장 성립에 전혀 이상이 없다. 규범적인 (29가)는 말할 것도 없지만, 그렇지 않아 보이는

(29나)도 문장 성립에 아무런 이상이 없다면, 이러한 현상은 어떻게 설명할 수 있을까? 우선, 우리는 (29나)에서 {-시-}의 기능이 무력화되었다는 생각은 배제하기로 한다. 무력한 기능의 {-시-}라면 애당초 쓰이지 않았을 개연성이 크며, 또 모든 언어 형태는 저마다 고유한 의미 기능을 가지는 존재이기 때문이다.

여기서 우리가 생각해 볼 수 있는 유일한 해결 방안은 다음과 같다. 화자가 그의 친구 '할아버지'의 입장에서 발화하는 상황을 상정해 보는 것이다.[38] 이러한 경우 (29나)는 가능한 발화라 할 수 있다. 즉, 화자가 심리적으로 '할아버지'의 입장에서 발화하는 경우 가능한 발화이다. 이와 같은 대상 인물에 대한 화자의 특별한 '심리적 작용'을 우리는 2.1.의 (1)에서 유표적인 화자의 의도라 하였다.

이러한 화자의 유표적인 의도는 예 (30)에도 그대로 적용이 된다. 국어의 대우 현상에서 일반적으로 청자가 최상위자이고 목적격 대상 인물이 최하위자인 경우, 즉 대상 인물의 서열이 '청자 〉 화자 〉 주격 대상 인물 〉 목적격 대상 인물'의 문장에서는 동사 '모시다'가 거의 절대로 쓰일 수 없는데, 오히려 예 (30나)는 지극히 자연스러운 문장인 것이다. 여기서 우리는 '빈정거림'과 같은 어투는 고려하지 않는다. 그렇다면 어떤 이유에서 예 (30나)는 가능한 문장인가? 그것은 (29나)적인 논리라 할 수 있다. 즉, 화자의 특별한 의도에서 비롯한 표현이라 할 수 있다. 화자의 특별한 의도란 평상심의 화자의 의도와 다른 의도를 뜻한다. 가령, '남편'에 대해 떳떳한 부인의 거부적인 행위가 그 어머니 화자의 마음에 정당하게 받아들여져 있거나 혹은 내적으로 동조하는 마음의 작용이 개입되어 있거나 하는 심리적 작용이 개입되는 경우, 성립이 가능한 것이다.

이제, 존대 대상 인물과 관련하는 인물이나 사물에 대한 존대 표현을 살펴보자.

(31) 가. 사장님은 <u>병환이</u> 나셨다.
　　　나. 사장님은 <u>병이</u> 나셨다.
(32) 가. 사장님은 <u>따님이</u> 아주 미인이십니다.
　　　나. ??*사장님은 <u>딸이</u> 아주 미인이십니다. (이상 청자＝사장)
　　　다. 사장님은 <u>딸이</u> 미인이시다.

　　(31), (32)는 이른바 장석진(1973)에서 '존대 파급 현상'으로, 그리고 서정수(1984)에서 '간접 대우 현상'으로 해석된 문장이다. 존대 대상 인물과 관련하는 인물이나 사물은 모두 존대되어야 하는 것이라면, (31)에서 (가)만 가능하고 (나)는 가능하지 않은 문장이어야 한다. 그런데 우리에게는 아주 자연스럽게 느껴진다. 만약 (31나)가 성립 가능한 문장이라면, '병환'과 '병'의 쓰임은 자칫 임의적인 것으로 여겨질 수도 있다. 그러나 '병환'과 '병'이 높임말과 예삿말의 대립 관계에 있으므로 결코 임의적으로 쓰인 것은 아니라 하겠다. 그렇다면 어떤 이유로 '병'이 쓰였나? 여기서 우리는 화자의 '사장'에 대한 심리적 반응을 상정해 볼 수 있다. 가령, '사장'에 대한 화자의 '불만스러움, 못마땅함' 같은 정서가 심리적으로 작용하여 은연중 소원한 관계임을 털어 내는 발화로서 (31나)도 가능한 발화라고 생각된다. 이정복(1998:287)적인 '거리 조정하기 전략'으로도 여겨진다.

　　이러한 화자의 유표적인 의도는 존대 대상 인물과 관련하는 사람에 대한 표현에서도 드러난다. 일반적으로 (32가)는 표준적인 발화라 할 수 있다. '사장'이 높임 대상 인물이니까 그 관련 인물 딸도 '따님'처럼 높임말로 대우되는 점이 그러하다. 이러한 점에서는 (32나)는 절대로 성립이 불가능하다. 그러나, '사장'이 발화 현장에 있지 않은 경우의 발화 (32다)가 가능한 발화라면, 존대 인물과 관련하는 인물이 어느 상황에서나 한결같이 높임말로 대우되는 것은 아니라고 여겨진다. 따라서, 우리는 '간접 대우' 혹은 '존대 파급 현상'으로 해석되는 존대 인물과 관련하는 인물이나 사물을 높이는 일은 화자의 유표적인 혹은 책략적인 의도에 의해 실현되지 않을 수도 있다고 하겠다.

　이상의 논의를 요약하면 다음과 같이 정리할 수 있다.

　　(33) 운용 및 책략적인 대우 체계
　　　가. 운용적인 대우
　　　　a. 문체에 따른 현상
　　　　b. 장면에 따른 현상
　　　나. 책략적인 대우
　　　　a. 높이는 책략
　　　　b. 낮추는 책략

1) 제6장에서 구체적으로 검토하겠지만, '-님'은 반드시 인물 대상에만 연결되는 요소라 할 수 있다.

2) 이정복(1998)에도 '유표적'이란 용어가 쓰이고 있으며, 이러한 화자의 의도를 '전략적'이란 말로 대신하고 있기도 하다. 그러나, 이정복(1998)의 논의는 계급이 우선하는 특수한 군 조직을 대상으로 하고 있어 사회 일반화를 꾀하는 우리의 논의와 반드시 일치한다고 볼 수는 없다.

3) 이보다 빠른 시기에 Underwood(1890)의 'Honorifics'가 발견된다. 만약, 'Honorifics'가 '존경법'으로 번역이 가능하다면, 대우 현상을 이르는 명칭의 최초는 Underwood(1890)의 'Honorifics'가 될 것이다. 그러나 이 'Honorifics'는 주로 청자 대우법을 가리키는 말로 쓰이고 있다. 이러한 점에서 국어의 전반적인 대우 현상을 포괄하는 범주 명칭으로서는 적절치 못하다고 할 수 있다.

4) 저를 낮추어서 높이고 남을 높여서 높인다는 것은 중세 국어의 경어법 논의에서 한때 '존경'과 '겸양'의 대우법상의 원리를 'seesaw'의 원리로 해석한 견해를 연상케 한다.

5) 엄격히 말하면, '尊卑'의 쓰임은 역사가 깊다. 주시경(1910)에서 이미 쓰인 것이다.

6) '대우'라는 어휘만 문제 삼는다면, 이른 시기의 김두봉(1916)의 '말 대우', 김희상(1927)의 '終止態에 의한 대우의 구별'이 주목된다. 이후 정렬모(1946)에도 '대우'라는 말은 쓰이고 있다.

7) 여기에는 어휘적 요소인 '-님'과 '-요'도 포함된다. 이럴 경우, 품사, 선어말 어미, 어말 어미 셋으로 구분하는 것은 다소 설명이 필요하다. '-님'과 '-요'를 어떻게 처리해야 하느냐와 맞물려 구분을 '품사'로 할 것인지, '단어'로 할 것인지 하는 문제가 바로 그것이다. 그러나 우리는 '품사'로 분류하였다. 그 이유는 첫째 '단어'라 하는 경우 '-님'이나 '-요'의 성격과 크게 배치되며, 둘째 語基(base)라 하는 경우 어감이 지나치게 형태론적으로 여겨지기 때문이다.

8) 엄격히 말하면, '-님' 연결형이 더 담화-상황적이라 할 수 있다. '아버지'보다 '아버님'이 더 자연스럽게 느껴지는 이유도 이러한 맥락으로 설명이 가능하다 할 수 있다. '-님'은 실제적이든 심리적이든 존대 대상 인물을 향하는 화자의 의도가 있을 때에 비로소 쓰임이 자연스럽다고 여겨진다.

9) 우리의 '공개적인 자리'의 개념과 유사한 것으로 임홍빈 · 장소원(1995:375)의 '다자(多者) 최우선 원칙'이 있다.

10) '있다'의 의미 특성에 대해서는 이희승(1956), 박양규(1975b) 참조.

11) {-시-} 결합형이라 하면 어떤 오해를 불러일으킬 수도 있다. 본래 {-시-}가 융합된 용언이 있기 때문이다. 그러나 그러한 동사는 이미 하나의 독립된 어휘의 자격을 갖추고 있으므로 {-시-} 결합형과는 본질적으로 다르다 할 수 있다.

12) 여기서 굳이 '낙차가 큰'이라고 말한 것은 '형'과 '동생'의 관계와 같이 별 차이가 없는 경우에는 객체 대우가 성립되지 않기 때문에서이다.

13) 우리가 주장하는 '격식성'은 상황적인 격식성과 다르다. 즉, 발화 상황이 격식적이냐 아니냐가 아니라 언어 형식이 격식에 충실하냐 아니냐에 있는 것이다. 그러나 공교롭게 언어 형식이 격식에 충실한 형태가 격식적인 발화 상황에 보다 많이 쓰임이 일반적인 경향이라 할 수 있다. 5장 참조.

14) 물론 '-요'가 이러한 반말 형식 뒤에만 붙는 것은 아니다. '-요'는 다른 어절 뒤에도 붙어 쓰일 수 있다. 이러한 특성을 고려하면, '-요'는 첨사 기능의 형태라 할 수 있다. 한편, '-요'는 특히 문 종결 형식이 아닌 자리에 붙어 쓰이는 경우 휴지(pause)의 기능도 얼마간 갖는 것으로 이해된다.

    a. 나는요 오늘요 아침에요 학교에요 갔었어요.

    b. 사모님은요 1시간 전에요 출발하셨습니다요.

15) 여기서 '정도의 차이'란 대우 형식의 정도의 차이를 가리키는 것이 아니라 사회 제도 및 인간 관계와 언어와의 상관 관계와 같은 것의 정도의 차이를 뜻한다.

16) 여기서 '사회나 집단 혹은 공동체의 속성'이라는 것은 특히 사회적 제도와 인간 관계를 의미하는 것이다.

17) 이를 입증할 수 있는 것으로 두 가지가 있다. 하나는 국어에는 친족간의 어휘가 사회 일반과 관련하는 어휘보다 훨씬 발달하였다는 것이며, 다른 하나는 국어의 대우법에서 자기와 관련하는 사람이나 사물은 결코 높일 수 없다는 것이다. 다음 (a)는 자기 관련 표현이고, (b)는 타인에 대한 표현이다.

    a. 제 아들놈이 글쎄 사시에 합격했습니다.

    b. 댁의 따님이 미국에서 박사 학위를 받고 돌아오셨다죠.

18) 존비(높·낮), 계급(신분, 연령), 지위 등은 대체로 Ross(1877), Ridel (1881), Underwood(元杜尤)(1890), Scott(1891), 金奎植(1909), 周時經(1910a), 李奎榮(1913년경), 金元祐(1922), 李常春(1925), 金允經 (1932), 張河一(1947), 新庄順貞(1918), 張志暎(1930년대), Sunoo (1940), 洪起文(1946), 鄭烈模(1946), 金允經(1948a), 鄭寅承(1949), 고창식·이명권·이병호(1965), 李崇寧(1954), Martin(1954), 金敏洙 (1960), Eckardt (1973), 高永根(1974b) 등에 나타나 있다.

19) 정중, 예의, 겸양, 공손 등은 MacIntyre(1880-1882?), Ramstedt(1928,

1939) 등 참조.

20) Ramstedt(1939), 金允經(1948a), 서정수(1972), 이익섭(1974) 등
참조.

21) Lukoff(1954), Rogers(1956), 이익섭(1974), 조준학(1976), 李廷玟
(1981), 서정수(1984), 한 길(1991), 임홍빈·장소원(1995) 등 참조.
그런데 여기서 문제 삼는 격식성은 발화 또는 담화 상황이 주로 공적인
자리의 격식을 뜻하는 것인데, 본 논의의 격식성은 (3-파)에서 논의된 언
어 형식의 격식성을 뜻한다. 주 참조.

22) 유송영(1996) 참조.

23) 이같이 강조한 이유는 두 가지이다. 하나는 가족간이나 친족간에는 절대로
'우리'가 쓰일 수 없음을 밝히기 위해서이며, 다른 하나는 국어의 대우 표
현은 원래 가족 혹은 친족을 단위로 하는 사회에서 엄격하게 쓰이기 시작
하여 점차 일반 사회로 확장된 것이라는 가정을 재확인하기 위해서이다.

24) 반말 형식의 특이성과 수행-억양에 주목한 논의로 암시적인 정렬모 1946
:157-158)과 본격화한 임홍빈(1984a)가 참고된다.

25) 서태룡(1985)에서는 국어의 평서형 정동사 어미에 '-다'와 '-아/어'만 있다
한다.

26) 특히, 이익섭(1974, 註3)에는 '연령차'가 현대 국어의 화계와 관련된다고
언급되어 있다.

27) 대부분의 학자들이 대체로 대우법 논의에서 대우법은 인물 중심적임을 묵
인하거나 전제하고 있지만, 이를 명시적으로 구체화한 논의는 임홍빈
(1985c:307)이 참고된다.

28) 물론, 사람과 관련하지 않는 어휘가 대우법과 관련하기도 한다. 예컨대,
'해님'이나 '달님'이 그러하다. 그러나 연구자가 생각하기에 이들 어휘는 의
인화 같은 특별한 절차에 의해 관례화 된 형식이라 할 수 있다. 이러한 해
석은 '*비님'이 절대로 성립되지 않는 이유에서 지지를 얻을 수 있다. '비'
에 대한 우리의 믿음은 '비'는 인간화와 같은 형상의 심상을 풍기지 못하기
때문이다. 6장 참조.

29) Rothstein(1983) 및 임홍빈(1985d) 참조.

30) '-느-'에 대해서는 임홍빈(1984b), '-더-'에 대해서는 임홍빈(1982) 참조.

31) 임홍빈(1985b:406)에서는 현대의 {-삽-}을 대상으로 '형태소핵'과 '형태
소변'을 추출하기 위한 분석 방법으로 '최대 분석의 원리'가 적용되었는데,
우리는 이 원리를 일반화하여 형태소 분석의 한 방법으로 삼는다.

32) '청자로서의 주어'란 주격 대상 인물과 청자가 동일 인물이라는 말인데, 굳
이 이렇게 표현하는 것은 형태소 분석에 있어서 행동주 곧 주어와 관련하

는 요소와 청자와 관련하는 요소를 구별함으로써 어떤 이점이 있다고 판단하였기 때문이다. 예컨대, 화계 명칭 '합쇼'체 혹은 '하십시오'체에서 청자와 관련하는 형태소를 아무 비판 없이 '-ㅂ쇼' 혹은 '-십시오'라 하기 쉬운데, 동일 인물을 청자로서의 주어와 단순한 청자로 구별하고 분석하게 되면 '-십시오'에서 청자로서의 주어와 단순한 청자와 관련하는 요소가 쉽게 추출된다. 선행 '-시-'는 청자로서의 주어와 관련되나, 후행 '-ㅂ시오'는 단순한 청자와 관련된다는 것이다.

33) 대우법 체계에서 어휘적 대우의 독자성을 주장한 논의로 임홍빈(1990)이 참고된다. 그런데 이른 시기에 어휘적 대우가 문법적 대우와 얼마간 다름을 시사하는 것으로 정렬모(1946:110-113), 김근수(1947:73-75), 그리고 최태호(1957:10-20)이 참고된다.

34) 여기서 '특별한 경우'란 '해님, 달님, 꽃님'을 염두에 둔 것이다.

35) 여기서 '특별한 경우'란 화자의 의도가 유표적인 경우를 뜻한다. 2.3.2. 및 7장 참조.

36) '드리다'를 포함하여 몇몇 동사가 {-시-}나 {-삽-} 또는 어미 형태처럼 문법적인 기능을 수행하는 것이 결코 아님을 밝힌 논의로 임홍빈(1990) 참조.

37) Hill et al.(1986:24)에 의하면, 공손(politeness)의 양상이 서양 언어와 동양 언어에 차이가 있다 한다. 즉, 서양 언어에서는 공손이 체면, 전략, 의지와 관련하는 것이나 동양 언어에서는 사회적 지표, 규범, 강제적 의무, 처방과 관련하는 것이라는 것이다. 만약 이러한 가정이 올바른 것이라면, 우리의 무표적인 대우 표현은 규범적이며 처방적이며 의무적인 것이라 할 수 있고, 유표적인 대우 표현은 전략적이며 의지적이라 할 수 있다. 그러나 연구자는 Hill et al.(1986:24)을 직접 검토하지 못하였다. 이 내용은 이익섭 교수님의 교시에 의한 것이다. 이 자리를 빌려 고마움을 표한다.

38) 이러한 우리의 접근 방법은 임홍빈(1985c)의 '시점 이동'과도 얼마간 상통하고, 이정복(1998:259)의 '지위 불일치 해소 전략'과도 통하는 면이 있다.

Ⅲ. {-시-}와 심리적 행동주

3.1. 도입

본 장의 목적은 {-시-}의 기능을 규명하는 데 있다. 이를 위해 우선 우리는 {-시-}에 대한 기존의 학설과 견해를 면밀히 검토하고, 이를 바탕으로 {-시-}는 심리적 행동주를 높이는 요소라 가정할 것이다. {-시-}에 대한 기존의 학설이나 견해는 다양하고 다채로우나, 그 중 학계에 큰 영향을 끼친 것으로 판단되는 학설이나 견해를 넷으로 나누어 이를 구체적으로 검토할 것이다.

3.2. 기존의 논의

{-시-}의 기능에 대한 기존의 학설은 대체로 다섯으로 구분할 수 있다. 첫째, 국어학 연구가 본격화되기 전 시기의 것으로, {-시-}의 기능에 대한 구체적인 규명 없이 거의 직관에 의존하여 {-시-}는 주격 대상 인물과 관련하여 존대하는 형태라는 입장이다.[1] 둘째, {-시-}가 주격 대상 인물을 존대하는 기능을 가지는 형태라는 견해와 {-시-}가 상위의 신분성을 표시하는 서법이라는 견해의 입

장이다.[2] 셋째, 1960년대 후반 변형 생성 문법의 이론이 국어학에 적용되면서 나타난, 1) 여전히 {-시-}가 주격 대상 인물을 존대하거나 호응한다는 입장이고,[3] 2) 중주어문을 상정하여 상위 주체와 하위 주체 또는 주체에 적당한 조건이 주어지면 {-시-}로서 존대가 된다는 입장이며,[4] 3) {-시-}가 통사적 파격을 해소하는 기능을 가질 뿐 본질적으로는 존대 기능을 가지지 않는다는 입장이고,[5] 4) {-시-}가 경험주 존대 기능을 갖는다는 입장이며,[6] 5) {-시-}가 상위자에 관여적인 사태를 유표적으로 가리키는 사회적 지시소라는 기능을 갖는다는 입장이다.[7]

특히, 1960년대 이후의 {-시-}에 대한 논점은, 첫째 {-시-}에 대한 존대설과 호응설이 문제이고, 둘째 {-시-}와 주체의 문제이며, 셋째 {-시-}와 무정화 절차의 문제이고, 넷째 {-시-}와 경험주의 문제이다.

3.2.1. 존대설과 호응설

국어학이 본격적으로 연구되던 시기에, 대우법 체계에서 {-시-}를 둘러싼 첨예한 논쟁은 존대설과 호응설이라 할 수 있다. 허 웅(1954=1961)의 '주체 존대'라는 이름에서 비롯한 '존대설'과 이숭녕(1956, 1964)의 '주어 경어법' 및 '존경법'에서 비롯한 '호응설'이 다름 아닌 그것이다. 여기에 그 학설의 내용을 간략히 소개하면 다음과 같다.

(1) 가. 주체 존대: 말의 소재로서의 주어로서 지시되는 것에 대한 존대.

나. 존경법: subject-verb에서 上位의 身分人인 actor에 呼應하는 action의 上位의 身分性을 表示하는 敍法, 語幹에 /-si-/가 介在된다.

(1가)는 비교적 투명하다. (1가)에 나타난 문맥으로 보면, 첫째, '주어'는 말의 소재라는 것이며, 둘째, {-시-}는 주어로 지시되는 대상을 존대한다는 것이다. 이 내용을 종합하면, 존대설은 {-시-}는 '주어'로 지시되는 대상에 대한 존대 기능이라고 주장하는 견해라 할 수 있다.

이에 대해서 (1나)는 다소 불투명하다. (1나)에 나타난 문맥으로 보면, 첫째, 전제에 해당하는 것으로 'subject-verb'은 문장을 나타내는 것이고, 둘째, {-시-}는 'actor'와 호응하는 것이며, 셋째, {-시-}는 'action의 上位의 身分性을 表示하는 敍法 요소'라는 것이다. 이 내용을 종합하려면, 두 번의 절차가 필요하다. 첫 번째 절차는 일차적으로 첫째와 둘째를 합치고, 이차적으로 첫째와 셋째를 합치는 것이며, 두 번째 절차는 첫 번째의 일차적인 합침과 이차적인 합침을 다시 통틀어 종합하는 것이다.

우선, 첫째와 둘째를 합치면, 'actor'가 'subject'이고 'subject'가 주어라면 {-시-}는 주어와 관련하는 것이라 할 수 있다. 다음, 첫째와 셋째를 합치면, 'action'이 'verb'의 속성이고 'verb'가 동사라면, {-시-}는 동사에 결합되는 上位의 身分性을 表示하는 敍法 요소라 할 수 있다. 이를 종합하면, 호응설은 {-시-}는 주어 대상 인물의 上位의 身分性에 대하여 그 동사에 호응하여 나타나는 敍法을 나타내는 요소라고 주장하는 견해라 할 수 있다.

이 내용을 여기에 가져와 그 해석의 같음과 다름을 검토하기로 한다.

(2) 가. 주체 존대설: {-시-}는 '주어'로 지시되는 대상에 대한 존대.
    나. 존경법: {-시-}는 주어 대상 인물의 上位의 身分性에 대하여 그 동사에 호응하여 나타나는 敍法을 나타내는 요소.

(2가)와 (2나)에서 큰 차이가 있다면, (2가)에 있는 '지시되는 대상'이 (2나)에는 없고, (2가)에 없는 '上位의 身分性'이 (2나)에

는 있는 것이다. 이러한 차이나는 점을 제외하면, (2가)와 (2나)는 대체로 {-시-}는 문장 성분으로 나타나는 주어와 관련되는 것으로 보고 있다. 이러한 공통점이 바로 {-시-}가 주어와 관련된다는 학계의 일반적인 인식을 낳게 하였다고 볼 수 있다. 물론, {-시-}가 주어와 관련된다는 인식은 허 웅(1954=1961)과 이숭녕(1964)에서 배태되었다고는 말할 수 없다. 1.3.에서 검토된 바와 같이 이른 시기의 내·외국인의 연구에서 이미 암시되거나 시사되어 왔기 때문이다. 비교적 이른 시기에 대우법 체계를 정립한 최현배(1937=1961)의 '월의 임자에 대한 높임'도 같은 인식이라 할 수 있다.

한편, (2가)와 (2나)의 차이는, (2가)에는 '지시되는 대상'만 있고 (2나)에는 '上位의 身分性'만 있는 점이다. 이것이 {-시-}에 대한 존대설과 호응설의 근본적인 차이라 할 수 있다. 즉, (2가)의 '지시되는 대상'이란 {-시-}와 '주체'를 가리키는 것이요, (2나)의 '上位의 身分性'이란 '上位의 身分性'에 대한 {-시-}의 호응을 가리키는 것이다. 따라서 전자는 '주체 존대'의 개념으로 발전하게 되었고, 후자는 '주어 경어법' 또는 '존경법'으로 발전하게 되었다.

이와 같이 주체 존대이든 존경법이든 {-시-}가 주어와 관련하는 요소라는 인식은 이후 학계에서 의심의 여지없이 자명한 사실로 받아들여져 왔다. 그러나 여전히 해결되지 않은 문제는 '주체'의 성격과 '상위의 신분성'의 성격이라 할 수 있다. 이들 개념으로 {-시-}에 대한 의문이 다 해소되는 것은 아니라 생각된다.

3.2.2. {-시-}와 주체

{-시-}의 기능이 주체를 존대한다는 견해는 허 웅(1954=1961) 이전에 정렬모(1946)이 있고, 이후 성기철(1985a)에서 확립되었다 해도 지나치지 않는다. 그러나, 이러한 가설의 싹은 일찍이 최현배

(1937＝1961:788)의 '잡이 1'에서 배태되었다고 본다. 이 내용은 제1장 주43에 이미 제시되었으나, 논의를 위하여 여기에 다시 가져 오도록 한다.

    (3) 최현배(1937＝1961:788)의 {-시-}와 월의 큰 임자
      "말하는 이가 높히는 인격자가 월의 큰 임자가 될 적에는 풀이
      씨를 높힘도 무관하니,"
        a. <u>아버지께서</u> 병환이 나셨다.
        b. <u>아버지께서</u> 옷이 맞으신다.
        c. <u>아버지께서는</u> 신이 크시다.

최현배(1937＝1961:788)에 기술된 내용은 이후 학계에 두 방 향으로 영향을 끼친 것으로 판단된다. 하나는 '큰 임자'에 대한 해 석이고, 다른 하나는 '풀이씨의 높힘'에 대한 해석이다. 우선, '큰 임자'에 대해 살펴보자. 최현배(1937)에서 주어가 '임자말'이란 용 어로 쓰였음을 고려하면, '큰 임자'는 임자말에 선행하는 명사구로 서 액면 그대로 '큰 임자말'로 해석될 수 있다. 이러한 논리가 이후 한 문장에 주어가 둘 이상 있을 수 있다는 중주어 혹은 이중주어 의 논리로 확대된 것으로 보인다. 이 때, '큰 임자말'과 '임자말'을 구별해야 하는 문제가 대두되었을지 모른다. 이에 '임자말'은 '주어' 또는 '하위 주체'로, 그리고 '큰 임자말'은 총주어, 대주어, 또는 상 위 주체로 부르게 된 것으로 여겨진다. 이러한 인식은 이후 '존대 설'의 기본 원리가 되어 왔다.

다음, '풀이씨를 높힘'에 대해 살펴본다. 이 말이 뜻하는 바는 {-시-}가 결합된 용언은 곧 존대 용언이라는 것이다. 이는 결국 {-시-}가 용언을 높임말로 파생시키는 기능을 갖는 형태로 해석될 여지를 갖는다. 이러한 인식이나 해석은 전통적인 것이 되어서 비 단 최현배(1937)에서만 확인되는 것이 아니고, 그 이전과 이후에 도 확인된다. 소위 '호응설'이 그 대표적이라 할 수 있다.

120 現代 國語의 待遇法 研究

최현배(1937=1961:788)에 대한 이러한 학계의 해석과 인식은, 물론 변개된 다른 차원의 견해도 있지만,[8] 결국 다음과 같은 큰 흐름을 낳게 되었다고 생각된다. 첫째는 국어 문장의 구조는 중주어 구조라는 가설이고, 둘째는 {-시-}는 용언을 높임말로 만드는 기능을 갖는 형태라는 견해이며, 셋째는 {-시-} 결합형으로 문장의 주어 성분을 높인다는 해석이다. 이러한 해석을 바탕으로 국어의 대우법을 논의한 대표적인 연구로 허 웅(1954=1961) 및 성기철(1985a)가 있다.

이제 우리는 최현배(1937=1961:788)을 본격화한 성기철(1985a)를 검토하기로 한다. 여기에 성기철(1985a)의 '주체 대우법'의 요체를 가져오기로 하자.

  (4) 성기철(1985a:99)의 주체 존대법 체계
    가. (X)…Y…시
    나. 주체 Y 또는 重主語文의 상위 주체 X에 대하여 話者가 尊待
        意圖를 가질 때 서술어에 '-시-'를 첨가한다.
    다. 上位 主體 尊待 條件
        重主語文의 상위 주체가,
          ㄱ) 內包 被動文의 行爲主와 동일 인물일 때
          ㄴ) 狀態 動詞 문장의 所有主 또는 經驗主일 때
          ㄷ) 下位 主體의 所有主일 때

우선 우리는 성기철(1985a)의 주체 대우법에 쓰인 용어에 주목한다. 주체, 중주어문, 상위 주체, 하위 주체, 행위주, 소유주, 경험주 등이 그것이다. 어떤 면에서, 이들 용어는 논의를 위하여 주도 면밀한 강점을 지니고 있는 것도 사실이지만, 그러나 개념상으로는 이들 용어가 통일적이지 못한 약점을 지니는 것으로 판단된다. 예컨대, {-시-}에 대한 기능의 규명을 위하여 국어에 '중주어문'을 특별히 상정하고 이의 받침으로 서술절을 인정하는 입장이라면, 최현배(1937=1961) 식으로 중주어문이 뜻하는 의미를 그대로 살려 'X'는 '큰 주어', 'Y'는 '주어' 또는 '작은 주어'로 불렀어야 일관적이라 할 수 있다.

그러나, 성기철(1985a)에서는 정렬모(1946), 허 웅(1954=1961) 적인 '주체'의 개념을 받아들여 'X'는 '상위 주체', 'Y'는 '주체' 또는 '하위 주체'로 부름으로써 '주체'의 개념과 '주어'의 개념을 혼돈하게 되었다. 특히 허 웅(1954=1961)에서의 "'주체'를 '주어로서 지시되는 것'"이라 한 사실을 상기할 필요가 있다. 그의 '주체'에 대한 많은 비판이 있기도 하였지만,[9] 우리가 생각하기로는 그의 '주체'는 '주어로서 지시되는 대상', 즉 문장 성분인 '주어 성분으로 나타날 수 있는 구체적인 대상'을 뜻하는 것으로 여겨지기 때문에, 최소한 허 웅(1954=1961)에서는 '주체'와 '주어'의 개념이 엄격히 구별되어 쓰인 것으로 생각한다. 그러나 성기철(1985a)에서는 통사 구조의 명칭과 의미 구조의 명칭이 명백히 구별되어 쓰이지 못하였다고 본다.

여기서 일단, 성기철(1985a)에서 '주어'가 '주체'로 쓰인 점은 용어의 문제로 접어두기로 하자. 우리의 관심은 성기철(1985a)에서 기본 원리가 되어 있는 국어의 중주어문 구조에 있다. 다음은 2.3.1.1.에서 검토한 것인데, 다시 여기에 가져온다.

(5) 가. 할머니가 건강하시다.
    나. 우리는 할머니가 건강하시다.
(6) 가. [FP [HP [VP [KP 할머니가] [V 건강하-]] [H -시-]] [F -다]]
    나. [FP [HP [VP [NP 우리는] [VP [KP 할머니가] [V 건강하-]]] [H -시-]] [F -다]]
    다. [FP [HP [VP [TOP 우리는] [VP [KP 할머니가] [V 건강하-]]] [H -시-]] [F -다]]
    라. [FP [HP [VP [KP 우리는] [VP [KP 할머니가] [V 건강하-]]] [H -시-]] [F -다]]

(5가)의 구조는 (6가)로 나타낼 수 있다. 이는 곧 성기철(1985a)

체계의 (4나)를 부분적으로 만족시킨다. '할머니가'가 주체 'Y'에 해당하는 것이다. 이와 같이 단순한 '주어-서술어' 구조를 여기서 우리는 다음과 같이 나타내기로 한다.

(7) 단순한 주어-서술어 구조
　　$[_{FP} [_{TP} [_{HP} [_{VP} [_{KP} NP] [_{v} [_{KP} NP] [_{v} V]]] [_{H} -시-]]$
　　$[_{T} -었-]] [_{F} -다]]$

　그러나, 국어의 일반적인 문장은 (7)과 같은 구조로는 해석할 수 없다. (5나)의 문장이 그러한데, 따라서 (5나)의 구조를 나타내기 위해서는 (7)의 구조에 또 하나의 명사구 자리를 설정하지 않으면 안 된다. (6나)적이거나 (6다)적인 구조이어야 한다. 성기철(1985a)의 체계로 말하면, 중주어문의 상위 주체가 상태 동사 문장의 소유주 또는 경험주일 때에 해당한다. 성기철(1985a)의 (4다-ㄴ) 참조.

　그런데, 엄격히 말해서 성기철(1985a)의 해석이든 우리의 해석이든 (5나)의 구조로 (6나)가 타당한 것인지, (6다)가 타당한 것인지는 아직 불분명하다. 다만, 한 가지 사실만은 분명하다고 할 수 있다. 다시 말해서, (5나)와 같은 문장이 국어의 일반적인 현상이라 한다면, 그에 대응하는 구조로 (6나), (6다) 모두 평행적으로 공존하지는 못할 것이라는 것이다. 왜냐 하면, 그것이 무엇이 되었든 범주를 뜻하는 명칭이 없는 명사구는 문법을 무력화시키기 때문이다. 이러한 점을 고려한다면, (6나)적인 'NP'는 의미 없는 것이며 이러한 한, 국어의 일반적인 문장 구조는 (6다)적이어야 하는 것이다. 그러나 성기철(1985a)에서는 (6다)적인 구조를 근본적으로 거부한다. 성기철(1985a)에서 구체적인 구조를 제시하지 않음으로써 거기서 뜻하는 구조가 무엇인지는 불분명하다. 그러나 (6나)적인 구조가 아무 의미 없는 구조라 한다면, 성기철(1985a)에서 상정되는 구조는 아마 (6라)적이라 할 수 있다. (6가)의 'KP'

가 주어 성분이라 할 때, 상위 주체는 또 하나의 주어 성분으로 상정되어 있기 때문이다. 잠정적으로 (6라)의 구조가 성기철(1985a)의 해석을 뒷받침하는 구조에 해당한다고 가정하자. 이러할 때 심각하게 대두되는 문제가 첫째, 문장이란 상위 범주를 구성하는 직접 관할되는 하위 범주가 무엇이냐 하는 것이며, 둘째, {-시-}에 대한 해석이 구조에 바탕을 두지 않고 임의적(ad hoc)이 된다는 것이다. 첫째, 문제와 관련해서는 가령, 문장이 'FP'이라 할 때 그 직접 관할되는 하위 범주는 시제를 나타내는 선어말 형태가 있다고 전제하는 경우 'TP'와 'F'가 될 것이다. 이는 곧 국어에는 어말 어미 없는 형식이 문장임을 의미하는 것이다. 직관적으로 국어에서 어말 어미 없이도 문장이 성립하는 경우는 내포문 특히 간접 인용문의 쓰임이 그러하고, 반말 형식이 수행-억양의 도움 없이는 그 어미가 서법적 기능을 전혀 나타내지 못하는 것이 그러하다. Chomsky(1981d, 1982)는 이러한 현상에 주목하여 확대 투영 원리라는 가설을 제의한다. 확대 투영 원리(Extended Projection Principle)란 어휘적 요건(즉, 범주적, 하위 범주화 및 의미역 속성)과 구조적 요건(즉, 하나의 절은 하나의 주어를 가져야 한다는 요건)은 모든 통사적 층위에서 일률적으로 충족되어야 한다는 것이다. 이러한 원리를 (6나)와 (6다)에 적용하면, (6나)의 구조에서는 이미 '할머니가'가 동사구 내적 주어(vp-internal subject)인데, 다시 그에 선행하는 명사구 '우리는'이 주어가 되는 모순을 낳게 되지만, (6다)의 구조에서는 예의 동사구 내적 주어(vp-internal subject)는 '할머니가'이지만 그에 선행하는 명사구 '우리는'은 주제가 되어 하등 모순되지 않는 것이다. 그러함에도 불구하고 문장에 또 하나의 주어가 있다고 강변한다면, 그 문장은 이미 단위 문장이 아닌 것이다. 둘째와 관련해서는 {-시-}가 높임 인물과 관련하는 형태임에는 분명하지만, 구조를 무시하고 문장에 높임 인물만 나타나면 그 인물과 관련된다는 오해의 소지가 있는 것이다. 가령, *'고기가

아버지에게 잡히셨다'라는 피동문이 성립되지 못하는 이유는 '-시-'
가 절대로 행위의 행동주(action agent) '아버지'를 그 관련 대상
으로 하지 않기 때문이며, '[?]아버지에게 고기가 잡히셨다'나 '아버
지께 고기가 잡히셨다', 또는 '아버지께는 고기가 잡히셨다'라는 피
동문이 성립의 여지를 보이거나 성립 가능한 것은 '아버지'가 이미
행위의 행동주(action agent)로서의 '아버지'가 아니라 심리적 행
동주(mental agent)로서의 '아버지'이기 때문이다. 이러한 해석은
곧 성기철(1985a)의 (4다-ㄱ)에 대한 반론이 되는 것이다. 이러
할 때 심리적 행동주(mental agent)가 문장에 나타나는 자리는
주어 자리나 주제 자리가 가장 이상적이다. 우리가 주어와 주제를
혼동하는 이유도 바로 이러한 데에 근거한다고 할 수 있다. 가령,
{-사-}가 주제와도 관련한다면 그 논리 자체가 이미 {-시-}는 주
어 성분하고만 관련되지는 않는다는 것을 입증해 주는 것이다. 따
라서, 국어 문장의 기본 구조는 (6나) 및 (6라)의 구조나 (7)의
구조가 아니라 (6다)적인 구조라 할 수 있다. 이를 다음과 같이
정리하도록 한다.

(8) 국어의 문장 구조
    VP → TOP - VP

국어의 기본적인 문장 구조가 (8)과 같다 하는 경우, 다음과 같
은 특이한 발화나 문장에 대하여 선명한 해석을 할 수 있다.

(9) 가. 영희는 28번 버스다.
    나. 비는 비다.
    다. 과장님은 장땡이십니다.

(9)는 우리 주위에서 흔히 말해지고 들을 수 있는 상황적인 발
화이거나 문장인데, 의심의 여지없이 성립이 지극히 자연스럽다.

그런데, 이들 예문은 모두(7)의 '주어-서술어' 구조로는 설명이 불가능하다. 예컨대, (9가)의 구조에서 '영희는'이 주어 성분이고 '28번 버스다'가 서술어 성분이라고 할 수는 없는 일이다. 확대 투영 원리를 원용하지 않더라도 그 일부의 개념이라 할 수 있는 서술어의 선택 제약(selectional restriction)만으로도 그 모순된 논리는 드러나게 되는 것이다. 선택 제약이란 서술어가 그들이 취하는 논항(=주어/보어)의 선택에 부과하는 제약으로, 그것은 서술어의 의미적, 그리고 의미역 속성에 의하여 결정되는 것이다. 다음이 그러한 예이다.

    (10) 가. *귀뚜라미가/순희가 웃는다.
         나. 철수가 스웨터를/*인터넷을 입는다.

   (10가)의 '*귀뚜라미가'가 성립하지 못하는 것은 서술어 '웃는다'의 의미역 속성이 그 관련 주어로 반드시 사람을 요구하는 것인데 '귀뚜라미'와 같은 비인간의 대상이 왔기 때문이며, (10나)의 '*인터넷을'이 성립하지 못하는 것은 서술어 '입는다'의 의미적 특성이 목적 대상을 '스웨터'와 같은 자질의 사물을 요구하는 것이지 '인터넷'과 같은 사물을 요구하는 것은 아니기 때문이다. 이러한 구조적 특징을 고려하면, 국어가 (7)의 '주어-서술어' 구조만의 특징을 가지는 언어는 아님이 분명하다. Li & Thomson(1976) 및 임홍빈(1987) 참조.

   여기서 우리는 예의 (9)가 한결같이 상황적인 발화라는 점에 주목하기로 한다. (가)는 버스 정류장에서의 발화, (나)는 비다운 비가 내리는 상황을 보면서 하는 발화, 그리고 (다)는 화투판에서의 발화라는 점이다. 이러한 현상은 곧 국어가 발화 상황이나 담화 장면과 관련이 깊은 언어임을 시사해 준다. 임홍빈(1985d, 1987) 참조. 따라서, 국어는 발화 상황적 또는 담화 중심적(discourse-oriented)인 언어임이 분명한 것이다.

이러한 국어의 특성을 고려하여 (9다)를 다음과 같이 형식화하기로 한다.

(9다′) [FP [PLP [PL [HP [VP [TOP 과장님은i] [VP [KP ei] [V 장땡이 -]]] [H -시-]] [PL -ㅂ니-]] [F -다]]

(9다)의 구조가 (9다′)라 하는 경우 문제는 주어가 비어 있는 것인데, 이 때의 주어는 상황과 관련하는 주어의 성격을 띤다고 할 수 있을 것이다. 이 경우의 상황은 서술어 명사구에서 찾을 수 있을 것으로 기대된다. 즉, 서술어 명사구 '장땡'이 시사하는 것은 다름 아닌 화투판의 상황인 것이다. 이는 '서술어의 주어 흡수'와 같은 현상에 해당한다고도 할 수 있다. 임홍빈(1985d) 참조. 만약, 이러한 상황적인 문장에서 서술어가 주어를 흡수하는 현상이 주어의 일반적인 현상이라면, 국어의 무주어 현상이나 주어 생략 현상은 얼마간 설명이 가능하다고 판단된다. 김종택(1973), 박양규(1980b) 참조. 그러나, 주어 없는 문장은 상상조차 할 수 없는 것이다. 따라서, 비어 있는 주어는 상황적인 공-범주(empty-category) 주어라고 상정할 수 있다.

국어의 문장 구조가 "VP → TOP - VP"라 가정하는 경우에 이점은 또 있다. 가령, 다음과 같은 문장의 심층 구조를 속격 구조로 상정하였다가 변형 규칙의 적용을 받아 표면 구조에서 이른바 이중 주어 구성이 되었다는 해석은 지양되어야 함을 의미하기 때문이다. 성기철(1985a)의 체계 (4다-ㄴ)도 부분적으로 이러한 방식을 시사하는 것으로 여겨진다.

다음 문장을 보기로 한다.

(11) 가. 우리는 할머니가 건강하시다.
　　　 나. ?우리의 할머니가 건강하시다.
　　　 다. 우리 할머니가 건강하시다.
(12) 가. 아버님께서 옷이 맞으신다.

　　나. *아버님의 옷이 맞으신다.

　(11가)의 이른바 중주어 현상을 주장하는 입장에서는, (11가)의 심층 구조는 (11나)로 상정되고, 그리고 이 심층 구조에 대치 변형이나 삽입 변형 혹은 삭제 변형과 같은 변형 규칙이 적용되면 (11가)와 같은 표면 구조가 유도된다고 한다. 그러나 이러한 해석은 특히 구조적인 측면에서 모순되는 것이다. 우선, 국어에는 (11나)와 같은 문장이 있는가 하면 (11다)와 같은 문장도 있는 것이다. 혹자는 (11다)는 (11나)에서 속격 조사 '의'가 생략된 문장이라고 할 수도 있다. 그러나, 직관적으로, 모든 어휘는 저마다 고유한 의미 기능을 갖는 존재인데 임의대로 삭제하거나 대치하고 또는 삽입하는 일은 온당치 않은 것이다. 따라서, 속격 조사 '의'의 생략은 그렇게 쉽게 정당화되지 못한다. 이러한 점을 고려하면, (11다)보다는 (11나)가 얼마간 부자연스러워 보이기도 한다. 둘째, 국어에는 'NP의 NP' 구성도 있으나 'NP NP' 구성도 있다. 편의상 전자를 '속격 구성', 후자를 '병렬 구성'이라 하자. 임홍빈(1981) 및 졸고(1996a) 참조. 그런데 만약 (11나)의 구조가 진정한 의미의 속격 구성이라면, 그 문장이 부자연스럽게 여겨지는 이유는 해명되지 않는 것이다. 셋째, (12가)의 심층 구조로 (12나)의 상정은 절대로 불가능하다는 것이다.[10] 여기서 (12)의 구조와 (11)의 구조는 처음부터 다른 것이라고 변명할 수도 있겠지만, 그러한 경우에도 남는 문제는 (12)와 같은 구조의 문장이 국어에는 엄연히 존재한다는 점이다. 따라서, 우리는 심층에서의 속격 구조의 상정으로 이른바 이중 주어 현상을 설명하는 방식은 받아들이지 않기로 한다. 구조는 보존되어야 하는 것이다. Emonds(1976)참조.

　다시, 성기철(1985a:99)의 체계로 돌아간다. 다음 예문을 보자.

(13) 가. *김 선생님은 철수가 문제를 해결하셨다.
     나. 김 선생님은 고기가 잘 잡히신다. (이상, 성기철(1985:85)
         예 117)
(14) 가. 할아버지는 짐이 무거우셔. (성기철(1985:89) 예 131)
     나. *선생님은 애기가 잘 앓으셔. (성기철(1985:69) 예 75)
     다. 김 선생님은 아들한테 책이 많으셔.(성기철(1985:73) 예 82)
(15) 가. 할아버지는 눈동자가 커.
     나. 할아버지는 눈동자가 크셔. (이상, 성기철(1985:93) 예 144)

(13)은 重主語文의 상위 주체가 內包 被動文의 行爲主와 동일 인물일 경우의 예이고, (14)는 重主語文의 상위 주체가 狀態 動詞 문장의 所有主 또는 經驗主일 경우의 예이며, (15)는 重主語文의 상위 주체가 下位 主體의 所有主일 경우의 예이다. 이상 예문의 문법성은 성기철(1985a)에 따른다.

그에 의하면, (13가)가 비문이 되는 이유는 그 문장이 능동문이기 때문이라는 것이다. 이와 같이 능동문에서 {-시-}가 쓰임의 심한 제약을 받는다는 사실은 분명하다. 그러나, 무조건적으로 심한 제약을 받는다고는 말할 수 없다. 어떤 상황을 상정하게 되면 (13가)도 얼마간 성립이 가능하다고 본다. 가령, '김 선생님'과 '철수'의 관계를 사제 관계로 상정하는 것이다. 예컨대, 수학 경시 대회에서 난해한 문제를 '철수'가 해결함으로써 '김 선생님'의 고민이 해소되는 상황이 그러하다. 물론 이 때, 화자는 '김 선생님'의 처지를 잘 알고 있음이 전제되어야 할 것이다.[11]

(13나)는 '고기'를 잡는 행위주가 바로 상위 주체이므로 {-시-}의 쓰임이 가능하다는 것인데, 이에는 두 가지 의문이 제기된다. 하나는 만약, 그 문장에서 {-시-} 없이도 문장이 성립되는 경우 이러한 현상을 어떻게 설명할 것인가 하는 것이며, 다른 하나는 국어에는 피동 변형이라는 것이 없다고 하는 경우[12] 이를 어떻게 설명할 것인가 하는 것이다. 전자와 관련해서는 {-시-}는 결코 단

순히 상위 주체를 높이는 기능만 수행하는 형태라고 볼 수만은 없다고 가정할 수 있으며, 후자와 관련해서는 여전히 선행 명사구는 주제라고 생각할 수 있는 것이다. 이와 관련하여 다음의 예를 살펴보기로 하자.

(16) 가. *고기가 과장님에게 잡히신다.
　　　나. ?과장님에게 고기가 잡히신다.
　　　다. 과장님께 고기가 잡히신다.
　　　라. 과장님께는 고기가 잡히신다.
　　　마. 과장님께서 고기가 잡히신다.
　　　바. [FP [TP [HP [VP [TOP 김 선생님은] [VP [KP 고기가][V 잡히
　　　　　　-]]] [H -시-]] [T -느-]] [F -다]]

(16가)는 전혀 문장 성립이 어려워 보인다. {-시-}가 여격 성분 ‘과장님’을 전혀 높이지 않는 결과로 해석된다. 그러나 (16나)에서 (16마)에 이르기까지 그 문장 성립은 거의 아무런 이상이 없어 보인다. (16나)가 다소 부자연스럽게 느껴지는 것은 ‘에게’의 탓으로 이해된다. (16다)가 (16나)에 비해서 아무런 문제가 없기 때문이다. (16라)에는 주제격 조사 ‘는’의 논리로 문장 성립에 대해 전혀 의심할 여지가 없다. (16마)는 더 말할 필요를 느끼지 않는다. 그렇다면 이러한 현상은 어디에서 오는 걸까?

우리가 추측해 볼 수 있는 것은 (16가)의 ‘과장님’은 여격 성분으로서 행위의 행동주(action agent)이기 때문에 {-시-}가 관련되지 못하나, (16나)부터 (16마)의 ‘과장님’은 결코 행위의 행동주가 아니기 때문에 자연스럽게 관련된다는 것이다. 자명한 사실이지만, 피동문의 주어가 경험주(experiencer)의 의미역을 갖는다면, 경험주는 행위의 행동주가 아니라 심리적 행동주(mental agent)라 할 수 있다. 이와 같이 {-시-}는 경험주나 심리적 행동주(mental agent)와 잘 호응한다. 이러한 해석이 가능한 것이라

면, 본래 피동문은 피동문으로서 존재하는 것이지 능동문에서 유도되는 것은 아니라고 생각된다. 국어에서 능동사 또는 타동사가 피동사와 일 대 일의 대응을 보이는 어휘가 지극히 제한되어 있다는 사실만으로도 이러한 사실은 입증되는 것이다. 임홍빈(1978a, 1978b) 참조. 따라서, (13나)는 본래 피동 구조의 문장이고 그 구조는 (16바)인 것이다. 이것이 사실이라면, 성기철(1985a)의 중주어문의 상위 주체가 피동문의 '행위주'라는 그 해석은 어떤 오해에 말미암는 것이라 여겨진다.

일반적으로 (14가) 같은 형용사문은 거의 {-시-}가 쓰이는 것으로 여겨진다. 성기철(1985a)의 체계 (4나-ㄴ)의 경험주 상정이 이에 해당한다.[13] 그런데, '무겁다'와 마찬가지로 거의 경험성을 갖는 것으로 생각되는 '앓다'가 쓰인 (14나)는 성립되지 않는다는 것이다. 이러한 현상에 대해 성기철(1985a)에서는 상위 주체 '선생님'이 하위 주체 '애기'의 所有主나 經驗主로 상정되기 어렵기 때문이라는 것이다. 바로 그의 체계 (4나-ㄴ)이나 (4나-ㄷ)을 위배한 것이다. 그런데, 이렇게 말하기로 한다면, (14가)의 '할아버지'와 '짐'의 관계도 반드시 所有主나 經驗主로 설명될 수는 없다고 해야 할 것이다. '할아버지'가 본래적으로 '짐'과 인연을 맺은 대상이라고는 판단할 수 없는 것이다. 다만, '짐'에 대해 '할아버지'가 안쓰러워하는 모습이 화자의 의식에 투영되어 있을 뿐이다. 이와 같이 화자의 의식에 '선생님'과 '애기'가 특별하게 투영되어 있다면, (14나)도 성립이 전적으로 배제되지는 않는 것으로 생각된다.

(15)는 다소 설명이 필요하다. 하나는 {-시-}의 쓰임이 자의적인가 하는 점이고, 다른 하나는 성기철(1985a)에서처럼 두 명사구의 관계가 비분리 관계이므로 {-시-}가 쓰인 것인가 하는 점이다. 성기철(1985a:93-94)에는 단지 '비분리성 상위 주체'이므로 {-시-}가 쓰인다고만 지적하고 있지, 왜 (15가)와 같은 문장에서는 {-시-}가 쓰이지 않고도 가능한 것인지에 대해서는 아무런 해

명이 없다. 동일한 구조의 문장이며 똑같이 문장의 성립이 가능한 것이라면, {-시-}는 존대 대상 인물에 대한 무조건적인 높임을 위한 요소는 아닐 수도 있다고 가정하게 된다. 박양규(1975a) 및 임홍빈(1985c) 참조. 그러나 우리가 보기에는 (15가)는 규범적이지 못하기 때문에 성립이 거의 되지 않는 것으로 이해된다. '할아버지'가 화자의 자기 관련 인물인 경우가 그러하다. 다만, '할아버지'가 화자 관련의 인물이 아니라면, 성립의 여지도 있어 보인다. 그 때는 화자의 유표적인 의식이 작용하는 경우일 것이다. 7장 참조.

이상에서 살펴본 것처럼 국어가 '주제-설명' 구조의 언어라 한다면, 성기철(1985a)에서의 서술절 상정은 많은 문제가 있다. 한마디로 확대 투영 원리로 그 문제를 해명할 수 있는데, 쉽게는 다음과 같이 검토하는 것이 이점이 있다. 첫째, 앞에서 검토한 바와 같이 '동사구 내포 주어'(vp-internal subject) 외에 또 하나의 주어가 상정되어야 하는 것이며, 둘째, 그래도 상위 주체가 있다 한다면 국어에는 정동사 어미 '-다'로 끝나는 기묘한 내포문이 설정되어야 하는 것이고,[14] 남기심(1986) 참조. 셋째, 서술어의 선택 제약을 위배하게 되는 것이며, 넷째, 일반적으로 상위문 또는 모문의 어떤 요소도 내포문 속으로 자리 이동을 할 수 없는 것이다.

다음 문장을 보도록 한다.

(17) 가. 학교에서 돌아오는 길에 삼촌댁을 들렀다.
　　　나. 오늘은 좀 쉬게 그대로 두십시오.
　　　다. 그가 범인임은 천하가 다 아는 사실이다.
(18) 가. 나는 <u>그가 범인임</u>을 알고 있다.
　　　나. *그가 나는 범인임을 알고 있다.
(19) 가. 코끼리는 <u>코가 길다</u>.
　　　나. 코가 코끼리는 길다.
(20) 가. *피아노가 숨쉰다.
　　　나. 코끼리는 코가 길다.

(17)에서 (가)의 '-는'은 관형절 어미, (나)의 '-게'는 동사구 보문의 어미, 그리고 (다)의 '-(으)ㅁ'은 명사구 보문 어미이다. 이와 같이 내포문은 내포문 성격에 따라 그에 상응하는 어미를 갖기 마련인데, 문제의 '서술절'은 정동사 어미로 알려져 온 '-다'로 끝남으로써 내포문의 성격이나 절의 기능을 가지지 못하는 것이다. (18가)에 대해 (18나)가 비문이 된 것은 상위문의 주제 성분 '나는'이 내포문 속으로 이동함으로써 생긴 현상인데, 문제의 서술절의 경우는 예 (19가)의 상위문의 성분 '코끼리'가 하위 내포문 속으로 이동한 문장 (19나)가 성립에 이상이 없으므로 결국 서술절은 내포문이 아님을 반증하고 있다. (20가)는 서술어의 선택 제약(selectional restriction)이 잘못되어 비문이 되었으나, (20나)는 서술어 '길다'의 선택 제약이 '코'로서 정당하므로 문장 성립이 자연스럽다. 따라서, '코가 길다'는 하나의 완전한 문장이지 그 자체가 또 하나의 선택 자질을 수행하는 것은 결코 아니다.

이상의 논의를 요약하면, 첫째, 성기철(1985a)에서 설정되고 상정된 중주어문과 서술절은 실재적인 국어 문장의 구조적 특징을 간과하였다는 점이고, 둘째, 첫째에 따라 {-시-}가 몇 가지 조건에 의하기는 하나 여하튼 '주어'라 인식되는 상위 주체 혹은 하위 주체를 존대한다는 점이다.

3.2.3. {-시-}와 무정화

{-시-}를 주체 존대나 주어와 관련되는 것으로 보아 별다른 이의가 제기되지 않았던 시기에 이와 같이 {-시-}의 분포가 '주술' 관계만으로 쉽게 설명되어지는 것이 아니라는 인식은 박양규 (1975a)에서 시작되는 것으로 생각된다.[15] 이에 대한 박양규 (1975a)의 인식을 여기에 가져오도록 한다.

(21) 가. 同一人이 話者나 場面이 바뀜에 따라, 上位로 인식될 수도
　　　　있고 그렇지 않을 수도 있다. 〔…〕 따라서, 이는 話者의 發話
　　　　에서 體言이 指稱하는 人物이 尊待되고 있다는 사실 그 자
　　　　체를 말하는 것에 지나지 않는다. 窮極的으로는 문법 외적
　　　　현상에 의존하고 있다. (p.86)
　　나. 순수히 文法的인 側面에서 主體尊待法의 眞實에 接近하려면,
　　　　우리는 더 이상 어떤 人物이 尊待되고 있다고 하는 現象
　　　　그 자체를 말하고 있는 것에 지나지 않는 (ad hoc)한 機能
　　　　(function)이나 資質(feature) 또는 範疇(category) 등의
　　　　槪念에 執着하지 말아야 한다. (p.87)
　　다. 呼應說은 일찍이 安秉禧(1961)에서 〔…〕 暗示된 바 있으며,
　　　　李崇寧(1964)에서 좀더 具體化 되었다. 〔…〕 우리에게는
　　　　매우 鼓舞的인 見解라 하지 않을 수 없다. (pp.85-86)

　　(21가)는 존대 자체는 언어 운용상의 문제이지 문법적인 현상
이 아님을 시사하고 있다. 그런데, (21나)는 '존대'와 문법의 관계
를 완전히 단절시키고 있다. 이는 곧 존대 절차라는 것이 문법적
으로는 존칭 체언의 無情化라는 것과 관련됨을 의미하는 것이다.
(21다)는 {-시-}의 기능이 누구를 높이는 것이 아니라 신분성의
표시에 있는 것을 강조함으로써 (21나)의 '존칭 체언의 무정화'를
예비하는 의미를 갖는다.
　　다음 문장을 검토하기로 한다.

(22) 가. 동생이 문을 닫는다.
　　나. *손잡이가 문을 닫는다.
　　다. 아버지가 문을 닫으신다. (이상, 박양규(1975a) 예 15)

　　서술어의 선택 제약에 따라 (22)의 서술어 '닫다'는 그 관련 주
어로 유정물을 요구한다. 따라서, (22가)는 문장의 성립이 자연스
럽다. 반면, (22나)가 문장의 이상을 가지는 것은 주어 자리에 유
정물이 아닌 무정물 '손잡이'가 왔기 때문이다. 박양규(1975a)에

서 중시되고 있는 것은 이와 동일한 현상이 주어가 존칭 체언인 경우도 같은 공기 제약(共起制約)이 나타나는 점이다. (22다)가 성립이 가능한 것은 {-시-}가 (22나)적인 非文性을 해소시키기 때문이라는 것이다. 가령, '*아버지가 문을 닫는다.'가 성립에 이상을 가지는 것은 바로 (22나)의 '손잡이'처럼 '아버지'가 무정물로 취급되는 것인데, (22다)처럼 {-시-}를 결합시킴으로써 유정 체언의 자리에 무정 체언인 존칭 체언이 나타나는 경우에 생기는 통사적 파격이 해소된다는 것이다. 그러나, '*아버지가 문을 닫는다.'가 성립에 이상을 가지는 것은 선택 제약에 의한 주어 자리의 有·無情性은 아니다.

존칭 체언이 무정 체언과 공기 제약을 같이 한다는 박양규(1975a)의 인식은 다음과 같은 문장에서 더욱 정당성을 얻는 것으로 여겨진다.

(23) 가. 선생님이 수술대에 놓이자, 모두들 울음을 터뜨리고 말았다.
　　　나. 가위가 수술대에 놓이자, 모두들 울음보를 터뜨리고 말았다.
(24) 가. 나는 그분이 좋아.
　　　나. 나는 남산이 좋아.
(25) 가. 김 선생님은 코가 참 크시다.
　　　나. *이 연필은 코가 참 크다. (이상, 박양규(1975a:89)의 예)

예 (23-25)는 결국 존칭 체언은 무정 체언과 공기 제약을 같이 한다는 결론을 유도한다. (23가)의 '선생님'과 (23나)의 '가위'는 무정물의 대응을 보이고 있는 것으로, 그리고 (24가)의 '그분'과 (24나)의 '남산'도 무정물의 대응을 보이고 있는 것으로 취급되어 있다. 한편, (25나)가 문장 성립에 이상을 보이는 것은 무정물 '연필'이 유정물이 올 자리에 나타남으로써 야기되는 현상이고, 반면에 (25가)가 문장의 성립에 아무런 이상이 없는 것은 {-시-}가 용언에 결합함으로써 존칭 체언 '김 선생님'을 무정 체언화 함으로써 (25나)와 같은 통사적 구조를 유지할 수 있어서라는 것이다. 따라서, 박양규(1975a)에서는 {-시-}는 전혀 존대라는 것과는 무관하고, 유정 체언의 자리에 무정 체언인 존칭 체언이 나타남으로써 생긴 통사적 파격을 해소하는 기능을 갖는 것이다.[16]

그러나, 존칭 체언이 무정 체언과 공기 제약을 언제나 같이하는 것도 아니며, {-시-}가 존칭 체언의 무정화를 해소하는 기능을 갖는 것도 아니다. 다음 문장을 살펴보도록 하자.

    (26) 가. 아버님이 보이니?
        나. 아버님이 붙들리셨어? (이상, 박양규(1975a:85) 예 2, 3)
        다. 산이 보이니?

박양규(1975a:85)에 의하면, (26)에서 (가)의 '아버님'은 대상(object) 기능의 주어로, (나)의 '아버님'은 경험주(experiencer) 기능의 주어로 상정되어 있다. 그런데, (26나)만 {-시-}의 쓰임이 가능한 것에 주목하고 있다. 그러나, 박양규(1975a)에는 이와 같은 현상에 대해 어떤 확신은 가지고 있지 않다. 다만, 주어가 경험주로 상정되는 경우에 {-시-}가 쓰이는 점에 주목할 뿐이다.[17] {-시-}와 경험주의 관계는 3.2.2.에서 검토된 성기철(1985a) 및 3.2.3.에서 검토될 임홍빈(1985c)에도 중요한 동기가 되어 있다.

한편, 박양규(1975a:85)처럼 (26가)가 문장의 성립에 아무런 이상이 없다고 하는 경우, (26가)의 '아버님'은 (26다)의 '산'과 마찬가지로 무정물이라 할 수 있다. 그리고 '아버님'이 존칭 체언이라면, 존칭 체언은 곧 무정 체언이라 할 수 있다. 이와 같이 존칭 체언이 무정 체언의 속성을 갖는다는 이유를 박양규(1975a:96)에서는 "존귀한 인물은 직접 행위에 나서지 않는다"고 들고 있다. 그러나 우리의 생각은 전혀 다르다. '존귀한 인물은 직접 행위에 나서지 않는 것이 아니라 적극적으로 나선다고 본다. 존귀한 인물은 그렇지 않은 인물에 대해 언제나 영향을 주는 존재이고, 도움을 주는 존재이며, 심지어는 사태의 해결을 위해 대신 나서서 손수 해결을 해 주는 존재이다. 우리에게 있어 '존귀한 인물'은 한 마디로 더할 수 없이 인간적이라 할 수 있다. 가령, 죄수 아들을 위해 그 어머니의 헌신적인 삶을 상기해 보면, 곧 이러한 사실을 깨닫게 될 것이다.

이러한 박양규(1975a)의 처리는 예의 (26가)와 같은 문장에서 절대로 {-시-}가 쓰이지 못한다는 지나친 집착에 기인하는 것으로 여겨진다. 우리에게는 (26가)와 같은 문장에도 {-시-}가 결합될 수 있다고 보는 것이다.[18]

이와 관련하여 다음 문장을 검토하자.

   (27) 가. 아버님이 보인다.
        나. 아버님이 보이신다.

일반적으로는 (27가)가 더 흔하게 쓰이는 발화라 할 수 있다. 그렇다고 (27나)가 전혀 쓰이지 않는 것도 아니다.[19] 화자의 '아버님'에 대한 특별한 '마음 씀'이 전제되는 경우 성립에 이상을 보이지 않는다. 가령, 어떤 사건이나 사태와 관련하여 화자가 '아버님'의 도움이 절실히 필요한 상황이거나 역으로, 어떤 예기치 못한 곤경에 처해 있는 '아버님'을 화자가 애타게 기다리는 상황 같은 경우가 그렇다. 따라서, {-시-}는 화자의 존귀한 인물에 대한 기대 심리의 작용과 관련된다고 할 수 있다.

이상에서 검토된 바와 같이 박양규(1975a)의 (26가)에 (27나)의 {-시-}가 결합이 가능하다면, '아버님'과 같은 존칭 체언은 결코 무정 체언이라 할 수 없으며, 따라서 {-시-}를 무정 체언이 허용되지 않는 위치에 그와 공기 제약을 같이 하는 존칭 체언이 실현됨으로써 생기는, 통사론적 파격(syntactic violation)을 해소하는 수단으로 규정할 수는 없다고 본다.

그러나, {-시-}가 무정 체언이 허용되지 않는 위치에 그와 공기 제약을 같이 하는 존칭 체언이 실현됨으로써 생기는, 통사론적 파격(syntactic violation)을 해소하는 수단이라는 정의를 역으로 해석해 보면, 결국 {-시-}는 존칭 체언과 관련되는 요소라 할 수 있다. 여기에 박양규(1975a:85)의 (26나)에서 검토된 피동문의 경험주가 {-시-}와 관련되는 점을 더하면, 실제로 박양규(1975a)의 {-시-}에 대한 인식은 탁견이 아닐 수 없다.

다음 문장을 살펴보기로 한다.

(28) 가. 할아버님이 추우시겠다.
　　　 나. 춘천까지는 머실 거야.
　　　 다. 선생님도 가슴이 뛰시나요?
(29) 가. 나는 그분이 좋은데, 그분도 내가 좋으실까?
　　　 나. 그런 일 때문이라면, 김 선생님은 곤란한데요.

이들 문장의 문법성은 모두 박양규(1975a)에 의한다. {-시-}에 대한 논의에 있어 박양규(1975a)에서 주목되는 것은 (28)에서의 {-시-}의 쓰임이라 할 수 있다. (28가), (28나)는 형용사문이고, (28다)는 자동사문이다. 이들 문장에서 {-시-}의 쓰임은 피동문에서 {-시-}의 쓰임처럼 지극히 자연스러운 것이다. 이러한 현상을 박양규(1975a:91-92)에서는 피동문, 대부분의 형용사문, 그리고 일부 자동사문이 경험 표현의 기능을 갖는다고 지적하고, 경험주 기능의 존칭 체언은 {-시-} 호응을 수반한다고 지적한다. 특히, (28나)를 "춘천까지 통근하게 된 사람의 자녀들의 부친을 위한 걱정의 표현"이라 설명하면서 '경험주 기능의 주어'가 생략된 문장으로 보고 있다. 여기서 우리는 {-시-}와 관련하는 사태는 다름 아닌, "춘천까지 통근하게 된 사람의 자녀들의 부친을 위한 걱정의 표현"인 것이다. 이와 같은 {-시-}와 경험주의 관계가 임홍빈(1985c)에서는 극대화되어 있다.

이러한 (28나)적인 '경험주' 상정은 (28다)와 같은 중주어문에서 상위 주체를 경험주로까지 확대 해석하게 된다. 그리고는 "경험

표현의 이중주어문에서 {-시-}는 경험주 기능의 존칭 체언에만 호
응하며 대상 기능의 존칭 체언과는 무관하다"고 언급하고 있다. 그
러나, 여기에는 두 가지 문제가 있다. 하나는 '경험주'는 흔히 '주
어'라는 것이며, 다른 하나는 국어는 이중주어라는 구조적 특징을
가진 언어라고 시사한 점이다. 반면, {-시-}가 경험주 기능의 존칭
체언에만 호응하며 대상 기능의 존칭 체언과는 무관하다는 입증은
(29)에서 행해진다. (29나)에서 {-시-}가 쓰이지 못한 이유가 '김
선생님'이 대상 기능의 존칭 체언이기 때문이라는 것이다. 그러나,
우리가 판단하기로는 {-시-}가 쓰이지 않은 (29나)가 더 어색한
표현으로 여겨진다.

경험주 외에 {-시-}는 소유주 기능의 존칭 체언, 비분리 관계
(inalienablity)나 종속 관계(class-inclusion)의 존칭 체언과도
관련한다고 박양규(1975a)는 지적하고 있다.

다음 문장을 보도록 하자.

(30) 가. *이 책상이 책이 두 권 있다.
　　　나. 이 양반이 책이 두 권 있으시다.
(31) 가. 그분은 마음이 너그러우시다.
　　　나. 이분이 네 담임이시냐?

(30)은 소유주 관계 구성의 문장이고, (31)은 비분리 관계나
종속 관계 구성의 문장이다. (30가)가 성립에 이상을 보이는 것은
'책상'이 '책'의 소유주로 해석되지 않기 때문이다. 반면에 (30나)
는 '이 양반'이 '책'의 소유주이므로 성립에 이상이 없다. 이런 경우
{-시-}는 소유주 '이 양반'과 자연스러운 호응을 보이는 것이다.
(31가)는 '그분'과 '마음'이 비분리 관계에 있는데, '그분'이 존칭
체언이기 때문에 {-시-}에 호응되는 것이고, (31나)는 '이분'과 '담
임'이 종속 관계에 있는데, '이분'이 존칭 체언이므로 {-시-}에 호
응되는 것이다.[20] 박양규(1975a)의 {-시-}가 쓰이는 분포에 대한

이러한 인식은 특히 성기철(1985a)에서 체계화되었다. 그러나, {-시-}가 쓰이는 분포에 대한 이러한 인식의 강점에도 불구하고 여기서 여전히 문제가 되는 것은 국어 문장의 기본적인 구조를 이 중주어문으로 전제하고 있는 점이다.

{-시-}가 '있다'적인 구성의 문장에서 비교적 쓰임이 자연스러운 점에 주목한 박양규(1975a:106)는 {-시-}의 어원에 관심을 표명한다.

    (32) 가. 우리 선생님께서 노래하신다.
        나. 김 선생님께서도 왔고요.

박양규(1975a)는 (32가)와 같은 문장은 '있다'가 중복되는 문장으로 기술하고 있다. {-시-}와 '께서'의 형태에는 '있다'적인 의미를 가지는 형태나 요소가 있다고 보기 때문이다. 그 근거로 {-시-}는 중세 국어 형태 '시다'(=있다)를 어원으로 하고 있어 '있다'적인 의미를 가지고, '께서'는 중세 국어 형태 '끠셔'의 후대형인데 이 형태의 '셔'는 원래 중세 국어 '시다'의 부사형 '시어>셔'이므로 '서'가 '셔'의 발달형이라 하는 경우 '있다'적인 의미를 가진다는 것이다.[21] 박양규(1972), 서정목(1984) 및 졸고(1988, 1989a) 참조.

'께서'의 '서'와 {-시-}가 '있다'적인 의미와 관련하는 것이라면, 이 두 형태는 호응 관계에 있다고 할 수 있다. 문장에 '께서'가 쓰이면 {-시-}가 쓰여야 하고, {-시-}가 쓰이면 '께서'가 쓰여야 하는 것을 뜻한다. 한 마디로 규범적인 운용이라 할 수 있다. 그런데, (32나)는 {-시-} 없이도 자연스러운 발화인 것으로 취급되어 있다. 그의 해석은 이렇다. '께서'가 중세 국어 형태 'ㅅ긔셔'의 후대형이라 하는 경우, 중세 국어 형태 '끠셔'는 원래 속격 표지 'ㅅ'과 대명사 '긔', 그리고 '시다'의 부사형 '셔'의 결합형이므로, 현대적인 '께서'도 여전히 '-의 x에 있어'로 해석이 가능함을 전제하고, 이를 근거로 (32나)의 '김 선생님께서'를 '김 선생님의 x에 있어'적으로 해석하여 문제의 'x'가 '김 선생님과 관련하는 존대 대상이 아닌 어떤 인물'이기 때문에 {-시-}가 호응되지 않는다는 것이다. 그러나 이러한 해석에는 무리가 따른다. '김 선생님께서도'에서 우리는 '김 선생님' 외의 다른 인물을 상정할 수 없기 때문이다. 다만, 이러한 해석의 근저에는 '김 선생님께서도'가 주어가 아님을 시사하기도 한다. 그러나 주어가 아니기 때문에 {-시-}가 호응되지 않는 것도 아니라 할 수 있다. 졸고(1988, 1989a)에서는 '께서' 결합 명사구를 명제의 사건이나 사태를 경험하는 '상황 제시어'라 가정하였다. 6.3.3. 참조.

이상의 논의를 요약하면, 박양규(1975a)에서 존칭 체언과 무정 체언의 공기 제약 현상에 주목하여 {-시-}를 무정 체언이 허용되지 않는 위치에 그와 공기 제약을 같이 하는 존칭 체언이 실현됨으로써 생기는, 통사론적 파격(syntactic violation)을 해소하는 수단이라 정의하였으나, 박양규(1975a)의 논의의 강점은 이러한 이론적인 해석에 있는 것이 아니라, {-시-}가 '있다'적인 의미의 구성과 보다 잘 호응하는 현상에 주목한 데 있다고 할 수 있다. 첫째, {-시-}가 경험주나 소유주 또는 비분리 관계나 종속 관계의 구성에서 존칭 체언과 호응되며, 둘째, 어원과 관련하여 {-시-}는 '께서'와 함께 '있다'적인 의미를 갖는다는 것이다. 그러나, 여전히 남는 문제는 국어의 문장 구조가 이중주어문이라고 전제되어 있는 점이며, 이러한 의미에서 {-시-}는 주어와 관련한다는 것이다.

3.2.4. {-시-}와 경험주

국어 문장의 기본적인 구조가 이중주어문 혹은 중주어문이라는 전제나 가정에 입각해서 {-시-}가, 의미적으로 경험주이든 소유주이든 간에 또는 비분리 관계이든 종속 관계이든 간에 존칭 체언의 주어 또는 (상위) 주체와 관련된다는 것은 박양규(1975a), 성기철(1985a)에서 본 바와 같다.

이제 본 절에서는 임홍빈(1985c)에서 제기된 "{-시-}는 어떤 대상을 존대함과 동시에 그를 경험주로 만드는 기능"에 대해서 검토하기로 한다. 임홍빈(1985c)가 이러한 가정에 이르기까지에는 다음과 같은 몇 가지 전제가 있다. 이를 여기에 가져오도록 한다.

(33) 가. {-시-}에 의하여 존대의 대상이 되는 것은 비단 단위 문장의 주어로 나타나는 인물에만 국한되는 것이 아니다.

　나. {-시-}는 문장의 어떤 일정한 성분과 그 서술어 사이에 성립하는, 엄격한 의미의 공기 관계 또는 호응 관계에 의해서는 결코 만족할 만하게 설명될 수 없다.

　다. {-시-}에 의한 존대의 대상은 어떤 문장의 명제 내용을 경험하는 인물로서, 그 인물은 상위 처격 성분으로 상정된다.

　라. {-시-}에 의하여 상정되는 상위문은 所在를 뜻하는 '있다'적인 구조를 가진다. 그것은 어떤 내용에 대한 경험이 그에게 있음을 보이는 것이다.

　마. {-시-}에 의한 존대는 원리적으로 위의 (라)와 같은 경험 절차로서, 경험 절차가 제1차적인 것이며, 존대 절차는 이러한 경험 절차를 이용하고 있을 뿐이다.

　바. {-시-}를 '있다'적인 구조에 의하여 설명할 수 있는 한에 있어서 {-시-}의 어원론은 증명 된 것으로 보아도 좋다.

기본적으로 국어 문장의 구조를 임홍빈(1976, 1985c)과 마찬가지로 '주제-설명' 구조로 보는 우리의 입장에서 (33가)에 대해 다소 설명이 필요하다. (33가)는 국어의 기본적인 문장 구조가 '이중 주어-서술어' 구조가 아니라, '주제-설명'(topic-comment) 구조라는 가정 하에 {-시-}가 주격 대상 인물과만 관련하지 않음을 지적한다. 이것이 바로 임홍빈(1976, 1985c)의 {-시-}에 대한 접근 방법의 이론적 원리라 할 수 있다. 그러나 임홍빈(1976, 1985c)의 이러한 원리는 '주제'의 개념이 발화의 개념이라거나

(박양규(1980b) 참조), 이와 성격을 같이 하면서 중주어 구문을
인정하면 국어 문법 기술상의 부담을 훨씬 덜어 준다거나(성기철
(1985a) 참조) 하는 저항에 부딪친다. 결국 (33가)의 근본적인
문제는 국어의 기본적인 문장 구조가 이중주어구문이냐 '주제-설
명' 구조이냐 하는 것이다. 이에 대해서는 부분적으로 1.2. 및
2.3.1.1.에서, 그리고 본격적으로 3.2.2.에서 다룬 바 있다. 따라
서, 여기서는 간략하게 언급하고 넘어가기로 한다.
　다음의 문장과 그 구조를 검토하기로 한다.

　　(34) 가. 아버님이 가신다.
　　　　　나. 아버님은 가신다.
　　(35) 가. [FP [TP [HP [VP [TOP ei] [VP [KP 아버님이i] [V 가-]]]
　　　　　　　[H -시-]] [T -느-]] [F -다]]
　　　　　나. [FP [TP [HP [VP [TOP 아버님은i] [VP [KP ei] [V 가-]]]
　　　　　　　[H -시-]] [T -느-]] [F -다]]

　여기서 우리는 하나의 전제를 구한다. 조사 '은/는'은 주제격 조
사로 받아들이기로 한다. 이 조사가 주격 기능의 조사가 아니라는
주장은 거의 이제는 학계에 논쟁거리조차 되지 않을 정도로 일반
화되었지만, 심정적으로 이중 주어문을 국어의 기본적인 문장 구
조로 이해하는 박양규(1975a, 1980b)에서도 '은/는'이 발화 개념
의 주제 성분의 조사라는 데에는 동의한다. 만약, 주제와 주어가
하나는 발화 개념이고 다른 하나는 문법 개념이라고 하는 경우,
예의 (34가)는 문법적인 문장이고 (34가)는 발화적인 문장이라
해야 온당할 것이다. 그러나, 우리는 이 두 문장을 이런 식으로 구
별하여 부르지는 않는다. 따라서 우리는 일반적으로 이 두 문장이
현재 발화되는 경우에 한하여, '문장' 혹은 '발화'라는 명칭으로 섞
어 부르는 것이다. 그런데, 굳이 구별해야 한다고 주장하는 경우,
그 주장대로 따르면, (34가)의 '아버님이'는 '주어로서 주어' 혹은

'문법적인 주어'라 해야 할 것이며, (34나)의 '아버님은'은 '주제로서 주어' 혹은 '발화적인 주어'라 해야 할 것이다. 그러나, 이제껏 그와 같은 부름은 듣지도 보지도 못하였다. 따라서, (34가)와 (34나)는 구조의 차이가 있다고 본다. (35가)와 (35나)의 차이가 그것이다. (35가)에는 주제가 주어와 동지표 관계의 공-범주(empty-category)로, 그리고 (35나)에는 주어가 주제와 동지표 관계의 공-범주(empty-category)로 범주화되어 있다.

임홍빈(1985c)의 기본 인식이 이렇다 할 경우, (34가)의 {-시-}는 주어 성분 인물 '아버님'과 관련하고, (34나)의 {-시-}는 주제 성분 인물 '아버님'과 관련하는 것이다. 이러한 현상에 주목한 것이 (33가)의 규정이고 부분적으로 (33나)의 규정이다.

(33다), (33라), 그리고 (33마)는 성격상 거의 같은 내용으로 보아 좋을 것이다. {-시-}는 '있다'적인 구조에서 그 관련 성분으로 처격 성분을 요구하고, 그 처격 성분은 명제 내용을 경험하는 존귀한 인물이라 하는 것이 그러하다. 우선, 여기서 우리가 주목해야 할 것은 {-시-}와 '처격 성분'과의 관련성이다.

다음 문장을 살펴보기로 하자.

    (36) 가. 김 선생님한테는 고양이가 있으셔.
         나. 김 선생님한테는 그 모자가 어울리셔/맞으셔.
                      (이상, 임홍빈(1985c) 예 (11마,아))
    (37) 가. ??아버님한테 돈이 있어.
         나. 아버님한테 돈이 있으셔.
         다. ??아버님께 돈이 있어.
         라. 아버님께 돈이 있으셔.
         마. ??아버님은 돈이 있어.
         바. 아버님은 돈이 있으셔.

임홍빈(1985c)에서는 {-시-}와 처격 성분과의 관련이 거의 필연적인 것으로 기술되어 있다.[22] 이 점 성기철(1985a)과 좋은 대조를 이룬다. 성기철(1985a)에서는 원칙적으로 성립이 부자연스러운 것으로 해석하고 있다. (36)이 자연스러운 성립이 되기 위해서는 다소의 설명이 필요하다. (36가)는 '고양이'가 '김 선생님'의 애완견이라 하는 경우 또는 그와 같은 예측이 가능한 경우와 그것도 처격 성분이 문두 자리에 오는 경우에 성립되는 문장이다. 3.2.2.의 예 (13나)의 피동문과 {-시-}와의 관련을 설명하면서 처격 성분이나 여격 성분이 제자리에 있는 경우는 {-시-}가 그 성분의 대상 인물을 높이지 않는다는 현상에 주목하였다. 따라서, (36가)도 '고양이가 김 선생님한테 있으셔'와 같이 처격 성분을 제자리에 놓으면 그 문장의 성립은 거의 성립되지 않는 것이다. {-시-}가 '고양이'를 높이는 것처럼 오해되기 때문이다. 그러나, 이와 같이 상황에 대한 정보가 주어지는 경우, {-시-}는 처격 성분을 높일 수 있다. (36나)가 자연스러운 성립을 보이는 것이 그러하다. (36나)에는 그와 같은 상황적 정보를 함의하는 관형사 '그'가 있는 것이다. 임홍빈(1987) 및 졸고(1996a) 참조.

(37가)가 거의 성립하지 못하는 것은 문두 자리의 처격 성분 '아버님'이 높임 대상인데 {-시-}가 쓰이지 않았기 때문이다. (37나)의 자연스러운 성립이 이를 지지해 준다. (37다)의 성립성도 (37가)의 논리에 의한다. 이와 같은 (37가)와 (37나), (37다)와 (37라)의 관계는 (37마)와 (37바)의 관계에서도 마찬가지이다. 이와 같은 관계는 문두 자리에서는 처격 성분과 주제가 至近의 관계로 느껴진다는 것이며, 이러한 의미에서 만약 문두 자리의 명사구가 높임 대상 인물인 경우는 거의 {-시-}의 쓰임은 정당화되는 것이라 할 수 있다. 이러한 논리에 의거하여 임홍빈(1985c)에서는 {-시-}와 관련하는 처격 성분을 상위문의 성분으로 상정하는 것이다. 그리고 그 처격 성분이 곧 명제의 내용을 경험하는 경험주(experiencer)라는 것이다. 그런데, 주목되는 것은 임홍빈(1985c)에서 '주제'의 자리와 '처격 성분'의 자리를 달리 보고 있다는 점이다. 그러나 이러한 가

설적인 해석은 임홍빈(1997)에서 수정된다. 임홍빈(1997)에서는 처격 성분이 상위문의 성분으로 상정되어 있지 않다. 이를 다음과 같이 구조로 나타내 보인다.

(38) 가. $[_{FP}$ $[_{TP}$ $[_{HP}$ $[_{VP}$ $[_{TOP}$ NP$_{1,2}]$ $[_{VP}$ $[_{KP}$ NP$_{1,2}]$ $[_{V}$ V$]]]$
　　　　$[_{H}$ -시-$]]$ $[_{T}$ -느-$]]$ $[_{F}$ -다$]]$
　　나. $[_{S''}$ $[_{TOP}$ NP$]$ $[_{S'}$ $[S_1$ $[S_2$ $]$ $[_{NP}$ e$]$ $[_{INFL}$ -시-$]]$ $[_{COMP}$ -다$]]$

　(38가)는 수정된 임홍빈(1997)의 {-시-}의 구조이고 (38나)는 임홍빈(1985c)의 처격 성분 곧 경험주의 구조이다. (38가)의 'NP$_{1,2}$'는 주제와 주어(=동사구-내적 주어)가 동지표 되거나 되지 않는 경우를 상정하여 NP$_1$ 또는 NP$_2$로 나타낸 것이다. (38나)에서 공 범주((e=empty category)) 'NP'는 상위문에 상정된 처격 성분의 경험주를 가리킨다. 이 경험주와 관련하는 {-시-}는 'INFL'(=일치 요소)로 설정되어 있다. 따라서, 경험주 명사구 'NP', 문장 'S$_2$', 그리고 'INFL'은 자매 관계로 상위문 'S$_1$'에 하위 범주이다. 이러한 구조의 이점을 임홍빈(1985c:332)에서는 여럿을 들고 있으나, 여기서 논의되는 주제 자리와 경험주 자리에 대하여 "주제와 직접적으로 관련되지 않으면서 그 위치가 문장의 상위에 상정된다는 점에서 {-시-}의 존대 대상이 문장의 상위에 상정되는 것으로 생각하는 국어의 직관을 보다 분명하게 설명할 수 있다는 것이다." 라고 언급하고 있다. 그러나, 이와 같은 구조 설정과 그에 대한 이와 같은 설명에도 불구하고, (38나)의 구조 표지가 나타내는 것만으로는 경험주 명사구가 {-시-}와 어떻게 직접적으로 관련되는지 알 수 없다. {-시-}가 특정한 문장 성분하고만 관련되지 않는다는 점을 고려하면, 상위문에 공 범주의 경험주 상정은 필요한 절차인 듯이 여겨지는 것도 사실이다. 이러한 약점을 보완하고 수정한 것이 (38가)의 구조라 할 수 있다.

　다음, (33바)의 {-시-}가 '있다'적인 구조와 관련하는 특징을 검토하기로 한다.

> (39) 가. ?너한테도 형님이 있으셔?/??너한테도 아버님이 있으셔?
> 　　나. 학교에는 형님이 계시니, 잘 돌보아 주시겠지.
> 　　다. 학교에는 형님이 있으시니, 잘 돌보아 주시겠지.
> 　　라. 아버님은 무슨 말씀이 계셨느냐?/아버님은 무슨 말씀이
> 　　　　있으셨느냐?
> 　　마. 지금도 아버님은 어디엔가 살아 있으시다/살아 계시다.
> 　　바. 이 방은 며칠 전에 예약한 손님이 있으셔서, 빌려 드릴 수가
> 　　　　없습니다. (이상, 임홍빈(1985c) 예 12)

(39가)는 {-시-}가 처격 성분과 관련되지 않는 경우의 문장이다. 그러나, (39가)가 전적으로 성립이 불가한 문장이 아니라면, 다음과 같은 설명이 유익하다고 한다. (39가)에서 선행 문장보다 후행 문장의 성립이 더 부자연스러운 것은, 첫째, '형님'은 우연적인 존재이고 '아버님'은 당연한 존재이기 때문이라는 것이며, 둘째, '있으시다'가 소유의 뜻과 아주 가까운, 존재의 뜻으로 쓰일 수 있기 때문이라는 것이고, 셋째, 그러한 의미의 '있으시다'는 그 존대의 대상이 반드시 '상위 주어'로 해석되지 않기 때문이라는 것이다. 결론적으로 (39가)의 '있다'는 존재와 소유의 중간적인 뜻을 가지는 '있다'이지 (33다, 라)의 所在를 뜻하는 '있다'는 아니라는 것이다.[23]

(39나)의 '계시다'와 (39다)의 '있으시다'의 차이는, 전자는 고정적인 존재성을 뜻하는 의미에서 '실질적인 존재성', 후자는 그러한 고정적인 존재성의 의미를 띠지 않는다는 의미에서 '형식적인 존재성'으로 구분하고 있다. 이러한 구분이 뜻하는 바는 자명하다. (39나)는 '형님'이 어떤 관계로든 '학교'와 관련되는 사람을 뜻하는데 반해, (39다)는 그러한 사실이 불확실하다는 것이다. 그러나, 우리의 생각으로는 (39나)가 일반적인 발화로 여겨지며, (39다)는 다소 부자연스럽게 느껴진다. 실체 없는 대상은 명목상의 존재에

불과하기 때문이다. 이러한 의미에서 임홍빈(1985c)이 지적한 바와 같이 '있으시다'는 (39바)적인 상황에서, 그것도 단위 문장이 아니라고 여겨지는 문장에서나 쓰임이 자연스럽다고 생각된다. 또한, (39마)의 '살아 있으시다'도 이런 부류에 속한다고 할 수 있다. 이러한 의미에서 '있으시다'는 (39라)의 후행 문장과 같은 구조의 문장에서 그 쓰임의 전형을 이룬다고 할 수 있다. 이 경우 {-시-}는 주제 인물 '아버님'과 관련한다. 이와 같이 '있으시다'의 쓰임에 있어 (39라)의 후행 문장과 같은 구조의 문장이 전형을 이루는 것이라면, 예의 선행 문장은 어느 정도 일반적이지 못한 문장임이 분명하다. 임홍빈(1985c)에서는 일종의 '혼태적인 현상'으로 보고 있다. '말씀'과 '아버님'을 동시에 의식하여 쓰인 형태라는 의미로 해석된다.

이제 (33다)의 '경험하는 인물'의 경험, (33라)의 '어떤 내용에 대한 경험'의 경험, 그리고 (33마)의 '경험 절차'의 경험에 대해서 검토하기로 한다. 이미 우리는 박양규(1975a)와 성기철(1985a)를 통해서 '경험주'나 '경험 동사'라는 말에 익숙해 있다.

다음 문장을 살펴보기로 하자.

   (40) 가. 김 선생님은 철수는 무거우셔.
       나. 너는 선생님이 붙들리셨니?
       다. 할아버지는 지팡이가 부러지셨다.

(40가)는 형용사문, (40나)는 피동문, 그리고 (40다)는 자동사문이다. (40가)는 성기철(1985a:89)에서 경험주 상위 주체라 해서 {-시-}의 쓰임이 자연스러운 것으로, (40나)는 박양규(1975a)에서는 피동문의 주어는 경험주이기 때문에 성립이 가능한 것으로 되어 있으나, 성기철(1985a:56-57)에서는 청소년 이하의 연련층에서는 많이 쓰이나 상위 청자 제약에 저촉되므로, 일반적이고 원칙적인 발화가 아닌 것으로 지적된 예이다. 그러나, 임홍빈(1985c)

에서는 모두 성립이 가능한 문장으로 판단되는 문장들이다.

그러나, (40가)의 성립 가능함에 대한 해석은 특히 임홍빈(1985c)와 성기철(1985a)은 다르다. 임홍빈(1985c)에는 '철수'가 김 선생님의 무릎에 앉는 상황의 경우 {-시-}의 쓰임이 가능한 것으로 해석되어 있으나, 성기철(1985a)에는 '김 선생님'이 철수를 드는 상황의 경우 {-시-}의 쓰임이 가능한 것으로 해석되어 있다. 이러한 해석의 차이는 {-시-}가 본질적으로 어떤 대상과 관련하는 요소인지를 밝히는 데 결정적인 요인이 된다 할 수 있다.

이러한 인식의 차이가 극명하게 드러나는 것이 (40나)에 대한 해석의 차이라 할 수 있다. 이러한 해석의 차이를 가져온 결정적인 것은 피동 변형을 어떻게 해석하느냐에 달린 것으로 생각된다. 성기철(1985a)의 경우 능동문에서 피동문으로 변형된 뒤에 {-시-}가 도입되는 것으로 보고 있는 데 대하여, 임홍빈(1985c)의 경우 피동 변형이란 없다는 입장에 있는 것이다. 이와 관련하여 다음 문장을 보도록 한다.

(41) 가. 너는 선생님을 붙들었다.
　　　나. 너는 선생님이 붙들리셨다.

(42) 가. $[_{FP}$ $[_{TP}$ $[_{HP}$ $[_{VP}$ $[_{TOP}$ 너는$_i]$ $[_{VP}$ $[_{KP}$ $e_i]$ $[_{V'}$ $[_{KP}$ 선생님을$]$ $[_V$ 붙들-$]]]]$ $[_H$ e$]]$ $[_T$ -었-$]]$ $[_F$ -다$]]$
　　　나. $[_{FP}$ $[_{TP}$ $[_{HP}$ $[_{VP}$ $[_{TOP}$ 너는$]$ $[_{VP}$ $[_{KP}$ 선생님이$]$ $[_V$ 붙들리-$]]]$ $[_H$ -시-$]]$ $[_T$ -었-$]]$ $[_F$ -다$]]$
　　　다. 피동문 생성
　　　　　SD : X, N_1+이, N_2+을, Vst, Y
　　　　　SC : X, N_2+이, N_1+에게, Vst+리+시, Y
　　　라. $[_{FP}$ $[_{TP}$ $[_{HP}$ $[_{VP}$ $[_{TOP}$ 너는$]$ $[_{KP}$ e$]$
　　　　　$[_{V'}$ $[_{KP}$ 고기를$]$ $[_V$ 붙들리-$]]]$ $[_H$ -시-$]]$ $[_T$ 었$]]$ $[_F$ -다$]]]$

　　　　　(명사구이동)

피동문이 능동문과 일 대 일의 대응을 보이지도 않고 능동문에서 유도된 문장도 아님은 3.3.2.에서 검토하였다. 따라서, 여기서는 필요한 것만 언급하고, 구조에 대한 자세한 설명은 피하기로 한다. (41가)는 능동문, 그리고 (41나)는 그에 대당하는 피동문이다. (42가)는 (41가)의 구조이다. 성기철(1985a)에서 가정된 피동 변형은 (42다)나 (42라)적이라 할 수 있다. 이러한 피동 변형에 입각한 성기철(1985a)에 의해 (40나)의 문장 성립은 절대로 불가한 것이다. 따라서, 그는 重主語文의 상위 주체가 그 內包被動文의 行爲主와 동일 인물인 경우에만 {-시-}가 쓰인다는 결론에 이르게 된다. 그런데, 임홍빈(1985c)에서는 피동 변형이란 그 자체가 문제가 있음을 지적하고 있다. 피동 변형은 SD(구조 기술)에서 SC(구조 변화)로 유도되기 위해서는 변형 규칙의 적용을 받아야 하는데, 조사 '이/가'나 '을/를' 또는 선어말 어미 {-시-}와 같은 의미 내용을 가지는 요소를 함부로 삭제하거나 삽입하는 일은 정당하지 못하다는 것이다. 이러한 근본 이유는 구조는 보존되어야 한다는 것이다. Emonds(1976) 참조. 국어에 피동 변형이 없는 것이라면, 그리고 구조는 보존되어야 하는 것이라면, (41나)는 (42나)의 구조로 나타내지는 것이다.

(40다)는 {-시-}와 경험주와의 관련성을 해명하기 위해 임홍빈(1985c)에서 제시된 문장이다. 성기철(1985a)에서는 형용사문에서 상위 주체와 내포문의 하위 주체가 '소유-피소유'의 관계에 있으면, {-시-}가 상위 주체와 관련하는 것으로 기술되어 있다. 그러나, (40다)는 자동사문이므로 성기철(1985a)에서 원칙적으로 배제되어야 할 문장이다. 그러나, (40다)는 임홍빈(1985c)에서 성립에 아무런 이상이 없는 것으로 받아들여져 있다. 추측컨대, 박양규(1975a)에서도 이러한 관계 구성은 경험주 논리에 의해 성립이 가능한 것으로 판단했으리라 생각된다. 3.2.3. 참조.

그러나 (40다)가 보편적인 문장은 결코 아니다. '할아버지'와 '지팡이'의 관계가 일반적으로 받아들여질 성격은 아니라고 생각되기 때문이다. 그 둘 간에 특별한 상황의 전제가 있는 경우 가능한 문장이라 할 수 있다. 항상 '지팡이'가 '할아버지'의 다리 역할을 한 경우를 의미한다. 이와 같은 상황이 상정되는 경우에 {-시-}가 쓰인다는 것이 임홍빈(1985c)의 논리인 것으로 판단된다. 그리고 이러한 한에 있어 {-시-}에 관련되는 대상은 경험주이며, 이와 같은 논의 자체가 경험 절차라는 것이다.

임홍빈(1985c)에 의하면, {-시-}가 경험주와 관련된다는 가정의 또 다른 지지는 {-시-}가 반드시 단위 문장의 주어와만 관련되지 않고, 이미 앞에서 부분적으로 검토된 주제 대상 인물 외에 목적어 대상 인물, 속격 구성의 대상 인물, 분열문의 명사구 대상 인물, 관계절의 표제 명사 대상 인물, 그리고 청자와도 관련된다는 것이다.

우선, 다음 문장을 검토하기로 한다.

    (43) 가. 이것이 아버님의 유품이시다.
         나. 어제 대문을 두드린 것은 아버님이셨다.
         다. 어제 대문을 두드리신 것은 아버님이셨다.
    (44) 가. 아버님의 손이 떨리신다.
         나. 이것이 아버님의 유언이셔.
    (45) 가. 아버님의 부르시는 소리가 들렸다.
         나. 아버님의 가시는 걸음걸이가 퍽 무거우셨다.
(이상, 임홍빈(1985c) 예 14-17)

(43가)에서 {-시-}는 '아버님'을 존대한다. 자명한 것이지만, 원칙적으로 대우법과 관련하는 언어 형식은 인물과 관련하는 형태이기 때문이다. 2.3.1. 참조. 임홍빈(1985c:307)에서는 '대우의 인물 대상 조건'으로 명시되어 있다. 이런 경우 {-시-}는 속격 대상 인물과 관련하는 것이다. (43나)와 (43다)가 문장 성립에 아무런

이상이 없다고 할 때, {-시-} 관련 대상은 '아버님'을 존대한다. 그렇다면, 이 두 문장의 차이는 무엇인지가 대두된다. 이에 대한 임홍빈(1985c)의 해석은 다음과 같다. 전자는 '두드린' 존재가 누구인지 몰랐다가 나중에 '아버님'임을 알았을 때의 표현이고, 후자는 그러한 정황이 없을 때의 표현이라는 것이다. 이를 그대로 받아들이는 경우, 전자는 {-시-} 관련 대상이 계사 앞에 오는 '아버님'만 존대하나, 후자는 의사-분열문 속의 주어인 '아버님'과 계사 앞에 오는 '아버님'을 존대하는 것이다. 이러한 표현의 차이에서 {-시-}가 어떤 정황이나 사태와 관련함을 알 수 있다.

(44가)와 (44나) 및 (43가)는 {-시-}가 소유주, 즉 속격 대상 인물과 관련되는 점에서는 같으나, (44가)에서는 {-시-}가 주어의 속격 대상 인물에 대하여 존대하는 것이지만, (44나) 및 (43가)에서는 {-시-}가 서술어의 속격 대상 인물에 대하여 존대한다는 것이 다르다. {-시-}가 주어와만 관련되지 않음을 다시 확인하게 된다. (45가, 나)는 {-시-}에 관한 문제가 온전히 문법적인, 성분과 성분의 문제로만 해결될 수 없음을 보이기 위한 문장으로 상정된 것이다. (45가, 나)의 '아버님의'가 문법상으로는 관형어이나 의미론적으로는 다른 것일 수 있음을 전제한 것이다. 따라서, {-시-}에 의한 존대는 기계적으로 문장 성분의 어떤 대상과 관련되고 안 되고 할 수는 없다는 것이다.

다음, {-시-} 관련 대상이 제약적인 문장을 살펴보기로 하자.

(46) 가. *영희가 아버님을 좋아하신다.
　　 나. *아버님을 영희가 좋아하신다.
　　 다. *아버님은 영희가 좋아하신다.
　　　　 ('아버님'을 '영희'가 좋아하는 경우)
　　 라. ?*누구나 아버님을 좋아하신다.
　　 마. ?*아버님을 누구나 좋아하신다.
　　 바. ?아버님은 누구나 좋아하신다.

('누구나'가 '아버님'을 좋아하는 경우)
(47) 가. *영희가 그분을 선각자라 하신다.
나. *그분을 영희가 선각자라 하신다.
다. *그분은 영희가 선각자라 하신다.
라. ?그분은 선각자라 하신다.
(세상 사람이 '그분'을 선각자라고 하는 경우)
(이상, 임홍빈 (1985c) 예 26-27)
(48) 가. *철수는 아버님께 선물을 드리셨다.
('아버님'을 존대하는 경우)
나. *아버님께는 철수가 선물을 드리셨다.
다. *아버님께는 누구나 호의를 드리신다.
라. 아버님께는 누구나 호의를 보이신다.
마. 아버님께는 누구나 호감을 가지신다. (임홍빈(1985c) 예31)

(46), (47)은 타동사문의 예이고, (48)은 여타 동사문이다. 그런데, 이와 같은 문장에서의 목적격 대상 인물이나 여격 대상 인물이 {-시-}에 의해 존대되는 일은 지극히 제약적이다. 그러나, 임홍빈(1985c)에서의 주장은 행동주가 '누구나'와 같은 불특정 다수의 대상이 오는 경우는 다소 성립할 가능성이 있다는 것이다. 이런 경우, '목적 대상에 대한 비존대 완화 조건'을 상정하여, 행동 중심적인 표현에 있어서, 그 행동주가 불특정 다수이고, 그 목적 대상이 주제나 주제와 유사한 성격을 가지는 성분과 관련될 때, '목적 대상에 대한 비존대 조건'은 다소 완화될 수 있다고 한다.[24] 그러나, 우리의 생각은 불특정 다수라 해도 그 중 특정한 대상에 대해 화자가 어느 정도 아는 경우에나 이와 같은 행동 중심적인 표현에서 {-시-}가 다소 쓰인다고 본다. 3.3. 참조.

그리고, {-시-}가 청자와 관련하는 것은 직관적으로도 명령법의 형태에서 확인할 수 있으므로 논의를 삼가기로 한다. 임홍빈(1985c)의 논의에서 남은 문제는 {-시-}의 어원론인데, 이는 기본적으로 박양규(1975a)적이므로 더 이상의 설명은 않기로 한다.

3.2.3. 참조.

끝으로, 임홍빈(1997)에서 상정된 {-시-}의 구조를 다음과 같이 보이도록 한다. 이 구조는 임홍빈(1985c)의 구조를 크게 수정한 것이다.

(49)

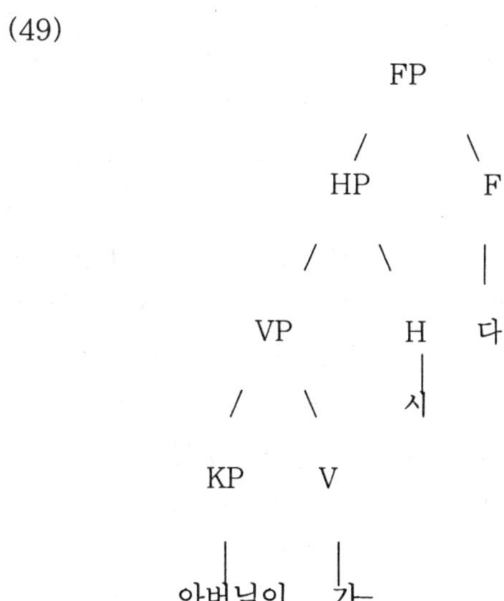

이상의 내용을 요약하면 다음과 같다. 첫째, {-시-}는 비단 주어만 관련하지 않고 주제 대상 인물, 속격 대상 인물, 계사문의 경우 계사 앞에 오는 대상 인물, 의사-분열문의 주격 대상 인물, 청자, 그리고 제약적이나 목적격 대상 인물이나 여격 대상 인물과도 관련한다. 둘째, 이와 같이 {-시-}가 특정한 문장 성분과만 관련되지 않으므로 {-시-}는 의미론적인 요소이기도 하다. 셋째, 박양규(1975a)적인 어원론에 입각하여 {-시-}는 '있다'적인 의미의 속성을 갖는데 이러한 특성을 경험이라 한다. 넷째, {-시-}가 경험의 논리를 가지는 한, 그 관련 대상은 '경험주'이다.

3.3. {-시-}와 심리적 행동주

우리는 이제까지 {-시-}에 대한 박양규(1975a)의 무정 체언이
허용되지 않는 위치에 그와 공기 제약을 같이하는 존칭 체언이 실
현됨으로써 생기는, 통사론적 파격(syntactic violation)을 해소
하는 수단, 성기철(1985a)의 몇 가지 조건에 의하기는 하나 '주
어'라 인식되는 상위 주체 혹은 하위 주체를 존대하는 요소, 그리
고 임홍빈(1985c)의 경험주 존대 요소에 대해서 검토하였다. 이
러한 가설에 이르기까지의 논의 과정에서 이들 연구는 공통점과
차이점을 갖는다. 우선, {-시-}가 타동사 구문이나 여타 동사 구문
에서보다 형용사문이나 피동사문 혹은 자동사문과 같은 경험적인
문장이나 소유-피소유 관계 구성의 문장 혹은 비분리 관계 구성의
문장에서 자연스럽게 쓰인다는 점에서 공통적이고, {-시-}가 단위
문장의 주어나 이중주어문의 상위 주어 또는 상위 주체와 관련하
는 요소라는 입장과 문장의 특정한 성분과 관련하지 않는다는 입
장에서 차이가 난다. 따라서, 이들의 논의가 우리에게 제기하는 바
는 두 가지라 할 수 있다. 하나는 국어 문장의 기본적인 구조가
이중주어 구조에 속하느냐 '주제-설명' 구조에 속하느냐 하는 것이
고, 다른 하나는 {-시-}에 관련되는 대상은 어떤 성격의 것이냐
하는 것이다.

　우리의 논의는 임홍빈(1985c)에서 제안한 (33)에서 시작한다.
편의상 여기에 다시 가져오기로 하자.

(50) 가. {-시-}에 의하여 존대의 대상이 되는 것은 비단 단위 문장의
　　　　　주어로 나타나는 인물에만 국한되는 것이 아니다.
　　나. {-시-}는 문장의 어떤 일정한 성분과 그 서술어 사이에
　　　　　성립하는, 엄격한 의미의 공기 관계 또는 호응 관계에
　　　　　의해서는 결코 만족할 만하게 설명될 수 없다.
　　다. {-시-}에 의한 존대의 대상은 어떤 문장의 명제 내용을

경험하는 인물로서, 그 인물은 상위 처격 성분으로 상정된다.
라. {-시-}에 의하여 상정되는 상위문은 所在를 뜻하는 '있다'적
인 구조를 가진다. 그것은 어떤 내용에 대한 경험이 그에
게 있음을 보이는 것이다.
마. {-시-}에 의한 존대는 원리적으로 위의 (라)와 같은 경험
절차로서, 경험 절차가 제1차적인 것이며, 존대 절차는
이러한 경험 절차를 이용하고 있을 뿐이다.
바. {-시-}를 '있다'적인 구조에 의하여 설명할 수 있는 한에
있어서 {-시-}의 어원론은 증명 된 것으로 보아도 좋다.

(50)에서는 {-시-}와 경험주 상정이라는 가정을 설정하기 위해
여섯 항목으로 나누어 검토하고 있으나, 우리 논의에서는 다음과
같이 셋으로 압축할 수 있다.

(51) 가. 국어의 문장 구조는 결코 단위 문장의 '주어-서술어' 구조나
이중 주어를 가지는 구조가 아니다.
나. {-시-}는 所在를 뜻하는 '있다'적인 구조의 처격 성분과
관련한다.
다. '있다'적인 구조의 처격 성분은 명제 내용을 경험하는 심리적
행동주이다.

(51가)는 본고의 1.2. 및 2.3.1.에서 검토한 바와 같이 국어는
담화 상황적인 특징을 갖는다는 점에서 주제 부각형 언어에 속함
을 의미한다. Li & Thompson(1976) 참조. 이러한 의미에서 임
홍빈(1976, 1985c)와 같은 입장이다. (51나)는 {-시-}가 타동사
문장이나 여타 동사 문장과는 거의 관련되지 않음과 어원적으로
중세 국어의 '시다'(=있다)와 관련됨을 나타내는데, 이러한 가정은
원리적으로 임홍빈(1976, 1985c)와 같은 입장이며, 부분적으로
박양규(1975a)의 입장과 같기도 하다. (51다)는 우리가 밝히고
자 하는 {-시-}의 본래적 기능이 심리적 행동주와 관련하는 요소
임을 의미한다. 이 점에서는 임홍빈(1985c)과 다른 것이다.

우선, {-시-}의 쓰임 분포를 검토하도록 한다. 다음은 {-시-}가 주격 대상 인물과 관련되는 문장이다.[25]

> (51) 가. *아버지가 간다.
> 나. 아버지가 가신다.
> (52) 가. ??철수 아버지가 간다.
> 나. 철수 아버지가 가신다.
> (53) 가. 할아버지, 아버지 갑니다.
> 나. *할아버지, 아버지 가십니다.
> (54) 가. ??할아버지, 철수 아버지 갑니다.
> 나. 할아버지, 철수 아버지 가십니다.

(51)의 화자가 '아버지'의 아들인 경우, {-시-}의 쓰임은 거의 절대적이라 할 수 있다.[26] 또한, (52가)에서처럼 주격 대상 인물이 화자 관련 인물이 아닌 경우에도 반드시 {-시-}가 쓰인다고는 말할 수 없다. 직관적으로 대상이 남의 '아버지'인 경우는 존대 표현이 더 잘 쓰이는 것으로 생각되는 것이다. 그러나, 대상이 남의 '아버지'인 경우라도 그 '남'이 화자와 절친한 관계이거나 이해 관계에 있거나 또는 영향 관계에 있는 인물이면, 일반적으로 {-시-}는 쓰인다고 할 수 있다. 이러한 점은 대우법이 화자를 중심으로 화자의 발화 또는 명제에 나타나는 주격 대상 인물과의 이해 관계나 영향 관계에 따라 달라질 수 있음을 뜻한다.[27] 이는 곧 {-시-}가 화자의 대상 인물에 대한 개인적인 관계와 관련된다는 것을 의미한다.

우리의 이러한 추측은 (53), (54)에서도 마찬가지이다. (53나)는 대상 인물이 모두 화자의 직계 인물로 상정된 발화이다. 이 경우 화자의 대우 의식이 유표적이지 않는 한, {-시-}의 쓰임은 전혀 불가능하다. 서정수(1984:91-92)적인 '압존법'에 위배되는 것이다. 임홍빈·장소원(1995:374)의 '청자 중심주의'에 대한 위배이기도 하다. 그렇다면 압존법의 근본 원리는 무엇인가가 문제로 제기된다. 우리는 아무런 전제 없이 청자가 가장 높은 인물이기 때문에 다른 대상 인물이 아무리 화자보다 높은 인물이라 하더라도 {-시-}를 사용할 수 없다고는 말할 수 없는 것이다. 여기서 생각해 볼 수 있는 것은 {-시-}가 무조건적으로 대상 인물을 높이는 기능을 갖지는 않는다는 것이다. {-시-}는 화자의 심리 속에 대상 인물에 대한 자기와의 이해 관계나 영향 관계가 상정되는 경우에 쓰이는 것이다. {-시-}의 쓰임이 이렇다 하는 경우, (53나)가 성립할 수 없는 것은 자명하다 할 것이다. 거의 그러한 일은 없지만, 특별한 경우를 제외하고[28] 대상 '할아버지'가 화자의 심리 속에 자기와의 이해 관계나 영향 관계가 가장 큰 집안의 어른이기 때문이다.

이와 같이 {-시-}가 화자의 대상 인물에 대한 특별한 의식과 관련한다는 것은 (54나)의 문장 성립이 가능한 것에서 찾을 수 있다. (54)에서, 최상위자 청자는 화자의 직계 인물이지만 명제에 나타나는 주격 대상 인물은 직계 인물이 아닌 경우 오히려 (54가)적인 표현보다 (54나)적인 표현이 더 잘 쓰이는 것이 그러하다. 이러한 차이는 어디에서 오는 것인가? 우리의 해석은 이렇다. '철수 아버지'에 대한 화자의 특별한 관계가 작용하였다고 보는 것이다. 某種의 일로 늘 '철수 아버지'에게 고마움을 느끼는 화자의 심리 작용을 말한다. 이를 우리는 다음과 같이 정리하도록 한다.

(55) 청자 최상위 조건
    (1) 청자와 명제에 나타나는 주격 대상 인물이 화자의 직계에 속하는 인물인 경우 그 대상 인물이 화자의 존대 대상 인물이라 하더라도 그 대상 인물에 대해 존대 표현은 쓰이지 않는다.
    (2) 청자는 화자의 직계에 속하는 인물이지만 명제에 나타나는 주격 대상 인물은 화자의 직계에 속하는 인물이 아닌 경우 그 대상 인물에 대한 존대 표현은 두 양상으로 나타난다. 화자의 의식에서 존대 대상 인물로 인식되는 경우는 존대

표현이 쓰이는 것이나 그렇게 인식되지 않은 경우는 반드
시 존대 표현이 쓰이는 것은 아니다.

(55-1)은 기존의 압존법의 내용이다. 그러나 압존법만으로는
{-시-}의 본질을 규명하기란 어렵다고 판단되어 (55-2)의 경우를
상정하였다. (55-2)로는 예의 (54나)와 같은 자연스러운 표현을
해석할 수 있는 것이다. 특히, (55-2)적인 대우 표현은 일반적인
발화가 아니라는 점에서 다소 규범성에서 벗어나는 것으로 이해되
기도 한다. 이러한 점에서 (55-2)적인 표현은 실제적인 발화나 담
화에서 훨씬 더 잘 나타나는 대우 현상이라 할 수 있다. 7장 참조.
　이와 같이 {-시-}가 대상 인물에 대한 화자의 특별한 심리 작용
과 관련한다는 것은 다음 문장에서도 마찬가지이다.

　(56) 가. ??*사장이 돌아온다.
　　　 나. 사장님이 돌아오신다.
　(57) 가. 김 사장이 돌아온다.
　　　 나. 김 사장님이 돌아오신다.

　사회 통념상, 규범적으로 쓰이는 발화로 (56가)는 거의 성립하
지 않는다. 일반적으로 '사장'이란 대상은 부하 직원을 음·양으로
돕는 존재로 인식되기 때문이다. 이러한 의미에서 (56나)가 정상
적이고 규범적인 표현인 것이다. 따라서, 이와 같이 정상적이고 규
범적인 표현은 화자의 대상 인물에 대한 이해 관계나 영향 관계가
당연히 주어져 있음을 전제한 표현이라 할 수 있다. 이렇게 전제
되는 표현의 경우 {-시-}는 절대적으로 쓰이는 것이다. 그런데, 화
자의 대상 인물에 대한 그러한 전제된 믿음이 없거나 없는 것으로
예상되는 경우 {-시-}가 쓰이지 않은 (57가)적인 표현도 가능한
것으로 생각된다. 한 예로 문제의 '김 사장'이 화자의 채무자인 경
우가 그러하다. '김 사장'은 화자의 심리 속에 응징의 대상으로 그
려져 있는 것이다.

따라서, {-시-}의 쓰임은 대상 인물에 대한 화자의 심리 작용이 어떠하냐에 따라 달라진다. 이러한 경향은 특히 대상 인물이 화자 관련 인물이 아닌 경우에 더욱 심하게 나타나는 것인데, 이는 전적으로 화자 개인과 대상 인물과의 관계에서 비롯된다.[29] 이를 잠정적으로 다음과 같이 정리하도록 한다.

> (58) {-시-}의 쓰임 기능(1)
> 주격 대상 인물이 존대 대상 인물인 경우 {-시-}의 쓰임은 두 모습으로 나타난다. 대상 인물이 화자의 직계 인물인 경우는 반드시 {-시-}가 쓰이는 것이 그 하나이고, 다른 하나는 직계 인물이 아닌 경우는 대상 인물에 대한 화자의 심리 작용이 어떠하냐에 따라 {-시-}가 쓰이기도 하고 쓰이지 않기도 한다.

{-시-}의 쓰임 기능이 (58)과 같다 하는 경우, 다음 문장을 검토하여 이를 확인하기로 한다.

> (59) 가. *아버지는 영희가 술래다.
> 　　　나. 아버지는 영희가 술래이시다.
> (60) 가. 철수 아버지는 철수가 술래다.
> 　　　나. 철수 아버지는 철수가 술래이시다.
> (61) 가. *아버지는 만원 짜리가 당첨되었다.
> 　　　나. 아버지는 만원 짜리가 당첨되셨다.
> (62) 가. 철수 아버지는 만원 짜리가 당첨되었다.
> 　　　나. 철수 아버지는 만원 짜리가 당첨되셨다.
> (63) [FP [TP [HP [VP [TOP NP] [VP [KP NP] [V V]]] [H -시-]] [T -느-]] [F -다]]

예의 (59-60)은 계사 구성이고, (61-62)는 발화 상황적인 문장이며, (63)은 국어 문장의 기본적인 구조이다. (59-62)의 구조가 (63)이라고 하는 경우, 동사구-내포 주어 성분 앞에 오는 명사구는 주제이다. (59가)가 성립되지 못하는 것은, 주제 대상 인물

'아버지'가 화자의 자기 관련 인물이 아니기 때문이다. (59나)가
자연스러운 것이 이를 입증해 준다. 이 경우 화자에게 영향을 미
치거나 혜택을 베푸는 대상으로서 '아버지'는 절대적인 존재이다.
이에 대한 성기철(1985a)적인 해석을 원용하면 상위 주체 '아버
지'가 내포문, 즉 '영희가 술래이다'의 소유주 또는 경험주이므로
가능한 표현이라고 할 수 있다. 이러한 해석을 면밀히 관찰하면
{-시-}에는 명제 '영희가 술래이다'가 상위 주체 '아버지'에 소유되
거나 경험된 내용과 관련된다는 사실을 이해하게 되는 것이다. 바
로 이것이 {-시-}의 본질인 것이다. {-시-}가 '있다'적인 의미의 속
성을 얼마간 가지는 것이라면, {-시-}에는 '누구에게 무엇이 주어
져 있다'와 같은 의미로 해석될 수 있는 것이다. 이 때 '누구'는 다
름 아닌 화자에 영향을 주거나 혜택을 주는 대상이라 할 수 있다.
이와 같이 성기철(1985a)적인 해석을 원용하더라도 {-시-}에 대
한 기능은 얼마간 해명되는 것인데, 성기철(1985a)에서는 이와
같은 현상에 주목하였음에도 불구하고 이중주어문의 구조에 맞춰
{-시-}를 해명하려 한 것이다.

　한편, 주제 대상 인물이 '남'인 경우의 (60)에서, (60가)적인 표
현이나 (60나)적인 표현이 모두 가능한 것으로 이해된다. 물론,
화자와 대상 인물의 관계가 주어진 것으로 전제되는 경우의 표현
은 (60나)가 바람직한 표현이다. 그러나, 그렇지 않은 경우에는
(60가)적인 표현도 전적으로 배제되지 않는다고 판단된다. {-시-}
가 그와 같은 작용을 하는 것으로 생각하기 때문이다. 이와 같이
(59가)와 (59나), (60가)와 (60나)에서의 {-시-} 관련 현상은
(61가)와 (61나), (62가)와 (62나)의 관계에도 그대로 적용된
다. 따라서, {-시-}는 일단 특정한 문장 성분과는 별로 관련되는
형태는 아니라고 할 수 있다.

　다음의 예를 검토하기로 한다.

(63) 〔FP 〔TP 〔HP 〔VP 〔TOP NP〕 〔VP 〔KP NP〕 〔V V〕〕〕 〔H -시-〕
　　　〔T -느-〕〕 〔F -다〕〕

(64) 가. 아버지가 가신다.
　　　나. 아버지는 가신다.

(65) 가. 아버지는 왼팔이 저리시다.
　　　나. 아버지는 마음이 너그러우시다.

(66) 가. 〔FP 〔HP 〔VP 〔TOP 아버지는〕 〔VP 〔KP 왼팔이〕 〔V 저리-〕〕〕
　　　〔H -시-〕〕 〔F -다〕〕

　　　나. 〔FP 〔HP 〔VP 〔TOP 아버지는〕 〔VP 〔KP 마음이〕 〔V 너그러
　　　우 -〕〕〕 〔H -시-〕〕 〔F -다〕〕

　(63)은 우리가 가정한 국어 문장의 기본적인 구조이다. 다만, (64-65)는 타동사문이 아니므로 편의상 'V″'는 상정하지 않는다. 이제 이 구조를 (65)에 적용해 보자. (65가, 나)는 (63)의 'TOP'과 'KP'에 대응하는 명사구를 가지고 있다.[30] '아버지'는 'TOP'이고 '왼팔이'와 '마음이'는 'KP'이다. 그 결과 생성된 구조는 (66가)와 (66나)이다. 여기서 우리는 엄연한 한 사실을 전제한다. {-시-}가 'V'(=동사나 서술어)와 분리되어 'H'(='존경' 선어말 어미)라는 한 범주로 상정하는 것이다.[31] 이와 같이 {-시-}가 독립적인 범주로 취급되어야만 하는 근본적인 이유가 {-시-}가 반드시 주격 대상하고만 관련하는 것이 아니라 다른 대상과도 관련하는 것이 국어의 일반적인 현상이라는 사실에 있다. 가령, (65가)의 서술어 '저리다'는 그 관련 주어로 동사구-내적 주어 '왼팔'을 관련시키는 것이지 그에 선행하는 '아버지'를 관련시키지는 않는다. 이러한 해석에 따르면, {-시-}는 마땅히 용언의 활용형에서 분리되어 독립적인 한 범주로 나타나야만 할 뿐 아니라, 그 관련 대상으로 반드시 문장의 주어와만 관련하지 않는다고 해야 할 것이다. (65가)에서는 {-시-}가 '아버지'와 관련하는 것이며, '아버지'가 상위 주체나 큰임자말이 아닌 한, 주제라 할 수 있다.
　그러나, 문제는 이것으로 다 해소되는 것은 아니다. 주제를 인

정하지 않는 입장에서는 (65)에서 '아버지'와 '왼팔', 그리고 '아버지'와 '마음'의 관계가 비분리 관계에 있거나(박양규(1975a) 참조) 소유주 또는 경험주의 관계가 있으므로(성기철(1985a) 참조) {-시-}의 쓰임이 자연스러운 것이지 주제를 높이는 것은 아니라는 것이다. 여전히 중주어문이 국어 문장의 한 특징이라는 입장에 서 있는 것이다. 이에 대하여 임홍빈(1985c)에서는 {-시-}와 관련하는 '某種의 사건'과 {-시-}의 어원이 중세 국어 '시다'에 있는 점에 주목하여 {-시-}와 관련하는 대상을 명제의 내용을 경험하는 경험주로 상정하는 것이다.

그러나, 우리의 생각은 이렇다. 우선 이제까지의 논의에서 살펴본 것처럼 국어 문장의 구조는 별다른 대안이 없는 한 '주제-설명' 구조라 보아야 온당하다는 것이다. 이러한 점에서 박양규(1975a), 성기철(1985a)에서 가정된 이중주어문은 받아들일 수 없는 것이다. 둘째, 그러한 입장에 있다 하더라도 {-시-}가 '경험주' 존대 기능이라는 임홍빈(1985c)의 견해도 그대로는 받아들일 수 없는 것이다. 그 이유는 다음과 같다. 첫째, {-시-}가 일반적으로 피동문의 경험주와 잘 호응하기는 하지만, 그 때의 경험주는 반드시 높임 대상만은 아니라는 것이다. 가령, '철수가 붙잡혔다'와 같은 문장에서 '철수'도 '경험주'임이 분명한데 {-시-}의 호응을 전혀 받지 못하는 것이다. 둘째, '경험주'라는 의미를 확대하는 경우, {-시-}의 쓰임이 지극히 제약적인 타동사 문장이나 여타 동사 문장의 주격 대상 인물도 의미적으로는 명제의 내용을 경험하는 대상으로 해석할 수도 있는 것이다. 이러한 의미를 고려하여 우리는 {-시-}가 관련하는 대상은 '심리적 행동주'로 상정한다. 우리가 생각하기에 '심리적 행동주'란 말에는 이미 '경험주'의 의미를 내포하는 것으로 생각한다. {-시-}가 심리적 행동주와 관련하는 요소라 가정하는 경우 (65나)의 '아버지'는 '모종의 사건'을 겪는 대상으로 해석되기보다 심리적으로 명제의 내용을 행동하는 대상으로 해석되는 것이다.

이러한 가정에 입각할 때 (64가)와 (64나)는 다음과 같은 구조
의 차이를 갖는다.

(67) 가. [FP [TP [HP [VP [TOP e_i] [VP [KP 아버지가_i] [V 가]]]
      [H -시-]] [T -느-]] [F -다]]
  나. [FP [TP [HP [VP [TOP 아버지는_i] [VP [KP e_i] [V 가]]]
      [H -시-]] [T -느-]] [F -다]]

(67가)에서 주제는 공-범주로 주어와 동지표 관계에 있고, (67나)
에서 주어는 공-범주로 주제와 동지표 관계에 있다. 이에 대해서는
별다른 설명이 필요 없다. 이러한 구조가 밝혀지기 전까지는 주어
와 주제가 至近의 거리에 있는 것이다. 그러나 그 구조의 차이만
큼 의미적 차이도 있다. (67가)의 '아버지'는 심리적 행동주
(mental agent)의 모습이 감추어진 상태로 행위의 행동주(action
agent)로서 표면에 나타나 있는 대상이라면, (67나)의 아버지는
행위의 행동주(action agent)의 모습이 감추어진 상태로 심리적
행동주(mental agent)로서 표면에 나타나 있는 대상이라 해석할
수 있을 것이다. 이렇게 보면, 주어 자리나 주제 자리는 명제 내용
을 심리적으로 경험하는 대상이 오기에 가장 적합한 자리로 해석
될 수도 있다. 그러나, 주격 대상 인물이나 주제 대상 인물이 곧
심리적 행동주라고는 말할 수 없다.
　다음 문장을 검토하기로 한다.

(68) 가. 김 선생님은 철수가 문제를 해결하였다.
　　　나. *김 선생님은 철수가 문제를 해결하셨다.
(이상 3.2.2. 예 13)
(69) 가. 아버지는 영희가 문제를 해결하였다.
　　　나. ?아버지는 영희가 문제를 해결하셨다.

(68), (69)는 3.2.2.의 예 (13)에서 다루어진 것인데(성기철 (1985a:85)의 예(117)), 타동사 구문에서{-시-}가 어떻게 쓰이는지를 나타내는 문장이다. 먼저 (69)부터 보기로 하자. 일반적으로 (69나)보다는 (69가)가 더 자연스러운 발화이거나 문장이다. 이러한 경향은 타동사 구문 전반에 걸쳐 나타나는 현상이다. 여기서 우리는 타동사 구문에서의 {-시-}의 쓰임은 제약적임을 알 수 있다. 성기철(1985a)에서 전적으로 부정되는 이유도 이러한 데 있는 것이다.

그런데, 우리는 (69나)가 전적으로 부정되는 문장은 아니라고 본다. 다음과 같은 경우에는 성립의 여지를 갖는 것이다. 화자가 어떤 상황을 인지하고 있을 때, 즉 화자의 의도가 유표적일 때는 가능하다고 생각한다. 가령, 화자가 소설가가 작품의 주인공의 마음속을 넘나드는 것과 같은 심리 작용으로 어떤 문제의 해결에 대해 고심하는 '아버지'의 마음을 넘나드는 경우에는 가능한 것이다. '영희'로 하여금 某種의 문제를 해결하게 하는 '아버지'의 애쓰시는 모습을 줄곧 지켜 본 화자의 '아버지'에 대한 대우 의식이 그것이다. 여기서 '영희로 하여금 某種의 문제를 해결하게 하는 아버지의 애쓰시는 모습'이 바로 우리가 상정하고 있는 '심리적 행동주'로서의 '아버지'의 행위라는 것이다. 임홍빈(1985c:312)의 '행동 중심적인 표현'에서 '視點(point of view)의 移動'이나 '감정 이입'(empathy)이 작용한다는 해석과 유사하다. 그러나, 이와 같은 행동 중심적인 표현에서의 {-시-}의 쓰임은 특별한 화자의 의식이 주어지지 않는 한, 일반적으로는 잘 쓰이지 않는다.

(69)에 대해서 대상 인물이 모두 화자 관련 인물임을 전제하였다. 그러나, 대상 인물이 모두 화자 관련 인물이 아닌 경우는 {-시-}의 쓰임이 더 제약적이다. (68나)의 성립이 다소 의심스러운 것도 그러한 이유에서다. 화자가 자기 관련 대상 '아버지'에 대해서는, 그의 생각이나 능력, 또는 재력이나 인격, 등등에 대해서 이미 많은 양의 정보를 갖고 있기 때문에 이러한 구문에서 {-시-}의 쓰임이

어느 정도 가능하지만, 대상이 '남'인 경우는 그에 대해 이와 같은 정보를 알기가 어렵기 때문에 {-시-}의 쓰임이 더 제약적인 것은 어쩌면 당연한 일일는지 모른다. 그러나 화자가 자기 관련 대상에 대해 알고 있는 정도의 '앎'이 '남'에게도 통용된다면, (68나)의 성립도 전적으로 부정되지는 않는 것으로 생각된다.

이와 같이 타동사문과 같은 행동 중심적인 표현의 문장에서는 대상에 대한 화자의 특별한 심리 작용이 주어지지 않는 한, {-시-}의 쓰임은 거의 불가하다는 것을[32] (58)에 반영하여 (70)과 같이 수정하기로 한다.

(70) (수정된) {-시-}의 쓰임 기능(2)
{-시-}는 일반적으로 주격 대상 인물을 존대하며 또한 주제 대상인물을 존대하기도 하나, 특히 행동성을 문제 삼는 타동사 구문에서는 화자의 특별한 심리 작용 없이는 쓰임에 심한 제약을 받는다.

타동사 구문에서와 마찬가지로 화자의 특별한 심리적 작용 없이는 {-시-}의 쓰임이 제약적인 다른 예도 있다. 다음 문장을 검토하기로 한다.

(71) 가. 아버님께는 누구나 호의를 보인다.
나. ?아버님께는 누구나 호의를 보이신다.
(임홍빈(1985c:318-319), 예 31')
다. 아버님께는 누구나 당신에게 호의를 보이신다.
(임홍빈(1985c:318-319), 예 31')
(72) 가. (세상 사람이) 그분은 선각자라 한다.
나. (세상 사람이) ?그분은 선각자라 하신다.
(임홍빈(1985c:315), 예 27-마)

(71-72)는 3.2.4.에서 검토된 예이다. (71)의 경우 임홍빈

(1985c)에서는 '드리다'의 예도 상정하고 있으나, 여기서는 제외
하기로 한다. '드리다'의 경우에는 '보이다'의 경우에 비해 거의 성
립하지 않는 것으로 생각되기 때문이다. '보이다'가 '드리다'의 의미
를 어느 정도 가지는지는 분명치 않다. 다만, 우리는 임홍빈
(1985c)의 논리에 따라 '보이다'가 진정한 의미의 여타 동사라 전
제하고 그 구문에서의 여격 대상 인물과 {-시-}가 얼마나 호응을
잘 하는지에 대해 검토한다.

(71)은 타동사문에서 {-시-}의 쓰임이 제약적인 것처럼 여타
동사문에서도 마찬가지임을 나타낸다. 그런데, 이러한 제약은 여타
동사문의 구조적 특성에서 오는 것으로 여겨진다. 일반적으로 여
타 동사문에는 둘 이상의 존대 대상 인물이 나타나기 때문이다.

다음의 문장을 살펴본다.

(73) 가. 철수가 아버님께 용돈을 드렸다.
     나. *철수가 아버님께 용돈을 드리셨다.
(74) 가. ??*아버지가 철수에게 용돈을 주었다.
     나. 아버지가 철수에게 용돈을 주셨다.
(75) 가. 누구나 아버님께 문안을 여쭙는다.
     나. ??누구나 아버님께 문안을 여쭈신다.
(76) 가. 아버님께는 누구나 문안을 여쭙는다.
     나. ?아버님께는 누구나 문안을 여쭈신다.
     다. ??*아버지에게는 누구나 문안을 여쭈신다.

예 (73)-(76)은 임홍빈(1985c)에서 든 예와 아주 흡사한 것이
다. 전형적인 여타 동사 구문 (73나)와 (74가)가 전혀 성립할 수
없는 것은 자명하다. {-시-}와 객체 높임 동사가 잘못 쓰였기 때
문이다. 그런데, 문장 성립에 대한 우리의 판단이 틀리지 않는다
면, 예의 (75나)는 다소 미묘해 보인다. (75나)가 성립의 여지를
보이는 것이다. 이러한 현상을 어떻게 설명할 수 있을까? 우리는
일단 주어 성분 '누구나'에 주목하기로 하자. 여기서 우리는 한번쯤

이제까지 논의된 바를 상기해 볼 필요가 있다. 즉, {-시-}는 화자와 직접 관련되는 대상 인물에는 자연스럽게 쓰이지만, 그렇지 않은 대상 인물에는 화자의 특별한 심리 작용이 없으면 거의 쓰이지 못한다는 것이다. 바로 이러한 우리의 논리에 '누구나'가 저촉되는 것이다. '누구나'는 말 그대로 대상이 누구인지 불투명하기 때문이다. 임홍빈(1985c:318)에서는 이를 '불특정 다수'라 하였다. 이 점에서 우리의 인식과 같다고 본다. 그러나, 해석에는 차이가 있는 것이다. 우리는 '불특정 다수'를 인정하나 화자와 '불특정 다수'와의 심리적인 관계를 설정하는 것이다. 화자는 그의 정신적 혹은 심리적 의식 속에서 '누구나'에서 그야말로 특정한 '누구'를 열심히 찾는 상태에 놓이는 것이라 할 수도 있다. 그런데 불특정 다수의 '누구나'에서 특정한 '누구'가 화자의 의식에 투영되어 있다면, 이러한 경우에 한해 문장의 성립은 가능해지는 것이다. 바로 그러한 경우가 (75나)를 다소 성립의 여지를 갖게 하는 것이다.

그러나, 이러한 화자의 대상에 대한 심리 작용만으로 (75나)의 성립성이 모두 해명되는 것은 아니다. (76나)를 살펴보도록 하자. 이와 같은 성립의 어려움이 있어 보이는 (75나)에 비해 (76나)는 훨씬 자연스러워 보인다. 이러한 현상에 대해 이미 앞에서 언급하였지만, 그것은 전적으로 성분의 자리(position)에 있는 것이다. (75나)가 지극히 어려운 성립을 보이는 것은 {-시-} 관련 대상이 여격 성분 본래의 자리에 있기 때문이지만, (76나)가 다소 자연스러운 것은 그 관련 대상이 문두 자리에 나타나기 때문이다. 문두 자리가 동사구-내적 주어에 선행하는 자리라 한다면, 그 속성은 주제의 성격과 아주 흡사한 것이다. 만약 이러한 해석이 옳은 것이라면, 예의 (71나)도 {-시-}의 쓰임이 가능하다고 생각한다. 더구나 '께'로 높임을 받은 대상이라면 {-시-}의 쓰임이 부자연스럽게 느껴지지는 않는 것이다. (76다)가 거의 성립할 수 없어 보이는 것이 이를 지지해 준다.

　　이제 우리는 이러한 해석을 (71나)에 적용하기로 한다. (71나)가 다소 성립의 가능성을 갖는 것은 자명한 것이다. 주제의 성격, 문두 자리의 위치성, 그리고 '께'의 쓰임 같은 복합적인 요인에서 찾을 수 있다. 그런데, 임홍빈(1985c:319)에서는 이러한 성립의 여지가 동사의 행동성의 약화에서 오는 것으로 설명되어 있다. 이를 뒷받침하기 위해 그는 재귀사 '당신'을 포함시킨 (71다)를 상정하고 있다. 재귀사 '당신'은 경험적인 표현의 어휘이기 때문에 이를 포함한 문장은 성립이 가능하다는 것이다. 이러한 임홍빈(1985c:319)의 해석은 주목된다. '*아버님께는 철수가 용돈을 드리셨다'가 여전히 불가한 점을 통해서 '드리다'는 '보이다'보다 행동성이 강한 의미를 지닌 것으로 판단되기 때문이다. 그러나, 우리가 추측하기엔 행동성 정도의 강·약보다는 외적 행위를 문제 삼는 의미적 속성을 가지느냐 내적 행위를 문제 삼는 의미적 속성을 가지느냐에 달린 것으로 보인다. 동사 '드리다'는 목적 대상을 여격 대상에게 건네는 행위가 거의 구체성을 띠는 것이나, 동사 '보이다'는 거의 그러한 구체성을 띠지 않는다. 임홍빈(1985c)의 '행동성 약화'라는 것도 따지고 보면 이러한 미묘한 의미 차이에서 온다고 추측된다. 따라서, {-시-}가 '있다'적인 의미 속성을 갖는 것이라면, 이 경우 의미 속성은 심리적인 상태의 '있다'적인 것이다. 우리가 {-시-}가 심리적 행동주와 관련한다고 보는 것도 바로 이러한 점에 근거한다.

　　{-시-}의 의미 속성이 심리적인 상태의 '있다'적인 것이라 하는 경우, {-시-}가 목적격 대상 인물과 관련하는 (72)에도 이러한 해석의 적용이 가능하다고 본다. (72나)는 구조적으로 상위문의 목적어 성분이 주제화 된 구조인데 성립에 어려움이 따른다. 그러나, (72나)가 (75나)보다 얼마간 성립의 여지를 갖는 것이라면, 이는 곧 (71나)적인 해석에 따르는 것이다. 화자의 의식이 모든 '세상 사람들'에 작용할 수 없는 경우라 하더라도 주제의 성격, 문두 자

리의 위치성, 그리고 '분'에 의한 높임 같은 복합적 요인과 '그분=
선각자'라는 계사문의 특성 및 {-시-}의 심리적인 상태의 '있다'적
인 의미 속성이 성립의 중요한 요인으로 작용한 것이다.

{-시-}는 다음과 같은 문장에서도 그 쓰임이 가능하다.

    (77) 가. 이것이 김 화백의 유작이다.
        나. 이것이 김 화백의 유작이시다.
    (78) 가. 어제 월담한 사람이 아버지야.
        나. 어제 월담한 사람이 아버지셔.
    (79) 가. *그 일을 할 작은아버지를 누군가가 열심히 찾고 있는 것
           같애.
        나. 그 일을 하실 작은아버지를 누군가가 열심히 찾고 있는 것
           같애.
    (80) 가. 할아버지, 그대로 앉아 계십시오.
        나. 할아버지, 그대로 앉아 계시옵시오.

예 (77)-(79)는 임홍빈(1985c)에서 제시된 예와 같은 것이다.
(77)은 계사문 서술어의 속격 대상 인물과 {-시-}, (78)은 분열문
(cleft-sentence)의 명사구 대상 인물과 {-시-}, (79)는 관형절의
표제 명사(head noun)와 {-시-}, 그리고 (80)은 청자와 {-시-}의
관련을 각각 나타내는 문장이다. 3.2.4. 및 임홍빈(1985c) 참조.

(77나)는 화자의 특별한 대우 의식이 '김 화백'에게 주어지는 경
우, 즉 평소에 '김 화백'과 자기와의 어떤 관계가 심리적으로 작용하
는 경우 성립에 아무런 문제가 없다. 이러한 화자의 심리적 작용은
(78)에도 그대로 적용된다. 임홍빈(1985c:309)적으로 월담한 사
람이 누구인지 확인한 뒤에 '아버지'임을 알았을 때 가능한 것이다.
{-시-}가 심리적인 상태의 '있다'적인 의미 속성을 가짐을 나타낸다
고 할 수 있다. (80)은 거의 논의의 필요성을 느끼지 않는다. 명령
법이라는 서법상의 특성으로 청자와 관련되는 {-시-}의 쓰임은 자
연스럽기 때문이다. (79나)는 대상 인물 '작은아버지'가 관형절의

주어 성분이면서 상위문의 목적어 성분이 표제 명사로 나타난 것인데, 이에도 {-시-}는 자연스럽게 관련된다. 표제 명사(head noun)는 의미적으로 얼마간 주제와 통하는 것으로 생각된다.

이상의 논의에서 우리는 두 가지 면에 대해 검토하였다. 하나는 {-시-}의 쓰임 분포이고, 다른 하나는 그 기능이다. 전자와 관련해서는 {-시-}가 주격 대상 인물, 주제 대상 인물, 속격 대상 인물, 청자, 계사문 서술어의 명사구 대상 인물, 관형절의 표제 명사구 대상 인물, 심지어는 그 관련이 극히 제약적이나 목적격 대상 인물이나 여격 대상 인물과도 관련함을 보았다. 그리고, {-시-}는 이들 대상 인물의 성격이 어떠하냐에 따라 그 쓰임의 차이를 가짐도 보았다. 후자와 관련해서는 {-시-}가 심리적인 상태의 '있다'적인 의미 속성을 가짐을 보았다. 이를 (70)에 반영하여 {-시-}의 쓰임 기능을 정리하면 다음과 같다.

(81) (수정)된 {-시-}의 쓰임 기능(3)
　　　심리적인 상태의 '있다'적인 의미 속성을 가지는 {-시-}는 일반적으로 주격 대상 인물, 주제 대상 인물, 속격 대상 인물, 청자, 계사문 서술어의 명사구 대상 인물, 관형절의 표제 명사구 대상 인물 심지어는 그 관련이 극히 제약적이나 목적격 대상 인물이나 여격 대상 인물과도 관련한다.

이러한 경우 남는 문제는 {-시-}의 심리적인 상태의 '있다'적인 의미 속성과 관련하는 모든 대상 인물을 어떻게 하나의 이름으로 나타내느냐 하는 것이다. 여기서 우리는 {-시-}의 의미 속성을 고려하여 그 관련 대상을 심리적인 행동주로 가정한다. 여기서 우리는 (67)의 구조를 여기에 다시 가져오도록 한다.

(67) 가. [FP [TP [HP [VP [TOP ei] [VP [KP 아버지가i] [V 가-]]] [H -시-]] [T -느-]] [F -다]]
　　　나. [FP [TP [HP [VP [TOP 아버지는i] [VP [KP ei] [V 가-]]]

$[_H$ -시-$]]$ $[_T$ -느-$]]$ $[_F$ -다$]]$

　(67가)에서 주제는 공-범주로 주어와 동지표 관계에 있고, (67나)에서 주어는 공-범주로 주제와 동지표 관계에 있다. 이와 같이 주어와 주제가 至近의 거리에 있지만 그 구조의 차이가 있다면 또한 그 의미의 차도 있는 것이다. 즉, (67가)의 '아버지'는 심리적 행동주(mental agent)의 모습이 감추어진 상태로 행위의 행동주(action agent)로서 표면에 나타나 있는 대상이라 한다면, (67나)의 아버지는 행위의 행동주(action agent)의 모습이 감추어진 상태로 심리적 행동주(mental agent)로서 표면에 나타나 있는 대상이라 할 수 있다. 이러한 논리가 유효하다면, {-시-} 관련 대상은 언제나 심리적 행동주로 나타난다고 해석해도 크게 무리하지 않다고 생각한다. 따라서, 우리는 {-시-}가 심리적 행동주를 높이는 기능을 담당하는 형태라 가정한다. 다음은 그와 같은 해석을 바탕으로 {-시-}의 구조를 나타낸 것이다.

　(82) {-시-}의 구조적 특징

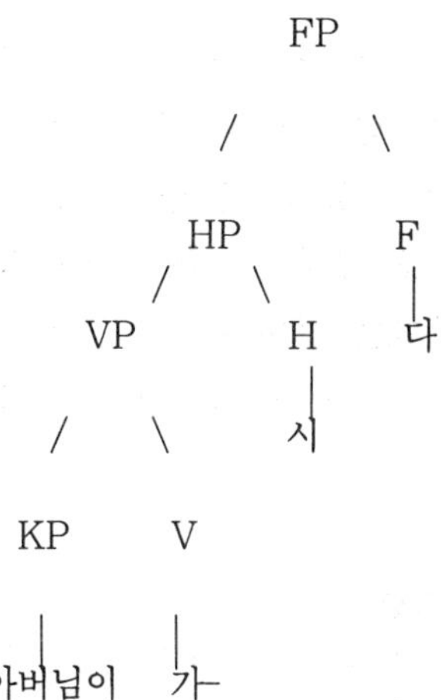

(82)에서 {-시-}와 심리적 행동주와의 관련성만 다시 여기에
가져오면 다음과 같다.

(83)

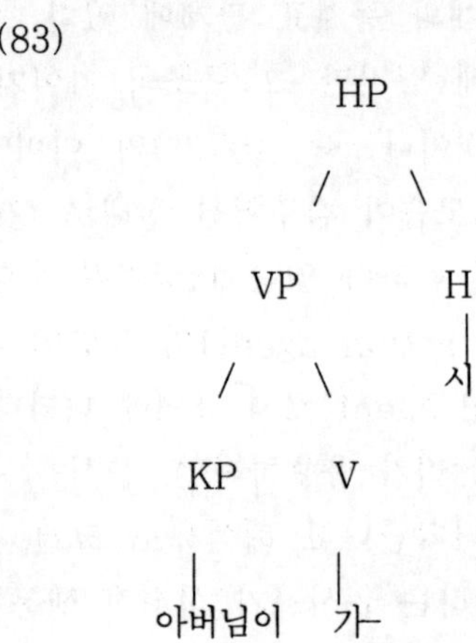

(83)은 심리적 행동주(mental agent)의 모습이 감추어진 상태
로 행위의 행동주(action agent)로서 표면에 나타난 문장인데,
{-시-}가 (수정)된 {-시-}의 쓰임 기능(81)에서와 같이 주격 대상
인물, 주제 대상 인물, 속격 대상 인물, 청자, 계사문 서술어의 명
사구 대상 인물, 관형절의 표제 명사구 대상 인물 심지어는 그 관
련이 극히 제약적이나 목적격 대상 인물이나 여격 대상 인물과도
관련하는 점을 고려하면, 그 관련 대상이 곧 심리적인 행동주의
기능을 담당하는 것으로 해석할 수도 있다. 따라서, 심리적인 행동
주는 특정한 문장 성분과는 차별화되는 것이다.

끝으로, 이러한 {-시-}의 의미 기능을 다음과 같이 정리하여 결
론으로 삼는다.

(84) 최종 수정된 {-시-}의 쓰임 기능
심리적인 상태의 '있다'적인 의미 속성을 가지는 {-시-}는 심리
적 행동주를 높이는 기능을 갖는다.

3.4. 정리

{-시-}의 기능에 대한 논의는 다양하다. 그러나, 크게 두 입장이 있다. 하나는 주어와 관련한다는 입장이고, 다른 하나는 경험주와 관련한다는 입장이다. 첫 번째 입장은 다시 주어와만 관련한다는 입장이 있고, 상위 주체나 하위 주체와 관련한다는 입장도 있다.

이러한 입장의 차이는 국어 문장의 기본적인 구조가 무엇이냐에 의한 것이다. 첫 번째 입장은 대체로 국어에는 이중 주어가 있다는 가설에 입각하는 것이고, 두 번째 입장은 국어에는 주제가 있다는 가설에 입각하는 것이다.

본고는 후자의 입장에 입각하였다. 그 근거는 국어는 '주제 부각형 언어'에 속하며, 이러한 의미에서 담화-중심적인 언어라는 점에 두고 있다. 특히 국어가 주제가 발달한 언어라 가정하는 경우, 서술어의 선택 제약이나 하나의 서술어는 단 하나의 주어와만 관련한다는 원리는 국어 문장의 기본적인 구조를 밝히는 데 유익한 것이다.

{-시-}가 주어나 상위 주체 혹은 하위 주체와 관련된다는 논의에도 얼마간 진실은 있다. {-시-}의 쓰임을 특히 피동문, 형용사문, 또는 자동사문에서 두 명사구의 기능이나 관계가 경험주, 소유-피소유, 비분리 관계로 설명하고 있기 때문이다. 반면에, {-시-}가 경험주와 관련된다는 논의는 {-시-}의 쓰임 분포를 기초로 {-시-}가 비단 주격 대상 인물만 관련되는 것이 아니라 주제 대상 인물, 속격의 대상 인물, 청자, 계사문 서술어의 명사구 대상 인물, 관형절의 표제 명사구 대상 인물, 심지어는 극히 제약적인 목적격 대상 인물, 그리고 여격 대상 인물과도 관련하는 점과 {-시-}의 어원이 중세 국어 '시다'와 관련하는 점을 중시하여 경험주를 상위문에 상정하는 것으로 설명하고 있다.

　그런데, 본고는 원리적으로 경험주의 논리와 같으나, 명명에 차이가 있다. 경험주라는 말은 좁게는 피동문의 비존대 주격 대상 인물의 경우도 의미론적으로는 경험주로 해석되므로 혼동의 여지가 있고, 넓게는 어느 면에서 모든 문장의 행동주도 명제의 내용을 경험하는 대상으로 해석할 수 있는 여지가 있으므로, {-시-}와 관련하는 대상을 '경험주'로 부르는 것보다 명제의 내용을 경험할 뿐 아니라 때로 행동을 수반할 수도 있는 점을 고려하여 심리적 행동주로 부른다.

각 주

1) {-시-}에 대한 이러한 입장을 가지는 논저에는 대체로 Aston(1879), MacIntyre(1880-1882?), Ramstedt(1928, 1939), Pai(1944), 朴相垓(1932), 洪起文(1946), Martin(1954), 兪吉濬(1904), 李完應(1926), 박태윤(1948), 高橋亨(1909), 朝鮮總督府(1943), Rogers(1956), 金根洙(1947), 李奎昉(1922), 張志暎(1930년대), Ridel(1881), Underwood(元杜尤)(1890), Gale(奇一)(1894=1903), Lee(1955), 金熙祥(1927), 李熙昇(1949), 鄭烈模(1946) 등이 있다. 특히 鄭烈模(1946)는 '주체 존대'라는 용어를 사용하고 있다. 이 용어는 이후 허 웅(1954), 성기철(1985a)에 그대로 쓰인다.
2) 이에 속하는 연구에는 이숭녕(1949, 1956a, 1956b, 1964), 고창식·이명권·이병호(1965), 金敏洙(1969), 최태호(1957), 한국국어교육연구회(1964a), 최현배(1929, 1937), 김민수·남광우·유창돈·허 웅(1960), Dupont & Millot(1965), 허 웅(1954) 등이 있다. 그러나 논의의 쟁점은 허 웅(1954)와 이숭녕(1949, 1956a, 1956b, 1964)라 할 수 있다. 전자에서는 '주체 존대'라는 용어가, 그리고 후자에서는 '주어 경어법' 혹은 '존경법'이라는 용어가 쓰였다.
3) 이익섭(1974), Shibatani(1976), 정인상(1980) 참조. 이익섭(1974)는 '호응설'에 가깝고, Shibatani(1976)은 여격 성분이 주어가 된다고 하며, 정인상(1980)은 {-시-}의 존대 대상이 되는 것은 무조건 주어라고 한다.
4) 조금씩 양상은 다르나 대체로 박병수(1974, 1982), 김영희(1978, 1980), 박양규(1980b), 성기철(1985a), 장석진(1973, 1976), 서정수(1971, 1972) 등이 속한다. 특히 성기철(1985a)에서 '주체 존대'는 완성되었다고 할 수 있다.
5) 박양규(1975a) 참조.
6) 임홍빈(1976c, 1985c) 참조.
7) 임동훈(1996) 참조.
8) 엄격히 말하면, 장석진(1973)의 '존대 파급 현상', 서정수(1984)의 '간접 대우 현상'도 결국 최현배(1937)의 이러한 해석이 근거가 된 것으로 생각된다.
9) 특히, 신창순(1962)와 이승욱(1968) 참조. 전자에서는 '主體(대개 主語)'라는 언급이, 후자에서는 '主體가 글월의 主語와 一致하지 않는 것은 주지의 일이려니와,'라는 언급이 바로 그러하다.
10) 장석진(1973)에서도 {-시-}의 존대 파급 현상을 논의하면서 이와 같은 현상이 문제 있음을 지적하고 있다.
11) 이런 경우, 임홍빈(1985c)에서는 '시점의 이동'이나 '감정 이입' 같은 것으

로 설명의 돌파구를 찾고 있다.

12) 변형 생성 문법의 표준 이론 단계에서는 피동 변형이 있는 것으로 기술되었으나 확대 표준 이론 이후에는 그러한 변형은 존재하지 않는 것으로 논의되고 있다. Chomsky(1981) 및 서정목·이광호·임홍빈(1990) 참조.

13) 이와 같은 형용사문에서의 {-시-}와 경험주의 관계는 박양규(1975a) 및 임홍빈(1985c)에서도 주목되었다.

14) 국어의 보문에 어미 형태 '-다'로 끝나는 문장도 있다. 그러나 그것은 인용문에 한한다. 남기심(1973) 참조.

15) 신창순(1962), 이승욱(1968)에서도 얼마간 회의적인 지적이 발견된다. 신창순에서는 '主體'를 '대개 主語'라 함으로써 '주체'와 '주어'가 같지 않음을 시사하고 있고, 이승욱(1968)에서는 '主體가 글월의 主語와 一致하지 않는 것은 주지의 일이려니와,'와 같은 지적을 통하여 '주체'와 '주어'가 결코 같은 범주가 아니라는 시사를 제기하고 있다. 주9 참조.

16) {-시-}가 존대와 관련하지 않는다는 박양규(1975a)의 해석은 안병희(1961) 및 이숭녕(1964)의 '호응설'의 '상위 신분성'과 궤를 같이 하는 것으로 생각된다. 그런데, 최근 임동훈(1996)에서도 {-시-}를 '상위자에 관여적인 사태를 유표적으로 가리키는 사회적 지시소'라 한다.

17) 대상 인물이 경험주로 상정되는 경우 {-시-}의 쓰임이 자연스러운 점에 주목한 논의에는 3.2.2.에서 이미 검토된 성기철(1985a)과 3.2.4.에서 다루게 될 임홍빈(1985c)가 있다. 그러나, 성기철(1985a)에서는 {-시-}가 여전히 주체와 관련하는 것이나, 임홍빈(1985c)에서는 '경험주'가 따로 상정되어 있는 점이 다르다. 이러한 점을 고려하면, 박양규(1975a)는 {-시-}의 기능을 존칭 체언의 무정화에 두고 있기는 하나, {-시-}가 경험성과 관련이 있다는 시사를 함으로써 {-시-}에 대한 새 지평을 열었다고 할 수 있다.

18) 성기철(1985:54)에서는 {-시-}가 쓰인 문장이 더 바른 표현이라고 지적하고 있고, 임홍빈(1985c:325)에서는 '아버님'이 겪는 某種의 사건에 초점을 맞추고 있는 경우에는 가능하다고 언급하고 있다.

19) 성기철(1985a)에서는 우리와 시각을 달리한다. 거기서는 {-시-}가 결합된 발화가 더 바른 표현이라고 지적되어 있다.

20) 박양규(1975a)의 {-시-}와 소유주, {-시-}와 비분리 관계(inalienablity)는 특히 성기철(1985a)에서 '주체 존대법'의 원리가 된 것으로 추측된다. 3.2.2. 참조.

21) 대우법 논의에서 {-시-}가 '있다'적인 의미 기능을 가지는 것으로 본 최초의 연구가 박양규(1975a)인 것으로 알고 있다. 그런데 {-시-}의 대우법 기능을 통사·의미적인 면에서 검토한 연구는 임홍빈(1976c, 1985c)이 있다.

22) 서정수(1972)에서는 {-시-}가 처격 성분과 관련되는 경우 '처격 대우'로 해석하기도 하였다.

23) 이러한 '있다'적인 문장을 예로 든 것은 성기철(1985a)에서 '있으시다'는 소유의 의미일 때 상위 주어를 존대하는 것으로, 또 '계시다'는 존재와 현존의 의미로 하위 주어를 존대하는 것으로 언급한 것을 비판하기 위해서이다.

24) 그러나, 이러한 문장에서 {-시-}는 절대로 쓰일 수 없다는 입장은 성기철(1985a)이다.

25) 우리가 '주어'라는 말 대신에 '주격 대상 인물'이란 말을 사용하는 것은 {-시-}가 인물과 관련되는 요소임을 분명히 하기 위해서이다. 2.3.1. 참조. 따라서 별다른 일이 없으면, 원칙적으로 'ㅇㅇ격 대상 인물'이란 말을 쓰도록 한다.

26) 예 (51)에 대해서 임홍빈(1985c:313)에서는 '행동주 주어 조건'을 설정하고, 행동 중심적인 표현에 있어 행동주 주어에 대한 {-시-} 존대는 어떠한 경우에도 예외 없이 성립할 수 있다고 한다. 그러나, 자명하지만, 여기에는 단서가 필요하다고 생각한다. 이 때의 행동주는 행위의 행동주가 아니라 심리적인 행동주이어야 한다.

27) 이러한 현상에 대해 임홍빈·장소원(1995:374)에서는 '화자 중심주의'라 하고, 청자가 없을 때, 문장에 등장하는 인물에 대한 대우 현상으로 보고 있다. 그리고 이러한 대우 현상과 대립적인 것이 '청자 중심주의'라 한다.

28) 여기서 '특별한 경우'란 화자의 심리 속에 '할아버지'가 높임의 대상으로 의식되지 않는 경우를 의미한다. 7장 참조.

29) 대우법에 화자의 의도가 관여적이라는 인식은 말할 필요 없이 많은 학자의 관련 논의가 있을 때마다 수없이 지적되어 왔다. 그러나, 이를 초점화한 논의는 이익섭(1974)가 있고, 특히 화자의 유표적 의도에 맞춰 대우 현상을 논의한 것에는 이정복(1998)이 있다.

30) 'KP'는 종래의 'NP'에 조사가 결합된 명사구를 의미한다. 여기에는 두 가지 원리가 개입되어 있다. 하나는 국어에는 복합조사가 일반적이므로 'KP'가 'NP+K'와 같은 분지 규칙으로 반복 적용될 수 있음을 가리키고, 다른 하나는 구조는 보존되어야 하므로 조사가 심층 구조에 주어져 있음을 가리킨다.

31) 임홍빈(1997)에서는 'H'가 '존경 교착소'로 불리고 있는데, 그 기본 개념은 종래의 '존경 선어말 어미'와 다를 바 없다.

32) 임홍빈(1985c:312-313)에서는 '행동 중심적인 표현'의 문장에서 주어에 대한 {-시-} 존대는 어떠한 경우에도 예외 없이 성립한다고 언급하고 있는데, 그에서 취급되어 있는 문장은 주제 없는 단순한 타동사문이다. 이런 경우의 문장에서 {-시-}의 쓰임이 자연스러운 것은 지극히 당연한 일이다.

Ⅳ. {-삽-}과 대우

4.1. 도입

그 동안 학계에서는 현대 국어적인 {-삽-}이 그 형태적인 변화에도 불구하고 중세 국어적인 {-습-}의 발달형이라고 하는 데에는 거의 이의를 달지 않으나, 그 의미 기능적인 면에서는 많은 변화를 입어 현대 국어적인 {-삽-}은 중세 국어적인 존대 혹은 겸양의 기능은 상실하고 오직 청자 대우법으로 바뀌었다고 한다. 이러한 학계의 인식이 오늘날 {-삽-}에 대해서는 더 이상의 논의거리가 없는 것으로 간과하게 하였다. 그러나, 우리의 입장은 그 형태와 의미가 많은 변화를 입었다 하더라도 현대 국어적인 {-삽-}은 여전히 중세 국어적인 {-습-}의 기능을 가진다고 보는 것이다. 따라서, 본 장에서는 현대적인 {-삽-}의 기능이 화자의 겸양과 관련함을 검토하게 될 것이다. 이를 위해 우리는 우선 중세 국어적인 {-습-}에 대한 기존의 논의를 검토하고, 그 검토된 내용을 바탕으로 현대 국어적인 {-삽-}에 대해 논의할 것이다. 현대 국어적인 {-삽-}에 대한 논의는 기초 자료로 중세 국어적인 {-습-}의 형태가 현대 국어에 와서 어떤 형태로 남아 있는지를 검토하고, 그 개별적인 형태·의미론적인 특성을 논의할 것이다.

4.2. 중세 국어의 {-습-}

중세 국어의 {-습-}에 대한 논의는 일찍이 小倉(1929)에서 비롯된다. 그에 의하면, {-습-}은 화자가 상대 곧 청자를 높이기 위하여 공손하게 말할 때 쓰인다고 한다. 중세 국어적인 {-습-}이 청자 대우의 기능을 담당한다는 시사라 할 수 있다. 이와 같이 중세 국어적인 {-습-}이 청자와 관련한다는 기본 입장에서 김형규(1947)에서는 {-습-}이 자기 또는 제3자의 동작을 윗사람에게 말씀 드릴 때, 그 동작을 낮추어 표현함으로써 청자인 윗사람에게 존경을 표시하는 敬讓詞라 한다.

이 두 연구에서 중세 국어의 {-습-}은 첫째, 청자와 관련되는 요소라는 점, 둘째, 대우법에서 화자가 중심적이라는 점, 셋째, {-습-}의 기능은 화자의 낮춤과 동시에 상대를 존경한다는 점, 그리고 넷째, 그 명칭은 경양사라는 점을 간파할 수 있다.

이와 같은 중세 국어적인 {-습-}의 기능이 청자를 높이는 것이라는 논지를 정면으로 반박한 논의가 허 웅(1954＝1961)이다. 그의 요지는 중세 국어의 {-습-}은 客語 - 廣으로 잡아 목적어, 여격어 및 처격어를 포함한다 -를 높이는 경어법 곧 객체 존대의 接尾辭라 한다. 따라서, 허 웅(1954＝1961)은 중세 국어의 {-습-}에 대한 기본적인 인식과 원리가 소창(1929) 및 김형규(1947)와는 대척적이라 할 수 있다. 동일한 형태에 대한 해석의 차이가 이토록 큰 차이가 어디에 있는 것일까? 여기서 이에 대한 논의는 유보하기로 한다. 다만, 우리가 추측할 수 있는 것은 중세 국어적인 {-습-}도 청자와 관련하는 경우도 있지 않았을까 하는 점이다.

그러나, 허 웅(1954＝1961)에 의해 비판받은 소창(1929) 및 김형규(1947)에도 진실은 있다. 대우법에서 '화자의 의도'가 중요한 요인이 된다는 언급이 그것이다. 허 웅(1954＝1961)에서도 얼마간 화자의 '존대 의향'이 중요시되고 있음이 이를 지지해 준다.

이에 대해서는 곧 후술할 것이다.

허 웅(1954=1961)이 특히 김형규(1947)를 비판한 것은 {-습-}과 관련하는 대상의 차이 때문이지 기본적으로 {-습-}의 기능에 대한 인식은 별로 다를 바가 없는 것으로 생각된다. {-습-}에 대한 김형규(1947)적인 '자기 낮춤, 상대 존경'이나 허 웅(1954=1961)적인 'seesaw 원리에 의한 존대'나 동일한 의미로 해석되는 것이 그러하다.

이와 같은 논란의 와중에서 {-습-}에 대한 전반적인 반성을 제기한 것이 안병희(1961)이다. 그에 의하면, {-습-}은 용언이 나타내는 동작(또는 상태)이 구체적으로 행해질 때의 상황에서 동작(또는 상태)의 주체와 주위의 상황과를 대비하여 주체의 동작이 겸손한 것으로 파악되었을 때, 사용되는 接尾辭라 한다.[1] 이후 중세 국어의 {-습-}에 대한 논의는 이른바 주체 존대설과 주체 겸양법으로 양분되었다.

이제 중세 국어의 {-습-}에 대한 주체 존대설과 주체 겸양법의 기본적인 인식과 원리를 검토하기로 하자.

   (1) 허 웅(1954=1961)의 객체 존대법
      가. {-습-}은 어떠한 행동이나 상태가 미치거나 지향하는 對象·相對를 존대할 경우에, 그 行動이나 狀態를 表示하는 用言에 연결되는 형태소이다.
      나. 국어의 구조는 '주어+목적어+서술어' 구조이다.
      다. 객체 존대란 대격, 여격에 대한 것이 중심이 되고, 처격에 대한 것이 버금이 되는데, 그 행동 작용이 이루어지는 상대에 대한 것도 포함된다. 이 네 가지 경우를 다 포함하는, 객체 존대의 높임 대상은 행동 작용이 미치는 상대·대상이라 할 수 있다.
      라. 현대의 객체 존대법(겸양법)은, 문법적인 일반성이 없어서, 특수한 객체 존대어(모시다, 뵈옵다 등)가 몇 가지 있을 따름인데, 이조 초기 국어에 있어서는, 객체 존대가, 주체 존대처

럼 inflexional ending에 의해서, 일반적으로 표시된다.
마. 부수 조건
  a. 아무리 등장 인물 사이에 존비 관계가 있다 하더라도 speaker
     가 그 인물에 대해서 높일려는 의향을 가지지 않았을 때는
     존대법은 사용되지 않는 것이다.
  b. 등장 인물의 존비 관계는 반드시 객관적으로 잘 결정되지 않
     는 일이 있다.
  c. 설혹 '존비 관계'과 {-습-} 사용의 제일의적인 위치를 차지한
     다하더라도, 그렇다고 해서, {-습-}의 객체를 높인다는 사실
     은 {-시-}나 {-이-}가 주체나 상대를 높인다는 사실과 더불
     어 명백한 일이다. 등장 인물의 존비 관계를 따지더라도 결
     국, {-습-}은 객체가 주체보다 높을 때에, 그 객체를 높이기
     위한 문법적 방법이라고 밖에 설명되지 않을 것이다. 등장
     인물의 존비 관계란, 객체에 대한 존대의 부가적인 조건에
     지나지 않는 것이지, 그것으로, {-습-}이 객체에 대한 존대를
     표시하는 것이란 엄연한 사실을 부정하는 이유는 되지 못하
     는 것이다.
(2) 안병희(1961)의 주체 겸양법
  가. 경어법 접미사 {-이-}, {-습-}, {-시-}는 본질적으로 용납할
     수 없는 두 개의 범주로 나뉜다. {-이-}는 화자의 청자에 따르
     는 진술의 전달 방식에서 결정되는 서법(mood)적인 접미사
     이고, {-습-, -시-}는 용언 자체, 즉 용언이 표시한 동작,상
     태 또는 존재의 경어적 성질에서 결정되는 態(voice)적인 접
     미사이다.
  나. {-습-}과 {-시-}는 동작, 상태 또는 존재에 대한 화자의 경어
     적인 가치 의식으로 구분된다. […], {-습-}은 용언이 나타내
     는 동작(또는 상태)이 구체적으로 행해질 때의 상황에서 동작
     (또는 상태)의 주체와 주위의 상황과를 대비하여 주체의 동작
     이 겸손한 것으로 파악되었을 때, 사용되는 接尾辭이다.
  다. 화자와 대비되는 동작 주체의 존비 여부는 동작 주체와 동작
     에 관계하는 인물과의 존비상 낙차 파악, 즉 {-습-}의 용법에
     아무 영향을 주는 것이 아니다.
  라. 동작에 관계되는 인물이 동작 주체는 물론이요, 화자보다도 존

귀할 때 그 동작의 표현에 {-습-}이 나타난다.

　(1가)는 허 웅(1961)의 {-습-}에 대한 규정이며 그의 객체 존대법의 기본 원리라 할 수 있다. 여기서 '어떠한 행동이나 상태가 미치거나 지향하는 對象·相對'라는 것은 곧 (1다)를 가리키는 것으로 별 문제가 없으나, 안병희(1961)에서 비판된 것이지만 '존대할' 주체가 누구냐는 분명치 않다. (1마-a)를 보면, 주체가 '화자'인 것으로 여겨지기도 하나, (1마-b)의 내용을 보면 여전히 불투명하기는 마찬가지이다. 그러나, 대우법에서 화자의 역할이 중요함을 시사한 점은 높이 평가받을 만하다. 그리고 '用言에 연결되는 형태소'라는 것은 이른 시기의 연구에서 흔히 대할 수 있었던 방식으로 {-습-}을 결합시키면 그 용언이 높임말이 되는 오해를 불러일으킨다. 최현배(1937＝1961) 및 이희승(1949) 참조. 심지어는 이희승(1949)에서는 {-삽-} 결합형이 불규칙적으로 활용하는 것으로 예시되어 있기도 하다. 이와 같은 형태소 분석의 입장을 임홍빈(1976, 1985b)에서는 최현배(1937＝1961)적이라 하고 이를 종합적인 태도라 비판하고 있다. 그러나, 엄격한 의미에서 이러한 태도는 최현배(1937＝1961)만은 아니고 이른 시기의 연구는 다 그러하였다. (1나)는 객체 존대법의 존립을 위한 방안으로 상정되지 않았나 추측된다. 중세 국어 문장에서 {-습-}은 타동사문에만 나타나는 것은 아닌 것이다. 안병희(1961)의 지적에 의하면, 형용사문이나 계사문에도 {-습-}은 쓰이는 것이다. 이러한 {-습-}의 실재적인 쓰임 분포는 {-습-}이 객체를 높이는 접미사가 아닐 수도 있음을 시사하는 것으로 판단된다. 이러한 의미에서 (1다)는 별 의의를 가진다고 볼 수 없다. (1라)는 현대 국어적인 {-삽-}이 형태·의미론적으로 심한 변화를 겪기는 하였지만, 중세 국어적인 {-습-}의 후대형이라 하는 경우 {-삽-}은 청자 대우의 기능만 담당하기 때문에[2] 현대 국어의 객체 존대법은 몇몇 동사에 의해 실현됨을 시

사한다. 그러나, 일부 동사가 객체와 관련하기는 하나, 허 웅 (1954=1961)의 중세 국어적인 객체 존대법과 같은 문법적인 것은 아니라고 여겨진다. 6.3.2. 참조. (1마)는 주로 주체 겸양법에서 논의되는 존비 관계로는 객체 존대를 다 설명할 수 없다고 비판함으로써 객체 존대법의 정당함을 옹호하기 위한 장치이다.

이상이 허 웅(1961)의 객체 존대법의 근간인데, 첫째, {-습-}이 타동사문에만 나타나는 것이 아니라는 점에서, 둘째, {-습-}이 용언을 높임말로 파생시키는 것이 아니라는 점에서, 셋째, 객체를 존대하는 주체가 누구인지 분명치 않다는 점에서, 넷째, 중세 국어적인 {-습-} 대신에 현대 국어의 객체 존대법은 몇몇 동사에 의해 실현된다는 점에서 그 객체 존대법은 약점을 갖는다 할 수 있다. 그러나, 대우법에서 화자의 존대 의향이 중요한 역할을 한다고 본 점은 높이 평가받을 만하다.

다음, (2가)는 중세 국어의 경어법 접미사 {-이-}, {-습-}, {-시-}의 기능적 차이를 밝힘으로써 {-습-}과 {-시-}는 (1가)와 달리 용언의 활용형에서 분리가 가능한 형태임을 시사한다. 용언 자체, 즉 용언이 표시하는 동작, 상태 또는 존재의 경어적 성질에서 결정된다는 언급이 그러하다. (2나)는 {-습-}에 대한 성격 규명인데, '주체와 주위의 상황과의 대비'라는 말에서 {-습-}이 무조건적으로 사용될 수 없음을 시사하고, '주체의 동작의 겸손'이라는 말에서 {-습-}은 주체의 대상에 대한 '겸손'이나 '겸양'과 관련함을 시사한다. (1다, 라)는 (1나)의 대전제, 즉 {-습-}은 주체의 대상에 대한 겸손이나 겸양과 관련하는 접미사라고 하는 경우, (1나)의 '용언이 나타내는 동작(또는 상태)이 구체적으로 행해질 때의 상황에서 동작(또는 상태)의 주체와 주위의 상황과의 대비'라는 여건이 충족될 때 {-습-}은 사용된다는 성격의 조건이다. (1다, 라)는 결국 {-습-}은, '동작에 관계되는 인물'이 허 웅(1954=1961) 적인 '객체'라 할 때[3] 객체가 화자는 물론 주체보다 상위자이면 사

용되는 접미사임을 시사하는 것이다.[4]

　이상이 안병희(1961)의 주체 겸양법의 근간인데, 첫째, {-습-}은 용언의 활용형에서 {-시-}와 마찬가지로 분리가 가능하다는 점에서, 둘째, {-습-}은 화자의 경어적인 가치 의식과 관련하는 접미사라는 점에서, 넷째, {-습-}은 화자는 물론 주체보다도 동작에 관계되는 인물이 상위자이어야 사용된다는 점에서 그 주체 겸양법은 장점을 갖는다 할 수 있다. 특히 {-습-}이 '동작에 관계되는 인물'에 대한 겸양을 표현한다는 것은 의미심장하다. 현대 국어적인 {-삽-}이 반드시 청자와만 관련되지 않는 것처럼 중세 국어적인 {-습-}도 객체와만 관련되지 않는 것으로 해석할 수 있기 때문이다. 이러함에도 불구하고 {-습-}이 주체에 의해서 동작에 관계되는 인물에 겸양된다는 것은 문제로 남는다.

　이상의 논의에서 우리가 취할 수 있는 것은, 중세 국어적인 {-습-}이 첫째, 화자의 존대 의향과 관련된다는 점이고, 둘째, 대상 인물에 대한 겸양과 관련된다는 점이며, 셋째, 중세 국어적인 {-습-}이 반드시 객체와만 관련되는 것이 아니라면, 현대 국어적인 {-삽-}도 반드시 청자와만 관련되지 않는다는 점이다.

4.3. 현대 국어의 {-삽-}

　중세 국어적인 {-습-}이 화자의 존대 의향과 관련되고, 어떤 대상 인물에 대한 겸양과 관련되며, 그리고 반드시 객체와만 관련되는 것이 아니라면, 현대 국어적인 {-삽-}도 첫째, 화자의 존대 의향과 관련되고, 둘째, 어떤 대상 인물에 대한 겸양과 관련되며, 셋째, 반드시 청자와만 관련되지는 않는다고 생각된다. 중세 국어적인 {-습-}의 특징이 이러한 경우, 현대 국어적인 {-삽-}에 대한 논의는 그것이 중세 국어적인 {-습-}의 특징을 과연 어느 정도로 승계하고 있는지에 주안점을 둔다. 따라서, 본 절에서는 주로 중세 국어적인 {-습-}의 후대형으로 볼 수 있는 현대 국어적인 {-삽-}의 형태에는 어떠한 것이 있는지 검토한다.

앞에서 본 바와 같이, 그 동안 학계에서 중세 국어적인 {-습-}에 대한 논의나 논쟁은 활발하였지만 반면에, 현대 국어적인 {-삽-}에 대한 논의는 거의 없다시피한 실정이다. 이러한 현상은 허 웅 (1954=1961) 이후 현대 국어적인 {-삽-}의 기능이 청자만을 대우하는 것으로 인식된 데서 비롯한 것으로 생각된다. 우리가 알기로는 임홍빈(1985b)가 유일하다.

검토는 최현배(1937)에서 시작한다. 최현배(1937)은 이전 연구의 총화이면서 이후 논의의 전형이라는 점에서 논의의 출발점으로 충분한 의의를 가진다. 그러나, 근본적으로 현대 국어적인 {-삽-}에 대한 논의가 최현배(1937) 이후 전무한 상태라서 다른 논저를 선택할 도리가 없으며, 혹 있다 하더라도 대체로 최현배(1937)적인 아류나 답습에 지나지 않기 때문에 논의할 명분이 없는 것이다.

(3) 최현배(1937:345)의 분류
　가. 첫째 갈래　　1. 웁(으옵) 2. 오(으오) 3. ㅂ(읍)
　나. 둘째 갈래　　4. 자옵　　　5. 자오　　　6. 잡
　다. 셋째 갈래　　7. 사옵　　　8. 사오　　　9. 삽　　　10. 습
(4) 최현배(1937:345-347)의 분석
　가. 홀소리 및 닿소리로 끝진 움직씨의 줄기 아래: 웁(으옵), 오
　　　(으오), ㅂ(읍).
　나. 닿소리 중 특히 'ㄷ, ㅈ, ㅊ'로 끝진 움직씨의 줄기 아래: 자옵,
　　　자오, 잡.
　다. 'ㄷ, ㅈ, ㅊ' 밖의 모든 닿소리로 끝진 움직씨의 줄기 아래: 사옵,
　　　사오, 삽, 습.
(5) 오늘날에는 모든 닿소리 아래에서 셋째 갈래를 쓰는 경향이 있
　　　는 듯하나, 말의 본을 간단하게 하기 위하여, 첫째 갈래만을 두
　　　루 씀으로써 대중을 삼음이 일반적 통칙과, 또 실제의 서울 중

류 이상의 말씨에도 맞는 처리가 된다.

우선, 논의의 편의를 위해 (5)부터 검토하기로 한다. 최현배 (1937:346-347)에 의하면, '좇사옵니다'보다 '좇으옵나이다', '젖사오니'보다 '젖으오니', '믿삽고'보다 '믿으옵고', 그리고 '믿습니다' 보다 '믿읍니다'가 일반적 통칙이며 서울 중류 이상의 말씨에 맞는 다는 것이다. 이에는 '믿읍니다'가 다소 이상하나 나머지 형식은 두 가지 표현이 다 가능하다는 사실에서 큰 저항은 못 느낀다.

(3)에서 주목되는 것은 '옵(으옵),' '오(으오)', 그리고 'ㅂ(읍)'이 괄호로 묶인 점인데, 가령 '옵'과 '으옵'이 (4가)의 음운적 조건에 의해 구별되는 것이라면, 이 경우의 '으'는 연결 모음이며, 이러한 한 {-삽-}의 형태는 모두 10개이다. 반면, '옵(으옵)', '오(으오)', 그리고 'ㅂ(읍)'이 '옵'과 '으옵,' '오'와 '으오', 그리고 'ㅂ'과 '읍'으로 떼어놓아도 상관이 없는 것이라면, 이 경우 {-삽-}의 형태는 모두 13개이다. 그러나, 이렇게 처리할 아무런 조건이 최현배(1937)에 는 주어져 있지 않다. 이러한 문제점을 임홍빈(1985b)에서는 '으' 를 연결 모음이 아니라 '형태소변'으로 처리함으로써 해결하고 있 다. '형태소변'에 대해서는 후술할 것이다. 그 근거가 되는 것이 다 음의 예이다.

(6) 가. *하으오고, *하으옵고, 등.
   나. *먹오고, *먹오니, *먹옵고, *먹압고, 등.
   다. *먹ㅂ고, *하읍고, *하습고, 등.
(6′) 가. *하사오니, *하사옵고, ?*하삽고, *하자오고, *하자옵고,
      *하으압고, 등.
   나. 먹으오고, 먹으오니, 먹으옵고, 먹으압고, 등.
   다. 먹읍고, *하읍고, *하습고, 등.

이상의 예는 임홍빈(1985b:409) 예 7′에서 가져온 것인데, 논

의의 편의를 위해서 재편성한 것이다. 우선, (6가, 나)와 (6′가, 나)에 대해 검토하기로 한다. 최현배(1937)에서 상정된 '사오, 사옵, 자오, 자옵'이 자음으로 끝나는 어간 뒤에 쓰이는 현대 국어적인 {-삽-}의 형태라 할 때, 첫째, 만약 (6가)의 *하으오고, *하으옵고'의 '으'가 조음소적인 연결 모음이라면, (6′가)의 *하사오니, *하사옵고, *하자오고, *하자옵고, *하으압고'가 성립되지 못하는 이유를 설명할 수 없는 것이며, 둘째, (6나)의 '으'가 빠진 형태 *먹오고, *먹오니, *먹옵고, *먹압고'는 절대로 성립되지 못하는 반면, (6′나)의 '먹으오고, 먹으오니, 먹으옵고, 먹으압고'는 성립되는 이유를 설명할 수 없는 것이다. 이러한 음운론적 현상은 최현배(1937) (3가)에 상정된 '으오'와 '으옵'의 '으'는 조음소적인 연결 모음이 아니라 '사오, 자오'의 '사, 자'와 같은 형태소변의 형태라 할 수 있다.

다음, (6다)와 (6′다)에 대해 검토하기로 한다. *먹ㅂ고'는 성립이 가능하지 못한데, '먹읍고'는 가능한 것으로 보아 이 경우의 '으'는 조음소적인 연결 모음으로 해석되고, *하읍고'의 '읍' 그리고 *하습고'의 '습'은 특별히 그에 대응하는 형식이 찾아지지 않으므로 그 자체로 {-삽-}의 한 형태로 해석된다. 이로써 최현배(1937)의 (4가)와 같은 음운 조건에 의한 {-삽-}의 형태소 분석은 별로 의미 없는 것으로 판단된다. 따라서, 최현배(1937)에서 음운론적인 조건의 이형태로 분석되었던 '으옵, 으오'와 'ㅂ, 읍' 등도 현대 국어적인 {-삽-}의 형태임이 분명하다.

이러한 점을 고려한 임홍빈(1985b)에서의 {-삽-}의 형태소 분류는 다음과 같다.

(7) 임홍빈(1985b:408)의 분류
　가. '오'-계 : 오, 옵.
　나. '으'-계 : 으오, 으옵, 읍, 으압.
　다. '사'-계 : 삽, 사오, 사옵, 습.
　라. '자'-계 : 잡, 자오, 자옵.

　마. 'ㅂ'-계 : ㅂ.
　바. '아'-계 : 압.

　임홍빈(1985b)의 분류 체계와 최현배(1937)의 분류 체계를 비교하면, 최현배(1937)에는 없는 '으압'과 '압'이 임홍빈(1985b)에는 있음이 확인된다. 그런데 '압'의 형태는 이미 洪起文(1946:159-165)과 鄭烈模(1946:157-158)에 나타나 있기도 하다. 특히 鄭烈模(1946)에서는 이 '압'을 반말 형태 '-아/어'와 함께 '두루빛'으로 취급하고 있음이 주목된다. 이에 대해서는 4.5. 참조. 이와는 달리 '압'이 '옵'의 잘못 쓰임이라는 부정적인 면에서 본 李崇寧(1956b:143)의 언급도 있다. 이로써 현대 국어적인 {-삽-}의 이형태는 모두 13개로 확인되었다.

　다음, 최현배(1937)의 (4나)의 음운적 조건에도 문제는 있다. 자음 중, 특히 'ㄷ, ㅈ, ㅊ'으로 끝나는 용언의 어간 아래에는 '자옵, 자오, 잡'의 형태가 쓰인다 하였는데, 그 조건이 예외 없이 적용되는 것은 아니다. 다음과 같은 예를 보기로 하자.

(8) 가. 믿사오니, 믿삽고, 믿사오면/믿자오니, 믿잡고, 믿자오면, 등.
　　나. 젖사오니, 젖삽고, 젖사오면/*젖자오니, *젖잡고, *젖자오면, 등.
　　다. 좇사오니, 좇삽고, 좇사오면/좇자오니, 좇잡고, 좇자오면, 등.
　　라. 웃사오니, 웃삽고, 웃사오면/*웃자오니, *웃잡고, *웃자오면, 등.
　　마. 받사오니, 받삽고, 받사오면/받자오니, 받잡고, 받자오면, 등.
　　바. 맞사오니, 맞삽고, 맞사오면/?*맞자오니, ?*맞잡고,
　　　　?*맞자오면, 등.

　(8가)에서, 동사 '믿다'는 '사'-계와 '자'-계가 모두 결합이 가능한 것으로 보인다. 임홍빈(1985b)에서는 이 경우 '자'-계만 가능한 것으로 지적되어 있는데, 우리는 '사'-계의 결합도 괜찮은 것으로 생각된다. 이와 관련하여 특히 최현배(1937:346-347)에서, (5)와 같은 쓰임의 예를 설명하면서 그 한 예로서 '믿삽고' 형식보다 '믿으

옵고' 형식이 더 바람직하다는 지적이 주목된다. 이러한 지적은 당시 사회 일반에서 '믿삽고' 형식이 통용됨을 시사해 주는 것이다. '믿다'처럼 'ㄷ' 받침을 가지는 (8마)의 '받다'도 그 쓰임의 양상이 '믿다'와 다름없다. '사'-계와 '자'-계 모두 결합이 가능한 것이다. 그러나, '받다'가 '사'-계와 '자'-계와 모두 결합이 가능한 경우에는 그 의미의 차이가 있는 것으로 보인다. '사'-계와 결합하는 경우의 '받다'는 '접수하다'의 의미를 갖는데, '자'-계와 결합하는 경우의 '받다'는 '이바지하다'의 의미를 갖는다. 만약 이러한 해석이 가능한 것이라면, (8가)의 '믿다'도 '사'-계가 결합하는 경우와 '자'-계가 결합하는 경우에 그 의미 차이가 있다고 추측된다. '사'-계가 결합하는 경우의 '믿다'는 화자의 행동성이 두드러지는 것이나, '자'-계가 결합하는 경우의 '믿다'는 그렇지 못한 것이다. 다른 면에서 볼 때, '자'-계의 쓰임은 예스러운 뉘앙스를 갖는다고도 할 수 있다.

(8나)의 '젖다'도 최현배(1937:346-347)에서 예시된 것인데, '젖사오니'보다 '젖으오니'가 더 바람직하다는 것으로 보아 '젖사오니'가 쓰임에 전혀 이상이 없는 것으로 여겨진다. 그러나 '자'-계와는 결합이 전혀 불가능하다. 이러한 현상은 동사 '젖다'가 행동성을 문제 삼는 동사가 아니기 때문인 것으로 추측된다. '믿다' 및 '받다'의 행동성을 의미한다.

(8다)의 '좇다'의 경우 임홍빈(1985b)에서 '사'-계와의 결합은 자연스러우나 '자'-계와의 결합은 다소 이상하다고 지적하였는데, 우리에게 있어 그 느낌은 '믿다'에서 받는 느낌에 지나지 않는 것으로 추측된다. 임홍빈(1985b:411)에서는 그 현상을 중세 국어적인 것으로 추측하고 있는데 일면 해석의 의의가 있다고 판단된다. 우리의 예스러운 뉘앙스에 해당하는 것이다. 그런데, 이 '좇다'도 '받다'의 쓰임과 마찬가지로 화자의 주체적인 판단에 의한 행동이 수반되는 경우에는 '사'-계의 쓰임이 자연스러워 보이고, '남의 의사에 수동적으로 따르다'의 표현의 경우에는 '자'-계의 쓰임이 자

연스러워 보인다. 이러한 현상은 최현배(1937)에서 상정한 (4나)의 음운론적인 분석이 결코 정당하지 않음을 시사해 준다. 우리의 생각은 어휘의 의미와 관련하지 않나 하는 것이다. 임홍빈(1985b)에서는 형태론적인 조건이라 하고 있다. 그런데 형태론적인 조건만으로 '사'-계와 '자'-계의 결합이 모두 가능한 표현을 다 포괄하지 못하는 것이라면, 형태·의미론적인 조건이 더 나은 것으로 생각된다.

'ㄷ, ㅈ, ㅊ' 받침을 가지는 동사의 경우 그 동사의 의미가 행동성을 두드러지게 나타내는 표현의 경우에는 '사'-계가 우선 결합된다는 해석은 (8라)의 '웃다'에도 적용이 가능하다. '웃다'가 행동성을 가지는 동사라 하는 경우 '자'-계의 결합은 봉쇄되는 것이다. (8바)의 '맞다'가 '맞이하다'나 '영접하다'의 의미로 해석되는 경우에 '사'-계의 쓰임이 일반적이나, '자'-계는 거의 쓰이지 않는다. '자'-계가 쓰이려면, 맞는 주체가 불가항력적인 상황에서 대상을 맞는 경우에 한한다.

이러한 '사'-계와 '자'-계의 쓰임 분포로 우리는 잠정적으로 '자'-계의 {-삽-}이 '사'-계의 {-삽-}보다 더 겸양적이라 추측할 수 있다. '자'-계의 {-삽-}이 '사'-계의 {-삽-}보다 첫째, 행동성이 약화되는 경우에 더 쓰임이 자연스러워 보이고, 둘째, 예스러운 표현이라는 느낌을 주기 때문이다. {-삽-}이 대상 인물에 대한 겸양을 표현하는 것이라면, 겸양하는 주체는 보다 낮은 위치에 임할수록 더 겸양적인 표현의 가치를 지니는 것으로 생각된다.

이상에서 본 바와 같이 최현배(1937) (4)가 현대 국어적인 {-삽-} 형태의 쓰임을 모두 설명하지 못한다면, 그리고 특히 'ㄷ, ㅈ, ㅊ' 받침을 가지는 동사의 경우 그 동사의 의미적 특징에 의해 '사'-계와 '자'-계의 결합 양상이 달라진다면, 그 조건화는 다음과 같이 정리되어야 할 것이다.

(9) 가. 음운론적 조건(1) : 선어말 형태를 포함하여, 모음 어간 뒤
　　　　에는 '으'-계, '사'-계, '자'-계의 이형태가 올 수 없다. 단,
　　　　특히 'ㄷ, ㅈ, ㅊ' 받침으로 끝난 동사의 경우에는 그 동사의
　　　　행동성 여부에 따라 '사'-계 및 '자'-계의 쓰임이 달라질 수
　　　　있다.
　　나. 음운론적 조건(2) : 선어말 형태를 포함하여, 자음 어간 뒤
　　　　에는 '오'-계, 'ㅂ'-계, '아'-계의 이형태가 올 수 없다.

　(9)는 기본적으로 임홍빈(1985b:409)의 분석인데, 그것만으로 특히 'ㄷ, ㅈ, ㅊ' 받침으로 끝난 동사의 경우를 다 설명할 수 없으므로, 우리의 단서 조항을 덧붙였다. 이렇게 함으로써 'ㄷ, ㅈ, ㅊ' 받침으로 끝난 동사의 경우 '사'-계 및 '자'-계가 결합되기도 하고, 혹은 결합되지 않기도 하는 현상을 포괄할 수 있다고 믿기 때문이다.

　이상의 논의에서 현대 국어적인 {-삽-}의 이형태와 그 형태들이 선행어의 말음과 음운론적 또는 형태·의미론적으로 어떤 조건하에 결합하는지 검토하였다. 현대 국어적인 {-삽-}의 이형태에는 모두 13개가 있으며, 그 형태들이 선행어의 말음과 결합하는 양상은 특히 'ㄷ, ㅈ, ㅊ'으로 끝난 동사의 경우 '사'-계와 '자'-계를 넘나들며 쓰이는 현상에 주목하였다. 그리고 이러한 결합 양상에서 '자'-계가 '사'-계보다 대상 인물에 대한 겸양의 표현 가치가 크다고 가정하기도 하였다.

4.4. {-삽-}의 기능

　현대 국어적인 {-삽-}의 형태가 (7)의 분류에서 보는 바와 같다고 할 때, 우리는 앞에서 아무런 전제 없이 조음소적인 연결 어미가 아닌 '으'는 '사'-계의 '사'와 '자'-계의 '자'와 다름없이 형태소변이라고 하였다. 또한, 특히 'ㄷ, ㅈ, ㅊ'으로 끝난 동사의 경우

'사'-계와 '자'-계가 넘나들며 쓰이는 현상에 주목하여, '자'-계가 '사'-계보다 대상 인물에 대한 겸양의 표현 가치가 크다고 가정하기도 하였다.

이러한 논의의 결과는, 관련 대상 인물에 대한 겸양의 정도에 있어서 현대 국어적인 {-삽-}의 형태들은 근본적으로 차이지는 표현 가치를 가지는 현상에 의한 것이라 생각된다. 따라서, 현대 국어적인 {-삽-}의 형태들이 지니는 표현 가치를 철저히 규명하기 위해서는 이들 형태소를 최대한 분석하지 않으면 안 되는 것이다. 2.3.1.1.에서 '최대 분석의 원리'를 설정한 것도 이러한 이유에서였다. 최대 분석의 원리는 임홍빈(1985b:406)적인 것이다. 논의의 편의를 위해 여기에 다시 가져온다.

    (10) 최대 분석의 원리
           형태소 분석에 관한 한, 그 분석은 궁극적인 단위에 이르기까
           지 행해져야 한다.

(10)에 의해 현대 국어적인 {-삽-}의 형태들이 최대로 분석이 되는 경우, 다시 말해서 그 형태소에서 핵심적인 기능을 담당하는 형태와 주변적인 기능을 담당하는 형태로 분석이 되는 경우, 그 기능적 차이에 의해 달리 불리는 것은 어쩌면 당연한 일이라 여겨진다. 예컨대, 임홍빈(1985b)적인 '형태소핵'(morpheme core)과 '형태소변'(morpheme perphery)이 그러하다.[5] '형태소핵'이 형태소 인식의 핵심적인 역할을 수행하는 외현적인 음성 형식의 형태라면, '형태소변'은 형태소 인식의 핵심적인 역할을 수행하지 못하는, '형태소핵'의 주변에 나타나는 외현적인 음성 형식의 형태라는 것이다. 이러한 '형태소핵'과 '형태소변'의 논리를 현대 국어적인 {-삽-}의 형태에 적용하면, 4.3.에서 보인 (7)의 분류는 다소 수정되어야 할 것이다. (7)을 다시 여기에 가져온다.

   (11) 임홍빈(1985b:408)의 분류 (=(7))
     가. '오'-계 : 오, 옵.
     나. '으'-계 : 으오, 으옵, 읍, 으압.
     다. '사'-계 : 삽, 사오, 사옵, 습.
     라. '자'-계 : 잡, 자오, 자옵.
     마. 'ㅂ'-계 : ㅂ.
     바. '아'-계 : 압.
   (12) 현대 국어적인 {-삽-}의 분류
     가. 형태소핵만을 가지는 형태
       a. '오'-계 : 오, 옵.
       b. 'ㅂ'-계 : ㅂ.
     나. 형태소변도 가지는 형태
       a. '으'-계 : 으오, 으옵, 읍, 으압.
       b. '사'-계 : 삽, 사오, 사옵, 습.
       c. '자'-계 : 잡, 자오, 자옵.
       d. '아'-계 : 압.

   (12)의 분류 체계는 명료하다. 그리고 {-삽-}의 기능이 관련 대상 인물에 대한 겸양에 있는 것이라면, 그리고 그 형태에 따라 겸양의 표현 가치가 달라지는 것이라면, (12)는 이에 대한 명쾌한 대답을 할 수 있다.

   우선, (12가)부터 검토하기로 하자. (a)와 (b)가 시사하는 바는 '옵'은 형태소핵을 둘이나 가지고 있으므로 직관적으로도 그 기능이 배가된다는 것이다.[6] 이러한 형태를 '중가형' 또는 '중복형'이라 부르기로 한다.[7]

   다음, (12나)를 보도록 한다. 여기서 '으, 사, 자, 아'는 형태소 인식에 있어 핵심적이 못 되는 주변적인 형태소변이다. 이에 이들 형태들에서 '으, 사, 자, 아'와 같은 형태소변을 제외한 형식들은 원칙적으로 형태소핵이 되어야 한다. 그러나 현실은 결코 그렇지 못하다. 예컨대, '읍'에서 '으'를 제외한 형식 'ㅂ'은 형태소핵이라 할 수는 있으나, '읍' 자체의 의미를 잃고 마는 것이다. '먹읍시다'

는 가능한 형식이지만, '먹ㅂ시다'는 가능하지 않기 때문이다. 따라서 (12나)는 재분류되지 않으면 안 된다. 그 기준은 분리성에 두는 것이다. 다음이 그 정리된 내용이다.

(13) 가. 분리 가능한 형태 : 으오, 으옵, 으압, 사오, 사옵, 자오, 자옵.
　　　나. 분리 불가능한 형태 : 읍, 삽, 습, 잡, 압.

(13가)의 형태들에서는 원칙적으로 형태소변의 분리가 가능하다. 이런 경우 남는 형식은 '으압'을 제외하고 모두 (12가)적이라 할 수 있다. 형태소핵이 하나이거나 둘 이상의 중복형이거나 한 것이다. 여기서 '으압'이 문제인데, 이와 관련해서는 예문에서 다루기로 하고, 여기서는 형태소변을 제외하고 남는 형식 '압'이 다른 형태소핵, 즉, '오'나 '옵'의 형식보다 형태적인 면에서 너무 심한 변화를 겪은 형식이라는 점만 지적한다. 반면에, (13나)의 형태들에서는 형태소변을 분리하면 그 형태의 존립이 문제가 되고 있다. 그런데, (13나)의 형태들은 다시 둘로 나뉠 수 있다. 하나는 실제적인 발화나 담화에 쓰이는 형태이고, 다른 하나는 그렇지 못한 형태이다. 이를 다시 다음과 같이 정리하도록 한다.

(14) 분리 불가능한 형태
　　가. 실제 발화나 담화에 쓰이는 형태 : 읍, 삽, 습, 잡.
　　나. 수행-억양을 가지지 못하는 형태 : 압.

이제 (14)를 (13)에 편입시키면 (15)와 같이 될 것이다.

(15) 가. 분리 가능한 형태 : 으오, 으옵, 으압, 사오, 사옵, 자오, 자옵.
　　　나. 분리 불가능한 형태 : 읍, 삽, 습, 잡, 압.
　　　　a. 실제 발화나 담화에 쓰이는 형태 : 읍, 삽, 습, 잡.
　　　　b. 수행-억양을 가지지 못하는 형태 : 압.

다시 (15)를 (12)에 편입시켜 보면, (16)과 같이 될 것이다.

(16) 기능별 {-삽-}의 형태 분류
　　가. 형태소핵만을 가지는 형태
　　　a. '오'-계 : 오, 옵.
　　　b. 'ㅂ'-계 : ㅂ.
　　나. 형태소변도 가지는 형태
　　　a. 분리 가능한 형태 : 으오, 으옵, 으압, 사오, 사옵, 자오, 자옵.
　　　b. 분리 불가능한 형태 : 옵, 삽, 습, 잡, 압.
　　　　ㄱ. 실제 발화나 담화에 쓰이는 형태 : 옵, 삽, 습, 잡.
　　　　ㄴ. 수행-억양을 가지지 못하는 형태 : 압.

(16)이 기능별로 본 현대 국어적인 {-삽-}의 형태라면, 우리는 {-삽-}의 기능이 어디에 있는지에 대한 해명은 반쯤은 해결되었다고 본다. 우선 생각해 볼 수 있는 것은 현대 국어적인 {-삽-}이 중세 국어적인 {-습-}의 후대형 또는 발달형이라 하는 경우, 그리고 근대 국어 시기를 거치면서 형태·음운론적인 면이나 의미 기능적인 면에서 심한 변화를 입었다고 하는 경우, 현대 국어적인 {-삽-}의 이형태 가운데 중세 국어적인 {-습-}의 형태에서 심한 변화를 겪지 않은 형태는 관련 대상 인물에 대하여 겸양의 의미가 어느 정도 온전히 남아 있다고 추측할 수 있고, 심한 변화를 겪은 형태는 그렇지 못하다고 할 수 있을 것이다.

다음 문장을 보자.

(17) 가. 아버님, 할아버님께서 안방에 드십니다/듭십니다/드시옵니다/
　　　　　듭시옵십니다.
　　나. 제발 부탁드리니/제발 부탁드리오니, 그 말만은 말아 주십시오.
　　다. 나는 미련 없이 가네/가오.
(18) 가. 안녕히 가십시오.
　　나. 지금부터 작업합시다.
　　다. 제일 맛있는 것부터 먹읍시다.

(17가)에서, 직관적으로도 '드십니다'보다는 '듭십니다'가, '듭십니다'보다는 '드시옵니다'가, 그리고 '드시옵니다'보다 '듭시옵십니다'가 더 관련 대상 인물에 대한 높임이나 겸양이 큰 것으로 여겨진다. 별다른 이의 없이 '드십니다'의 '-시-'는 '할아버님'과 관련하고, '-ㅂ-'은 '아버님'과 관련한다. 이 경우 '-ㅂ-'은 청자를 향하고 있다. 이는 허 웅(1954=1961)의 논리에 합당한 것이며, 이러한 의미에서 청자를 존대하는 것이다. 특히 '-ㅂ-'이 형태소핵이라면, 그 관련 대상 인물에 대한 존대나 겸양은 온전히 수행되었다 해도 좋을 것이다. 이러한 점에서 화계에서 이 형태는 높음 대우에 속하는 것이다.

다음, '듭십니다'는 다소 설명이 필요하다. 이미 이 형식에 대한 논의는 앞에서 이루어졌으나, {-삽-}의 기능과 관련하여 여기서 다시 검토한다. '-시-'는 예의 '할아버님'과 관련하는 것으로 보아 무리가 없다. 그러나 '-시-'에 선행하는 '-ㅂ-'과 후행하는 '-ㅂ-'은 동일한 {-삽-}의 형태이나 그 관련 대상 인물은 다르다고 생각된다. 선행하는 '-ㅂ-'은 '할아버님'을 향하는 것이나, 후행하는 '-ㅂ-'은 '아버님'을 향하는 것이다. 현대 국어적인 {-삽-}이 반드시 청자와만 관련되는 요소가 아님을 보이는 예라 하겠다. 이와 같이 현대 국어적인 {-삽-}이 17세기부터 청자와 관련한다는 허 웅(1954=1961)의 논의는 다소 문제가 있는 것이며, 이에 대한 비판이 안병희(1983) 및 김정수(1984)에서 부분적으로 시사되었고(4.2. 주2 참조), 임홍빈(1985b)에서 일반화되었다. 또한 '-시옵-'의 형태가 하나의 관련 대상 인물에 대해 더 존경의 뜻을 표현한다는 기존의 연구는 일반화할 수 없다. 최현배(1937) 참조.[8] 그러나, 명령법의 경우에는 '-시옵-'이 한 인물과 관련한다. 명령문이란 청자가 곧 주격 대상 인물이기 때문이다.

관련 대상 인물에 대한 존대나 겸양이 '듭십니다'의 역의 논리가 '드시옵니다'이다. 이 경우 '옵'은 청자 '아버님'만을 향하고 있는 것인데, 이미 앞에서 밝힌 바와 같이 '옵'은 형태소핵을 둘이나 가지는 중가형이므로 '아버님'을 향하는 겸양의 정도는 그만큼 크다고 할 수 있으며, 이러한 의미에서 그 표현의 가치는 배가된다고 할 수 있다. 서두에서 '드시옵니다'가 관련 대상 인물에 대한 높임이나 겸양이 더 큰 것으로 가정한 것이 이러한 이유에서이다. 임홍빈(1985b) 참조.

그렇다면, '듭시옵십니다'는 어떻게 분석되는 것인가? 이제까지의 논리를 그대로 따라 오면, 의심의 여지없이 '-ㅂ시-'는 '할아버님'과 관련하는 형식이고, '-옵십-'은 청자 '아버님'과 관련하는 형식이라 할 수 있다. 여기서 청자와 관련하는 형식 '-옵십-'에만 주의를 기울이기로 한다. 예의 '-옵십-'은 형태소핵 중가형 '-옵-,' '-시-', 그리고 다시 형태소핵 '-ㅂ-'으로 분석이 가능한 것인데, 그 표현 가치가 극대화되어 있는 것은 말할 것도 없고, '드시옵니다'의 '-시옵-'과 미묘한 대립의 양상을 띠는 것이다. 앞에서 우리는 평서법의 형태에서 '-시옵-'은 하나의 관련 대상 인물에 대해 더 존경의 뜻을 표현할 수 없으나, 명령법의 '-시옵-'은 그럴 수 있음을 지적하였다. 명령법의 '-시옵-'이 주격 대상 인물 겸 청자와 관련하는 형식이라면, 우리는 아무런 전제 없이 '-시-'는 주격 대상 인물 관련 요소이며, 그리고 '-옵-'은 청자 관련 요소라고 말할 수도 있다. 만약 이러한 가정이 틀리지 않는다면, {-시-}와 {-삽-}이 중복되어 나타나는 형식에 대한 어떤 일반화를 꾀할 수 있을 것으로 생각된다. 가령, 주격 대상 인물과 관련되는 {-시-}를 기준으로, 그 이후에 오는 모든 {-시-}와 {-삽-}의 중가형 또는 중복형은 청자와 관련되는 형태로 해석해도 무리가 없다는 것이다. 이러한 조건에 의해 '드시옵니다'와 '듭시옵십니다'를 분석하면, 청자와 관련되는 형태는 전자의 경우 '-옵-'이 되는 것이며, 후자의 경우 '-옵십-'이 되는 것이다.

이와 같이 미묘한 {-시-}와 {-삽-}의 위치를 임홍빈(1985b:431)

는 '-삽+시-'적인 배열과 '-시+삽-'적인 배열로 설명하고 있다. 그리고, 현대 국어적인 {-삽-}이 청자와만 관련되는 것으로 오해되는 것도 이와 같은 위치의 문제에서 비롯되었다고 보고 있다. 일반적으로 중세 국어에서는 {-시-}가 {-삽-}보다 뒤에 오는 '-삽+시-'적인 배열이나, 현대 국어에서는 '-시+삽-'적인 배열뿐 아니라, '-삽+시-'적인 배열도 가능한 것이다.[9] 이러한 {-시-}와 {-삽-}의 위치 조건을 임홍빈(1985b:431)에서는 다음과 같이 정리하고 있다. 그러나 이는 다소 수정이 불가피한 것으로 생각된다.

(19) {-삽-}의 기능에 대한 위치 조건(1)[10]
　　 {-삽-}이 나타나는 위치가 어말 어미 형태에 가까울수록, 그 관련 대상은 청자로 해석될 가능성이 많고, 어간 형태에 가까울수록 그 관련 대상은 청자 외의 다른 인물로 해석될 가능성이 많다. 여기에서 어말 형태에 가깝다는 것은 {-삽-} 앞에 {-시-}가 오거나 {-시-}가 전제됨을 말한다.

　다시 (17나)로 돌아간다. (17나)에서 '부탁드리오니'가 '부탁드리니'보다 겸양적인 표현이라면, '-오-'는 그 관련 대상을 청자 겸 여격 대상 인물로 하고 있음이 분명하다. 이에는 두 가지 주목되는 것이 있다. 하나는 {-삽-}이 여격 대상 인물과 관련되기도 하는 것이고, 다른 하나는 객체 존대 동사라 하는 '드리다'에 다시 {-삽-}이 결합될 수 있다는 것이다. 특히 후자의 가능성은 중세 국어적인 {-숩-}이 허 웅(1954=1961)적인 객체 존대법의 접미사라 하는 경우, 객체 존대 동사에 중세 국어적인 {-숩-}이 다시 결합된 현상에 대한 설명에 어려움이 있으리라는 예측을 가능하게 한다. 이와 관련하여 중세 국어의 자료를 검토해 보자.

(20) 가. 太子 지죄 奇特ㅎ실씨 우리 父母ㅣ 太子끠 드리ᅀᆞᄫᆞ시니
　　　　 (釋譜詳節 六, 7)
　　 나. 太子롤 셤기ᅀᆞᄫᆞ디 하ᄂᆞᆯ 셤기ᅀᆞᆸᄃᆞᆺㅎ야(釋譜詳節 六, 4)

　다. 帝祐룰 뵈ᅀᆞᆸ니(龍飛御天歌 7)
　라. 侍病은 病ᄒᆞ얫거시든 뫼ᅀᆞᄫᅡ 이실씨라(月印釋譜 十, 15)

　(20)에서의 문제는 이렇다. '드리다,' '셤기다,' '뵈다,' '뫼다'가 객체 존대라면, 다시 객체 존대 {-ᅀᆞᆸ-}이 결합될 하등의 이유가 없다는 것이다. 그리고 이러한 현상을 설명할 어떤 해석도 옹색하다는 것이다. 임홍빈(1976:257) 참조.

　(17다)의 '-오'는 별다른 설명이 필요 없다. '-오'가 {-ᅀᆞᆸ-}의 이형태라 할 때, 화자보다 높은 인물이거나 나이가 많은 인물에는 전혀 쓰이지 못한다. 이러한 의미에서 '-오'는 같음 대우라 할 수 있다.

　(18가)의 '*가시옵시오'는 절대로 성립이 되지 않는다 할 때, 명령법의 어미는 '-십시-'와 같이 {-ᅀᆞᆸ-}이 '-ㅂ-'으로만 나타난다. 이러한 현상은 (18나, 다)에도 마찬가지이다. 청유형 혹은 권유형의 어미는 '-ㅂ시-' 또는 '-읍시-'의 형태를 취하는 것이 그러하다. 이러한 문장에서 '-ㅂ-'과 그 후행하는 '-시-'의 관계에 주목하여 임홍빈(1985b:434), 임홍빈(1985b:435)는 다음과 같이 정리하고 있다.

　(21) '-ㅂ-' 형식에 대한 예외성 조건
　　　{-ᅀᆞᆸ-}의 이형태 가운데 근문에만 쓰이는 형식인 '-ㅂ-' (또는 '-읍-')은 (19)의 조건에 대하여 예외를 이룬다. 즉, '-ㅂ-' 뒤에 {-시-}가 오더라도, '-ㅂ-'은 청자만을 그 관련 대상으로 하게 된다.
　(22) 높임의 동질성 조건
　　　문종결 형식의 구성에 있어, 어떤 형태가 일단 청자에 대한 높임을 나타낼 때, 그 배열상 뒤에 오는 형태로써 청자 외의 다른 대상을 높일 수 없다.
　(23) {-시-} 관련 대상의 동질성 조건
　　　동일한 문미 구성에 있어서 {-시-}와 관련되는 대상은 동일해

야 한다. 다만, 문미 외적인 문미는 동일한 문미 구성으로 취
급되지 않는다.

그러나, 우리가 생각하기에는 (19)와 관련해서 (20-22)는 지나
치게 순환적인 것으로 여겨진다. 임홍빈(1985b)에서는 (21-23)
의 조건을 명령문이나 청유문을 의식해서 마련한 것으로 추측되는
데, (19)의 내용을 일부 수정만 하면 그것으로 충분하다고 판단된
다. 다음이 그것이다.

   (24) 수정된 {-삽-}의 기능에 대한 위치 조건(1)
      근문에서 {-삽-}이 나타나는 위치가 어말 어미 형태에 가까울수
      록, 그 관련 대상은 청자로 해석될 가능성이 많고, 어간 형태
      에 가까울수록 그 관련 대상은 청자 외의 다른 인물로 해석 될
      가능성이 많다. 이 때, 그 기준은 주격 대상 인물과 관련되는 {-시-}
      가 되며, 그 {-시-} 뒤에 오는 {-삽-}이나 {-시-}는 모두 청자와 관
      련되는 것이다.

   (24)는 특별히 명령문이나 청유문의 형태, 그리고 '-ㅂ-'을 고려
하거나 지칭하지 않아도 {-시-}와 {-삽-}의 중복형의 형태를 분석
할 수 있는 이점이 있다. 예컨대, '가십시오'에서 선행하는 '-시-'가
주격 대상 인물과 관련하는 것이라면, 남는 '-ㅂ시-'는 동일한 인물
청자를 가리키는 것이며, 그리고 '-십시오'가 하나의 문미 구성이라
면, 여기서 두 번 쓰인 '-시-'는 청자 겸 주격 대상 인물을 가리키
는 것이다.
   그러나, 근문이 아닌 내포문의 경우 {-삽-}의 쓰임은 다소 다른
양상을 띤다. 임홍빈(1985b:432) 참조. 우선 그의 조건을 먼저
가져오고 예문을 검토하기로 하자.

   (25) {-삽-}의 기능에 대한 위치 조건(2)
      {-삽-}의 이형태의 하나인 '-오-'라는 형식이 상위자에 대하여 쓰

일 수 있는 것은 내포문의 어미 형식에 있어서뿐이다.

(25)의 적용을 받는 것이 (17다)의 '가오'의 '-오'이다. 우리는 (17다)를 논의하면서 '-오'는 같음 대우에 쓰인다고 한 점을 상기하기 바란다. 이 형식은 화계와도 관련되는 것인데, '-오'는 나이가 중년 이상의 화자와 청자가 하대할 수 없을 경우에 쓰이는 형식이다. 또한 이미 검토된 (17나)에서 '부탁드리오니'의 '-오-'가 청자 겸 여격 대상 인물과 관련하고, 상위문 서술어 '말아 주십시오'와 호응하는 경우, 내포문의 '-오-'는 상위자에 쓰이는 것이다.

이와 같이 내포문의 '-오'가 상위자와 관련하는 요소라면, 여기서 관련 대상 상위자는 화자에게 某種의 영향을 미치거나 이해 관계에 있거나 혜택을 주거나 한 대상이라 할 수 있다. 그리고, 이러한 대상 인물을 '수혜자'(授惠者)라 가정하자. 이러한 경우 {-삽-}은 '수혜자(授惠者)에 대한 화자 겸양'의 기능을 갖는다고 할 수 있다. {-삽-}에 대한 규정은 임홍빈(1985b:441)적인 것인데, 기왕에 학계의 {-삽-}에 대한 일반적인 견해가 '겸양'이나 '공손' 또는 '존대'라 한 점과, 그리고 小倉進平(1929), 김형규(1947), 허 웅 (1954=1961), 안병희(1961, 1983), 이익섭(1974), 그리고 이정민(1974) 등에서 대우법에서 화자의 의도나 의향이 중요한 요인이라고 언급하거나 지적한 점을 고려하여 별다르게 {-삽-}에 대한 규정을 할 필요성을 느끼지 않는 것이다.

다음 문장을 검토하기로 한다.

(26) 가. *영희가 아침에 빵을 먹<u>옵고</u> 학교에 갔습니다.
　　 나. *영희가 아침에 빵을 먹<u>옵고</u> 학교에 갔습니다.
　　 다. 영희가 아침에 빵을 먹<u>으옵고</u> 학교에 갔습니다.
(27) 가. 문제의 심각성이 그를 괴롭혔<u>습</u>니다.
　　 나. 당신의 손을 잡<u>사오니</u>/*잡자오니, 온기가 온몸을 감쌉니다.
　　 다. 마마께서 대왕 마마의 뒷자락을 잡으시<u>옵</u>고, 애통해 하였<u>사</u>옵니다.
(28) 가. 어른의 말씀을 듣<u>자오</u>니/*듣사오니, 부끄러움을 감추지
     못하겠습니다.
   나. 주님이시여, 당신의 뜻을 받<u>잡</u>고/*받삽고, 살아가고 있습니다.
   다. 신청 서류를 받<u>사오</u>니/*받자오니, 참고하시기 바랍니다.

   (26)의 내포문에서 '-옵-'은 형태소변 '-으-'를 반드시 요구한다. (27)에서 '-습-'은 그 자체로 하나의 {-삽-}의 형태임을 나타낸다. 이런 점에서 '-습-'은 형태소변을 요구하지 않는다. 중세 국어적인 {-습-}의 형태와 아주 흡사한 형태로 '-ㅂ-'과 함께 음운론적 제약을 받는다.[11] (27나)는 한편으로는 동사 '잡다'가 '사'-계와 결합함을 나타내며, 다른 한편으로는 '사오'가 청자 겸 속격 대상 인물 '당신'과 관련됨을 나타낸다. (27다)는 '-사옵-'이 '-습-'보다 관련 대상 인물에 대한 겸양의 정도가 큼을 보이고 있다. '-사옵-'의 '-옵-'이 형태소핵의 중가형 또는 중복형이기 때문이다.
   (28)에서 (가-나)의 동사 '듣다'와 '받다'는 '자'-계와의 결합을 나타내나, (다)의 '받다'는 (나)의 '받다'와는 달리 '사'-계와의 결합을 나타내 준다. 동일한 동사가 이와 같이 '사'-계와 '자'-계를 넘나들며 쓰이는 현상은 이미 밝힌 바 있는데, 예의 (28나)의 '받잡고'는 화자의 행동성이 약화되는 경우에 쓰이나 (28다)의 '받사오니'는 화자의 행동성이 전혀 약화되지 않은 경우에 쓰이는 것이다. 그리고 (28나)의 '받다'가 '받들다'나 '이바지하다'의 의미로 해석되고, (28다)의 '받다'가 '접수하다'의 의미로 해석된다면, '자'-계에 속하는 {-삽-}의 형태가 '사'-계에 속하는 형태보다 대상에 대한 겸양이나 공손함이 더 크거나 낮다고 할 수 있다. 또한, 앞에서도 지적한 바와 같이 이 둘 간에는 시대적인 문체의 차이도 보이는 것으로 느껴진다.
   이제 앞에서 다루지 않은 {-삽-}의 형태를 검토하기로 한다.

(29) 가. 절대 만지지 마압/*마삽/*마잡.
　　　나. 신부가 내 손목을 ??*잡으압/??*잡으삽/*잡으잡.
　　　다. 철수가 밥을 *먹압/*먹삽/*먹잡.
　　　라. 신부가 내 손목을 ?잡으압고/??*잡으삽고/*잡으잡고, ….

(29가)에서 '-압' 외에 '-삽, -잡'은 거의 쓰이지 않는다. 이러한 점으로 미루어 '-압'은 일종의 어미처럼 행세하는 것으로 생각된다. 구체적인 청자나 특정한 청자가 상정되지 않는 경우에 한한다. 이에 대한 반증이 (29라)의 '잡으압고'가 성립의 여지를 보이는 것이 그러하다. 이 경우 구체적인 청자나 특정한 청자가 상정될 때에는 다소 기묘해 보이지만 그렇다고 전적으로 성립되지 않는다고는 할 수 없다. 한편, (29나)의 '??*잡으압'이 거의 성립하지 못하는 것이 이를 지지해 준다. 따라서, 이와 같이 문 종결 형식으로 쓰이는 '-압'은 (16나-b-ㄴ)에서 언급한 것처럼 전혀 수행-억양을 가지지 못하는 형태이다. 임홍빈(1984a, 1985b) 참조. 4.5.에서 다시 후술할 것이다. 그러나, '삽'과 '잡'은 그조차 불가능한 형태이다. (29다)에서 '*먹압'이 절대로 불가한 것은 예의 (29다)가 구체적인 발화라는 점과 음운론적 조건 때문이라고 생각된다.

　이상의 논의의 요점은, 첫째, {-삽-}과 관련되는 대상은 특정한 문장 성분의 인물이 아니라, 청자는 물론, 주격 대상 인물, 주제 대상 인물, 여격 대상 인물, 목적격 대상 인물, 심지어는 속격 대상 인물도 될 수 있다는 것이고, 둘째, {-삽-}은 화자에게 某種의 영향을 미치거나 이해 관계에 있거나 혜택을 주거나 하는 상위자, 즉 '수혜자(授惠者)에 대한 화자 겸양'의 기능을 갖는다는 것이다. 이를 다음과 같이 정리하도록 한다.

(30) {-삽-}의 기능
　　　{-삽-}은 화자에게 某種의 영향을 미치거나 이해 관계에 있거
　　　나 혜택을 주거나 하는 상위자, 즉 '수혜자(授惠者, benefac-

tor)에 대한 화자 겸양'의 기능을 갖는다. 그런데, 수혜자는
청자는 물론, 주격대상 인물, 주제 대상 인물, 여격 대상 인물,
목적격 대상 인물, 심지어는 속격 대상 인물도 될 수 있다

　{-삽-}의 기능이 (30)일 때, 우리에게 남은 것은 {-삽-}의 구조
를 나타내는 일이다. 이를 다음과 같이 나타내도록 한다. 해석 원
리와 범주 표지는 {-시-}에 적용된 것과 거의 다름없다.

　(31) {-삽-}의 구조적 특징

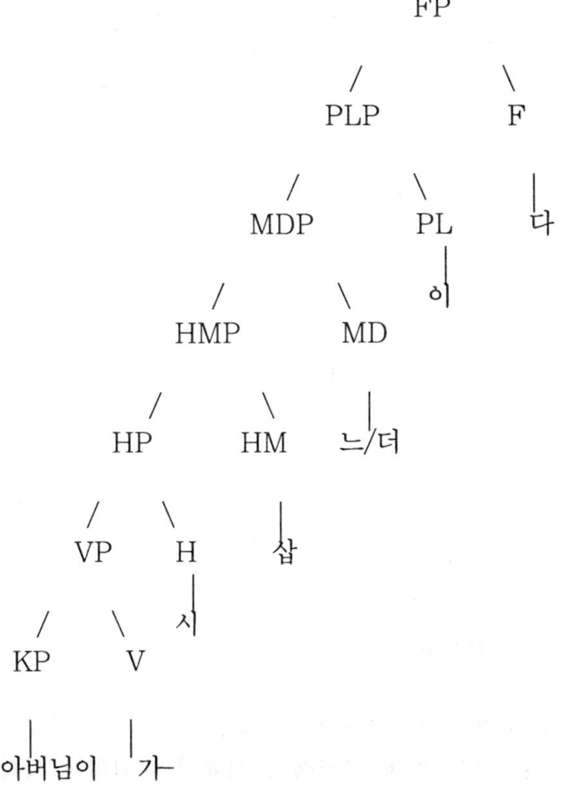

(31)은 {-삽-}의 정식 구조이다. PLP(=polite phrase)는 공손구 범주로 문장에 {-시-}와 {-삽-}이 모두 나타나는 경우를 대비한 것이고, MDP(=modal phrase)는 양상구 범주로 현대 국어에서 시제적인 의미가 약화되어 相의 의미로 쓰이는 선어말 어미 '-느-'와 '-더-'를 나타내기 위한 것이며, HMP(=humble phrase)는 겸양구로 {-삽-}을 나타내기 위한 것이다. 물론 이에는 {-시-}도 포함된다.

그러나, 이러한 정식 구조는 다소 번거롭다. {-삽-}이 수혜자benefactor)에 대한 화자 겸양이라면, 약식으로 나타내는 것이 더 간략하고 이해하기 쉬운 것이다. 다음 (32)가 그것이다.

(32) 가. 약식의 {-삽-}의 구조적 특징

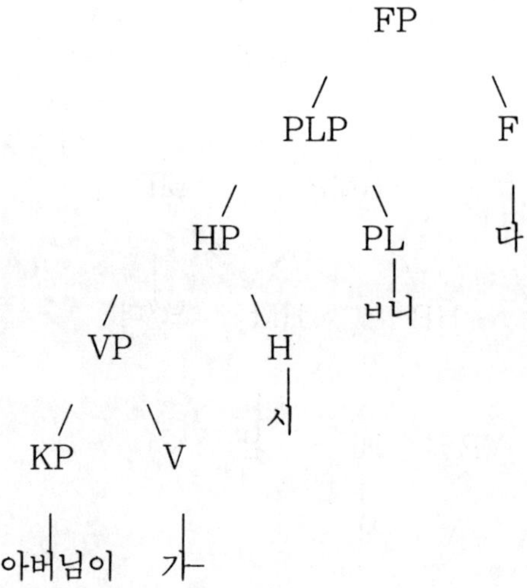

(32)와 같이 약식으로 나타내는 경우 특히 청자 대우를 해석하는 데 이점이 있다. 현대 국어에서 시제적인 의미가 약화되어 相의 의미로 쓰이는 선어말 어미 '-느-'와 '-더-'에 공손 선어말 어미 {-이-}가 융합된 '-ㅂ니-'와 '-ㅂ디-'는 {-삽-}의 결합으로 재구조화

된 어미로 해석할 수 있기 때문이다. 2.3.1.1. 및 4.6. 참조.

4.5. 어말 어미화한 {-삽-}

4.4.의 '기능별 {-삽-}의 분류 형태(16)에서 형태소핵만을 가지는 형태와 형태소변을 가지나 분리가 불가능한 형태를 상정하였다. 이 가운데 본 절과 관련되는 {-삽-}의 형태는 형태소핵만의 형태인 '-오'와 형태소변을 가지나 분리가 불가능한 형태 '-압'이라고 생각한다. 그런데, 임홍빈(1984a, 1985b)에서는 '-삽'과 '-잡'도 해당되는 것으로 상정되어 있다. 또한, 4.4.의 '{-삽-}의 기능에 대한 위치 조건(25)'에서 내포문에 쓰이는 '-오-'는 상위자에 대하여 쓰일 수 있다고 가정하였다.

이상에서 검토된 내용에서, 본 절의 논의와 관련하여 우리가 관심을 가지는 것은 두 가지이다. 하나는 {-삽-}의 이형태 '-오'와 '-압'이 어떻게 어말 어미화한 것인지에 대한 것이고, 다른 하나는 이들 형태가 어말 어미화하였다고 하는 경우, 그 수행성의 성격은 어떠한 것인지에 대한 것이다.

다음의 예를 검토하기로 한다.

(32) 가. 가옵고/가시옵고, 받자오니/*받으시자오니/*받자오시니,
　　　 가옵니다/가시옵니다.
　　나. 가옵고/*가느옵고, 받자오니/*받느자오니, 가옵니다/*가느
　　　 옵니다, 받자옵니다/*받느자옵니다.
　　다. 가옵고/*가더옵고, 받자오니/*받더자오니, 가옵니다/*가더
　　　 옵니다, 받자옵니다/*받더자옵니다.
(33) 가. 나는 주님의 뜻을 받<u>자와</u> 이렇게 종이 되었습니다.
　　나. 나는 주님의 뜻을 받<u>자와요</u>.
　　다. *나는 주님의 뜻을 받<u>자와</u>.

(33가)에서, '가옵고'와 '가옵니다'의 '-옵-' 앞에는 선어말 어미 {-시-}가 와 쓰일 수 있다. '받자오니'가 {-시-}를 허용하지 않는 것은 객체 존대법에 어긋나기 때문이다. 화자에 {-시-}가 쓰인 것이다. 이러한 동사의 경우를 제외하면, {-삽-} 앞에 {-시-}가 쓰이는 것은 국어의 일반적인 현상이라 할 수 있다. 이는 '{-삽-}의 기능에 대한 위치 조건(24)'로도 설명이 가능하다. 특별히 중복형이 아닌 한, {-삽-} 앞에 오는 {-시-}는 보통은 행동주, 즉 주어 성분과 관련한다.

그러나, (32나)와 (32다)에서는 그것이 연결 구성이든 종결 구성이든 '-옵-' 앞에 선어말 어미 {-느-}와 {-더-}가 절대로 올 수 없다. 이러한 제약을 임홍빈(1985b:416)에서는 '문미 형성 조건'으로 설명하고 있다.[12] 이러한 배열 관계가 가지는 의의는 현대 국어의 배열 순서와 중세 국어의 배열 순서에서 {-시-}와 {-삽-}의 배열 순서에는 변화가 있었으나, 실현성의 {-느-}, 단절상의 {-더-}와 {-삽-}의 배열 순서에는 아무 변화가 없음을 의미한다.[13] 이기문(1972)에 의하면, 중세 국어의 선어말 어미의 배열 순서는 "겸양법-과거-존경법-현재-의도법-미래-감탄법-공손법"으로 되어 있다. 주 8참조.

(33가)의 '받자와'는 내포문의 서술어로 쓰인 것인데, 이 경우, '-자오-' 뒤에 반말 형태 '-아/어'가 오면 성립에 이상이 없다. 이러한 현상은 {-삽-} 자체로 문 종결 형식이 되기는 어려움을 시사해 준다. (33나)의 '받자와요'는 근문의 서술어로 쓰인 것인데, 이 경우, '-자오-' 뒤에 반말 형태 '-아/어'가 오고 다시 '-요'와 같은 요소가 옴으로써 성립에 이상이 없다. 가령, '-요'가 뒤따르지 않으면, (33다)와 같이 전혀 문장의 성립이 이루어지지 않는다. 이는 곧, {-삽-} 뒤에 반말 형태 '-아/어'만이 결합되어서는 문장을 종결시킬 수는 없음을 시사하는 것이다. 이러한 현상을 임홍빈(1985b: 417)에서는 '문미 형성 조건'으로 설명하고 있다.[14]

이와 같이, '-옵-' 앞에 선어말 어미 {-느-}와 {-더-}가 절대로 올 수 없다는 것과 {-삽-} 뒤에 반말 형태 '-아/어'만이 결합되어서는 문장을 종결시킬 수는 없다는 것은 현대 국어의 문종결 형식 구성은 '-ㅂ니-', '-습니-', '-ㅂ디-', '-습디-', 그리고 '-ㅂ죠', '-읍죠' 및 '-ㅂ시-'와 같이 {-삽-} 뒤에 {-느-}, {-더-}, 그리고 '-아/어요'가 결합된 형식이라는 것을 가리키고 있다.

그러나, 근문의 경우, {-삽-}의 형태가 문종결 형식으로 나타나는 예도 있다. 다음 문장을 보도록 하자.

(34) 가. 제발 부탁드리<u>오</u>니, 그 말만은 말아 주십시<u>오</u>.
　　　나. 나는 미련 없이 가<u>오</u>. (평서)
　　　다. 안녕히 가십시<u>오</u>.
　　　라. *아버님, 나는 가<u>오</u>. (평서)
(35) 가. 절대 만지지 마압/*마삽/*마잡.
　　　나. 절대 만지지 마시압/*마시삽/*마시잡.
(36) 가. 오늘은 비가 *그치겠다압/*그치겠다삽/*그치겠다잡.
　　　나. 영희야, 내일은 날씨가 ??맑으압/*맑삽/*맑잡.
　　　다. 내일은 날씨가 맑으압/*맑삽/*맑잡.

(34가)의 '-오-'는 '{-삽-}의 기능에 대한 위치 조건(25)'에 의해 수혜자에 대한 화자 겸양의 기능을 갖는다 할 수 있다. 내포문의 '-오-'의 쓰임 기능이다. 반면에, (34나)의 '-오'는 관련 청자가 상위자가 아닌 경우에나 성립이 가능하다. (34라)가 성립되지 못하는 것과, 일반적으로 (34다)적인 표현이 상위자에 대한 그릇된 표현이라고 하는 것이 이러한 해석을 지지해 준다.[15] 그러나, (34다)의 '가십시오'는 논의의 여지가 있다. 가령, '가십시오'의 형태소 분석이 대략 '가시-+-ㅂ시오'로 가능한 것이라면, 이는 우리의 '{-삽-}의 기능에 대한 위치 조건(24)'이나 임홍빈(1985b)의 '높임의 동질성 조건(22)' 또는 '{-시-} 관련 대상의 동질성 조건(23)'에 위배되지 않으므로, 문제의 '-시-'를 심리적 행동주를 높이는 {-시-}로 해석해

도 무방한 것이다. (34나)의 '-오'가 문 종결 형식으로 쓰이려면,
화자와 청자가 나이가 든 동년배이어야 한다. 이는 곧 '-오'가 높임
의 기능을 가지는 형태가 아님을 밝혀 준다.

(35)에서 '-압' 외에 '-삽'이나 '-잡'은 거의 절대로 쓰이지 못한
다. 사람에 따라 '마압'이 다소 어색하게 들릴는지도 모르나, '마시
압'이 가능한 것으로 보면, 성립이 가능하다고 해야 할 것이다. 임
홍빈(1985b)에도 비슷한 지적이 있다.

(36가)에서, '그치겠다압', 그리고 '그치겠다삽, *그치겠다잡'이 성
립 가능하지 않은 것은 경우가 다르다. '*그치겠다압'이 성립 불가능
한 것은 '-압'이 완전한 문 종결 형식 뒤에 연결되었기 때문이며,[16]
'*그치겠다삽, 그치겠다잡'이 성립할 수 없는 것은 음운적 연결이 잘
못되었을 뿐 아니라 원천적으로 '-압'과 같은 기능을 가지지 못하
기 때문이다. (36나)에서 '??맑으압'이 성립에 부자연스러운 양상
을 띠는 것은 예의 문장이 '영희야'와 같은 구체적인 청자가 상정
된 현실적인 발화로 여겨지기 때문인 것으로 이해된다. 이와 같이
현실적인 발화에서 '-압'이 쓰이는 경우, 그 문장이나 발화는 거의 성
립의 여지가 없는 것으로 생각된다. (36나)적인 표현에서 '-압'이
쓰이려면 청자를 자기로 하는 일기문 형식이어야 할 것이다. (36
다)가 자연스러운 것이 이를 지지해 준다. 그런데, 임홍빈(1985b)에서
는 이와 같은 언급 없이 '-압'이 당연히 쓰이는 것으로 기술되어 있
다. 여기에 그 예를 가져온다.

(37) 가. 철수는 내일 학교에 가압/*가삽/*가옵/*갑. (평서)
    나. 영희는 밥을 먹으압/먹삽/먹었삽/먹겠삽. (평서)
    다. 어서 오라삽/?와라삽/*이리 오너라삽. (명령)
            (이상, 임홍빈(1985b:412) 예 10)
    라. 책은 다 읽은 뒤에 제 자리에 가져다 놓으시압.
            (임홍빈(1985b:419) 예 21)

　(37가)의 성립성은 우리와 같다. 따라서 별달리 설명할 필요가 없는 것이다. 그러나 (37나)는 우리와 크게 다르다. '-압' 외에 '-삽'도 가능한 것이 그러하다. 이에 대한 그의 설명은 평서나 명령의 경우 가능하다는 것이다. 그러나 이렇게 보기에는 문제가 있다고 추측된다. 임홍빈(1985b:413)에서도 언급되어 있는 것처럼, 우선 추측해 볼 수 있는 것은 '-압'이나 '-삽'이 이와 같이 구체적이며 현실적인 발화에도 쓰임이 가능한 것이라면, 예의 임홍빈(1984a)적인 '수행-억양'의 논리는 무색해지는 결과를 초래하게 되며, 이러한 의미에서 '-압,' '-삽'과 '-오'는 차별화 되지 않는 것이다. 임홍빈(1984a)에의 출발점이라 할 수 있는 '-오'는 수행-억양의 요소를 지니는 형태이고, '-압'은 수행-억양의 요소를 지니지 못한 형태라는 가정이 불투명해진다고 추측된다. 다만, (37나)의 형식이 자연스러우려면, 그것은 청자가 자기 관련과 같은 문장의 성격을 지녀야 한다. 그러나, 그와 같은 문장의 성격을 띠는 그 자체가 이미 비수행문적이라 할 수 있다. (37라)에서 '-압'의 쓰임이 지극히 자연스러운 것은 구체적이며 현실적인 발화는 아니라 하더라도 불특정 다수에게 홍보를 위한 알림의 글이나 게시문으로는 가능한 것이기 때문이다.

　(37다)에서 '이리 오너라삽'은 전혀 성립되지 않고, '⁇와라삽'은 의심스럽다고 하였는데, 우리에게는 모두 성립에 이상을 가지는 것으로 판단된다. 임홍빈(1985a)적으로 '해'체는 직접 명령, '해라'체는 간접 명령이라 할 때, 이미 이 명령들은 구체적이며 현실적인 발화의 성격을 띤다고 할 수 있는데, 그럴 경우 예의 비수행적인 요소 '-삽'이 연결된다는 것은 범상한 일이 아닌 것으로 여겨진다. 그런데, '오라삽'은 성립의 여지를 갖는다. 임홍빈(1983)적인 절대문의 명령 형식 뒤에 비수행적인 요소가 결합되는 것이 그렇게 무리하지 않아 보이기 때문이다. 임홍빈(1983)에서 설정된, 절대문은 결코 구체적인 청자를 상정하는 성격의 문장이 아니라는 논리에 따른 해석이다. 이러한 경우에 한하여 '-삽'은 문미 외적 문

미의 형태라 할 수도 있을 것이다.

이와 관련해서, 또 한 가지 짚고 넘어가야 하는 것은 앞에서 예 '받잡고'와 '받삽고'에 대한 논의에서 '-잡'이 '-삽'보다 예스러운 표현일 뿐 아니라, 대상 인물에 대한 겸양의 정도가 나은 것으로 추측한 점이다. 그 때 거기서 우리는 '-잡'은 행동성이 약화된 의미를 띠는 동사와의 결합이 자연스럽다 하였다. 여기서 우리는 겸양의 표현 가치의 크기를 '압 〉 잡 〉 삽'으로 가정하기로 한다.

다음 문장을 검토하기로 한다.

> (38) 가. 중요한 문건이니 절대로 손대지 마시압/*말삽/*말잡.
>   나. 중요한 문건이니 절대로 손대지 *마시라압/마시라삽/*마시라잡.

(38가)에서는 '마시압'외에 성립이 아주 이상한데. (38나)에서는 '마시라삽'만 성립이 가능하고 나머지는 이상이 있는 것이다. 이러한 현상을 우리는 다음과 같이 추측해 본다. 첫째, '-압'은 겸양의 정도가 '-옵-'보다는 못하지만, 다른 형태보다 크다는 것이며, 둘째, '-삽'은 '보고'(報告)의 기능이 다른 형태보다 크다는 것이다. 그런데, '-잡'은 그 어느 기능도 다른 형태들보다 낫지 못하므로 예의 문장에서 다 성립이 불가하다는 것이다. 만약 이러한 우리의 가정이 틀리지 않다면, '-압'은 어미로서 얼마간 대상에 대한 겸양의 표현을 갖는 것이고, '-삽'은 문미 외적 문미로서 얼마간 대상에 대한 보고 형식의 표현을 갖는 것이라 할 수 있을 것이다.

따라서, 어말 어미화한 {-삽-}의 형태에는 그 성격은 다르나 '-오'와 '-압'만이 있는 것으로 가정한다. 그렇다면, 이 두 형태에는 어떤 성격의 차이가 있는 것인가? 이에 대해서는 앞에서 시사된 바와 같이, 현실적인 발화에서 쓰이느냐 그렇지 않으냐 하는 차이이다.

(39) 가. 철수가 집에 가<u>오</u>.

　　　나. 내일의 행운을 기대하시<u>압</u>.

(40) 가. -오]$_{HMP}$ e]$_F$ π]$_{PFP}$

　　　나. -압]$_{HMP}$ e]$_F$ ϕ]$_{PFP}$

　　(40)적인 형식화는 임홍빈(1984a, 1985b, 1997)에서 원용하
였다. HMP(=humble phrase)는 겸양구의 범주를 나타내고
PFP(=performative phrase)는 수행소구 또는 이행소구의 범
주를 나타내며, F(=final ending)는 어말 어미 범주를 나타낸
다. (40)에서 F(=final ending)를 공범주로 처리한 것은 이들에
는 다같이 어말 어미 형식이 결여되어 있음을 나타내는 것이다.
(40가)의 π-요소는 임홍빈(1984a)적인 수행-억양의 요소로 문장
을 현실적인 발화 형식의 문장으로 만드는 보다 적극적인 역할을
담당하는 요소이고, (40나)에는 그와 같은 수행-억양의 요소가 없
으므로 예의 문장을 비수행문으로 남게 하는 것이다.

　　그렇다면, '-오'에는 수행-억양의 요소가 어떻게 상정 가능한 것
인가? 우선, 추측해 볼 수 있는 것은 예 (38)에 대한 논의에서
'-압'은 대상에 대한 겸양의 의지를 어느 정도 갖는 형태라는 것이
다. 이에 대한 정확한 대답이 되는지는 확실치 않으나 그 개연성
은 크다고 본다. {-삽-}의 본래적 기능이 대상 인물에 대한 겸양
에 있는 것이라면, 그러한 한, '-압'은 미약하나마 {-삽-}적인 기능
을 갖는다 할 수 있다. 현대 국어적인 {-삽-}의 형태는 중세 국
어적인 {-습-}의 형태가 그렇듯이 겸양의 기능은 가지나, 그 자리
하는 위치는 결코 어말 어미의 위치가 아니다. 그런데, 어말 어미
화한 '-압'은 '-오'가 거의 가지지 못하는 겸양의 의미를 여전히 가
짐으로써 수행-요소를 가질 수 없게 된 것으로 생각하는 것이다.
이에 대한 반증으로 가령, 청자와 관련되는 '-ㅂ-'이나 '-습-'이 현
대 국어의 문종결 구성에서 선어말 어미 '-느-'나 '-더-'의 도움 없
이는 거의 독자적으로 수행적인 기능을 가지지 못하는 것이 그것

이다. 임홍빈(1985b:448-449)에서는 이러한 현상에 대해 '-압'
(혹은 '-삽')이 {-삽-}의 정직한 형태라는 추측을 보이고 있다. 결
국 임홍빈(1985b:448)에서는 형태적인 면을 중시한 것이고, 우
리는 기능적인 면을 중시한 것이다. 반면에, '-오'의 경우는 다소
다르다. 첫째, 그 형식이 같음 대우에 속하는 어말 어미의 위치에
서 당당히 쓰이나 결코 {-삽-}적인 또는 '-압'적인 겸양의 표현 가
치는 거의 가지지 않은 점이 그러하고, 둘째, 그 형성 과정에서 이
미 수행 요소를 가지고 있다는 점이 그러하다. 최명옥(1976:
166)에서는 '-오'가 '-오이'의 축약으로 볼 수도 있을 것이라고 상
정한다.[17)

'-오'가 수행 요소를 가지고 있다는 증거의 또 다른 측면은, 특
히 구어체의 경우 이 '-오'가 '-우'로 변이되는 현상이다. '드시오?/
드시우?, 가오?/가우?'. 이러한 현상에 대해 이익섭(1974)에서는
'-우'형이 '-오'형보다 청자를 더 높이는 형식이라고 한다. 실제로
'-우'형이 '-오'형보다 격식이 떨어지는 형식이므로 이익섭(1974)
적인 해석에 진실은 있는 것이다. 그러나, 우리가 보기에는 '높임'
보다는 비격식적인 형태가 일반적으로 나타내는 '친밀성'으로 해석
된다. 오히려 형태의 변화는 그만큼 본래의 의미를 훼손한다고 생
각한다. 이에 대해 임홍빈(1985b)에서는 많은 변화를 겪은 어형
일수록 이익섭(1974)적인 높임의 성향이 나타난다고 하는데, 만
약 그러하다면, 같은 논리로 '-오'도 그것이 정직한 {-삽-}의 형식
에서 많은 변화를 겪은 형태이므로 더 높임이나 겸양의 의미를 지
니는 것으로 해석해야 온당할 것이다. 그러나, 예의 '-오'는 결코
{-삽-}의 기능보다 겸양의 정도가 낮아졌으면 낮아졌지 높아지지
는 않은 것이다.

결론적으로, '-오'는 위치하는 자리에 의해 그만큼 겸양의 의미
를 훼손된 형식이 되었으나, '-압'은 그렇지 않아 보다 겸양적인 의
미를 가진다고 보며, 이러한 의미에서 '-오'는 수행적인 문장에서

자연스럽게 어말 어미로 쓰이는 것이나, '-압'은 비수행적인 문장에서나 어말 어미에 나타나 쓰이는 것이다.

4.6. 재구조화된 {-삽-}

중세 국어적인 '-삽시-' 배열이 변화를 입어 현대 국어에서는 '-삽시-' 배열과 '-시삽-' 배열 두 형식이 공존한다고 하는 경우, 특히 근문에서 '-시삽-' 배열의 {-삽}은 청자를 향하는 요소로 보아도 결코 무리하지 않다. 그리고 임홍빈(1985b)적인 문미 형성 조건에 따라 선어말 {-느-}와 {-더-}가 {삽-} 뒤에 반드시 올 수도 있다고 하는 경우, {-삽}과 관련되는 현대 국어의 문 종결 선행 형식의 구성은 '-ㅂ니-', '-습니-', '-ㅂ디-', '-습디-', 그리고 '-ㅂ죠,' '-읍죠' 및 '-ㅂ시-'와 같은 형식이 될 것이다. 이러한 가정에 입각하여, 우리는 '-ㅂ니-', '-습니-', '-ㅂ디-', '-습디-', 그리고 '-ㅂ죠,' '-읍죠' 및 '-ㅂ시-'와 같은 형식의 '-ㅂ-, -습-, -읍-'을 재구조화 된 {-삽-}이라 부른다. 이와 같이, 이러한 {-삽-}의 형태를 재구화 된 {-삽-}이라 하는 이유는 '-ㅂ니-', '-습니-', '-ㅂ디-', '-습디-', 그리고 '-ㅂ죠,' '-읍죠' 및 '-ㅂ시-'와 같은 형식에서 비록 '-ㅂ-, -습-, -읍-'을 분석해 낼 수는 있다 하더라도 이들 형태가 없는 수행문은 결코 성립되지 못하기 때문이다.

재구조화된 {-삽-}은 다시 형태·의미적인 기능에 따라 셋으로 나뉜다.

    (41) 가. 분석이 불가능한 형태 : 읍.
          나. 형태소핵만으로 된 형태 : ㅂ.
          다. 분석이 가능한 형태 : 습.

(41가)의 '-읍-'은 분석이 불가능한 형태라는 점에서 (41다)의

'-습-'과 배타적이라 할 수 있고, 그러한 의미에서 진정한 의미의 재구조화 된 {-삽-}일 수도 있다. 그런데, (41나)의 '-ㅂ-'은 그 쓰임이 자유롭다. 한편으로는 '읍'과도 대응되고 다른 한편으로는 '-습-'과도 대응되는 것이다. 그렇다면, 왜 그 쓰임이 '-ㅂ-'은 자유로운데 '-읍-, -습-'은 자유롭지 못한 것인가? 이에 대해 추측해 볼 수 있는 것은 그 형식에 있다고 하겠다. 예의 '-ㅂ-'은 형태소핵만의 형태이나, '-읍-'과 '-습-'은 그렇지 못한 형태이다. 즉, '-습-'은 '-사오-'에 대응하는 '-스-'가 있는 형태이고, '-읍-'은 그에서 '-으-'를 분리할 수 없는 형태라는 것이다. 4.3. 참조. 이러한 해석이 가능한 것이라면, '-읍-'과 '-습-'은 형태론적인 제약으로 쓰임의 분포가 제약적일 수밖에 없다고 할 수 있다.

다음의 예를 보도록 하자.

(42) *먹ㅂ시다/먹읍시다, *먹읍니다/먹습니다, *가읍니다/갑니다.
(43) 가. 아버님이 가십니다/*가시니다, 가십니까?/*가시니까?
　　　나. 철수가 먹습니다/*먹니다, 먹습니까?/*먹니까?
　　　다. 편히 앉으십시오/*앉으시시오.
(44) 가. 갑디다/가디다, 갑디까?/가디까?
　　　나. 먹습디다/먹디다, 먹습디까?/먹디까?
　　　다. 입으십디다/*입으시디다, 입으십디까?/*입으시디까?
(45) 가. 말씀대로 합죠/*하죠
　　　나. 그런뎁쇼/*그런데쇼.
　　　다. 그렇구말굽쇼/*그렇구말구쇼.

(42)에서 첫째, '먹ㅂ시다'가 성립되지 못하고 '먹읍시다'가 성립되는 것은 이 형식에서 반드시 '-으-'를 강요하는 것으로 볼 수 있고, 이 때의 '-으-'는 형태소변이 아니라 연결 어미임을 시사한다. 둘째, '먹읍니다'는 성립이 불가능하고 '먹습니다'는 성립이 가능한 것은 음상이 비슷하여 '-습니다'로 통일한 점도 고려될 수 있으나, '-읍--'의 쓰임 분포가 제약적이라는 점과 겸양의 표현 가치면에

서 '-읍-'은 '-습-'이나 '-ㅂ-'과 대응 관계에 놓이지 못한다는 점이 그 이유가 될 것이다.[18]

(43가)에서, '가십니다'의 형식에서 '-ㅂ-'을 분리해 내는 경우, 남은 형식 '*가시니다'는 전혀 성립이 불가능하다. 이러한 현상은 비록 '-ㅂ-'이 '-ㅂ니-'에서 분석이 가능한 형태라 하더라도 분리해 내는 경우 성립이 불가하므로, '-ㅂ니-'를 하나의 문 종결 선행 형식의 재구조화된 구성이라 할 수 있다. 종래 학계에서 선어말 형태를 가지는 복합 형태라 본 것이다. 성기철(1985:101) 및 한길(1991:297-298) 참조. 그러나, 원리적으로 복합 형태에서 '-ㅂ-'이 분석이 가능한 것이라면, 복합 형태라는 말은 지양되어야 할 것이다. 이 경우 재구조화라는 말이 더 적절한 것으로 생각된다. 이는 의문형에도 그대로 적용이 되며, (43나)의 '-습니-'에도 적용이 가능하다. 다만, 주지하는 바와 같이, (43가)의 '-ㅂ니-'와 (43나)의 '-습니-'는 선행어의 받침 유무에 따라 그 쓰임이 달라진다.

(43다) 명령법의 경우에도 '-ㅂ-'을 분리해 내면, '*앉으시시오'와 같이 그 성립이 전혀 이루어지지 않는다. 따라서, '-ㅂ시-'가 하나의 종결 어미 선행 형식이라 할 수 있다. 대부분의 학자들은 '-십시오'를 하나의 종결 어미 형식으로 보는 경향이 있는데, 우리의 '{-삽-}의 기능에 대한 위치 조건(24)'에 따르면, 결국 한 대상 인물과 관련되기는 하나, 원칙적으로 선행 {-시-}와 후행 {-시-}는 각각 다른 대상을 가리키는 것으로 보는 것이 온당하다고 할 때, 선행 {-시-}는 주격 대상 인물과 관련되는 것이므로 청자와 관련되는 형식에서는 제외되어야 한다. 이러한 현상은 특히 의문형이나 명령법이 가지는 특징이라 할 수 있다. 이러한 의미에서 (43다)의 청자 관련 재구조화된 형식은 '-ㅂ시-'인 것이다. 5장에서 다루겠지만, 우리가 화계의 명칭을 궁극적으로 명령법이 아니라 평서형으로 대치하자는 것도 바로 이러한 현상을 피해 보자는 목적에서이다.

(44가-다)도 원리적으로 (43가-나)의 해석에 한한다. 다만, 차이가 있다면, (43가-나)는 {-삽-} 뒤에 선어말 {-느-}가 결합된 형식이고 (44가-다)는 {-더-}가 결합된 형식이라는 차이만 있다. (45)는 심한 어형의 변화를 입은 형식들이다. 이러한 점에서 이 형식들은 흔히 하층민의 말투로 알려져 왔다. 그런데, 공통적인 것은 이들 형식에서 '-ㅂ-'을 분리해 내면, (43-44)의 형식들에서와 마찬가지로 그 성립이 불가한 것이다. '합죠'는 '-ㅂ-' 뒤에 반말 형태 '-지'와 '-요'의 축약형 '-죠'가 결합된 형식이고, '그런뎁쇼'는 '-ㅂ-' 뒤에 선어말 {-시-}와 '-요'의 축약형 '-쇼'가 결합된 형식이며, '그렇구말굽쇼'는 '그렇고말고'의 구어체인 '그렇구말고'에 '-ㅂ-', 그리고 그 뒤에 다시 '-쇼'가 결합된 형식이다. 결국, 이러한 형식에서도 재구조화된 {-삽-}의 형태는 '-ㅂ-'이 존재하는 것이다.

그런데, 한 길(1991:297)에서는 '-는답니다'를 복합 형태의 어미 형식이라 상정하고 있다. 이를 검토하기로 한다.

(46) 가. 철수가 학교에 갑니다.
　　　나. 철수가 학교에 간답니다/*간다니다/*가다니다/*간.
　　　다. 철수가 학교에 간다 합니다.
　　　라. 철수가 학교에 간다 + -ㅂ니다.

(46가)는 아주 높임의 '합니다'체에 속한다. 이 형태에서 '-ㅂ-'을 분리하는 경우 예의 (43가)처럼 그 성립이 불가능하다. 따라서, 청자와 관련하는 형식은 '-ㅂ-'뿐이다. 문제는 (46나)의 '간답니다'의 분석이 어떻게 되어야 하는가 하는 것이다. 이에는 두 가지 해법이 가능하다. 하나는 (46다)적인 간접 인용문이 내포된 형식으로 보는 방법이고, 다른 하나는 (46라)적인 '-ㅂ니다'를 문미 외적 문미나 첨사로 보는 방법이다.[19] 어떠한 방법으로 해석하든 '-ㅂ니다' 자체는 재구조화된 {-삽-}이 아님만은 분명하다.

따라서, 재구조화된 {-삽-}의 형태에는 '-ㅂ-,' '-습-,' '-읍-'이 있고, 이들 형태가 결합된 문 종결 구성의 형식에는 '-ㅂ니-,' '-습니-,' '-ㅂ디-,' '-습디-', 그리고 '-ㅂ죠,' '-읍죠' 및 '-ㅂ시-' 등이 있다고 할 수 있다.

4.7. 정리

{-습-}을 용언 어간에 결합시켜 객체를 존대한다는 객체 존대법과 동작에 관계되는 인물이 동작 주체는 물론이요, 화자보다도 존귀할 때 그 동작의 표현에 {-습-}이 나타난다는 주체 겸양법이 중세 국어적인 {-습-}에 대한 논의의 백미라면, 현대 국어적인 {-삽-}에 대한 논의는 거의 전무하다시피 하였다. 그 주된 요인이 현대 국어적인 {-삽-}은 청자를 대우하는 기능을 담당한다는 고정 관념이 학계에 팽배해 있었기 때문이었다. 그러나, 중세 국어적인 {-습-}이 객체만을 존대하지는 않는다는 반성이 제기되면서 현대 국어적인 {-삽-}에 대한 인식도 새롭게 되었다.

현대 국어적인 {-삽-}의 논의에서 대전제가 된 것은 형태소 최대 분석 원리였다. 이에 입각하여 현대 국어적인 {-삽-}의 형태에 접근한 것이다. 현대 국어적인 {-삽-}의 기능이 무엇인지 규명하기 앞서 우리는 그에 속하는 형태에는 어떤 것들이 있는지 검토하였다. 이에는 형태소핵만을 가지는 형태 '오'-계의 '오, 옵', 'ㅂ'-계의 'ㅂ', 형태소변도 가지고 있으면서 분리 가능한 형태 '으오, 으옵, 으압, 사오, 사옵, 자오, 자옵', 분리가 불가능하나 실제 발화나 담화에 쓰이는 형태 '읍, 삽, 습, 잡' 및 수행-억양을 가지지 못하는 형태 '압'이 있다.

{-삽-}의 형태별로 근문과 내포문에서의 쓰임을 검토하면서 이들 형태가 반드시 청자하고만 관련되는 것이 아니라, 주격 대상 인물, 주제 대상 인물, 여격 대상 인물, 목적격 대상 인물, 심지어

는 속격 대상 인물과도 관련됨을 보았는데, 전통적으로 {-삽-}이 겸양이나 공손 또는 존대와 관련되는 요소라는 점에 유념하여 화자와 이해 관계에 있거나 영향 관계에 있는 대상 인물과 {-삽-}이 관련됨을 중시하여 {-삽-}의 기능은 '화자의 수혜자에 대한 겸양'으로 상정하였다.

화자의 수혜자에 대한 겸양 표현의 {-삽-}은 중세 국어적인 {-습-}의 형태에서 심한 형태·의미적인 변화를 입어 겸양이라는 그 기능적 변화는 물론, 문법적 기능의 변화도 겪었다. 그 한 예가 어말 어미의 기능을 갖게 된 '-오'나 '-압'이다. 그런데, 이 형태들도 수행-요소의 유무에 따라 '-오'는 수행문의 기능을 가지나, '-압'은 비수행문의 기능을 갖는다. '-삽'을 '-압'과 동일하게 어말 어미화한 것으로 보는 견해도 있다. 그러나, '-삽'은 절대 명령의 종결 형식 뒤에서 문미 외적 문미의 기능 정도는 수행하는 것으로 이해되었다.

{-삽-}의 이형태 가운데, 청자와 관련되는 형태를 우리는 특별히 재구조화된 {-삽-}이라 하였다. 종래의 복합 형태에 해당하는 것인데, 이 경우에도 {-삽-}은 분석될 수 있는 것이나, 그것 없이는 기본적으로 문 종결 선행 형식의 구성이 무너지는 결과를 빚게 되므로 하나의 문 종결 구성의 선행 형식으로 남겨 둔 형태라 할 수 있다. '-ㅂ-,' '-습-,' '-읍-'이 이에 속하는 것인데, 이들 형태가 결합된 문 종결 구성의 형식에는 '-ㅂ니-,' '-습니-,' '-ㅂ디-,' '-습디-', 그리고 '-ㅂ죠,' '-읍죠' 및 '-ㅂ시-' 등이 있다.

각 주

1) 이와 같은 인식은 전재관(1958)에서도 발견된다. "'-습-'은 청자를 위한 경양도 아니며 객체 존대도 아니다. 문장에 나타나는 비자와 존자의 대립 관계를 화자가 파악하여 비자의 동작을 '-습-'으로써 표시한다."가 그것이다. 그런데, 안병희(1961)에 의하면 이 내용이 日人 學者 時枝誠記의 敬語論의 내용과 흡사하다고 한다.

2) 허 웅(1954＝1961)은 중세 국어적인 객체 존대 접미사 {-습-}이 17세기 무렵에 와서 청자 대우의 기능을 담당하게 되었다고 주장한다. 그러나 안병희(1983:40)에서는 이를 비판하고 있다. 그 내용은 "중세 국어의 겸양법 형태가 근대어의 초기 자료인 '첩해신어'로부터 공손법으로 사용되었다고 일반적으로 믿어져 왔다. 그러나 '첩해신어'에 나타난 그들의 용법이 겸양법은 아니지만, 결코 현대어의 공손법과 같지는 않다. 상당한 차이가 있는 것으로 보인다."이다. 김정수(1984)에서도 비슷한 지적이 보인다. {-습-}이 주체 높임에도 덧 쓰이게 되었다는 것이 그러하다.

3) 여기서 "'동작에 관계되는 인물'이 허 웅(1954＝1961)적인 '객체'라 할 때"라는 말은 어폐가 있다. 안병희(1961)에서의 '동작에 관계되는 인물'은 허 웅(1954＝1961)적인 '객체'를 포함하여 {-습-}과 관련되는 인물을 가리키기 때문이다.

4) 이와 같은 {-습-}의 특징은 이숭녕(1962, 1964)에서는 '하위자'의 신분성에 호응되는 신분 어미로 규정되었다.

5) 임홍빈(1985b:418-419)에 의하면, '형태소핵'(morpheme core)은 형태소 인식의 핵심적인 역할을 수행하는 외현적인 음성 형식으로서, 그것 없으면 형태소 인식이 불가능하거나 적어도 어려운, 형태소나 이형태 형식의 일부 혹은 전부를 말하는 것이며, '형태소변'(morph- eme perphery)은 형태소 인식의 핵심적인 역할을 수행하지 못하는 외현적인 음성 형식으로서, '형태소핵'의 주변에 나타나는 요소를 말하는 것이다.

6) 임홍빈(1985b:422)에서는 '옵'이 "'-오-' + '-옵-' → '-옵-'"의 형성 과정에서 파생되었다고 본다.

7) '중가형' 또는 '중복형'이란 명칭은 김완진(1975)에서 쓰인 명칭을 원용한 것이다. 거기에서는 음운론적 중가형을 가리킨 것이었으나, 우리는 표현 가치 면에서의 증가 또는 중복 형식을 가리킨다.

8) 이와 관련하여 예문을 최현배(1937:348)의 '잡이 2'에서 가져온다.

　　가. 오늘날 우리에게 일용할 양식을 주옵시고.
　　나. 매우 신고하옵시다가, 옥 같으신 아들 아기를 탄생하시옵고는….

(가)에는 '-삽+시-'의 배열, 그리고 (나)에는 '-삽+시-'의 배열과 '-시+삽-'
의 배열이 보인다.

9) 이기문(1972=1991:164)에서는 중세 국어의 선어말 어미의 배열 순서를
"겸양법-과거-존경법-현재-의도법-미래-감탄법-공손법"으로 공식화하고 있
다.

10) 이와 유사한 해석을 Lukoff(1954:161)에서도 볼 수 있다. 즉, 어간
(stem)은 화자와 언급 대상 인물(the person spoken about)과의 격식
적 관계(the formality relation)를 나타내는 기능을 가지며, 어미
(sentence-final suffixes)는 화자와 청자(the person spoken to)와의
격식적 관계(the formality relation)를 나타내는 기능을 가진다는 것이
그것이다.

11) 임홍빈(1985b:417)에서는 '-ㅂ-'과 '-습-'의 음운론적 제약을 다음과 같
정리하고 있다.

　　　가. 음운 조건(1) : -V]$_{st}$ + *{'으'-계, '사'-계, '자'-계}
　　　나. 음운 조건(2) : -C]$_{st}$ + *{'오'-계, 'ㅂ'-계, '아'-계}

'-ㅂ-'은 (나)와 같은 음운 환경에서 쓰일 수 없고, '-습-'은 (가)와 같은
음운 환경에서 쓰일 수 없다는 것이다.

12) '문미 형성 조건'의 내용은, "문장 종결 형식의 구성에 있어 {-삽-} 앞에는
실현성의 선어말 형태 {-느-}나 단절상의 선어말 형태 {-더-}가 올 수 없
다."이다.

13) {-느-}와 실현성에 대해서는 임홍빈(1984b) 참조. {-더-}와 단절상에 대
해서는 임홍빈(1982) 참조.

14) 여기서의 '문미 형성 조건'은 "문장 종결 형식의 구성에 있어 {-삽-} 뒤에
부사형 어미 '-아/어'만이 연결되어 그것으로 문장을 종결시킬 수는 없다"
는 것이다.

15) 그러나, '가십시오'가 왜 상위자에 대한 표현으로 부적절한 것인지는 여전
히 논의의 여지가 남는다. 학계에서 지적되는 이유의 하나가 후행하는 '-
시-'가 심리적 행동주에 대한 존대 표지 {-시-}와 성격을 달리한다는 것인
데, 우리는 결코 그렇지 않다. 4.4. 및 5장 참조.

16) 이와 같이 문 종결 형식 뒤에 연결되는 요소를 임홍빈(1984a)에서는 '문
미 외적 문미'라 부르고 있다.

17) 최명옥(1976:166)에서 시사된 것은 다음과 같다.
　　　-ᅀᆞᇦ이)-ᅌᆞ오이)-오이)-외)-오

18) '-읍니다'와 '-습니다'를 '-습니다'로 통일한 것은 1989년 3월부터 시행된 새

맞춤법에 의한 것이다. 이희승·안병희(1994:201) 참조.
19) 한 길(1991)에서는 후자의 해석을 따르고 있다. 그러나, 구체적인 분석은 이루어져 있지 않다. 물론 '-ㅂ니-'에 대한 성격 규명도 없다.

Ⅴ. 청자 대우와 화계

5.1. 도입

　선어말 어미 {-이-}에 의한 중세 국어의 공손법에 대하여 어말 어미 형식에 의한 현대 국어의 청자 대우법은 비교적 복잡한 양상을 띤다. 그 이유는 대체로 첫째, 중세 국어적인 선어말 어미 {-이-}의 형태와 음운 그리고 의미의 심한 변화에 있는 것이고, 둘째, 이른바 주체 겸양법 표지 {-삽-}의 형태와 음운 그리고 의미의 심한 변화와 함께 선어말 어미 {-시-}와의 미묘한 위치 이동에 있는 것이며, 셋째, 그 출현 시기가 언제인지 분명치 않지만, 현대 국어의 초기 단계에 쓰이기 시작한 '-요'의 출현에 있는 것이다.

　이와 같은 언어 형태의 변화, 소실, 생성 등이 청자 대우법과 관련되는 어말 어미 형식이 복잡한 양상을 띠게 된 직접적이고 주된 요인이라 할 수 있지만, 한편으로는 사회적인 변화도 결코 무시할 수 없는 변수라고 할 수 있다. 존자와 비자의 개념이 사라지고(안병희(1983) 참조.), 사회 구조가 수직적 관계에서 수평적 관계로 변화하였다든지, 민중 의식 또는 대중 의식이 대두되고 여성의 지위가 한층 고양되어 사회가 다변화하였다든지 하는 것들이 그러한 변수로 생각된다. 2.2.2. 참조.

이러한 언어 형식 및 상황적인 요소의 변화가 특히 청자 대우법에는 지대한 영향을 끼친 것으로 판단된다. 가령, 중세 국어의 공손법에서는 청자가 존자에 속하느냐 비자에 속하느냐에 따라 별달리 생각할 필요 없이 'ᄒᆞ쇼셔'체, 'ᄒᆞ야쎠'체, 'ᄒᆞ라'체가 사용되면 그만이었다고 한다면(안병희(1965a) 참조), 현대 국어의 청자 대우법에서는 무엇보다 화자의 의도가 주변 상황에 따라 유동적으로 변하여 청자 대우의 현상에 영향을 끼친다는 것이다. 즉, 전면적으로 국어의 대우 현상은 청자 중심 주의에서 점차 화자 중심 주의로 바뀌고 있다는 것이다. 임홍빈·장소원(1995) 참조.

따라서, 본 장에서는 청자 대우법에 대한 기존의 연구의 철저한 검토를 통해, 첫째, 복잡한 양상을 띠는 어말 어미 형식의 대우적 기능을 살피고, 둘째, 이를 바탕으로 화계의 설정 및 그 명칭에 대해 논의할 것이다.

5.2. 기존의 논의

1.3.에서, 특히 1.3.1. 및 1.3.2.의 연구나 논의는 주로 어말 어미 형식에 의한 청자 대우법과 관련된다고 하는 것은 이미 검토한 바 있다. 따라서, 이들의 주된 관심은 화자에 대하여 청자가 어떤 위치에 있는 대상이냐에 있다고 여겨진다. 대상 인물을 'superior, equal, inferior'나 '상급자, 대등자, 하급자'로 구분하거나 구분하려는 의도가 바로 그러한 것이다. 이와 같이 대상 인물의 계층이 결정된 뒤에 그 대상 인물에 대해 어떤 어미 형식을 사용해야 예의나 공손 또는 겸양이나 존대 및 존경을 나타내는 것이냐의 문제가 대두되는 것이다. 이른바 화계에 대한 의식인 것이다. 'ᄒᆞᆸ시오, ᄒᆞ오, ᄒᆞ여라', '對上語, 對等語, 對下語', '존경의 度', '上等, 中等, 下等', '존경, 보통, 대등·대하, 대하', '경칭, 평칭, 비칭', 'honorific, low',

'high forms, common forms, half-talk forms, low forms',
'superior form, equal form, inferior form', 'high form, middle
form, low form', 'formal, polite, intimate, familiar, authorita-
tive, plain', '높음, 같음, 낮음', '존대, 평대, 차대, 하대', '하옵시오, 하
오, 반말, 하게, 하야라', '합쇼, 하오, 하게, 해라', '수상, 평등, 수
하', '수상, 수하', '존칭, 평교, 반하대, 하대', '존대, 하오, 하게, 해
라, 반말', '합쇼(아주 높힘), 하오(예사 높힘), 하게(예사 낮훔),
해라(아주 낮훔), 반말(中稱)', '하옵니다, 합니다, 하오, 하네, 한
다', '하소서, 합쇼, 하오, 하게, 해라, 반말', '하소서, 합쇼, 하오,
해요, 하게, 해라, 반말', 'ㄴ다, 네, 오, ㅂ니다, 니라, 라, 지', '합
니다, 하오, 하네, 한다', '하나이다, 합니다, 하오, 하게, 해, 해라'
등등이 그러하다.

1970년대 이후에 들어서면, 화계에 대한 논의는 새로운 국면을
맞는다. 서로 관련이 있는 것이어서 구태여 나눌 필요는 없으나,
편의상 셋으로 나누어 본다. 첫째는 '반말'을 어떻게 처리할 것이냐
의 문제이고, 둘째는 화계 기준을 어디에 두어야 하느냐의 문제이
며, 셋째는 첫째와 둘째와 밀접하게 관련되는 것으로 화계를 몇
층위로 구분하느냐의 문제이다. 반말 형태와 관련해서는 '등외'라는
의식이 강하게 반영된 견해가 있는가 하면, 비격식체라는 의식이
강하게 반영된 견해도 있다. 화계 기준과 관련해서는 친밀성, 격식
성, 존대 자질 등등이 관련 기준으로서 정당함을 주장하는 견해가
팽팽하게 대립되어 있다고 할 수 있다. 화계 구분과 관련해서는
대체로 종래의 등분을 존중하는 입장이 있는가 하면 그렇지 않은
입장으로 나뉜다. 특히 종래의 등분을 받아들이지 않는 입장에서
는 첫째, '하오'체의 '높임' 자질에 대한 회의가 대두되고 있고, 둘
째, '해'체와 '해라'체가 그렇게 명쾌하게 구분되느냐에 대한 의문이
제기되고 있으며, 셋째, '하오'체의 '-소'가 '-오'와 마찬가지로 중세
국어적인 {-습-}에서 유래한 형태이냐에 대한 의구심이 토로되고

있다. 그러나, 화계 명칭에 대한 토론은 전무한 형편이다. 종래의 명령법의 형태를 기준으로 한 명칭을 그대로 받아들이는 입장이라 할 수 있다. 다만, 임홍빈・장소원(1995)에서만 그 문제점이 지적되어 있을 뿐이다.

우선, 기존의 청자 대우법 체계는 어떠하였는지 검토하기로 한다.

(1) 화계에 대한 인식 여부
　가. 화계가 설정되지 않은 것.
　나. 화계가 설정되어 있는 것.

(1가)는 성격상 암시적이고 상징적이라 할 수 있다. 이에는 Dallet(1874), Imbault-Huart(1889), Scott(1891), 兪吉濬(1904), 高橋 亨(1909), Lukoff(1954), Martin(1954a), Rogers(1956), 최태호(1957), Pulth(1960), 그리고 한국국어교육연구회(1964a) 등이 있다. (1나)는 '해'체와 '해라'체가 등분에 별도로 취급되어 있는지 여부에 따라 다시 둘로 나뉜다.

(2) 기존의 청자 대우법 체계[1]
　가. '-아/어'체와 '-아/어요'체가 별도로 취급되어 있지 않는 체계
　　a. '-아/어'체와 '-아/어요'체가 없는 체계
　　b. '-아/어'체만 포함되어 있는 체계
　　c. '-아/어'체와 '-아/어요'체가 다 포함되어 있는 체계
　　　ㄱ) 기준이 없는 체계
　　　ㄴ) 기준이 있는 체계
　나. '-아/어'체와 '-아/어요'체가 별도로 취급되어 있는 체계
　　a. '-아/어'체만 등외로 처리되어 있는 체계
　　b. '-아/어'체와 '-아/어요'체가 다 등외로 처리되어 있는 체계
　　　ㄱ) 四元的 및 二元的 체계
　　　ㄴ) 등분・등외 체계

(2)는 현대 국어의 화계와 관련한 연구나 논의가 모두 (2)의

어느 항목 가운데 하나에는 반드시 속하게 되는 이점을 갖는다.
(2가-a)는 대체로 화계를 2등분, 3등분, 4등분, 5등분, 그리고
심지어는 10등분하는 것으로 구분된다.

　　2등분 체계에는 '手上/手下'의 姜邁·金鎭浩(1925, 1930, 1932)
가 있고, 3등분 체계에는 '上等/中等/下等'의 寶迫繁勝(1880), 'common
/middle/higher'의 MacIntyre(1880-1882?), 'superior/qual/
inferior'의 Ross(1882), '對下語/對等語/對上語'의 藥師寺知曨
(1909), 朴重華(1923), '높음/같음/낮음'의 周時經(1910a), 李
奎榮(1913년경), 金枓奉(1916, 1922) 및 金元祐(1922), '존경
의 度'의 朝鮮總督府(1917), 奧山仙三(1928), '對上/對等/對下'의
崔在翊(1918), '평칭/경칭/비칭'의 鄭國采(1926), '尊/平等/卑'의
申明均(1933), 그리고 'low/middle/high'의 Ramstedt(1939) 등
등이 있다. 4등분 체계에는 '下待/差待/平待/尊待'의 金奎植(1909),
'합쇼/하오/하게/해라'의 李奎榮(1920), '尊稱/平交/半下待/下待'의
李弼秀(1922), '합쇼/하오/하게/해라'의 李常春(1925), 張河一
(1947), '-da/-o/-sio/-psio, -sipsio'의 Ramstedt(1928), '對
下/對下·對等/普通/尊敬'의 朴相埈(1932), 沈宜麟(1936), 朝鮮
總督府(1943), 朴鐘禹(1946), '합시오/하오/하게/해라'의 金允經
(1932), '해라(아주 낮힘)/하게(좀 낮힘)/하오(이사롭게 높임)/합
쇼(매우 높임)'의 張志暎(1930년대), '어(아)라/게/(시)오/소서'의
鄭寅承(1956), '한다/하네/하오/합니다'의 李崇寧(1956) 등등이 있
으며, 5등분 체계에는 '다/오(소)/ㄴ다/네/ㅂ니다'의 박태윤(1948)
이 있다.[2]

　　(2가-b)는 '반말'이 화계에 포함되어 있는 것으로, 화계를 3등
분, 4등분, 5등분, 6등분, 그리고 8등분하는 것으로 구분된다. 3
등분 체계에는 'ordinary/polite/Inferiors when addressing
superiors use the form'의 Scott(1887=1893),[3] 4등분 체
계에는 '반말(half-talk)/공손형(polite form)(1)/공손형(polite

form)(2)/공손형(polite form)(3)'의 Underwood(元杜尤)(18
90),[4] 5등분 체계에는 '하옵시오/하오/반말/하게/하야라'의 金熙
祥(1927), '존대/하오/하게/해라/반말'의 洪起文(1927, 1946),
'기껏낮춤말(Niedere Form)/낮춤말(freundschaftliche Form)/
준말·반말(halbe Form)/예삿말 혹은 높임말(vornehmeForm)
/기껏높임말(vornehmste Form)'의 Eckardt(1973),'해라/해/하
게/하오/합시오'(Plain/Intimate/Familiar/Blunt/Formal)의
張奭鎭(1972,1973),[5] 李吉鹿(1974),[6] 그리고 6등분 체계에는
'극존칭(The highest honorifics)/존칭(Respectful forms)/평칭
(Forms used among friends, equals &)/반말(Half talk forms
(forms lacking respectful ending))/비칭(Low forms)/극비칭
(Forms used to children, servants &)'의 Gale(奇一) (1894
=1903)[7] 'ᄒ여라/ᄒ게/ᄒ여/ᄒ소/ᄒ오/ᄒ시오'의 新庄順貞(1918)[8]
'어/어라/게/소/시오/십시오'의 魯璣柱(1924), '하나이다/합니다/하오/
하게/해/해라'의 金敏洙(1960, 1969), '해라(하라)/하게(하네)/
하오(하오)/하시오(합니다)/하소서(하나이다)/반말'의 고창식·이
명권·이병호(1965), '-ㅂ니다, -십시오/-네, -게/-아/어/-지/-
다, -아라/-오'의 梁績錫(1972)[9] 등이 있다.

 (2가-c) '-아/어'체와 '-아/어요'체가 다 포함되어 있는 체계는
다시 특정한 기준이 없는 것과 있는 것으로 나뉜다. 그러나, 이와
같은 기준과 상관없이 여기에 속하는 화계 등분은 6등분 체계와 7
등분 체계가 있을 뿐이다. 우선 기준이 없는 것으로, 6등분 체계
에는 'Formal/Polite/Intimate/Familiar/Authoritative/Plain'
의 Martin(1954b),[10] '-습니다/-어요/ -오/-네/-어/-(는)다'의
李孟成(1973:111), 그리고 '해라/반말/하게/하오/해요/합쇼'의 李
翼燮·任洪彬(1983), 김명운(1996)[11] 등이 있으며, 7등분 체계에
는 '합쇼/해요/하오/하소서/하게/해라/반말'의 申昌淳(1962:394)가
있다.

다음, 어떤 기준이 있는 체계(2가-ㄷ-ㄴ)를 보도록 한다. 이것은 두 방면에서 검토될 수 있다. 하나는 기준이 무엇이냐 하는 것이며, 다른 하나는 몇 등분되어 있는가 하는 것이다. 우선, 기준에는 대체로 '존대 자질'이나 '친밀도' 또는 '친소' 관계나 '격식', 그리고 '힘과 유대'가 있고, 등분 체계에는 2등분 체계, 6등분 체계, 그리고 8등분 체계가 있다.

'존대 자질'을 기준으로 하는 논의에는 2등분 체계의 金宗澤(1981, 1984)이 있다. 金宗澤(1981:21, 1984:114)에서는 '존대 자질'에 따라 화계를 크게 존대(+)와 평대(-)로 구분하고, 다시 존대(+)를 수상 존대, 수하 존대로 나누고 있다. 그런데, '-ㅂ니다'는 수상 존대, '-(이)네'는 수하 존대, 그리고 '-ㄴ다'는 평대(-)로 분류되어 있는 것으로 보아 3등분 체계로 볼 수도 있지 않을까 한다. 그러나, 金宗澤(1981, 1984)에는 첫째, 반말은 그 자체로 완전한 종결형 어미를 갖춘 것이 아니라, '-라'나 '-요' 등의 종결 어미가 생략된 형태라는 것, 둘째, '-요'는 하나의 단락 (혹은 서술)을 이룬 (혹은 이룰 수 있는) 말에 첨가되어 존대의 의미를 부가할 뿐 아니라 단락을 더욱 완결시키거나 휴지감을 주는 지정 (결정)의 기능을 가지는 요소로서, 어원적으로는 '하오'의 일종인 '-이오'의 준말로 볼 수도 있다는 것이 언급되어 있기도 하다. 이러한 특성으로 반말과 '-요'는 화계에서 완전히 배제되었다고 할 수 있다.

'존대'나 '친밀' 또는 '격식'이라는 청자 자질을 기준으로 하는 논의에는 6등분 체계의 李翊燮(1974)가 있다. 李翊燮(1974)에서는 화계를 '해라/반말/하게/하오/해요/합쇼'로 구분하고 있는데, 특히 '하오'체를 비존대로 처리한 것이 주목된다.[12] 6등분 체계에 속하는 것에는 박영순(1978)도 있는데, 박영순(1978)은 기본적인 체계의 틀은 李孟成(1973)적이나, 이익섭(1974)에서처럼 '하오'체를 비존대로 처리하고 있다. 그러나, 박영순(1978)의 체계에서는

'격식성'이 기준이 되고 있다.[13)]

　身分의 '上下'나 年齡의 '高下' 또는 '親疎 關係'를 기준으로 논의한 것에는 8등분 체계의 Lee(1955)가 있다. Lee(1955:66-72)에서는 화계를 '반말(incomplete lower form)/해라(lowest form)/하게(low form)/하우,하소(medium form)/어요(familiar form)/존칭(High form)/더 존칭(Higher form)/극존칭(Highest form)'으로 구분하고 있다.[14)]

　대체로 '격식성'을 기준으로 하는 논의에는 黃迪倫(1976a), 박영순(1976), 趙俊學(1976) 및 趙俊學(1982), 이정민(1981), 서정수(1972, 1984), 그리고 임홍빈·장소원(1995) 등이 있다. 그런데, 이들의 체계에는 어떤 형식으로든 화계에 존재 자질이 부여되어 있다는 점이다.

　黃迪倫(1976a:86)에서는 화계를 '-ㅂ니다/-오/-네/-다'로 4등분하고, 특히 반말은 '-네'와 '-다'의 非格式 變異形으로, 그리고 '-요'는 '-ㅂ니다'의 非格式 變異形으로 처리하고 있다.[15)] 이러한 분석 태도는 '-아/어'체와 '-아/어요'체를 분명히 등외로 처리한 것도 아니고, 등분 속에 포함시킨 것도 아닌 것이라 할 수 있다.

　박영순(1976:61)에서는 화계를 격식적(Formal)인 것과 비격식적(Informal)인 것으로 구분하고, 높임 자질에 따라 '존대형/준존대형/친숙형/평교형'으로 구별하여, 격식적인 것에는 존대형 '하십니다'가 속하고, 평교형 '하라'가 속하며, 비격식적인 것에는 존대형 '하세(셔)요', 준존대형 '해요'(하오), 친숙형 '해'(하네), 그리고 평교형 '해'가 속한다고 한다.

　趙俊學(1976:301-303)에서는 화계를 격식적(Formal)인 것과 비격식적(Informal)인 것으로 구분하고, 한편으로는 존대 자질에 따라 '존대/중간/비존대'로 구별하고 있다. 따라서, 격식적인 것에는 존대형 '-ㅂ니다', 중간형 '-오', 그리고 비존대형 '-다'가 세 등급을 이루고, 비격식적인 것에는 존대형 '-요', 중간형 '-게',

그리고 비존대형 '-아'가 세 등급을 이루어 결국 화계를 6등분하고 있다. 그러나, 趙俊學(1982:87)에는 다소 수정되어 존대형은 그대로 '존경형'(Deferential)으로 되어 있으나, 중간형과 비존대형은 일차 '비존경형'(Nondeferential)으로 처리한 뒤, 중간형은 '비존경형'(Nondeferential)이 '유표적'(Marked)인 것으로, 그리고 비존대형은 '비존경형'(Nondeferential) 이 '무표적'(Unmarked)인 것으로 바뀌어져 있다. 그러나, 격식성의 격식적인 것과 비격식적인 것은 하등의 변동이 없다.

서정수(1972:89) 및 서정수(1984)에서는 화계의 '격식성'과 '존대 자질'을 〔±FORMAL〕과 〔±RESPECT〕로 나타내고 있다. 이러한 기본적인 해석에 입각하여 서정수(1972, 1984)에는 격식체의 '존대'에는 '-ㅂ니다, -십시오'의 '아주 높임'(합쇼체)과 '-오, -소'의 '예사 높임'(하오체)이 속하는 것으로 처리되어 있고, 비존대에는 '-네'의 '예사 낮춤'(하게체), '-는다'의 아주 낮춤(해라체)'이 속하는 것으로 처리되어 있는데, 반면에 비격식체의 '존대'에는 '-어요'의 '두루 높임'(해요체)이 속하고, '비존대'에는 '-어'의 '두루 낮춤(해체, 반말)'이 속하는 것으로 처리되어 있다.[16)

이정민(1981:231)은 發話行爲分析(speech act analysis)에 의한 기술 방법을 제시하여 존경 표지(deference marker)는 履行文보다 한층 더 심층에 있는 추상적인 타동 서술어(abstract transitive predicate)의 반사(reflex)임으로 "DEFER (x, y (STATE (x, y (P))))"에서 촉발(trigger)되는 것이라 보고, 격식성과 높임의 자질로 화계를 나누고 있다.

임홍빈·장소원(1995:393)에서는 '격식성'과 '존대 자질'을 바탕으로 화계를 구분하고 있으나 이전 논의와 다소 다르다. 특히 다른 점은 '존대 자질'을 '존대'와 '비존대'로 이분하여 대립적인 것으로 해석하는 방법을 지양하고 있는 점이다. 이러한 해석에 입각하여 '하오'체와 '하게'체를 '같은 대우'로 처리하고 있다.

유송영(1996)에서는 화계와 '힘과 유대'의 상관 관계에 주목하여 가령, '합쇼'체는 '힘'(power)은 가장 크나 '유대'(solidarity)는 가장 적은 데 반해서, '해'체는 '힘'(power)은 가장 약하나 '유대'(solidarity)는 가장 크다고 한다. 이를 달리 표현하면, 힘의 세기의 크기와 유대의 정도의 크기는 반비례 관계에 있다고 할 수 있다.

이제, (2나-a) '-아/어'체만 등외로 처리되어 있는 체계를 검토하기로 한다. 이에는 3등분 체계, 4등분 체계, 그리고 5등분 체계가 있다. 3등분 체계에는 '홉시오/ㅎ오/ㅎ여라' 및 등외 'ㅎᄂ, ㅎ지, 홀너라'의 반말을 설정한 李鳳雲(1897:10)과 '手下/平等/手上' 및 등외 반말을 설정한 李奎昉(1922) 등이 있다. (1.3.1. (1) 참조).

4등분 체계에는 '對下/對等 또는 對下/보통/존경' 및 등외 반말을 설정한 李完應(1926),[17] 평서형의 경우는 '오십니다(아주높임)/오시오(예사높임)/오시네(예사낮춤)/오신다(아주낮춤)'으로, 그러나, 명령법의 경우는 '아주낮춤(極卑稱, 해라)/예사낮춤(普通卑稱, 하게)/예사높임(普通尊稱, 하오)/아주 높임(極尊稱, 합쇼)' 및 등외 반말을 설정한 崔鉉培(1937),[18] (1.3.1. (2) 참조.) 박창해(1946), 그리고 柳在軒(1947), 특이하게 "'한다'식의 아주 낮추는 말/'하네'식의 예사 낮추는 말/'하오'식의 덜 높이는 말/'합니다'식의 예사 높이는 말/'하옵니다'식의 아주 높이는 말" 및 등외 반말을 설정한 金根洙(1947),[19] 지위에 따라 '해라/하게/하오/합쇼' 및 특히 등외의 반말을 특수한 문 종결 형식이라 할 수 있는 '이만 주리압'에서의 '-압', '내달 초생에 나가 뵈올 듯'에서의 형식 명사 '것', 그리고 '바람은 슬슬, 배머리 빙빙'에서의 어근(root) '슬슬, 빙빙' 등과 같이 '두루빛'이라 언급한 鄭烈模(1946),[20] 金允經(1932:37)과 달리 반말을 등외로 처리하고, 청자의 地位 高下에 따라 '極尊稱/尊稱/卑稱/極卑稱'으로 나눈 金允經(1948a:127)[21](1.3.2. 주31 참조) 등이 있다.

5등분 체계에는 '해라/하게/하오/합쇼/하소서' 및 반말 등외를 설정한 李熙昇(1949)[22](1.3.2. (6) 참조), 鄭寅承(1956)과는 달리 반말은 모든 법에 두루 쓰인다며 등외로 처리하고, '어(아)라/게/(으)오/(으)ㅂ시오/(으)소서'를 설정한 鄭寅承(1949:56-57), '공손이나 정중'(politesse)에 따라 '해라/하게/하오/합쇼/하소서' 및 반말 등외를 설정한 Dupont & Millot(1965)[23] 등이 있다.

 (2나-b) '-아/어'체와 '-아/어요'체가 다 등외로 처리되어 있는 체계는 다시 이원적 체계와 등분·등외 체계로 구분된다. (2나-b-ㄱ) '四元的 및 二元的 체계'는 술어가 시사하는 바와 같이 화계를 4등분하고 그 외 반말과 '-요' 통합형을 이등분함을 뜻하는 것인데, 이에는 고영근(1974b)가 있다. 고영근(1974b)에 의하면, 사원적 체계는 '해라체/하게체/합쇼체/하소서체'로 나뉘고, 이원적 체계는 '-요' 통합형과 '-요'통합 가능형으로 나뉜다. (2나-b-ㄴ) '등분과 등외' 체계에는 3등분 체계와 4등분 체계가 있다. 3등분 체계에는 반말 및 '-요' 결합형을 등외로 처리하고 화계를 '정식/중간/평교'로 3등분한 박창해(1964:92)가 있으며,[24] 4등분 체계에는 반말 및 '-요' 결합형을 '두루 낮춤/두루 높임'의 등외로 처리하고 화계를 '아주 높임/예사 높임/예사 낮춤/아주 낮춤'으로 4등분한 성기철(1985a) 및 한길(1991)이 있다.

 이상의 검토된 논의에서 우리는 네 가지 의문을 제기하게 된다. 첫째는 현대 국어에서 화계의 기준은 어떤 것이 가장 바람직한 것인가 하는 것이고, 둘째는 '해'체와 '해라'체가 정말 별개의 등급으로 구별되어야 하는 것인가 하는 것이며, 셋째는 '높임'에 속하는 등급과 '낮춤'에 속하는 등급이 온당하게 처리된 결과인가 하는 것이고, 넷째는 화계 명칭으로 명령법의 것이 적절한 것인지 평서형의 것이 적절한 것인지에 대한 분명한 해명이 있어야 한다는 것이다.

5.3. 화계 설정과 명칭

본 절에서는 기존의 논의(5.2.)를 검토하면서 의문으로 제기된, 첫째, 현대 국어의 화계 기준은 어떤 것이 가장 바람직한 것인가, 둘째, '해'체와 '해라'체는 별개의 등급인가, 셋째, '높임'에 속하는 등급과 '낮춤'에 속하는 등급은 어떻게 재정리되어야 하는가, 넷째, 화계 명칭으로 기존의 방식이 적절한 것인가에 대하여 검토하기로 한다. 따라서, 5.3.1.에서는 앞의 첫째부터 셋째까지의 의문을 해명하는 것으로 논의를 전개하고, 5.3.2.에서는 넷째의 의문을 해명하는 것으로 논의를 전개할 것이다.

5.3.1. 화계 설정

화계 설정을 위한 기존의 기준은 대체로 '존대 자질'이나 '친밀도' 또는 '친소'나 '격식', 그리고 '힘과 유대'로 되어 있다. 그런데, 이러한 기준을 다시 정리해 보면, '존대 자질,' '친소', 그리고 격식성이 될 것이다. '친밀도'는 '친소'와 관련이 되는 것으로 이해되고, '힘과 유대' 관계에서 '힘'은 격식성으로, 그리고 '유대'는 비격식성이나 '친소' 또는 '친밀도'로 이해되기 때문이다. 이와 관련하여 주목되는 몇 학자의 화계 체계를 검토하기로 한다.

(3) 가. 김민수(1971＝1985)

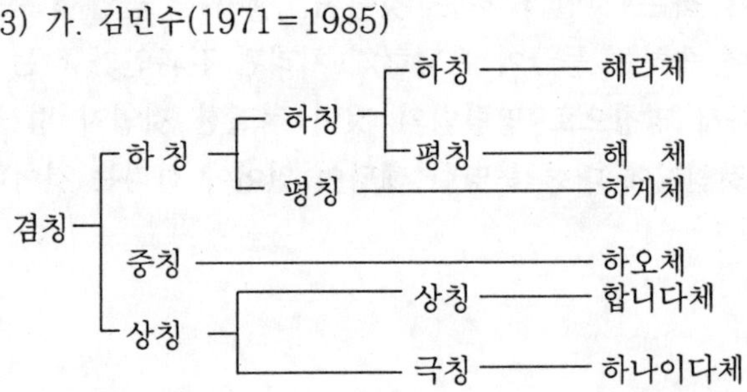

나. 김종택(1981, 1984)

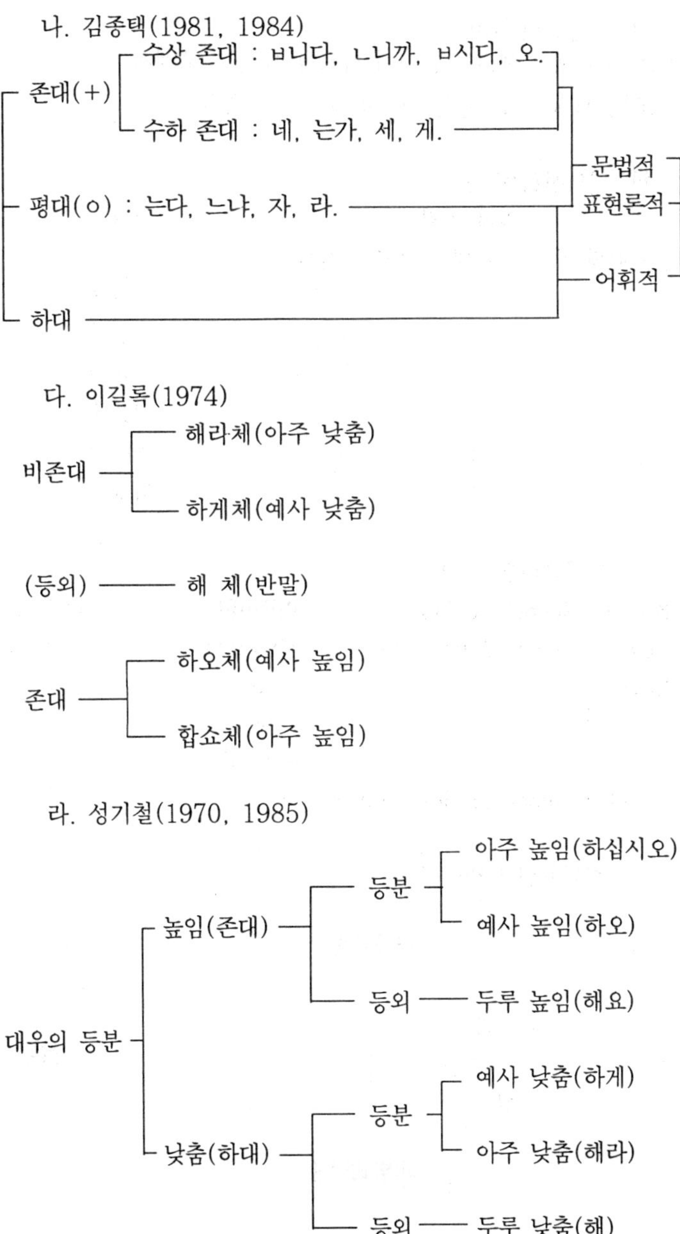

다. 이길록(1974)

라. 성기철(1970, 1985)

마. 고영근(1974b)
四元的 체계 : 해라체/하게체/하오체/합쇼, 하소서체
二元的 체계 : '요' 통합 가능형 및 '요' 통합형.

바. 이익섭(1974)

	청자 자질		결과
〔하대(평대)〕	〔존대〕	〔친밀(격식)〕	
+	-	+	해라체
+	-	-	반말체
-	-	+	하게체
-	-	-	하오체
-	+	+	해요체
-	+	-	합쇼체

사. 황적륜(1975)(1)

Korean Speech levels	Formal	Informal
Level 1 (most deferential)	-(u/i)pnita	-(e)yo
Level 2	-o	
Level 3	-ne	
	panmal	
Level 4 (most condescending)	-ta	

황적륜(1976a)(2)

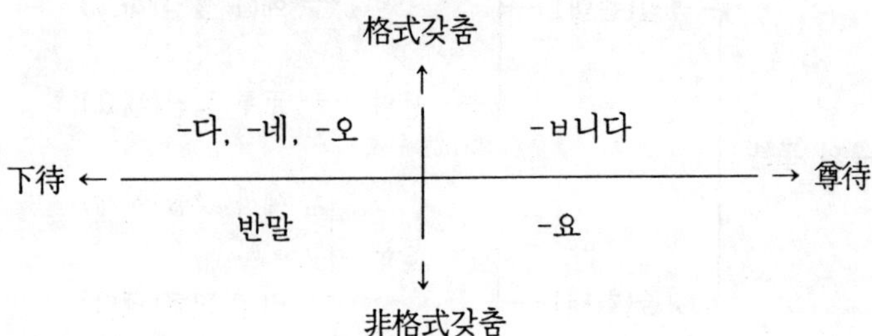

아. 박영순(1976)

speech level	Formal	Informal
존대형(deferential)	하십니다	하세(서)요
준존대형(quasi-deferential)		해요, (하오)
친숙형(familiar)		해, (하네)
평교형(plain)	하다	해

자. 서정수(1984)[25]

	등 급	존대[+Respect]	비존대[-Respect]
	아주 높임 (합쇼체)	○	
격식체 (Formal Style)	예사 높임 (하오체)아버지께서	○	
	예사 낮춤 (하게체)		○
	아주 낮춤 (해라체)		○
비격식체 (Informal Style)	두루 높임 (해요체)	○	
	두루 낮춤 (해체, 반말)		○

차. 임홍빈·장소원(1995)

가. 높은 대우 — 합니다(격식체), 해요(비격식체)

나. 같은 대우 — 하오(격식체), 하게(비격식체)

다. 낮은 대우 — 한다(격식체), 해(비격식체)

카. 유송영(1994, 1996)

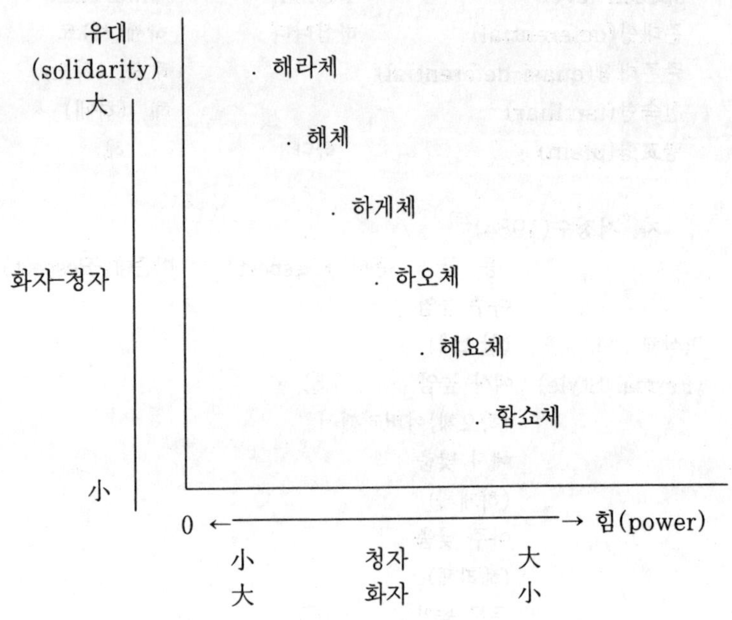

(3가-카)는 현대 국어의 청자 대우법 체계가 대략 어떤 양상으로 변화하였는지를 보여 주는 것이라 할 수 있다. 따라서 (3가-카)는 대체로 세 부류로 나눌 수 있다고 생각한다. 첫째는 전통적인 종래의 체계에서 크게 벗어나지 않는 체계이고, 둘째는 일정한 기준에 의해 화계의 체계를 꾀한 체계라 할 수 있으며, 셋째는 특히 사회언어학적 입장에서 검토된 체계라 할 수 있다. 첫째 부류에는 대체로 (3가)-(3나)가 속하고, 둘째 부류에는 (3다)- (3카)가 속하며, 셋째 부류에는 (3사)-(3아)가 속한다.

김민수(1971＝1985)의 체계 (3가)에서 주목되는 것은 첫째, '해'체가 '하칭'의 '평칭'으로 분류되어 있는 점이고, 둘째, '하오'체가 '상칭'에도 '하칭'에도 속하지 않는 '중칭'으로 분류되어 있는 점이다. 차차 드러나겠지만, 이러한 인식은 의미 심장한 것이라 할 수 있다.

　김종택(1981, 1984)의 체계 (3나)는 특이하다. '하대'는 어휘적 문제이므로 청자 대우법 논의에서 제외되는 것이라고 가정하고, 문법적 청자 대우 현상은 존대와 평대로 이분되며, 다시 존대는 수상 존대와 수하 존대로 이분되는 것으로 기술하고 있다. 그런데, '-오'는 수상 존대에 속하는 것으로, 그리고 반말 형태나 그에 '-요'가 결합된 형태는 아예 체계에서 배제되어 있다. (2가-a)의 화계를 '手上/手下'로 나눈 姜邁·金鎭浩(1925, 1930, 1932)적이라 할 수 있다.

　이길록(1974)의 체계 (3다)는 전형적인 최현배(1937)적인 분류 체계라 할 수 있다. 다만, 눈 여겨 볼 필요가 있는 것은 '존대'와 '비존대'로 나누어 화계를 분류하고 있는 점이다.

　성기철(1970, 1985)의 체계가 가지는 의의는 그 쓰임의 일반적 특성에 따라 '-아/어'체와 '-아/어요체'를 '두루 낮춤'과 '두루 높임', 즉 '등외'라 해서 '등분'과 구별하는 점이다.[26) 그러나, 전체적으로는 전통적인 체계에 속한다 할 수 있다.

　고영근(1974b)의 체계는 원리적인 면에서 성기철(1970, 1985)의 체계와 같다고 할 수 있다. 다만, 반말은 '-요'가 결합될 수 있는 점을 고려하여 '요' 통합 가능형이라 부르고, '-요'가 결합된 형태는 '요' 통합형이라고 부르는 차이가 있을 뿐이다. 따라서, 또 다른 전통적인 체계라 할 수 있다.

　이익섭(1974)의 체계 (3바)는 주목을 요한다. 청자 자질을 크게 〔존대〕와 〔친밀(격식)〕로 구별하고, 그 자질의 상관 관계에 따라 화계가 쓰인다고 보는 점이다. 〔+RESPECT〕와 〔FORMAL〕 자질을 상정한 서정수(1972)에서와 마찬가지로 〔존대〕와 〔친밀(격식)〕이 중시된 체계이다. 그러나, 이익섭(1974)의 체계에서 무엇보다 중시되어야 하는 것은 첫째, '하게'체는 〔-존대〕, 〔+친밀(격식)〕으로, 그리고 '하오'체는 〔-존대〕, 〔-친밀(격식)〕로 나타내져 있는 점이고, 〔-존대〕 및 〔+친밀(격식)〕의 자질에 있어 '해라'

체와 '합쇼'체는 교차적인 대립을 가지나 '반말'체와 '합쇼'체는 완전한 대립을 보이는 점이다. 이러한 대립이나 대응 현상은 우리에게 청자 대우법 체계의 청신호로 여겨지는 것이다.

사회언어학적인 면에서 청자 대우 체계를 조명한 황적륜(1975, 1976a) 및 박영순(1976)은 '존대'와 '격식성'이 화계에 중요한 요인이 됨을 확고히 하고 있다고 생각된다. 황적륜(1975)과 황적륜 1976a)을 함께 예시한 것은 화계에서 '반말'과 '하오'체의 처리가 간단치 않다는 점을 보이기 위해서이다. 우리의 주목의 대상은 황적륜1976a)인데, 첫째, '-다, -네, -오'는 격식체이며 '하대'에 속하나, '반말'은 비격식체이며 '하대'에 속하는 것이므로 이들 간에는 '격식성'이 문제가 되는 것이며, 둘째, '-ㅂ니다'는 격식체이며 '존대'에 속하나, '-요'는 비격식체이며 '존대'에 속하는 것이므로 이들 또한 '격식성'이 문제가 되는 것이고, 셋째, '-다, -네, -오'와 '-ㅂ니다', 그리고 '반말'과 '요'는 격식성은 같으나 존대 자질이 다름이 문제가 되는 것이다. 이러한 내용을 통해 보면, 황적륜1976a)의 체계는 이익섭(1974)의 체계와 대체로 동일한 원리와 인식이 바탕이 된 것이라 할 수 있다. 한편, 박영순(1976)의 체계 (3아)는 첫째, 화계 명칭을 평서형의 형태로 부르고 있다는 점에서 주목되는 것이나, 특히 '존대형'의 경우 '-시-'가 결합된 형식으로 처리한 것은 어떤 오해에 말미암지 않았나 추측된다. 평서형의 경우 용언의 활용형에 나타나는 {-시-}는 결코 청자를 향하지 않기 때문이다. 둘째, '해요'와 '하오', 그리고 '해'와 '하네'가 각각 '준존대형'과 '친숙형'에 속하는 것으로 되어 있을 뿐 아니라, '해'는 다시 '평교형'에 속하는 것으로 되어 있어 넘나듦의 표현을 문제 삼아 정리한 체계가 아닌지 적이 의심스럽다.

서정수(1972) 및 서정수(1980)을 거쳐 서정수(1984)에서 정립된 (3자)는 황적륜(1976a)적인 존대 자질과 격식이 화계의 기본적 원리가 되어 있다. 다만, 다른 점이 있다면, 화계 구분에 대한 분류 방식은 전통적인 것에 따르고 있다는 점이다. 따라서, 서정수(1984)에는 '하오'체가 예사 높임으로 되어 있다.

임홍빈·장소원(1995)의 체계 (3차)는 화계의 기준이 되는 원리는 서정수(1972, 1980, 1984)의 '존대' 및 '격식'에 입각하고 화계 구분의 원리는 이익섭(1974) 및 황적륜(1976a)적인 것을 세밀화한 것이라 할 수 있다. 그러나, 이와 같은 원리나 인식을 같이 하기는 하나, 임홍빈·장소원(1995)의 체계는 서정수(1972, 1984), 이익섭(1974) 및 황적륜(1976a)과는 차별화된다. 임홍빈·장소원(1995)의 삼분 체계는 우리로 하여금 주시경(1909)를 연상케 한다. 이는 곧 뒤에서 후술할 것이다.

유송영(1994, 1996)의 '힘과 유대'에 의한 체계 (3카)는 결국 '신분의 高下'와 '親疎 관계'에 의한 체계라 해도 무방하다고 생각된다. 이러한 점에서 이 체계는 일면 의의가 있다고 할 수 있다. 그러나, 이 체계로는 청자 대우 현상을 모두 설명하기에는 부족함이 있는 것으로 판단된다. 우선, 생각해 볼 수 있는 것이 화계가 서로 넘나들며 쓰이는 경우와 같은 것이 전혀 고려되지 않음으로써 '힘'과 '유대'의 평면적인 반비례 관계만 있을 뿐이라는 것이다.

이상의 청자 대우법 체계에 대한 논의에서 결국 우리의 주목을 끄는 것은 서너 가지가 있다. 첫째로 임홍빈·장소원(1995) 외에 대부분의 체계가 '해라'체와 '해'체가 결코 동일한 한 화계의 등급에 속할 수 없다는 것이다. 둘째로 '하오'체에 대한 견해가 대체로 둘로 갈리어 한편에서는 전통적인 인식 위에 선 '예사 높임'의 등급에 속하는 것으로 보는데, 다른 한편에서는 높임의 등분에 속하지 않는 것으로 보고 있는 것이다. 셋째로 등분과 등외, 격식체와 비격식체, 그리고 四元的 체계와 二元的 체계 등등으로 화계를 4등분이나 6등분 또는 3등분으로 나누고 있는 것이다. 물론 이상 세 가지의 주목되는 내용의 근저에는 존대 자질이 바탕이 되어 있다.

이제 구체적인 문장을 통하여 위에서 제기된 몇 가지 의문점에 대해 검토하기로 한다. (4바)를 제외하고, 여기에 2.2.2.의 예문 (6)을 다소 손질하여 다시 가져오기로 한다.

    (4) 가. 저희/??우리 아버님은 부산에 가셨습니다.
        나. 우리 아버님은 부산에 가셨소.
        다. 우리 아버님은 부산에 가셨네.
        라. 저희/??우리 아버님은 부산에 가셨어요.
        마. 우리 아버님은 부산에 가셨어.
        바. 우리 아버님은 부산에 가셨다.

    (4가)의 '-습니다'에 대해서는 이미 4.6.에서 검토하였다. 재구조화된 {-삽-}의 형태에는 '-ㅂ-', '-습-', '-읍-'이 있고, 이들 형태가 결합된 문 종결 구성의 형식에는 '-ㅂ니-', '-습니-', '-ㅂ디-', '-습디-', 그리고 '-ㅂ죠', '-읍죠' 및 '-ㅂ시-' 등이 있다고 하였다. 현대 국어적인 {-삽-}이 청자와 관련하는 요소이고, 그 기능이 '화자의 수혜자에 대한 겸양'이라면, 예의 '-습니다'는 물론 재구조화된 {-삽-}의 형태는 모두 격식적이고, 대상 인물을 높이는 기능을 담당한다 해도 좋을 것이다. 또한, 이런 표현의 경우 '저희'가 바람직한 것이지 '??우리'가 바람직하지 않은 현상도 같은 맥락으로 해석된다. 여기서 '격식'이란 상황적인 '격식' 이전에 언어 형식의 격식을 말하는 것으로, 그 격식이 온전히 갖추어진 형식임을 뜻하는 것이다. 이러한 점을 중시하여 재구조화된 {-삽-}의 형태, '-ㅂ-', '-습-', '-읍-'을 '격식체'이며 '높임' 기능의 형식이라 가정하자. 그러나, 다음 문장에서처럼 '-ㅂ-', '-습-', '-읍-'은 언제나 '아주 높임'의 형식으로 쓰이지는 않는다.

    (5) 가. *아버님/여보, 철수가 학교에 갑디다/갑디까?
        나. *아버님/여보, 철수가 밥 먹읍디다/먹읍디까?
        다. *아버님/여보, 이제 식사합시다/먹읍시다.
        라. 어르신/*아버님/*여보, 저는 그만 떠납죠.

  (5가-다)에서 절대로 `*아버님`이 청자로서 상정되지 못하는 것은 `-ㅂ디-`와 `-습디-`는 `아주 높임`의 등분에 속하는 어미 형태가 아님을 뜻한다. `여보`가 청자로 상정되는 경우 가능한 것으로 미루어 보아 `-ㅂ디-`와 `-습디-`는 `하오`체에 속하는 것으로 판단된다. 따라서, 재구조화된 {-삽-}의 형태, `-ㅂ-`과 `-습-`이 `아주 높임`에 쓰이려면 선어말 어미 {-느-}와 결합된 형태에 한한다. 반면에, (5라)에서 `*여보`와 `*아버님`은 절대로 청자로 상정되지 않는데 `어르신`은 상정이 가능한 것으로 보아, `-ㅂ죠`와 `-읍죠`는 하층민이나 서비스 업종에 종사하는 종업원의 어투라 할 수 있다.

  다시 (4)로 돌아가서, (4가)의 `-습니-`에 대하여 (4라)의 `-어요`는 `<sup>??</sup>우리`가 화자로 상정되지 못하는 점에서는 `-습니-`와 같으나, 다음 문장의 성립이 자연스러운 것으로 보아 그 격식은 `-습니-`와 다르다고 본다.

  (6) 가. 선생님/*여보, 철수가 집에 갔어요/갔어요?
      나. 선생님/*여보, 철수가 지금 공부하고 있어요/있어요?
      (`선생님`이 화자의 담임인 경우)

  (6가, 나)에서 `*여보`는 청자로 불가능한데 `선생님`과 같은 상위 신분의 청자에 가능한 것은 `-어요`가 `아주 높임`의 등분에 속하는 형태이기는 하나, 그 언어 형식이 가지는 격식은 `비격식적`이라 할 수 있다. 이러한 해석은 반말 형태 `-아/어`가 이미 비격식적인 언어 형식임을 상기하면 별 어려움이 없다고 할 수 있다. 이러한 점에서, `-어요`는 `-습니다`와 `격식성`의 차이만 가지지 화계에서는 다 `아주 높임`의 등분에 속하는 것이다. 위의 체계 대부분도 이 점에서는 같은 견해를 보인다.

  (4나)의 `-소`는 `우리`라는 청자를 상정해도 그 성립이 자연스럽다. 이 점에서 `-소`는 `-습니-`와 동급의 화계는 결코 아님을 알 수 있다.[27) 그런데, 다음 문장이 시사하듯이 `-소`의 쓰임은 제약적이

다. 만약, '-오'도 '-소'와 같은 등급의 화계라면, '-오' 또한 그와 같은 제약성에서 벗어나지 못할 것이라고 예측된다. 그러나, 둘 간에는 차이가 있다.

(7) 가. *아버님/여보, 영희가 시집에 *갔으오, 갔소/*갔으오? *갔오? 갔소?
　　나. *아주버님/여보, 영희가 돌아오오, *돌아오소/돌아오오? *돌아오소?
　　다. *아버님/여보, 마음껏 드시오/드시소. (명령)
(8) 가. 여보/*이봐/*여보게, 철수가 학교에 가오, *가으오/*가소. (평서)
　　나. 여보/*이봐/*여보게, 철수가 빵을 ?먹으오/먹소. (평서)

예 (7), (8)에서 우리가 주목하는 것은 두 가지이다. 하나는 '-소'와 '-오'가 화·청자간의 관계나 연령의 제약을 받는다는 점이고, 다른 하나는 '-소'는 '-오'와는 달리 {-삽-}의 이형태로 볼 수 없다는 점이다.

우선, 그 쓰임에 있어 '-소'와 '-오'가 연령의 제약을 받으며 화자와 청자간의 특수한 관계가 상정되어야 하는 것을 검토하기로 한다. (7가-다)에서 청자 상정에 있어, '*아버님'과 '*아주버님'은 불가하나 '여보'는 가능한 것으로 보아, 그리고 '여보'라는 호칭이 청년기의 젊은이들이 쓰기에는 적절치 않은 어휘라는 점으로 미루어, '-소'와 '-오'는 나이가 지긋한 중년 이상의 화자와 청자간의 대화에서나 쓰인다고 할 수 있다. 이와 같이 '-소'와 '-오'가 나이가 제법 든 중년 이상의 화자와 청자간의 대화에서 쓰이는 것이라 해도 그 둘 간에는 다른 양상을 보인다. 예컨대, (7가)와 (7나)의 '-오'와 '-소'의 쓰임은 호칭어 '여보'의 의미를 다르게 해석하게 한다. '-오'는 '여보'를 화자 관련 대상으로 인식하게 하는데 '-소'는 타자 관련 대상으로 인식하게 하는 것이다. 이러한 미묘한 차이는

(8)에서 '*여보게'의 쓰임이 거의 불가한 것에서 확인된다. 따라서, 우리는 '-소'와 '-오'는 중년 이상의 동년배이거나 그렇게 인식되는 연배간에서 쓰이는 형태인데, 주로 '-오'는 그 대상이 화자 관련 인물인 경우에 쓰이고 '-소'는 타자 관련 인물인 경우에 쓰인다고 할 수 있다.

  둘째, '-소'와 '-오'의 쓰임 분포에 대해 검토하기로 하자. 이에 대해서는 이미 학계에서 일반적으로 '-소'는 선어말 어미를 포함하여 선행어의 말음이 모음인 경우에는 쓰이지 못한다고 하였다. 그러나 문제는 그렇게 간단치 않다. (7가)에서 과거 시제 선어말 어미 {-았/었-}이 결합된 경우에는 평서형이든 의문형이든 '-오'의 쓰임은 봉쇄된다. '-소'와 '-오'의 쓰임이 음운론적 제약을 받는 현상이라 할 수 있다. 그러나, 이러한 음운론적 제약은 다음의 비문성을 해명하는 데 난점을 갖는다. 첫째, (7가)의 평서형과 의문형의 '*갔으오'나 '*갔으오?'가 왜 쓰이지 못하는 것인가 하는 것이다. '-으-'를 연결시킴으로써 '-오'의 음운론적 제약을 해소시켰다면 마땅히 성립되어야 하기 때문이다. 우리가 여기서 추측할 수 있는 것은 '-으-'가 조음소적인 연결 모음이 아니라 {-삽-}의 형태소변이라는 것이다. 만약, '-으-'가 조음소적인 연결 모음이 아니라 {-삽-}의 형태소변이라면, '-으-'는 독자적으로 쓰일 수 없고 반드시 '-으오'의 형태로 쓰여야 하는 것이다. (8가)의 '*가으오'가 성립되지 못하는 이유도 여기에 있다. 아울러 {-삽-}의 기능에 대한 위치 조건(2)'의 '-오-'가 상위자에 쓰일 수 있는 것은 내포문의 어미 형식에 한한다는 것과 (4.4. (25) 및 4.5. 참조), '-오'는 '수행-억양'에 의해 현실적인 발화가 된다는 것을 상기할 필요가 있다. 4.5. 참조. 둘째, '-소'와 '-오'의 쓰임이 음운론적 제약을 받는 현상이라 한다면, (8나)에서 평서형 '먹으오'가 왜 성립되는가 하는 것이다. 혹자는 '먹으오'가 어색한 표현이라고 할 수도 있다. 그러나, 다소 어색하기는 하나 전적으로 성립이 불가한 것이 아니라면 '-오'도 선행어의 말음이 자음인 경우 결합이 가능하다고 해야 할 것이다. 물론 이 때의 '-으-'는 조음소적인 연결 어미일 것이다. 셋째, (7다)의 '드시소'처럼 선어말 어미 {-시-}가 결합된 명령법의 경우 '-소'의 쓰임을 어떻게 설명할 것인가 하는 것이다. 음운론적 제약이 명령법에서는 예외를 갖는다고는 할 수 없기 때문이다. 그런데, 명령법에서 '-오'와 '-소'의 쓰임은 미묘한 느낌의 차이를 보이는 것으로 여겨진다. 자명한 것이지만, 근문에서의 '-오'가 결코 상위자에 쓰이지 못한다는 점을 상기한다면, '드시오'는 명령의 의미는 약화되고 권유나 청유의 의미를 더 갖는다 할 수 있다. 반면에 '드시소'는 오히려 이러한 점을 해소시켜 주는 것이다. 즉, '-소'는 '-오'보다는 명령의 의미가 강하다고 할 수 있는 것이다. 이와 같이 '-소'가 명령법의 경우 음운론적인 제약에 무관하게 쓰이고, 그 의미가 평서형이나 의문형의 '-소'의 경우와 다르게 느껴진다면, 우리는 여기서 평서형 및 의문형의 '-소'와 명령법의 '-소'는 동음이의어는 아닌지 가정해 볼 수 있다. 여기서, 평서형 및 의문형의 '-소'는 중세 국어의 'ㅎ소라'의 '-소-', '-이로소이다'의 '-소-', '-ㅅ이다'의 '-ㅅ-'에 대한 기존의 이숭녕 (1981:380)의 '공손법 형태', 허 웅(1975: 923)의 '강조-영탄법', 고영근(1981:141)의 '감동법', 그리고 임홍빈(1985b)의 '간접화' 등과 관련하는 형태로, 그리고 명령법의 '-소'는 중세 국어의 청유형 '-ㅅ-'에서 유래한 형태로 받아들이기로 한다. 임홍빈 (1985b) 참조. 그러나 '-소'에 대한 이러한 견해와 다른 이견을 보이는 논의도 있다. 서정목(1983)에서 암시적으로 지적된 것인데, 이기문(1972:214)의 "중세의 명령법 어미 '-아쎠'가 없어진 대신 '-소'가 등장하였음"을 상기시키면서 16세기에 나타나는 '-쇼'와 함께 그 기원이 불투명하다는 것이다. 그리고, 장경희(1977: 19)는 '-소'를 '-습-'에서 찾고 뒤에 명령법 어미가 생략된 것으로 본다는 내용을 언급하고 있는 것이다.[28] 그러나 필자는 장경희 (1977:19)를 직접 접하지 못하였으므로, 분명한 해명은 유보한다.

　여기서 우리는 '-오'와 '-소'의 쓰임에 대하여 다음과 같이 정리
할 수 있다. 주 27 참조.

(9) '-오'와 '-소'의 쓰임 기능
　　가. '-오'와 '-소'는 중년 이상의 동년배이거나 그렇게 인식되는 연
　　　　배간에서 쓰이는 형식으로, 주로 '-오'는 그 대상이 화자 관련
　　　　인물인 경우에 쓰이고 '-소'는 타자 관련 인물인 경우에 쓰인다.
　　나. '-오'와 '-소'가 같은 등급의 화계인 경우 '-오'가 근문에서는 절
　　　　대로 상위자에 대하여 쓰이지 못하는 형식이라면, '-소'도 절대
　　　　로 상위자에 대하여 쓰일 수 없다.
　　다. '-소'가 평서형 및 의문형의 경우와 명령법의 경우에 의미적
　　　　차이를 보인다면, 평서형 및 의문형의 '-소'와 명령법의 '-소'는
　　　　기원적으로 다른 동음이의어이다.
　　라. '-오'는 '수행-억양'에 의해 현실적인 발화의 어미로 쓰인다.

　다시 예 (4)로 돌아간다. (4다)의 '-네'와 관련하여 다음 문장을
살펴보기로 하자.

(10) 가. *철수야/??*여보/여보게, 우리 아버님은 부산에 가셨네.
　　　나. *철수야/여보/*여보게, 우리 아버님은 부산에 가셨소.(평서)
(11) 가. *철수야/??*여보/여보게, 이제 그만 돌아가게.
　　　나. *철수야/여보/*여보게, 이제 그만 돌아가오. (명령)
(12) 가. *철수야/??*여보/여보게, 이제 그만 ??*돌아가오
　　　　　/??*돌아갑시다/가세.
　　　나. *철수야/여보/*여보게, 이제 그만 돌아가오/돌아갑시다
　　　　　/??*가세. (청유)

　(10)에서 호칭어로 '철수야'는 다 불가한데, (가)에서는 '-네'가
'여보게'와 자연스럽게 어울리고, (나)에서는 '-소'가 '여보'와 자연
스럽게 어울리는 것으로 보아, (10)은 우리에게 두 가지 사실을

시사해 준다. 하나는 어미 '-네'도 '-오'나 '-소'와 마찬가지로 나이가 지긋한 중년 이상의 화자가 사용할 때 가능한 것이고, 다른 하나는 '-오'나 '-소'의 대상 청자와 '-네'의 대상 청자는 그 연령의 차를 보인다는 것이다. 즉, '-오'나 '-소'는 일반적으로 동년배간에서 쓰이는 것이라면, '-네'는 화자보다 나이는 적으나 일정한 대접을 하지 않으면 안 되는 대상에 쓰인다는 것이다. '-네'의 이러한 기능은 주지하는 바와 같이 '-네'에 중세 국어적인 공손법 표지 {-이-}가 융합되어 있기 때문이다. 이러한 '-네'의 특징은 (11)에도 그대로 적용된다. '-게'가 '-네'와 같은 등급의 명령법이라 하는 경우 '??*여보'는 자연스럽지 못하나 '여보게'는 자연스러운 것이 이러한 사실을 말해 준다.

(12)는 청유형에서 호칭어 '여보게'는 '-세'와 자연스러운 호응을 보이지만, '여보'는 '-세'와는 거의 어울리지 못하나 '-읍시다'와는 자연스러운 호응을 보이는 것을 나타내 준다. 이러한 의미에서 '-읍시-'는 '-오'와 같은 등급에 속하는 어미이고, '-세'는 '-네'와 같은 등급에 속하는 어미라 할 수 있다.

이와 같이 '-오'와 '-네'가 결코 동일한 등급에 속하지 못한다는 것은 다음의 예에서도 확인된다.

(13) 가. 일 마치고 지금 *가오요/가네요.
　　　나. 자, ??*출발합시다요/출발하세요.

(13)은 '-오'와 '-네'가 '-요'와의 결합이 어떠하냐를 보이는 예로서, '-네'는 '-요'와 결합이 가능하나 '-오'는 거의 그렇지 못하다는 것이다.[29] '-오'와 같은 등급에 속한다고 가정한 '??*출발합시다요'가 다소 성립의 여지를 보이는데, 이는 '합니다요'와 다름없이 하층민의 어법이므로 원칙적으로 논의에서 제외되어야 한다. 이러한 사실은 '-네'가 '-오'보다 언어 형식적인 면에서 격식이 떨어진다고 할 수 있다. 주 27, 김민수(1971=1985) 체계(3가), 임홍빈·장

소원(1995)의 체계(3차) 및 한 길(1991:40) 참조. 따라서, 우리는 '-오'와 '-네'의 차이를 다음과 같이 정리할 수 있다.

(14) '-오'와 '-네'의 쓰임
　가. '-오'와 '-네'는 다같이 중년 이상의 화자가 청자에게 쓰는 형식이나 '-오'는 그 대상이 동년배이거나 그렇게 인식되는 연배간에서 쓰이는 것이며, '-네'는 그 대상이 화자보다 나이는 어리지만 일정한 대접이 필요한 대상에 쓰이는 것이다.
　나. '-오'와 '-네'는 격식에서 차이를 나타내는데 '-오'는 격식체에 속하고, '-네'는 비격식체에 속한다.

　다시 (4마)로 돌아간다. 예의 반말 형식의 문장인데 논의에 앞서 '반말'에 대한 앞선 견해를 다음과 같이 정리한다.

(15) 반말에 대한 견해
　가. 반말은 手下와 平等의 中間에 用하는 語가 有하니, 俗 所謂 半語(반말)라 謂하는 者라. 助動詞의 一部 又는 全部를 생략한 것이니, 若 適當히 使用치 안이하면 人의 怒를 招할지니라(이규방(1922)).
　나. '해라'와 '하게'와 '하오'의 중간에 있는 말이니 ; 그 어느 쪽임을 똑똑히 들어내지 아니하여, 그 등분의 말 맛을 흐리게 하려는 경우에 쓰인다. 그러므로 반말은 '아주 높임' 아님만은 분명하다(최현배(1937)).
　다. (1) 반말은 두루빛 '아'를 붙여 소리를 조절하여 빛을 구별한다.
　　　(2) '아' 두루빛 외에 '하게'의 '지', '하오'의 '오(소)'도 한 꼴로서 네 빛에 두루 쓰인다.
　　　(3) 동사에 아무 도움 낱뜻도 다는 일없이 또는 동사 몸갈이의 어느 가래가 또는 동사에 아무 특수한 뜻이 없는 소리가 붙어 가지고 말의 억양을 따라 가름, 무름, 시김, 끌음을 나타내는 빛은 두루빛이다.
　　　동사 몸갈이 첫가래 : 나는 지금 먹어! 먹어? 먹어!!
　　　　　　　　　　먹어!? 글 배우러! 글 배우러? 글 배우러!! 글

배우러!?

높일 동사 : 허다 사연 이로 다 못, 이만 주리압. 혼미
하와, 선후 없는 말씀 눌러 보시압.

형식 명사부 : 내달 초생에 나가 뵈올 듯. 구구한 소
회 대강 짐작 하실 듯.

몸갈이 없는 동사 : 모레는 대구루 출장. 오늘 평양에 도
착. 바람은 슬슬. 배머리 빙빙(정렬모(1946)).

라. 어계를 불분명히 하는 것이라 間或 '존대, 하오, 하게, 또는 해
라'와도 석거 쓰나 그 自體역 한 어계를 이루니 '하오'보담 낮
고 '하게'보담 높다고 볼 수 잇스며(홍기문(1946)),

마. ('하오'와 '하게'의 중간 또는 '하게'의 중간) 흔히 지위 높은 이가
지위 낮은 사람을 대하여 말할 때에 끝맺는 맺씨. 말끝을 맺
지 않고 흐리어 버리는 것(김윤경(1948a)).

바. 해라도 아니오 하게도 아니오 하오도 아니오, 말을 그저 어물
어물하여 끝을 아물리지 않는 말(이희승(1949)).

사. Le 반말 est la facon de parler qui substitue à une
forme dite "courante". La seule honorification possible
est 요. Le 반말 s′identifie à la formule de liaision. Il
est d′un usage extremement courant.
반말은 일상적으로 쓰이는, 형식이 결핍된 말하기 형식으로서
'-요'의 결합으로 존대가 가능하며, 私的인 표현과 같은 것이다
(Dupont & Millot(1965)).

아. '-요' 통합이 가능한 형태(고영근(1974b)).

자. 그 자체를 완전한 종결형 어미를 갖춘 것으로는 보기 어렵다.
'-라' 혹은 '-요' 등 종결 어미의 생략을 전제로 한 것으로 보는
것이 온당할 것이다. 따라서 '해라'체의 이형태나 '하오'체의 이
형태일 것이다. 그것을 등외로 취급하게 한 결정적 요인이며
또한 '해라'체(아주낮춤)에 대한 다른 계층 '해'체(예사 낮춤)
설정의 까닭이 된 것이다(김종택(1981)).

차. 두루 낮춤.(성기철(1985a)), 두루 쓰임.(정인승(1949)), 비
격식체 두루 낮춤(서정수(1984)).

카. 그 자체로 문 종결 형식이다. 그러나 '수행-억양'에 의해 현실
적인 발화가 되는 것이다(임홍빈(1984a)).

타. 반말은 일반적인 종결 어미 이외의 요소에 의해 종결된 구어체 문장이다. (단, 여기서 '일반적인 종결 어미'는 청자 대우 등급 표시의 기능, 문장 유형 표시의 기능, 문장 종결의 기능을 모두 가진 어미를 의미한다(박재연(1998)).

(15가)는 반말에 대해 두 가지 점을 지적하고 있다. 하나는 청자 대우 등급에서 반말이 차지하는 위치에 관한 것이고, 다른 하나는 반말이 형태적으로 완전치 못한 형태라는 것이다. 우선, 청자 대우 등급에서 반말이 차지하는 위치에 관한 것으로 기술에 차이는 있으나 (15나), (15라), (15마), 그리고 (15바)도 있다. 그러나, 이들의 조금씩 다른 기술에도 불구하고 이들에는 기본적으로 반말은 다른 등급과 달리 폭 넓게 쓰이는 속성을 지니고 있다는 인식에는 공통적이다. 반말이 이렇게 폭넓게 쓰이는 속성을 가진 점이 반말을 '등외'로 처리하게 한 것이고, 이러한 논리에 따른 것이 (15아), (15차)이다. 다음, 반말이 형태적으로 완전치 못한 형태라는 것은 부분적으로 (15사), (15자)에도 언급되어 있다. 이상의 내용을 요약하면, 반말은 형태적으로 불완전하지만 그 쓰임은 폭넓다고 할 수 있을 것이다.

그러나, 이와 같이 반말이 온전히 갖추지 못한 형식임에도 불구하고 폭넓게 쓰인다는 것은 곧 반말 형식은 그 자체로 문 종결의 기능을 가지는 것이며, 특정한 계층의 화자에만 쓰이는 등급이 아니라는 것을 나타내는 것으로 생각된다. 반말에 대한 이러한 인식이 바탕이 된 것이 (15다)라 여겨진다.

(15다)는 반말의 속성 혹은 특성을 첫째, 그 자체로 문 종결 형식이라는 것, 둘째, 그러나 문 종결이나 문장의 유형을 표시하기 위해서는 '말의 억양'이라는 도움이 필요하다는 것, 셋째, 반말 형식에는 단순한 어미 외에 통사적인 반말 형식도 있다는 것 등과 같이 언급하고 있다. 반말에 대한 정렬모(1946)의 이러한 인식은 한마디로 탁견이라 아니할 수 없다. 특히 반말은 그 자체로 문 종

결 형식이라는 것, 그러나 그러기 위해서는 '수행-억양'이 필요하다
는 점에서 이러한 해석에 따른 견해가 (15카)이다.

반말의 쓰임에 대하여, 시사적인 (15가), (15나), (15라), (15마),
그리고 (15바)의 언급과 구체적인 (15아), (15차)의 언급은 반말의
용법에 주목한 것으로 판단된다. 특히 반말을 식별하는 한 방안으
로써 존대 첨사 '-요'의 통합 가능성 여부를 제기한 고영근(1974b)
에도 많은 진실이 담겨 있다. 그러나 이 또한 반말에 대한 용법상
의 문제를 제기한 것이라 할 수 있다. 이에 대해 (15다)는 반말의
속성이나 특성에 대한 본질적인 문제를 제기한 것이다.

이와 같이 반말에 대한 본질적인 특성과 실제적인 용법을 함께
아우른 것이 (15타)라 할 수 있다. 우리의 해석이 틀리지 않는다
면, (15타)는 다음과 같이 해석될 수도 있다. 반말은, 첫째, 청자
등급 표시의 기능이 없는 형식, 둘째, 문장 유형 표시의 기능이 없
는 형식, 셋째, 문장 종결 기능을 가지지 않은 형식으로 나타나는
구어체 문장이라는 것이다. 이를 다른 각도에서 해석하면, 반말 형
식은, 첫째와 관련해서는 {-삽-}의 형태에 의한 어미나 중세 국어
적인 {-이-}가 융합된 어미 또는 '한다'체의 어미 '-다'와 다르다는
것이고, 둘째 및 셋째와 관련해서는 특히 정동사 어미의 속성을
가지지 않는다는 것이다. 그러나 반말은 반말 형식에 의해 종결된
구어체 문장이라는 것이다.

우선, 반말이 {-삽-}의 형태에 의한 어미나 중세 국어적인 {-이-}
가 융합된 어미 또는 '한다'체의 어미 '-다'와 다르다는 것부터 검토
하자. 이에는 아무런 이의를 제기할 필요가 없다. 반말 형태는 절
대로 상위자에 대하여 쓰이는 일은 없기 때문이다. 그러나, 그렇다
고 반말이 청자 대우 등급상에서 아무 기능도 하지 않는다고는 말
할 수 없다. 비록 반말이 (15가), (15나), (15라), (15마), 그리
고 (15바)에서와 같이 상위 등급과 넘나들며 쓰이기는 하나, 그것
은 또 다른 문제라 할 수 있다. (15사)적인 '私的'인 표현과 같은

상황적인 요인에 의한 현상이기 때문이다. 이와 같은 상황적인 요인의 작용을 박재연(1998:26)에서는 비판하고 있다. 서정수(1984)에서의 격식성이 상황적인 것으로 쓰였는데, 그보다는 청자 대우의 격식성·비격식성으로 좁혀 사용될 것을 제안한 점이 그것이다. 이에 대해 우리는 논의의 필요성을 느끼지 않는다. 우리도 격식성을 기준으로 하되 상황적인 격식성은 배제하는 입장이기 때문이다. 즉 우리는 대우 표현과 관련하는 언어 형식이 격식을 갖추었느냐 못 갖추었느냐를 가지고 격식성을 따지는 것이므로 박재연(1998:26)과는 다소 다르다. 그러나, 여기서 지적하고 싶은 것은 비격식체의 언어 형식이 비격식적인 상황에서 보다 자연스럽게 쓰이는 것만은 틀림없는 현실이라는 것이다.

다음, 반말이 문장 유형 표시의 기능이 없는 형식이며 문장 종결 기능을 가지지 않은 형식이라면, 반말의 형태는 전혀 정동사 어미의 속성을 가지지 않는 것이라 할 수 있다. 그러나 서태룡(1985)에 의하면, 국어의 정동사 어미에는 해라체와 반말에서 동일한 것으로 확인되는 '-아/어', 반말의 '-지'와 '-게', 그리고 서술형의 '-다'와 의문형의 '-가'와 '-고'가 목록의 전부로 되어 있다. 이에 대한 반증으로 공손법의 등급 차이를 나타내는 〔+청자 존대〕의 '-이-', '-이'와 〔+화자 겸양〕의 '-습/읍-,' '-소'는 선어말 어미의 기능으로 모두 설명될 수 있음을 지적하고 있다. '-소'에 대해서는 주 28 참조.

그러나, 우리가 생각하기로는 반말이 실제적인 발화나 문장에서 쓰이는 한, 문장 유형 표시의 기능이 없다거나 문장 종결 기능을 가지지 않은 형식으로 단정할 수는 없는 것으로 판단된다. 다만, 반말이 그와 같이 문장 유형을 구별하고 문장을 종결하기 위해서는 정렬모(1946)적인 '말의 억양'이나 임홍빈(1984a)적인 '수행-억양'의 도움이 필요한 것뿐이다. 이러한 '말의 억양'이나 '수행-억양'을 전제하고 박재연(1998)은 반말을 구어체 문장이라 하였는지도 모른다. 그러나 반말이 (17사)적으로 일상적으로 쓰이는 구어체이기는 하지만, 그렇다고 언제나 구어체의 문장에만 쓰이는 것은 결코 아니다. 따라서, 우리는 반말 형식의 특성에 대해 다음과 같이 정리할 수 있을 것이다.

> (16) 반말 형식의 특성
> 반말 형식은 '수행-억양'이 걸리기 전에는 不定 상태의 형식이다. 이러한 특성으로 반말은 청자 대우 등급에서 비격식체의 낮음 대우에 속하는 것이다.

(16)에 입각하여 다음의 문장을 검토하기로 하자. (17마)는 앞의 예 (4마)를 다시 가져온 것이다.

> (17) 가. 가(아).
> 나. 집에 가(아).
> 다. 잠이나 한숨 자게.
> 라. 너도 언젠가는 깨닫겠지.
> 마. 우리 아버님은 부산에 가셨어.

(17가-나)는 전통적으로 문장-단편(sentence-fragments)이나 파편문 또는 소문(minor-sentence)으로 알려진 문장이다. 특히 (17가)는 (17나)보다 그 정도가 더 심하다. (17나)에는 도달점(goal) '집에'가 있어 그만큼 정보량이 많기 때문이다. (17가)의 '가(아)'에 대해, 박재연(1998)의 해석대로라면, 이 형태만으로 문장 유형이나 종결은 전혀 알 수 없어야 한다. 그러나 우리가 보기에는 특별한 설명이 따르지 않는 한 평서형인지 의문형인지 또는 명령법인지 청유형인지에 대해서는 확신할 수 없으나, 최소한 종결 형식이 아닌가 하는 느낌만은 분명히 든다고 생각된다. 이러한 미묘한 느낌은 근본적으로 반말 형식이 국어에 엄연히 존재하는 형식이고, 그러한 형식에 의한 표현이나 발화가 자연스러운 성립

을 보인다는 사실에서 온 것이라 할 수 있다. 이러한 미묘한 느낌이 온당한 것이라면, 반말 형식은 문장 유형은 몰라도 일단 종결 형식을 갖춘 것으로 해석할 수 있을 것이다. 다만, 여기서 문장 유형이 문제인데, 이의 해결은 실제 담화 상황이나 발화 상황이 주어지느냐 여부에 달렸다고 판단된다. 박재연(1998)의 구어체의 문장으로 해석되는 부분이다. 그러나, 실제 담화 상황이나 발화 상황이 언어 수행상의 것이라면, 그리고 언어 수행이 적절하게 이루어지려면 특히 억양이 필요한 것이라면, 구어체 문장으로의 해석보다 화자의 '수행-억양'이 더 설득력이 있는 것으로 생각된다.

(17다)의 '-게'가 반말 형식이 되려면, 청유형으로 해석되어서는 안 된다. 청유형의 '-게'는 '하네'체에 속하는 것이다. 따라서, 수행-억양이 걸리기 전에는 반말 형식은 부정의 상태로 있다는 우리의 해석은 정당하다고 할 수 있다. (17라)와 (17마)는 반말 형식의 쓰임을 돕는 정보량이 많아서 별다른 어려움이 없다. 특히 (17라)의 '-지'는 '마음속으로의 다짐'의 의미를 띠므로 더욱 그러하다.

반말 형식이 '수행-억양'이 걸리기 전에는 不定 상태의 형식이고, 이러한 특성으로 반말은 청자 대우 등급에서 비격식체의 아주 낮춤에 속하는 것이라 할 때, 반말 형식에 대한 (15가), (15사), 그리고 (15자)의 '조동사의 일부 또는 전체가 생략된 것,' '어떤 형식이 결핍된 것', 그리고 "'-라'나 '-요'가 생략된 것"이라는 해석은 온당하다고 할 수 없다.[30] 이와 관련하여 다음 문장을 살펴본다.

(18) 가. 철수야, 나 지금 간다/가.
　　　나. 아버님/어머니, 저 지금 떠납니다/떠나요.
　　　다. 철수야, 지금 가라/가.

(18가)에서 '간다'와 '가'의 차이는 의미적인 것이 아니라, 언어 형식에 나타난 형태론적인 차이이다. '-다'가 몇 안 되는 평서형의 정동사 어미라면, 이미 그 자체로 격식적인 언어 형식이라 할 수

있고, 반말은 수행-억양이 걸리기 전에는 부정 상태의 형식이라면, 그 자체로 비격식적인 언어 형식이라는 것이 그러한 차이다. 만약, 이러한 차이가 올바른 해석에 근거하는 것이라면, '한다'체와 '해'체는 격식의 차이만 있고 청자 대우 등급의 차이는 없다고 할 수 있다. 이러한 (18가)적인 차이는 (18나)에도 그대로 적용이 가능하다. (18나)에서 '떠납니다'는 이미 앞에서 논의된 바와 같이 {-삽-}의 형태에 의한 재구조화된 '-ㅂ니-' 및 정동사 어미 '-다'의 격식성과, '떠나요'는 비격식적인 반말 형태 뒤에 존대 첨사 '-요'가 결합된 비격식성의 차이만 있을 뿐 청자 대우 등급의 차이는 없다.

그런데, (18다)에서 '가라'와 '가'는 형태적인 면은 물론 의미적인 면도 차이를 갖는다. 직관적으로 '가라'라는 표현은 '가'라는 표현보다 다소 느긋한 느낌이 들기도 하고 타이르는 듯한 느낌도 들기도 하며 어른의 점잖은 말투와 같은 느낌이 들기도 한다. 이러한 미묘한 차이를 명제상의 전달 가치에 의한 차이라고 가정하자. 임홍빈(1985a:2) 참조.

이와 관련하여 다음의 예는 시사하는 바 크다.

    (19) 가. 가만히 듣기만 하셔.
         나. *가만히 듣기만 하셔라.
         다. *가만히 듣기만 하시라.

(19가)에서 '하셔'가 '하-+-시-+-어'로 분석되는 것이라면, 첫째, '-어'는 분명히 '-다'와 같은 F(=final ending)로 기능하는 것으로 보아야 온당하고, 둘째, 이러한 구조인 한 선어말 어미 {-시-}는 어간과 어말 어미 사이에 결합되는 것이라 할 수 있다. 이러한 분석을 (19나)에 적용하는 경우 '하셔라'는 '하-+ -시-+-어라'로 분석되는데, 예의 (19나)는 문장 자체가 성립되지 않는 것이다. 이러한 현상을 어떻게 설명할 수 있을까? 만약 국어에 '해'체의 명령법과 '해라'체의 명령법이 청자 대우 등급에 차이가 있는 것이라면,

(19나)가 성립되지 않을 이유가 없다고 해야 한다. '해'체의 '-어'
와 마찬가지로 '해라'체의 '-어라'도 하나의 F임에 틀림없기 때문이
다. 여기서 우리는 선어말 어미 {-시-}가 '-어라' 명령 형식에는 쓰
임의 제약을 받는다고 생각할 수 있다. 임홍빈(1983:100) 참조.
그러나, 그것만으로는 그 불가해함이 해소되지는 않는 것으로 여
겨진다. 이러한 (19나)적인 성립의 불가함은 (19다)에도 부분적
으로 작용하고 있다. 다음 문장을 보도록 하자.

> (20) 가. 기대하시라, 개봉 박두!
>   나. *기대하셔라, 개봉 박두!
>   다. *기대하셔, 개봉 박두!

(20가)는 자연스러운데, (20가, 나)는 전혀 성립이 되지 않는다.
직관적으로 (20가)는 현실적으로 또는 실제적으로 거의 수행되는
문장이나 발화가 아니다. 즉 구체적인 청자를 상정하지 않은 문장이
나 발화이다. 이러한 의미에서 임홍빈(1983)적인 절대문이라 할
수 있다.[31] 그런데, 이러한 절대문의 명령에서 {-시-}와 '-라'가 동
시에 쓰여도 아무런 문제가 생기지 않는 것이다. 반면에 (20나)와
(20다)는 (19나, 다)와 다름없이 여전히 성립이 불가하다. 여기
서 우리는 절대문이 존재한다는 가정 하에 '구체적인 청자'라는 것
을 문제를 해결하는 한 수단으로 이용하기로 한다. 이 경우 (20
나)와 (20다)가 성립하지 못하는 이유는 자명하다. 어미 '-어'와 '-
어라'에 의해 이들 문장은 구체적인 청자를 상정하고 있는데, 명제
의 내용은 절대문이어야 함을 강요하기 때문이다. 그러나 여전히
남는 문제는 같은 현실적인 발화나 문장인데 왜 (19가)는 성립이
자연스러운데 (19나)는 부자연스러운 것인가 하는 것이다. 직관적
으로 여기서 문제되는 것은 '-라'의 쓰임에 있는 것으로 생각할 수
있다. 이와 관련하여 다음 문장을 보도록 하자.

    (21) 가. 청춘은 아름다워라!
       나. 내일은 좀 눈이 와라!
    (22) 가. ?제발 좀 그 자리에 그대로 계셔라.
       나. ?아무 생각 없이 그 약만 잡수셔라.

    (21)에서 (가)는 감탄의 의미로 해석되고, (나)는 기원의 의미로 해석되는데, 이러한 해석의 가능성은 바로 '-라'에 있다고 할 수 있다. 이 경우 '-라'는 절대로 명령의 기능을 수행하는 요소로 이해되지 않는다. 이러한 (21)의 '-라'의 기능을 그대로 (22)에 적용하기로 한다. 특히 '-라'가 기원적인 기능과 관련이 있다고 하는 경우, (22)도 전혀 성립이 되지 않는다고 단정할 수는 없는 일이다. 가령, (22가)의 경우 대상 인물이 비록 '아버지'라 하더라도 '아버지'의 離席이 큰 문제를 야기하는 사태가 발생하리라는 전제가 주어질 때는 화자의 기원이나 바람이 '-라'에 표현된다고 해석할 수도 있을 것이다. 만약 이러한 해석이 틀리지 않는다면, '-라'는 어떤 사태에 대한 화자의 심리적인 작용과 관련된다고 보아도 좋을 것이다. 이와 같은 '-라'의 기능을 임홍빈(1985a)에서는 '간접성'이라 부르고 있다.

    (22나)도 성립이 가능한 것은 대상 인물이 문제의 약을 줄곧 거부하는 사태가 전제되는 경우 화자의 근심 섞인 심리적 작용이 '-라'에 투영되었다고 할 수 있다. 이러한 논리에 따르면, (19나)도 전적으로 배제되는 문장은 결코 아니다. 이와 같이 '-라'가 화자의 어떤 심리적인 작용과 관련되거나 간접성의 기능을 갖는다면, '해라'체의 '-라'도 그러한 의미로 해석될 수 있다. 다음 문장을 보도록 하자.

    (23) 가. 왜장의 목을 쳐. 그래서 한을 풀어.
       나. ??왜장의 목을 쳐라. 그래서 한을 풀어라.

　(23나)는 (23가)적인 의미에서 기묘하다는 것이지 그 자체의 성립이 부자연스럽다는 것은 아니다. '-라'가 화자의 심리적인 작용과 관련되거나 간접성의 기능을 갖는 것이라면, (23나)는 화자와 청자가 명제의 사태나 상황에 대한 현장성이 결여된 발화라 할 수 있다. (22)적인 기대감이 표출되었다고 할 수 있다. 가령, '왜장'에 대한 복수심으로 불타는 대상 즉 청자에게 그와 같은 복수심을 갖게 된 배경이나 이유를 다 듣고 나서 화자가 함께 복수심에 불타서 하는 발화와 같은 정황의 경우가 그러한 것이다. 그러나, (23가)는 포로가 된 '왜장' 주위에 모인 사람 가운데 한 사람이 왜장에게 한 맺힌 대상에게 즉시 행동으로 옮길 것을 촉구하는 발화로 여겨진다. 만약, '해'체 명령과 '해라'체 명령의 차이가 이와 같은 명제의 사태나 상황의 전달 가치에 있는 것이라면, 명령법의 경우 '해체'와 '해라'체의 구별은 별 의미가 없는 것으로 생각된다.

　다음의 문장을 검토하기로 한다.

　(24) 가. 귀가 아플 만큼 들었어. 그만 해.
　　　 나. 귀가 아플 만큼 들었어. 그만 해라.

　(24가)는 (24나)보다 화자에 대한 청자의 반응이 무척 짜증스러운 나머지 일종의 반항적인 태도가 즉각적으로 나타날 것만 같은 느낌을 주는 문장으로 해석된다. 바꿔 말하면, (24나)는 청자가 화자에게 어떤 일과 관련하여 항상 되풀이하는 말이어서 심리적으로 또는 정신적으로 그다지 개의치 않는 태도가 드러나는 문장으로 해석된다는 것이다. 이러한 차이도 '-라'에서 오는 것으로 생각된다. 만약 이러한 해석이 틀리지 않는다면, '-라'는 화자가 명제의 사태나 사건에 대한 성격을 일단 심리적으로 한번쯤 거른 뒤의 상황에나 쓰이는 요소라 가정할 수 있다. 다음의 예문을 검토하기로 하자.

(25) 가. 지금 가. 그러면 용서를 받을 수 있을 거야.
　　　나. 지금 가라. 그러면 용서를 받을 수 있을 거야.

(25가)는 화자가 청자를 둘러싸고 벌어지는 사태에 대한 다급한 상황을 共知하고 청자에게 서둘러 지금 즉시 '용서'의 행동을 하라고 재촉하는 상황을 드러내는 것이나, (25나)는 화자가 다급한 사태를 인지하고 있을지는 모르나 실제로 말할 때에는 다소 느긋하고 타이르는 듯한 심리적인 여유를 보이는 것으로 해석된다. 이러한 화자의 의식은 언어 형식 '-라'에 의해 표출되는 것이라 할 수 있다. 이와 같이 '-라'에 의해 화자의 의식이 실제적인 상황에 대하여 심리적으로 걸러지는 작용이 나타내진다면, 그리고 그 심리적인 작용이 사태나 상황을 간접적인 것으로 기능하는 것이라면 '-라'는 단순한 '해라'체의 명령법 어미는 아닌 것으로 여겨지는 것이다. 따라서, '-라'를 사태에 대한 화자의 심리적인 간접화 기능의 첨사라 가정한다.[32] 이러한 '-라'에 기능에 주목하여 임홍빈(1985a)에서는 '해'체의 명령은 직접 명령, '해라'체의 명령은 간접 명령, 그리고 절대문의 명령은 '절대 명령'이라 부르고 있다.[33]

이제 우리에게 남겨진 일은 화계를 설정하는 일이다. 여기서, 우리는 앞서의 논의를 상기할 필요가 있다. 첫째는 {-삽-}의 이형태 가운데 선어말 어미 {-느-}와 결합하는 '-ㅂ-'이나 '-습-'은 격식적이고 높임의 대우 기능을 갖고, '-아/어요'는 비격식적이고 아주 높임의 기능을 갖는다는 점이고, 둘째는 {-삽-}의 형태에서 어말 어미화한 '-오'는 나이가 지긋한 중년 이상의 동년배 끼리에서 쓰인다는 점에서 격식적이나 결코 높지도 낮지도 않은 대우 기능을 갖고, 중세 국어적인 공손법 표지 {-이-}의 융합형인 '-네'는 화자는 '-오'의 경우와 다름없이 나이가 지긋한 중년 이상이나 청자는 반드시 그렇지 않은 사이에서 쓰이는 점에서 비격식적이나 결코 높지도 낮지도 않은 대우 기능을 갖는다는 점이며, 셋째는 정동사 어미 '-다'의 의한 표현과 반말 형식 '-아/어'에 의한 표현은 말할 나위 없이 전

자는 격식적이고 낮춤의 대우 기능을 갖고 후자는 비격식적이고 낮춤
의 대우 기능을 갖는다는 점이다. 따라서, 이를 종합하면 높음의 대
우, 같음의 대우, 그리고 낮음의 대우로 말할 수 있다.

　　그런데 청자 대우 체계를 높음의 대우, 같음의 대우, 그리고 낮음
의 대우로 분류한 논의에 주시경(1910a:99)이 있다.[34] 여기에 그의
체계를 가져온다.

　　(26) 주시경의 청자 대우 체계
　　　　높음(본): 'ㅂ니다' - 듯는이를 높이어 말하는 것. 저 대가 푸릅
　　　　　　　　니다. '십데다' - 오는이와 듯는이를 높이어 말하는
　　　　　　　　것. 그 어른이 오십데다.
　　　　　잡이: 이는 다 줄인 말.
　　　　　알이: 老年에 쓰는 것.
　　　　같음(본): '오' - 듯는이를 같게 말하는 것.　　저 대가 푸르오.
　　　　　잡이: '가시오' - '시오'가 끗기니 '오'만 쓰이는 것보다 높으
　　　　　　　　니라.
　　　　　알이: 中年에 쓰는 것.
　　　　낮음(下稱하는 것)(본): '다' - 듯는이를 높이어 말하는 것. 저
　　　　　　　　대가 푸르다.
　　　　　알이: 幼年에 쓰는 것.
　　　　　잡이: 서로 한 가지의 序分을 쓸 때에는 다 같음이라 할 만
　　　　　　　　하니라.

　　특히 (26)에서 주목해야 할 것은 첫째, 청자 대우 등급에 '연령'이
관여적이라는 점이고, 둘째, '-오'가 '같음'의 대우에 속한다는 점이며,
셋째, '잡이'에서 지적한 바와 같이 화자와 청자가 비록 높음의 등급
을 사용하든 같음의 등급을 사용하든 아니면 낮음의 등급을 사용하든
간에 그 화자와 청자의 관계는 수평 관계라는 점이다.

　　이제 청자 대우의 체계를 다음과 같이 설정하여 결론에 대신하
기로 한다.

(27) 청자 대우 체계(수정될 것임)

등급 구분	화계	격식체	비격식체
높음 대우 ——	합쇼체	○	
	해요체		○
같음 대우 ——	하오체	○	
	하게체		○
낮음 대우 ——	해라체	○	
	해체		○

5.3.2. 화계 명칭

청자 대우 체계에서 화계 명칭이 가지는 의의는 학계에서 별로 관심을 보이지 않았다고 해도 지나친 말이 아니다. 화계 명칭이 명령법 어미를 기준으로 한 '합쇼'체와 같은 것으로 불리거나, 높낮이의 차이를 기준으로 한 '아주 높임'과 같은 것으로 불리거나, 평서법 어미를 기준으로 한 '합니다'와 같은 것으로 불리거나, 한 것이 이러한 저간의 사정을 잘 대변해 주는 것이다. 특히 화계 명칭의 바른 확립은 교육적인 면에서도 효과를 가져오리라고 기대한다. 따라서, 본 절에서는 이러한 화계 명칭의 난맥상을 극복하여 명명법을 통일하는 데 그 목적을 둔다.

그 간의 화계 명칭에 대한 명명법을 정리하면 다음과 같다.

(28) 청자 대우 등급의 명명법
   가. 높낮이의 차이를 기준으로 한 명명법: 아주 높임/예사 높임/
      예사 낮춤/아주 낮춤 등.
   나. 명령법 어미를 기준으로 한 명명법: 합쇼체/해요체/하오체/
      하게체/해라체/해체 등.
   다. 평서법 어미를 기준으로 한 명명법: 합니다체/해요체/하오체/
      하게체/한다체/해체 등.

청자 대우 등급의 명명법(28)은 이 외에도 수없이 많으나 일일이 다 가져올 필요가 없어 대표적인 것만 가져온 것이다. 5.2. 및 5.3.1. 참조. 이 가운데 학계에서 일반적으로 가장 많이 불리는 명명의 방식이 (28나)이다. 그러나, 가장 문제가 많은 명명의 방식도 또한 (28나)와 같은 방식인 것이다. 그 문제점은 다음과 같다.

(29) 명령법 어미를 기준으로 한 명명법의 문제
   가. 형용사는 대부분 명령법이 성립되지 않는다.
   나. 특히 명령법에는 평서형에 없는 {-시-}가 청자를 높인다.
   다. '합쇼'는 일반적으로 하층민의 어투로 알려져 왔다.

(29가)는 논의의 여지가 없다. 다음 문장에서 보는 바와 같이 형용사에는 명령법이 거의 성립되지 않으므로, 청자 대우 등급을 논의할 때 많은 경우 따로 평서법을 기준으로 하지 않으면 안 되는 폐단을 낳게 된다. 임홍빈·장소원(1995:390)에도 같은 지적이 보인다.

(30) 가. *안색이 좋으십시오.
    나. *김 서방은 등이 굽게.

(29나)는 대수롭지 않게 여길 수도 있다. 그러나 {-시-}에 대한 논의를 하면서 평서법의 어미에서는 전혀 다루지 않던 청자와 관련하는 {-시-}를 명령법의 어미에서는 다루는 기이한 현상을 맞게 되는 것이다. 물론 청자와 관련하는 {-시-}는 의문법에서도 있을 수 있다. 그러나 의문법의 어미를 기준으로 한 등급의 명칭은 없으므로 논외로 한다.

다음 문장을 검토하기로 하자.

(31) 가. 아버님이 가십니다.
　　　나. 아버님이 가십시오.
　　　다. 아버님이 가시옵시오소서.

　(31가)에서 청자와 관련되는 대우 형식은 {-삽-}의 재구조화된 '-ㅂ-'이다. 이 예에서의 {-시-}는 주격 대상 인물 '아버님'과 관련되는 대우 형식이다. 그러나, 명령법 (31가)는 사정이 크게 다르다. '가십시오'가 '가-+-시-+-ㅂ-+-시-+-오'와 같이 분석될 때, '-ㅂ-'을 기준으로 선행하는 {-시-}는 행동주로서 주격 대상 인물과 관련되지만, 그 후행하는 {-시-}는 청자와 관련되는 것이다. 4.4. {-삽-}의 기능에 대한 위치 조건(19) 참조. (31나)의 심각성은 (31다)의 '가시옵시오소서'에 이르면 더욱 심화된다. 만약 화계 명칭을 명령법 어미를 기준으로 하는 경우 '가시옵시오소서'는 '시옵시오소서'체라 해야 온당할 것이다. 이러한 의미에서도 명령법 어미를 기준으로 한 명명법은 지양되어야 할 것이다.
　일반적으로 청자 대우 등급에서 '아주 높임'에 대응하는 명령법 어미 기준의 '합쇼'체를 한편으로는 그와 같은 표현은 하층민의 어투이므로 바람직하지 못하다 하면서 다른 한편으로는 계속해서 '합쇼'체를 가장 최상위의 높임 등급이라 하는 것이다. 이러한 현상은 스스로 모순되며 이러한 의미에서 반드시 시정되어야 할 것으로 판단된다.

(32) 가. 어서 옵쇼. 뭘 드릴깝쇼?
　　　나. 주인께서 시키시는 대로 합죠.
　　　다. 그렇구말굽쇼. 저희 사장님 따님께서는 결혼하셨죠.

　직관적으로도 (32)는 하층민의 발화임을 알 수 있다. (가)는 요식업에 종사하는 종사원의 발화이고, (나다)는 명망 있는 고위직의 집에서 잡일하는 일꾼의 발화이다. 이와 같이 특수한 사회적 계층에 속하는 사람들의 어투를 반영한 명칭은 지양되지 않으면 안 되는 것이다.

따라서, 우리는 (28다)와 같은 평서법 어미를 기준으로 한 명명법으로 통일할 것을 제안한다. 평서법 어미를 기준으로 한 명명법은 필자가 처음으로 제기하는 것은 결코 아니다. 이러한 명명법으로 청자 대우 등급의 명칭으로 한 논의도 있다. 그런데, 평서법의 어미로 명명법을 취한 방식에도 두 가지 유형이 있다. 하나는 '하다'의 명령법 어미를 기준으로 한 것이고 다른 하나는 '오다'의 명령법 어미를 기준으로 한 것이다.

(33) 평서법 어미를 기준으로 한 청자 대우 등급 명명법
　　가. '하다'의 명령법 어미를 기준으로 한 것.
　　　　a. "'한다'식의 아주 낮추는 말 : '하네'식의 예사 낮추는 말 :
　　　　　　'하오'식의 덜 높이는 말 : '합니다'식의 예사 높이는 말 :
　　　　　　'하옵니다'식의 아주 높이는 말"(金根洙(1947)).
　　　　b. '다 : 오(소) : ㄴ다 : 네 : -ㅂ니다'(박태윤(1948)).
　　　　c. '한다 : 하네 : 하오 : 합니다'(李崇寧(1956)).
　　　　d. '-ㅂ니다 : -(이)네 : -ㄴ다'(金宗澤(1981, 1984)).
　　　　e. '-습니다 : -어요 : -오 : -네 : -어: -(는)다'(李孟成(1973)).
　　　　f. '-ㅂ니다 : -오 : -네 : -다'(黃迪倫(1976a)).
　　　　g. '-ㅂ니다 : -오 : -다 : -요 : -게 : -아'(趙俊學(1976))
　　　　h. '합니다 : 해요 : 하오 : 하게 : 한다 : 해'(임홍빈·장소원
　　　　　　(1995)).
　　나. '오다'의 명령법 어미를 기준으로 한 것.
　　　　a. '오십니다(아주높임) : 오시오(예사높임) : 오시네(예사낮춤) :
　　　　　　오신다(아주낮춤)'(李完應(1926))
　　　　b. '온다 : 오네 : 오오 : 옵니다 : 와 : 와요'(서정목(1988))

(33나)가 이채로운데, 서정목(1988)에 의하면 '하다'는 불규칙한 활용을 하는 용언이므로 부적절하다는 것이다. 그러나, 우리는 종래의 전통적인 방식에 따라 '하다'를 취하기로 한다. 이 외에 평

서법의 어미와 명령법의 어미를 혼합하여 명칭을 부여한 논의도 있다. 고창식·이명권·이병호(1965), 梁熲錫(1972), 박영순(1976) 서정수(1972) 등이 이에 속한다.

청자 대우 등급의 명명법을 '하다'의 평서법의 어미를 기준으로 하여 정할 때, 우리는 등급의 높임 구분, 격식·비격식의 구분, 그리고 주시경(1910a) 및 이익섭(1974)적인 연령의 고려 등이 참고될 것이다. 우리의 이러한 체계와 아주 유사한 임홍빈·장소원(1995)가 있는데, 그와 다른 것은 '같음 대우'에 속하는 비격식체의 등급의 명칭을 '하게'체로 하였는데 우리는 '하네'체로 수정한다. '하게'체를 평서법의 대표로 보기에는 다소 문제가 있기 때문이다. 5.3.1. 참조. 따라서, 우리는 '하게'를 '하네'로 고치고 앞의 청자 대우 체계(27)를 수정하여 다음과 같이 정리한다.

(34) 청자 대우법의 체계
　　높음 대우 —— 합니다체(격식체),　해요체(비격식체)
　　같음 대우 —— 하오체(격식체),　　하네체(비격식체)
　　낮음 대우 —— 한다체(격식체),　　해체(비격식체)

5.4. 정리

청자 대우법과 관련하여 본 장에서 검토한 문제는 두 가지이다. 하나는 기존의 청자 대우 등급 체계가 국어의 현실을 제대로 반영한 것인가 하는 것이었고, 다른 하나는 그 명명법이 온당한가 하는 것이었다.

한마디로 기존의 청자 대우 등급 체계는 학자에 따라 또는 논의에 따라 각양각색이라 할만큼 다양하고 복잡하다. 이와 관련해서는 첫째, '-오'와 '-소'는 같은 등급에 속하는가에 주목하였고, 둘째, '해'체 명령과 '해라'체 명령은 다른 것인가에 주목하였으며, 셋째, '하오'체가 '예사 높임'에 해당하는 것인가에 주목하였고, 넷째, 반말이 등분 아닌 '등외'에 속하는 것인가에 주목하였으며, 다섯째, 등급의 기준이 '높임 자질' 외에 '등분과 등외'나 '격식과 비격식'이 필연적인 것인가, 그리고 '연령'은 전혀 고려되지 않는 것인가에 주목하였다. 첫째와 관련해서, '-오'는 4.4. 및 4.5.에서 검토된, {-삽-}의 이형태 '-오'는 내포문 외에는 상위자에 쓰이지 못하는 점을 중시하여 '같음 대우'의 형식으로 보았고, '-소'는 평서법과 의문법에 쓰이는 '-소'와 명령법에 쓰이는 '-소'가 기원적으로 다르고, 현대 국어적인 {-삽-}의 이형태가 아님을 살펴보았다. 둘째와 관련해서, 명령법에 쓰이는 '-라'가 기원문이나 감탄문에 쓰이는 '-라'와 의미 속성을 같이 한다는 점을 중시하여 '-라'는 사태에 대한 화자의 심리적인 간접화 기능의 첨사로 보고, 따라서 '해'체 명령과 '해라'체 명령의 차이는 명제 내용에 대한 전달 가치의 차이만 있을 뿐이라는 점을 살펴보았다. 셋째와 관련해서, 첫째에서 언급한 바와 같이 '-오'는 대상에 대한 높임의 기능을 결코 가지지 않는 형태임을 살펴보았다. 넷째와 관련해서, 반말 형식이 '수행-억양'이 걸리기 전에는 不定 상태의 형식이라는 점을 중시하여 청자 대우 등급에서 비격식체의 낮음 대우에 해당하는 것임을 살펴보았다. 다섯째와 관련해서, 청자 대우 등급의 기준은 우선 '높임 자질'이 우선되고, 다음으로 언어 형식적인 면에서 격식적인 것이냐 비격식적인 것이냐가 문제가 되며, 그 다음 특히 '하오'체와 '하네'체에서, '연령'이 고려되어야 함을 살펴보았다. 이상의 문제점에 근거하여 청자 대우 등급 체계는 '높음 대우, 같음 대우, 낮음 대우'로 삼분되고 격식성에 따라 '-ㅂ니-'와 '-해요'는 높음 대우의 격식체, 비격식체로 나뉘고, '-오'와 '-네'는 같음 대우의 격식체, 비격식체로 나뉘며, '-ㄴ다'와 '-아/어'는 낮음 대우의 격식체, 비격식체로 나뉨을 살펴보았다.

청자 대우법의 명명법에 대해서는 '높임 자질'을 기준으로 한 것

과 명령법 어미를 기준으로 한 것, 그리고 평서법 어미를 기준으
로 한 것으로 나눌 수 있는데, 이 중 가장 문제를 많이 가지고 있
는 명명법이 명령법 어미를 기준으로 한 것이라는 점에 주목하여,
첫째, 형용사는 대부분 명령법이 성립되지 않는다는 것, 둘째, 특
히 명령법에는 평서형에 없는 {-시-}가 청자를 높인다는 것, 셋째,
특히 '합쇼'는 일반적으로 하층민의 어투라는 것에 근거하여 그 부
적절함을 살펴보았다. 따라서, 청자 대우법의 명명법은 평서법 어
미를 기준으로 할 것을 제안하였다.

각 주

1) 성기철(1985a)의 '화계 구분의 개관'에서는 화계에 대한 그 간의 연구나 논의를 다음과 같이 분류하고 있다.
    가. 一元的 체계 : 반말 및 '-요'형을 다른 화계와 동일한 기준에서 독자적인 등분으로 구분하는 것.
    나. 二元的 체계 : 이 둘을 모두 등외로 처리하여 나머지의 화계와 구분하는 방법.
    다. 준이원적 체계 : 반말 하나만을 등외로 구분하는 것.

2) 이 외에 10등분 체계에 속하는 Ridel(1881:99)이 있다. 그러나, {-시-}와 {-삽-}의 누적된 형태를 독립된 등분으로 처리한 결과이므로 사실상의 10등분 체계라 말할 수는 없다. 거기서 제시된 것은 다음과 같다. 'ᄒᆞ여라, ᄒᆞ라, ᄒᆞ게, ᄒᆞ소, ᄒᆞ오, ᄒᆞ시오, ᄒᆞᆸ시오, ᄒᆞᆸ시오, ᄒᆞ쇼셔, ᄒᆞᆸ쇼셔, ᄒᆞ시낫가, ᄒᆞ자, ᄒᆞᆸ시다, ᄒᆞᆯ지어다'. 그런데, 'ᄒᆞ여라'와 'ᄒᆞ라'의 차이가 분명치 않고, 'ᄒᆞ시오' 이하의 'ᄒᆞᆸ시오, ᄒᆞᆸ시오, ᄒᆞ쇼셔, ᄒᆞᆸ쇼셔'가 누적되는 존대 형식이라면, 그리고 'ᄒᆞ시낫가, ᄒᆞ자, ᄒᆞᆸ시다, ᄒᆞᆯ지어다'가 명령법과 관련되는 것이 아니라면, 대체로 화계는 4등분 또는 5등분된다고 할 수 있다.

3) Scott(1887=1893)에는 '-어'가 'ordinary' 등급에 섞여 있다. 특히 Scott(1891)에는 '어'가 '완료의 분사형(participle perfect)으로 해석되어 있다.

4) 공손형(1), (2), (3)은 연구자의 표시이다. 그에는 하위자에게, 대등자에게, 상위자에게 각각 쓰이는 공손형으로 언급되어 있다.

5) 張奭鎭(1972, 1973)의 'Plain/Intimate/Familiar/Blunt/Formal'의 명칭은 'Blunt'만 제외하고 Martin(1954b, 1964)적이다. 그런데, '하오'체를 'Blunt'라 일컬은 것은 이채롭다. 'Blunt'라는 말이 '퉁명스럽다'와 관련되는 한, '하오'체는 얼마간 그와 같은 성격을 지닌다고 볼 수도 있다.

6) 李吉鹿(1974:299-300)은 대체로 張奭鎭(1972, 1973)적이다. 다만, 화계 순위에서 '반말'체와 '하게'체가 바뀌어져 있을 뿐이다.

7) 여기서의 화계는 평서문 기준이다. 그런데, Gale(奇一)(1916:2-31)에서는 명령문의 경우 '극존칭(The highest honorifics)/존칭(Respectful forms)/평칭(Forms used among friends, equals &)/반말(Half talk forms)'와 같이 4등분하고 있다. 그러나 우리가 일반적으로 알고 있는 형태와는 달리 'ᄒᆞ십세사/ᄒᆞᆸ시오, ᄒᆞ십시오/ᄒᆞ오/ᄒᆞ소, 게'와 같이 예시되어 있다.

8) 그러나, 이 여섯 외에 'ᄒᆞᆸ시오/ᄒᆞ십시오/ᄒᆞ십시사'를 더하고 있기도 하다.

9) 梁纘錫(1972:26-27)의 화계는 대체로 Martin(1954b, 1964)적이다. '-ㅂ니다, -십시오'는 '격식형'(Formal), '-네, -게'는 '막역형'(Fam- iliar), '-아/어'는 '친밀형(1)'(Intimate(1)), '-지'는 '친밀형(2)'(Intimate (2)), '-다, -아라'는

'보통형 혹은 중화형'(Plain/Neu), '-오'는 '권위형'(Authoritative) 등이 그러하다. 다만, '-요'에 대해서는 친밀형과 결합하면 공손형의 효과가 있다고 지적한다.

10) 여기서의 'Formal/Polite/Intimate/Familiar/Authorita/Plain'의 등급은 잠정적인 것으로 이해된다. 그런데 Martin(1964:408)에서는 화계를 '-다'는 '보통형'(Plain), '-나'는 친밀형(Intimate), '-어, -지'는 '막역형'(Familiar), '-어요, -지요'는 공손형(Polite), '-소, -오'는 '권위형'(Authoritative), '-ㅂ니다'는 '존경형'(Deferential)으로 6등분하고 있다.

11) 김명운(1996)은 사회언어학적 입장에서 드라마 대본을 대상으로 청자 대우법을 조명한 성격의 논의이므로, 기존의 6등분 체계에 입각한 것뿐이다.

12) 이 점에서, 李翊燮(1974)의 체계는 李孟成(1973:111)의 체계와 거의 같은 체계이기는 하지만 다른 체계라 할 수 있다. 李孟成(1973)에는 '하오'체가 존대로 처리되어 있으나, 이익섭(1974)에는 비존대로 처리되어 있기 때문이다. 이와 같이 '하오'체를 비존대로 처리하고 있는 논의에 박영순(1978), 임홍빈·장소원(1995)이 있다. 그러나, 이들에는 '격식성'이 기준이 되고 있다.

13) 그러나, 박영순(1985:260)에서는 박영순(1978:30-31)과 다소 달리 화계를 '하십니다/하세요/하오/하네/해/한다'와 같이 6등분하고 있다.

14) 그런데, 여기서 존칭(High form), 더 존칭(Higher form), 극존칭(Highest form) 등은 新庄順貞(1918)적인 누적된 경칭과 마찬가지로 그 성격이 문체적인 것으로 생각되는데, 결국 Lee(1955)의 화계는 6등분에 지나지 않는다고 할 수도 있다.

15) 그러나, 황적륜(1975)에는 그 등급이 다소 다르다. 5.3.1. 참조.

16) 이러한 서정수(1972, 1984)의 기본적인 분석 태도는 이정민(1981: 231)에서도 확인된다.

17) 여기서 언급된 화계는 평서형의 것이다. 그러나, 명령법의 등분은 '반말' 등외, '아라/게/오/시오/ㅂ시오/십시오' 등과 같이 여섯으로 나뉘어 있다. 한편, 李完應(1926:141-159)에는 '-요'형이 '보통'에서 '겟지요', '존경'에서 '보아요, 겟습지요'가 섞여 나타나 있으나, 대체로 '-요' 결합형이 화계의 층위를 이루지 못한 것으로 생각된다. 그러나, 李完應(1929:110-130)에서는 특히 '-요'의 쓰임을 "'ㅂ닛가, ㅂ니다'의 代에 '요'를 用하는 事가 有하니, 의문의 경우에는 語尾의 '-요'음을 上하나니라."와 같이 밝히고 있어 '-요'가 넘나들며 쓰임을 정당화하고 있다.

18) 최현배(1937)에는 '-아/어요'체가 예사 높임(하오)에 속해 있다.

19) 특히 "'하오'식의 덜 높이는 말"이 김근수(1947)에서는 경어가 아님을 시사하고 있다.

20) 그런데, 鄭烈模(1946:147-158)에는 '-지요, -데요'는 '하오'체에서, '-ㅂ
   지요, 습지요, -세요'는 '합쇼'체에서 섞여 쓰이기도 한다.

21) 金允經(1948a:127)에는 '-요' 결합형이 '하오'체에 섞여 나타나 있다.

22) 李熙昇(1949:121-126)에는 '-요'가 '하오'체와 '합쇼'체 그리고 '하소서'체
   에 섞여 나타나 있다.

23) Dupont & Millot(1965)에는 '반말'에 대한 규정, 반말에 '-요'가 결합되
   면 존대가 된다는 것, '-요'는 여성어투이며, 'particule destinee'(예정의
   첨사)라는 것 등이 언급되어 있기도 하다. 다음은 반말에 대한 규정이다.

   Le 반말 est la facon de parler qui substitue à une forme dite
   "courante". La seule honorification possible est 요. Le 반말
   s'identifie à la formule de liaision. Il est d'un usage extrem-
   ement courant.

   이 내용은 반말은 일상적으로 쓰이는, 형식이 결핍된 말하기 형식으로서 '- 요'
   의 결합으로 존대가 가능하며, 私的인 표현과 같은 것임을 뜻한다.

24) 박창해(1964:92)는 최현배(1937) 식의 박창해(1946:27-28)와 다르다.

25) 청자 대우법에 대한 기술에서 서정수(1972, 1980, 1984)만큼 변화를 꾀
   한 논의도 흔치 않을 것이다. 서정수(1972)에서는 이행 분석적인 방법
   및 변형 규칙을 적용하여 〔RESPECT〕와 〔FORMAL〕 자질에 의해 생성
   되는 것으로 기술하고 있으나, 서정수(1980)에서는 존대 자질과 격식성
   으로 '해요'체와 '합쇼'체 및 '해체'와 '해라체'를 등급화하고 '하오'체와 '하게'
   체는 격식 또는 비격식적인 특성을 가진 특수형으로 처리하기도 하였다.

26) 여기서 '두루'는 일찍이 정렬모(1946)의 '두루빛'과 같은 맥락의 것으로 판
   단된다.

27) '-소'에 대한 견해를 밝힌 이른 시기의 논의나 논저는 다음과 같다.
   (1) 李奎昉(1922:154-158) : '-소'는 의문법과 청유법에서는 平等에
       쓰이지만 명령법에서는 手下에 쓰인다. 이 점에서 '-소'는 '-게'보다
       少劣하다.
   (2) 최현배(1937:259) : 예사 높임(보통 존경) '하오'체에 속한다.
       '-오'는 모음 아래, '-소'는 자음 아래서 쓰인다.
   (3) Lukoff(1954) : '-오,' '-소' 및 '-요'를 교체형(alternant forms)
       으로 본다. '-오'는 다소 격식적(mid-formal)이면서 정동사 어미
       '-다' 뒤에 붙어 쓰이기도 하는 것이고(예, 없다오), '-소'는 다만
       비격식적인 것이며, '-요'는 특히 계사 뒤에서 '-(이)외요, -(이)예
       요, -(이)애요, -(이)야요'와 같은 형태로 주로 여성이 남성에게
       말할 때 쓰인다. 특히 '-요'는 비격식적인(informal) 형태 뒤에 붙어

서는 공손한 표현을 나타낸다.

(4) Lee(1955) : '하우, 하소'체가 지방에 따라서는 '하게'체와 동급
으로 쓰인다.

(5) Pulth(1960:27-28) : '-오'나 '-소'는 존대가 결여된 형태이다.

28) 이러한 내용을 보면, 결과적으로 서정목(1983)은 유보적인 입장이고, 장경
희(1977:19)는 적극적인 입장이라 할 수 있는데 필자는 장경희(1977:
19)을 접하지 못하였다. 형태론적인 분석에 입각해서 '-소'가 '-삽'-과 관련
하는 것으로 보는 논의에 서태룡(1985)도 있다.

29) 그렇다고 고영근(1974b)적으로 '-네'가 '-요'의 통합이 가능하다고 우리는
'-네'를 반말 형식으로 보지는 않는다.

30) 이에 대한 비판이 박재연(1998:48, 주 12)에도 있는데, 거기서는 김정시
(1984:31)에 대한 것이다. 그러나, 필자는 김정시(1984:31)를 직접 접
하지 못하였다. 그런데 박재연(1998)의 비판은 '해라'체 명령법 '-어라'의
'-어'는 '-거-∽-어-∽-나'의 이형태 교체를 보이던 선어말 어미 '-거-'가 어
말 어미에 녹아 붙은 것으로서 연결 어미로 사용되던 '-어'와는 전혀 다른
것을 내세워 이루어지고 있다.

31) 절대문의 상정은 임홍빈(1983:120)에서 시도된 것이다. 그에 따르면 그
성격을 '현실적인 발화 장면에서 구체적인 화자와 구체적인 청자와의 사이
에 오고가는 담화 형식의 문장이 아닌 것'으로 규정짓고 있다. 이러한 비
슷한 견해는 Dupont & Millot(1965:72)에서도 확인된다. 그런데 같은
현상에 대하여 고영근(1976:35-36)에는 '공개적 상황'의 명령문으로 정
의되어 있다. 그리고 고영근(1981)에서는 이와 같이 용언의 활용형에 특
별한 형태소가 개입됨이 없이 시제가 결정되는 문장 유형은 서법상 不定
法에 해당하는 것으로 그 시제는 동사의 경우 不定過去 즉 아오리스트에
해당한다고 한다.

32) '-라'를 Ramstedt(1939:82)는 단정의 첨사(affirmative particle)라 규
정하고 있고, Lee(1955:72)는 직접 명령(common direct order)의 형식
이라 규정하고 있다.

33) 서태룡(1985)에서는 '-아/어라' 명령보다 '-아/어' 명령이 강하고 엄격한
명령이라고 하고 있다.

34) 이와 유사한 청자 대우 등급을 보이는 것에는 寶迫繁勝(1880),
MacIntyre(1880-1882?), Ross(1882), 藥師寺知矓(1909), 朴重華
(1923), 李奎榮(1913년경), 金科奉(1916, 1922), 金元祐(1922), 朝鮮
總督府(1917), 奧山仙三(1928), 崔在翊(1918), 鄭國采(1926), 申明均
(1933), 그리고 Ramstedt(1939) 등등이 있다.

VI. 어휘적 대우

6.1. 도입

  어휘적 대우는 그 간 학계에서 거의 그 독자성을 인정받지 못하고[1] 주체 대우 혹은 주체 존대, 객체 대우 혹은 객체 존대, 청자 대우 혹은 상대 존대의 三分法的 대우 체계에 예속되어 문법적 대우 형태 {-시-}나 {-삽-} 또는 어미 형태와 동일 선상에서 다루어져 왔다. 그러나, 어휘는 그 기능적 성격이 {-시-}나 {-삽-} 그리고 어미 형태와는 다르다. {-시-}, {-삽-} 또는 어미 형태는 문장의 구조와 관련하는 것이지만, 어휘는 결코 그렇지 못한 것이다. 어휘는 다만 그 어휘의 고유한 대우 자질에 따라 대우 표현에 관여하는 것뿐이다. 이러한 어휘적 특성을 고려하여, 본 장에서는 어휘적 대우에 대한 기존의 논의를 면밀히 검토할 것이다. 그리고, 이를 바탕으로 체언류, 용언류, 조사류의 어휘적 대우의 성격을 규명하고 현대 국어 대우법 체계에서 어휘적 대우법 체계를 그 하위 범주로 설정할 것이다.

6.2. 기존의 논의

현대 국어의 대우법 체계에서 어휘적 대우법을 주체 대우법, 객체 대우법, 그리고 청자 대우법과 동등하게 한 하위 범주로 다룬 논의인 임홍빈(1990), 임홍빈·장소원(1995)를 제외하면, 대부분의 연구나 논의는 그 독립성을 인정받지 못한 실정이다. 이른 시기의 정렬모(1946), 김근수(1947), 그리고 최태호(1957)에서 어느 정도 어휘적 대우법의 독자성이 인정되는 것으로 느껴지기도 하나, 다시 {-시-}나 {-삽-} 또는 어미 형태에 의한 대우법에서 논의되는 불합리한 점을 노출시키고 있다. 어휘적 대우법 처리에 있어 이러한 현상을 중시하여 기존의 논의를 다음과 같이 정리한다.[2]

(1) 기존의 어휘적 대우법 체계
　가. 독자성을 인정하지 않은 체계: 문법적 대우 위주의 체계.
　나. 독자성을 어느 정도 인정한 체계: 어휘적 대우 체계를 독립적으로 다루면서 다시 문법적 대우 속에 포함시키는 체계.
　다. 독자성을 인정한 체계 : 어휘적 대우와 문법적 대우를 따로 설정하여 다루는 체계.

(1가)에는 어휘적 대우를 암시적으로 또는 부분적으로 언급한 연구나 논의가 있는가 하면, 어휘적 대우를 전면적으로 다루고 있되, 문법적 대우법 속에 포함시켜 논의하거나 어휘적 대우를 그리 대수롭지 않게 여기는 듯한 연구나 논의가 있다. 암시적으로 또는 부분적으로 언급한 연구나 논의에는 Dallet(1874), Ridel(1881), Underwood(元杜尤)(1890), Gale(奇一)(1894＝1903), 前間恭作(마에마사쿠)(1909), 金枓奉(1916, 1922), 新庄順貞(1918), Eckardt(1923), 奧山仙三(1928), 沈宜麟(1936), 張志暎(1930년대), 김윤경(1948), 박태윤(1948), 李崇寧(1954, 1956a, 1956b),

Martin(1954b=1979), Lee(1955), 김민수(1960, 1969), Pulth (1960), 한국국어교육연구회(1964a), 그리고 Clark(1965) 등이 있다. 한편, 어휘적 대우를 전면적으로 다루고 있되, 문법적 대우법 속에 포함시켜 논의하거나 어휘적 대우를 대수롭지 않게 여기는 듯한 연구나 논의에는 최현배(1937), 李熙昇(1949), 그리고 허 웅(1954=1961) 등이 있다.

우선, 어휘적 대우를 암시적으로 또는 부분적으로 언급한 연구나 논의를 검토하기로 한다. Dallet(1874)는 상징적이다. Ridel (1881)과 Gale(奇一)(1894=1903)은 어휘 목록을 별도로 40여 개나 제시하고 있는 점에서 주목된다. Underwood(元杜尤) (1890)에는 용언류, 명사류, 완곡어, '-시-' 결합 동사, 객체 존대 동사, 주체 존대 동사 등 28 개의 단어가 제시되어 있는데, 특히 '드리오, 품ᄒ오('묻다'의 의미), 감조오('뵈다'의 의미), 뫼시오, 엿즈오, 환츠ᄒ시오' 등이 동사의 목적 대상 인물(objects of the verb)에 대한 존대에 쓰이는 높임 동사로 해석되어 있는 점이 이채롭다. 이러한 인식은 정렬모(1946)의 '객체 존대', 허 웅(1954= 1961)의 '객체 존대법', 이숭녕(1956b)의 '목적어 경어법', 그리고 성기철(1985a)의 '객체 존대'를 연상케 한다.

Underwood(元杜尤)(1890)과 같이 용언류, 명사류, 완곡어, '-시-' 결합 동사, 객체 존대 동사, 주체 존대 동사를 제시하고 있는 논의에는 대체로 前間恭作(마에마 쿄사쿠)(1909), 奥山仙三(1928), 張志暎(1930 년대), 박태윤(1948), Lee(1955), 李崇寧(1954, 1956a, 1956b), Pulth(1960), 한국국어교육연구회(1964a) 등이 있는데, 그 차이는 얼마간 있다. 前間恭作(마에마 쿄사쿠)(1909)에는 객체 존대 동사 '니르-/엿줍-, 듯-/듯줍-, 니/닛줍(忘)' 등이 '비칭으로 존칭을 표하는 동사'로 분류되어 있고, 奥山仙三(1928)에는 조사와 '-님' 연결형이 있으며, 박태윤(1948)에는 객체 존대 동사가 제시되어 있지 않으며, 李崇寧(1954, 1956a, 1956b)에는 조사와 일부 대명사가 제시되어 있고, Pulth(1960)에는 '님, 씨'가 높임말로 제시되어 있으며, 그리고 한국국어교육연구회(1964a)에는 卑語와 俗語가 구별되어 있는데, 그 차이를 卑語는 상대방을 업신여기거나 낮추어 대접하는 말씨요 俗語는 通俗的으로 쓰이는 저속한 말이라 한다.

金枓奉(1916, 1922)에는 임자토 '가/께서/께압서' 및 '야/여/시여'가 '높,낮,같/높음/맨높음'과 같은 대립의 층위로 상정되어 있는 점이 주목된다. 이와 같이 높임 조사를 상정하고 있는 논의에는 沈宜麟(1936), 김윤경(1948), Martin(1954b=1979), 그리고 Clark(1965) 등이 있다. 그런데, 沈宜麟(1936)에서는 특히 주제격 조사 '은/는'의 높임말을 '께서는'으로 본 점이 특이하다. 이러한 인식은 李熙昇(1949)에서도 발견된다.

新庄順貞(1918)에는 체언류 20여 개가 제시되어 있고, Eckardt(1923)에는 명사, 조사 등 6개가 제시되어 있는데, '-님' 연결형을 높임말로 지적하고 있는 점이 눈에 띈다. '-님' 연결형이 높임말로 상정된 논의에는 이 외에도 奧山仙三(1928), Martin(1954b=1979), Pulth(1960:46-48), 그리고 한국국어교육연구(1964a) 등이 있다.

이상의 논의의 특징은, 첫째, 용언류의 경우 '-시-' 결합형과 완곡어가 높임 동사로 취급되어 있는 것과 객체 높임 동사가 중세 국어적인 {-습-}의 기능을 하는 것으로 시사되어 있는 것이고, 둘째, 체언류의 경우 부분적이나 '-님' 연결형이 높임말로 취급되어 있는 것이며, 셋째, 조사류의 경우 특히 '께서'가 주격 조사 '이/가'의 높임말이라는 인식과 주제격 조사 '은/는'의 높임말이라는 인식이 공존하고 있는 것에 있다.

다음, 어휘적 대우를 전면적으로 다루고 있되, 문법적 대우법 속에 포함시켜 논의하거나 어휘적 대우를 그리 대수롭지 않게 여기는 듯한 연구나 논의를 검토하기로 한다. 이에 대해서는 이미

1.3.에서 다루었으므로 본 절에서는 문제점만 지적하기로 한다.

(2) 최현배(1937)
　가. 높임의 서로 맞음(존경의 상응)
　　ㄱ) 말의 높임의 두 가지
　　　a. 움직임과 바탈의 임자인 사람 곧 월의 임자를 높이는 것.
　　　　(가) 그 사람을 나타내는 말을 높이는 것.
　　　　　(ㄱ) 대이름씨 높임: 당신, 자네, 나, 저, 등.
　　　　　(ㄴ) 이름 밑에 높임말 "선, 씨, 님" 또는 관직 따위를 붙
　　　　　　　이는 것: 아무 선(公), 설 씨(薛氏), 강(姜) 님, 등.
　　　　(나) 움직임과 바탈을 나타내는 말을 높이는 것.
　　　　　(ㄱ) '(으)시'를 더하는 것.
　　　　　(ㄴ) 움직임과 바탈을 높이는 말을 쓰는 것: 주무시다,
　　　　　　　듭시다, 계시다, 등.
　　　b. 말 듣는 이를 높임: 아주 높임, 예사 높임, 예사 낮춤,
　　　　아주 낮춤.
　　　　(가) 말하는 이에게 친근한 사람과 일몬은 될 수 있는 대로
　　　　　　낮은 말 사용.
　　　　　(ㄱ) 사람
　　　　　　(a) 조부모나 계급적으로 극히 높은 사람에게: 아비,
　　　　　　　　어미, 형, 누이, 등.
　　　　　　(b) 보통으로 타인에게: 家親, 慈親, 아버지, 어머니,
　　　　　　　　형, 아우, 內子, 鄙族, 등.
　　　　　(ㄴ) 일몬(사물): 鄙家, 拙著, 弊校, 愚見, 등.
　　　　(나) 말 듣는 이에게 친근한 사람과 일몬은 될 수 있는 대로
　　　　　　높은 말을 사용.
　　　　　(ㄱ) 사람: 尊大人, 春府丈, 慈堂, 아버님, 伯氏, 季氏, 夫人, 등.
　　　　　(ㄴ) 일몬(사물): 貴家, 貴校, 尊銜, 高見, 御命, 등.
　　　　　참고: 한자로 된 것은 높고 순우리말은 낮다고 생각함:
　　　　　　　　아버님/春府丈, 어머님/慈堂, 누님/姉氏, 며느리/子婦,
　　　　　　　　집/宅, 숙부, 백부/阮丈, 令姪, 咸氏, 등.
　나. 임자자리 토 및 곳자리 토의 높임: 께서, 께옵서/께, 께로.

(3) 李熙昇(1949)

가. 존경법

ㄱ) 예삿말 외에 존경하는 뜻을 나타내는 단어가 따로 있는 경우.

　명사: 밥/진지, 수깔/간자, 수염/염, 병/병환, 등.

　대명사: 너, 자네, 당신, 이이, 이분, 어느 분, 아무 분, 등.

　동사: 먹다/자시다, 잡수시다, 자다/주무시다, 죽다/돌아
　　　　가시다, 등.

　존재사: 있다/계시다, 없다/안 계시다.

　조사: 이, 가/께서, 아, 야/여, 이여.

ㄴ) 예삿말에 존경하는 뜻을 나타내는 부분을 덧붙여서 쓰는 경우.

　명사 뒤에 '-님'.

　용언의 경우는 어간에 보조 어간 '-시-' 삽입.

　조사의 경우는 특수 조사에 한하여 '께서'를 그 앞에
　붙임: 께서는, 께서도.

나. 겸손법

ㄱ) 예삿말 외에 겸손한 뜻을 나타내는 단어가 따로 있는 경우.

　명사: 말/말씀, 아버지/애비(겸사말), 등.

　대명사: 나/저(겸사말), 등.

　동사: 이르다/여쭙다, 속이다/기망하다, 주다/드리다,
　　　　데리고/모시고(겸사말), 등.

ㄴ) 예삿말에 겸손한 뜻을 나타내는 부분을 덧붙여서 쓰는 경우.

(4) 허 웅(1954=1961)의 존대법 체계

가. 존대법은 용언의 활용 어미로 표시되는, <u>형태론에 소속되는 문법</u>
　<u>범주를</u> 말한다.

나. 국어의 존대는 반드시 용언의 활용 어미에 의해서만 나타낼
　수 있는 것이 아니라, <u>어휘론적 방법</u> 의해서 특수한 어휘를
　사용하는 일도 있다. 그리하여 존대를 표시하게 되는 말을 품사
　별로 보면, 1) 체언, 2) 조사, 3) 용언 이 세 가지로 나누어
　볼 수 있다.(p.135)

다. 그런데 존대를 하는 일은 어떠한 높임의 대상이 되는 사람에

게 국한되는 것이 아니라 그 사람에 관한 또는 그 사람에 소속된 사람이나 물건이나 일들에 대해서까지 높임의 말을 쓰는 것이다. 앞의 경우를 '직접적인 존대' 뒤의 경우를 '간접적인 존대'라 일러두기로 한다.(p.135)

라. 존대

ㄱ) 체언: 대개는 특수한 어휘를 사용하는 어휘론적 방법에 의하는 것이나 때로는 '-님'을 접미하는 형태론적 방법에 의지하는 일도 있다.

a. 직접적인 것: 아버님, 선생님, 당신, 이분, 등.

b. 간접적인 것: 밥/진지, 아들/令胤, 조차/咸氏, 등.

c. 말 받는 맞은 편을 높이기 위하여, 말하는 사람에 자기 자신이나 자기에게 관계되는 것을 낮추어서 특별한 말을 쓰는 일도 있다.(낮춤말): 나/저, 아내/愚妻, 등.

ㄴ) 조사: 께서, 께옵서, (이)시여, 등.

ㄷ) 용언에 나타나는 경우

a. 체언이나 조사의 경우에 있어서는 그 존대법 표시의 방법에 일반성이 없다. 그러므로 이러한 사실은 문법에서는 그리 중요한 과제가 되지 못한다. 이에 비해서 용언에 나타나는 존대법은 일반성이 강하기 때문에 이것이야말로 문법의 한 과제가 되는 것이다.((p.136)

b. 용언은 어떠한 말이든지 보통말과 존대말의 대립이 있다. '-시-' 삽입이나 '-ㅂ-, -읍-, -습-' 삽입을 통해서이다. 그러므로 문법에 있어서는 용언에 나타나는 존대법이 제일 의적인 중요성을 가지는 것이다.

c. 말은 여러 가지 방편으로 분석되는 것이나 우리의 관심은 '주어＋객어＋용언' 구조이다. 여기서 '객어'란 목적어와 여격어를 가리킨다.

d. 용언으로써 표시되는 존대법에는 세 가지가 있다.

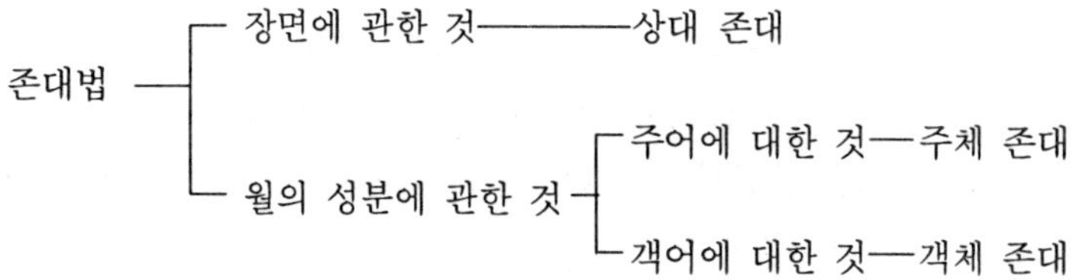

(2-4)는 공통점을 갖는다. 문법적 대우와 어휘적 대우를 '높임의 서로 맞음'(존경의 상응)이나 '존경법과 겸손법', 또는 '존대'에 포함시켜 문법적 대우와 어휘적 대우를 구별하지 않는 점에서이다. 이는 곧 어휘적 대우가 문법적 대우에 예속되어 취급된다고도 할 수 있을 것이다. 최현배(1937)의 특징은 하나의 문장이 주어졌을 때, 그 문장의 높임은 어느 한 부분에 대해서만 이루어져서는 안 된다는 것이라 할 수 있다. 문장의 대우 일치 현상을 뜻하는 것이다.[3] '높임의 서로 맞음'(존경의 상응)이 바로 그러하다. 따라서, 최현배(1937)에서는 대상 인물은 물론, 그와 관련되는 다른 인물이나 사물도 높임말을 쓰지 않으면 안 되는 것이다. 대우 표현과 관련되는 풍부한 어휘를 제시하고 있음에도 불구하고 어휘적 대우를 독립시키지 못한 이유가 바로 이러한 인식에서 말미암는다. 이러한 결과로 최현배(1937)은 '-시-'에 의해 높임 동사가 되는 것으로 오해하게 되는 것이다. 문법적 대우와 어휘적 대우의 근본적인 차이를 이해하지 못한 것으로도 말할 수 있다. 그러나, 최현배(1937)에서 주목되는 것은 무엇보다 '-님'이 연결되는 형식은 높임말이라는 것이다. 대우법 체계를 보는 이와 같은 최현배(1937)의 근본적인 시각은 이희승(1949), 허 웅(1954=1961)에도 그대로 나타난다. 이희승(1949)에서 특기할 것은 문법적인 언어 형식이든 어휘적인 언어 형식이든 이들은 결국 어휘재 혹은 언어재에 속하는 형태들이므로, 모든 어휘재가 곧 존경법에 해당하는 것과 겸손법에 해당하는 것으로 구별하는 것이다. 우리는 서정수(1984)에서도 이와 같은 논리를 만나게 된다. 가령, 어떤 용언이 {-시-}가 결합되면 존경법이 되고, {-삽-}이 결합되면 겸손법이 되는 것이다. 그러나 세계에 주어진 모든 어휘가 결코 존경법과 겸손법으로 대별되지는 않는다. 이러한 인식이 '-님'과 '께서'가 {-시-}와 동일한 차원의 대우 기능을 가지는 것으로 해석하게 된 동기가 되었다 할 수 있다.

최현배(1937), 이희승(1949)에 비하면, 허 웅(1954＝1961)의 체계는 나름대로 체계의 정당성이나 당위성을 밝히고 있다. 존대법의 본질은 형태론적이라는 것(4가), 대우 현상에는 체언, 조사, 용언 같은 어휘적인 대우도 있다는 것(4나), 최현배(1937)적인 대상 인물과 관련하는 인물이나 사물에 대한 대우는, 대상 인물에 대한 대우가 '직접적인 존대'라면, '간접적인 존대'라는 것(4다),[4] 특수한 어휘에 의한 대우는 어휘론적 방법이나, '-님'의 접미는 '형태론적인 방법'이라는 것(라ㄱ), 청자를 높이기 위해서는 자기 관련 어휘는 낮춤말이어야 한다는 것(라ㄱ-c),[5] 체언이나 조사에 의한 어휘적 대우는 일관성이 없으므로, 문법에서 그리 중요하지 않으나 용언에 의한 대우법은 문법에 한 과제가 된다는 것(라ㄷ-a), 용언은 {-시-}, {-삽-}의 삽입으로 보통말과 존대말의 대립이 있다는 것(라ㄷ-b), 국어는 '주어＋객어＋용언'의 구조라는 것(라ㄷ-c), 그리고 용언에 의한 상대 존대, 주체 존대, 객체 존대가 국어의 존대법 체계라는 것(라ㄷ-d) 등등이 그 내용이다.

이러한 내용에는 국어의 대우법에 대하여 진실도 담겨 있다. 첫째, 어휘적인 대우 현상이 있음을 인정하는 것, 둘째, 일관된 대우 표현의 일치가 있어야 한다는 것 등이다. 그러나 이러한 진실에도 불구하고 허 웅(1954＝1961)에는 많은 문제를 드러내고 있다. 첫째, {-시-}, {-삽-}에 의한 대우법이 형태론에 속하는 문법 범주라 하였는데 그것은 통사·의미론적인 문법 범주이다. 형태론은 원리적으로 문장 성분과는 관련하는 것은 아니다. 언어 형식으로서의 형태(form)와 '형태론'(morphology)을 혼동하지 않았나 여겨진다. 둘째, 존대법은 '형태론'에 속하는 문법 범주라 하면서 특수한 어휘에 의한 대우법은 어휘론적인 방법이라 함으로써 스스로 모순에 빠진다. 셋째, 특수한 어휘에 의한 대우법은 어휘론적인 방법이라 하면서 '-님' 연결형은 다시 형태론적인 방법이라 함은 또 하나의 모순을 자초한다. 동일한 어휘의 문제를 어떤 경우는 어휘적인 방법의 것으로, 어떤 경우는 형태론적인 방법의 것으로 혼동을 일으키고 있는 것이다. 어휘가 문장의 특정한 성분에만 나타나는 것이 아니라면, '-님' 연결형도 그와 같은 속성을 똑같이 갖는다고 해야 온당한 일일 것이다. 임홍빈(1990) 참조. 넷째, 체언이나 조사에 의한 존대법이 문법에서 그다지 중요한 과제가 되지 못한다 하였는데, 이는 허 웅(1954=1961)에서 설정한 '간접적인 존대'나 일관된 대우 일치 현상에 위배되는 것이다. 자칫 잘못된 대우 표현이 될 수도 있다. 가령, '아버님께서 가셨다'로 써야 할 것을 '아비가 가셨다'로 쓴다면, 결코 체언이나 조사에 의한 어휘적 대우는 과소 평가될 수 없는 일이다. 다섯째, {-시-}나 {-삽-}의 결합으로 용언이 높임말이 되는 것을 전제하여 용언은 모두 보통말과 존대말의 대립이 있다고 하였는데, 가령, '값이 싸시다'가 가능한 문장이고, '싸다'의 존대말이 '싸시다'이라면, 우리는 사전의 어휘 항목에 '싸시다'를 올려야 할 것이다. 그러나 현실은 결코 그렇지 않다. {-시-}는 조어론적인 파생의 기능을 갖는 형태가 아니다. 여섯째, 국어 문장이 '주어+객어+서술어' 구조라 하였는데, 이는 객체 존대법의 설정을 정당화하기 위한 것으로 이해된다. 그러나, {-삽-}은 문제의 '객어'와만 관련하지는 않는다. 안병희(1916), 임홍빈(1985b) 및 Ⅳ장 참조.

이상의 검토를 통해서, 첫째, 어휘적 대우가 문법적 대우와 뒤섞여 취급되거나 아예 경시되는 점을 살펴보았고, 둘째, '-님' 연결형이 높임말임에는 분명하나 형태론적인 방법으로 이해하는 점을 살펴보았으며, 셋째, {-시-}, {-삽-}이 높임말이나 겸손한 말을 파생시키는 기능을 갖는 요소로 해석됨을 살펴보았으며, 넷째, 대우 표현의 일관성을 유지하기 위해 대상과 관련되는 인물이나 사물도 높여야 한다는 '간접적인 존대'에 대해서도 살펴보았고, 다섯째, 일부 동사에 의한 객체 존대가 아무 제약 없이 중세 국어적인 '객체 존대'의 기능을 담당한다는 점도 살펴보았다.

　　이제 편의상 (1나) 어휘적 대우 체계를 독립적으로 다루면서 다시 문법적 대우 속에 포함시키는 체계 즉 독자성을 어느 정도 인정한 체계와 (1다) 어휘적 대우와 문법적 대우를 따로 설정하여 다루는 체계, 즉 독자성을 인정한 체계를 함께 검토하기로 하자. 전자는 정렬모(1946), 김근수(1947), 최태호(1957)를 다루고, 후자는 서정수(1984), 임홍빈·장소원(1995)를 다룬다.

(5) 鄭烈模(1946)
　가. 명사의 존칭(pp.110-113)
　　ㄱ) 자체존칭: 명사 뒤에 붙이는 군, 씨, 님, 선생, 형 등.
　　　본래 존칭의 말 - 자네, 그대, 노형, 당신, 어르신네, 아모 씨, 냥반, 어른, 분 등.
　　　칭호 - 선생, 각하, 영감, 나으리, 마님, 박사 등.
　　ㄴ) 소유존칭 : 감말의 한 꼴. 말머리에 '令, 尊, 貴' 같은 자음을 붙이는 방법. 영애, 영윤, 영포(남의손 자), 귀댁, 존호, 존함 등.
　　ㄷ) 주체존칭 : 감말이 나타내는 작용의 주체를 존숭하는 것. 말씀, 처분, 분부, 기침(起寢), 행차 등.
　　ㄹ) 객체존칭 : 작용의 객체를 존숭하는 것. 상납, 배알, 진상, 봉독, 배행(陪行), 수배(隨陪) 등.
　나. 명사의 비칭 : 자기 혹은 남을 낮춰서 말하는 꼴이니, 단지 낮춰서만 말하는 것은 타매칭이라 하고 상대자를 높이는 뜻으로 자기 측을 낮춰서 말하는 것을 겸하칭이라 한다. 비칭에는 자체 비칭과 소유 비칭 두 가지가 있다.
　　ㄱ) 자체 비칭 : 명사가 나타내는 바 그것을 낮춰서 말하는 꼴. 1인칭 - 저, 시생, 소인, 소승, 빈도(貧道) 등은 자체 겸하칭임. 2인칭 - '너, 저'를 쓰지 못할 자리에 쓰는 것을 자체 타매칭이라 함. 그놈, 저놈, 이년, 어떤 년 등은 비칭이며 타매칭임.
　　ㄴ) 소유비칭 : 물건의 소유자를 낮춰서 말하는 꼴.

가엄, 사형, 사제, 우제, 우처, 형처, 비문, 비
견, 미식, 가돈, 폐점 등.

다. 동사의 높임(pp.122-123)

ㄱ) 주체높임 : 작용의 주체를 존숭함. '-시-' 삽입과 '-시-'를 본
래 가지는 어휘 사용.오신다, 계시다, 줌무시다,
잡수시다. 혹, '-시-' 위에 '-ㅂ-'을 더하여 '갑신
다, 합신다, 납신다, 듭신다, 습신다' 따위가 있
는데 이것은 옛날 별다른 계급에 대하여 쓰던
말임.

ㄴ) 객체높임 : 객체 존숭.
-께 드린다/-께 여쭈어라/-에 받친다/-을 모시
고/형님 보이러 ….

ㄷ) 가짐높임(所有尊稱): 소유자를 높이기 위해 소유된 물건을
높이는 쓰임.
선생님께 자제 분이 계신던가요/댁에 하인이 있
으시던 가요/댁에 전장이 많으십니까.

ㄹ) 상대높임: 말씀의 상대자를 높이는 뜻을 나타내는 것. 상대
높임을 표시함에는 동사 몸갈이 담가래 혹은 끝가
래에 올시다, 나이다, 습니다, 오이다, 더이다, 오
리이다, 소서, (어)지이다, ㅂ지요, 습시요, (시)어
요 따위를 달아 쓰는데 나이다, 더이다, 소서 따위
는 글말에 쓰이는 것들임.

(6) 金根洙(1947:73-75)

경어법: 남을 존경함에는 저를 낮추는 방법과 남을 높히는 방법과
의 두 가지가 있다. 그러므로 謙稱(저를 낮춰 부름)과 敬
稱과를 통틀어 敬語라 하는 것임.

가. 주어를 존경하는 것: 아버지께서 가옵시ㄴ다(옵시).

나. 客語(보어와 목적어)를 존경하는 것: 아버지께 여쭤라. 당신을
오시라 합니다.

다. 듣는 이나 읽는 이를 존경하는 것: 저는 그렇다고 믿소.
저는 가ㅂ니다.
'한다' 식의 아주 낮추는 말
'하네' 식의 예사 낮추는 말

'하오' 식의 덜 높히는 말 ┐
'합니다' 식의 예사 높히는 말 ├─ '경어'에해당함
'하옵니다' 식의 아주 높히는 말 등의 구분이 있음 ┘
이 밖에 '반말'이 있음. 보아/높아/있어/책이어 등.

라. 품사별 경어

명사: 아버님, 선생님, 백씨, 진지, 댁, 말씀, 약주, 분부 등.
대명사: 저, 당신, 노형, 어른, 그분.
동사: 잡순다, 주무신다.
존재사: 계신다.

(7) 최태호(1957:10-20)

가. 어휘적 대우

평어, 경어, 비어의 구분: 예삿말(평어) 외에 상대자나 제삼자 (이야기 속에 나오는 사람)에 대하여 존경하는 뜻을 나타내는 경어, 상대자나 제삼자를 낮추어 하대하거나 업신여기는 뜻을 더하여 쓰는 말 비어(상말)이 있다.

밥/진지, 말/말씀, 병/병환, 아버지/아버님, 그이, 저이/그분, 가다/가시다, 먹다/잡숫다, 자다/주무시다, 있다/계시다, 등.

입/아가리, 눈/눈깔, 배/배때기, 목/모가지, 사람/놈(년), 먹다/처먹다, 죽다/뒈지다, 눕다/자빠지다, 돌아다니다/싸지르다, 등.

나. 존경법, 겸손법

ㄱ) 존경법: 상대자나 제삼자를 직접 높여 말하는 3가지.

  a. 단어: 진지, 말씀, 당신, 귀하, 이분, 아무 분, 께, 께서, 여, 등.
  b. 존경하는 뜻을 덧붙임: '-님'과 '-시-'.
  c. 활용 어미의 변화로 존경: -오, -ㅂ니까, -ㅂ시다, -나이까, -소서.

ㄴ) 겸손법: 자기를 낮추어 상대자나 제삼자를 간접적으로 높이는 3가지.

  a. 단어: 말씀, 애비, 에미, 저, 저희, 소생, 소인, 여쭙다, 드리다, 모시다, 뵈다, 등.
  b. 겸손을 뜻하는 것을 덧붙임: 옵, 압, 삽, 잡.
  c. 활용 어미의 변화로 겸손: -ㅂ니다, -나이다, -리다.

(8) 서정수(1984)

가. 대상 위주 체계

ㄱ) 청자 대우

ㄴ) 주체 대우
ㄷ) 객체 대우
나. 방법 위주 체계
ㄱ) 존대법(존경법)
ㄴ) 비존대법(비존경법)
ㄷ) 겸사법(겸양법)
ㄹ) 압존법
(9) 임홍빈·장소원(1995)
가. 표현
(A) 대우 표현 : 문법적 대우나 어휘적 대우를 가진 표현.
(B) 비대우 표현 : 대우 표현을 가지지 않은 표현.
나. 대우 표현
(A) 문법적 대우 : 주체 높임법, 상대 높임법, 객체 높임법.
(B) 어휘적 대우 : 어휘 및 어휘적 요소에 의한 대우.
다. 어휘적 대우
(A) 높임말 : 높임 체언(선생님, 어머님, 영부인(令夫人), 영식(令息),
진지, 말씀, 댁, 귀사(貴社) 등), 높임 용언, 높임 조사(께
서, 께 등).
(B) 낮춤말 : 낮춤 체언(저, 소생(小生), 말씀, 폐사(弊社), 졸고
(拙稿), 졸저(拙著), 돈아(豚兒), 여식(女息) 등),
낮춤 용언(뒈지다, 물러나다 등).
라. 높임 용언
(A) 주체 높임 용언 : 계시다, 잡수시다, 자시다, 주무시다.
(B) 객체 높임 용언 : 드리다, 모시다, 여쭈다.

鄭烈模(1946:110-113)의 체계(5)는 우선, 어휘적 대우법을 동사
의 높임과 구별하고 있는 점에서 주목받는다. 그러나, 그 어휘적
대우법이 동사의 높임 즉 문법적 대우법에 다시 포함되어 취급되
는 것이 또한 그 공을 반감시킨다. 하지만, 어휘적 대우법에 대한
지나치리만큼 치밀한 분석과 분류는 탁월한 것이다. 첫째, 명사를
'존칭'과 '비칭'으로 나눈다. 존칭은 어휘 자체의 '자체 존칭', 청자
관련 인물이나 사물을 높이는 '소유 존칭', 행동 주체와 관련하는

'주체 존칭', 그리고 행동이 미치는 객체와 관련하는 '객체 존칭'으로 나누고 있다. 그러나, '주체 존칭'이나 '객체 존칭'은 거의 불필요하다고 생각된다. 예컨대, '말씀'이 화자와 관련되는 경우는 결코 높임말이 되지 않기 때문이다. 비칭은 어휘 자체의 '자체 비칭', 화자의 자기 관련 인물이나 사물을 낮추는 '소유 비칭'으로 나눈다. 이와 관련하여 화자의 자기 관련 표현은 겸하칭이라고 한 점이다. 이는 김민수(1960, 1969)의 '겸칭어'나 서정수(1984)의 '겸사말'에 해당하는 것으로 이해된다. 둘째, 동사의 높임을 주체 높임, 객체 높임, 가짐 높임, 상대 높임과 같이 넷으로 구분한다. 이들 명칭은 이후 학계에 일반화되었다고 여겨진다. 그런데, 여기서 다시 어휘적 대우법이 논의되고 있다. 주체 높임과 관련해서, '-시-' 결합형이 높임말로 해석되어 있다. 이는 곧 어휘적 대우를 거의 독립으로 다루다가 다시 문법적 대우에 포함시키고 만 결과가 된 것이다. 그러나, 비록 사족은 달렸으나, 최현배(1937)과 같이 '갑신다, 합신다, 납신다, 듭신다, 습신다' 등이 주체 높임의 동사라고 한 점은 주목을 요한다. 만약, 이러한 의미에서 객체 높임을 언급한 것이라면, 이 때의 객체 높임은 허 웅(1954=1961)이나 성기철(1985a)적인 객체 존대와는 얼마간 다르다고 할 수 있다. 가짐 높임과 관련해서, 이는 이미 명사의 존칭과 비칭에서 다루었던 것으로 분명히 어휘적 대우에 속하는 것이다. 최현배(1937)의 '말하는 이 또는 말듣는 이에게 친근한 사람과 일몬에 쓰이는 어휘'와 관련되며, 허 웅(1954=1061)의 '간접적인 존대', 서정수(1984)의 '간접 대우', 성격은 다소 다르나 장석진(1973)의 '존대 파급 현상' 등과 관련된다.

金根洙(1947:73-75)의 체계(6)의 특징을 한 마디로 말하면, '경어법'이란 상위 범주 아래 첫째, 주어를 존경하는 것, 둘째, 客語(보어와 목적어)를 존경하는 것, 셋째, 듣는 이나 읽는 이를 존경하는 것, 넷째, 품사별 경어를 하위 범주로 두고 있는 점이다.

이 대우법 체계에서 우리의 관심을 특별히 끄는 것은 '품사별 경어'라는 어휘적 대우를 따로 한 항목으로 설정한 점이다. 더욱이 金根洙(1947)의 '품사별 경어'에는 다른 논의에서 흔히 본 바 있는 '-시-' 결합형이 예시되지 않은 점이 두드러진다. 그것이 의식적인 것이라면, 金根洙(1947)에서는 {-시-}의 기능이 어휘적 대우와 별개의 것으로 인식되었다고 할 수도 있을 것이다. 다음, 이채로운 것은, 客語(보어와 목적어)를 존경하는 동사를 언급한 데서, 한 예로 "당신을 오시라 합니다"를 들고 있는데, 이 경우 '오시라'의 '-시-'가 '당신'을 높이는 것이라면, {-시-}가 반드시 주어 성분의 인물만 관련하는 것이 아님을 은연중 시사한 것은 아닌지 모른다. 물론 이 때의 '당신을'은 순수한 목적어는 아니다. 이와 같이 간략하나 어휘적 대우가 문법적 대우와 상당한 거리를 유지하는 다른 논의에 최태호(1957)의 체계(7)가 있다.

최태호(1957)의 체계의 두드러진 특징이라면, 어휘적 대우가 '존경법, 겸손법'과 구별되어 '어휘적 대우'라는 이름 아래 독자적인 체계로 독립되어 있고, 그 아래 어휘의 대우 자질에 따라 '평어, 경어, 비어'와 같은 三枝的 대립이 나타나 있는 점이다. 이는 아주 사소한 일 같지만, 어휘적 대우법을 본격화하려면 반드시 짚고 넘어가야 할 사항이다. 많은 학자들이 심정적으로 느끼고 있는 것을 최태호(1957)는 현실화한 것이다. 대우법의 기본 성격이 관련 대상 인물에 대하여 알맞은 말로 알맞은 대우를 하는 것이라면, 대우법과 관련하는 어휘는 '알맞은 말'로 쓰이기 위해 알맞은 층위가 마련되는 것이 필연적인 것이다. 이처럼 어휘를 '평어 : 경어 : 비어'의 三枝的 체계로 논의한 것은 필자가 알기로는 최태호(1957)가 처음이다. 이전에는 Gale(奇—)(1894＝1903), Ridel(1881)의 어휘 목록을 통한 '비칭어 : 존칭어'(vulgaires : respectueux)의 대립, 정렬모(1946)의 '존칭 : 겸칭'의 대립 외에 대체로 국어에는 높임말이 있다고 언급한 정도에 지나지 않았다. 그러나, 이와 같은 정연한 어휘적 대우 체계가 '존경법, 겸손법'에서 다시 부분적으로 어휘가 다루어짐으로써 그 의의나 가치에 상당한 상처를 입게 된다. 상대적으로, 최태호(1957)의 체계에서는 주체 존대, 객체 존대, 그리고 상대 존대와 같은 체계는 오히려 그 독립성을 잃은 듯이 보인다. 이들 체계는 모두 존경법과 겸손법에 융해되어 버렸는데, 이는 특히 이희승(1949)의 대우법 체계와 아주 유사하다. 이러한 약점에도 불구하고, 결론적으로 최태호(1957)의 대우법 체계는 어휘적 대우를 독자적인 독립 체계로, 그것도 어휘를 그 층위에 따라 '평어 : 경어 : 비어'의 三枝的 대립 체계로 구분하고 있다는 점만으로도 큰 의의를 갖는 것이다.

　서정수(1984)의 체계(8)의 특징은 대우 현상에서 그 초점이 어디에 있느냐에 따라 분류가 달라진다는 것이다. 가령, 그 초점이 관련 대상에 있으면 '대상 위주 체계'가 되는 것이고, 대우 표현에 있으면 '방법 위주 체계'가 되는 것이다. 따라서 여기서 우리의 주된 관심은 '방법 위주 체계'에 있는 것인데, 그 체계에는 '존대법'(존경법), '비존대법'(비존경법), '겸사법'(겸양법), 그리고 '압존법'이 포함되어 있다. 그런데, 존대법(존경법)과 비존대법(비존경법)은 내용이 어휘의 존대와 비존대, 그리고 청자 등급의 높임과 낮춤으로 되어 있는 것이다. 한마디로 문법적인 대우법과 어휘적인 대우법이 혼합되어 논의되었다고 할 수 있다. 겸사법(겸양법)과 압존법은 대상 인물의 존대 성향에 따라 대우 표현이 제약을 받는 현상이라는 점에서 상당히 어휘적인 대우법에 가깝다고 여겨지는 부분도 있다. 가령, 화자가 자기 관련 인물이나 사물에 대하여 상위자 청자 앞에서 높임말을 쓸 수 없다는 겸사법의 논리에서 높임말과 낮춤말의 대립이 성립 가능하기 때문이다. 그러나, 그것은 결과적으로 나타나는 대우 현상이거나 표현이지 그 자체가 곧 어휘적 대우는 결코 아니다. 본질적으로 어휘가 높임말이냐 낮춤말이냐는 문제와 나타난 대우 현상은 다른 차원의 문제인 것이다. 따라서, 겸사법(겸양법)과 압존법이 표현의 문제라면 이러한 대우법은 문법적 대우법에도, 어휘적 대우법에도 속하지 않는 것이다. 본고에서 우리가 겸사법(겸양법)과 압존법의 표현 문제를 운용적인 방법이나 책략적인 방법으로 분류하는 그 근본적인 저의도 이러한 점에 있는 것이다. 서정수(1984)에서 보다 심각한 것은 세계의 모든 어휘를 존대말과 비존대말로 二分하고 있는 점이다. 이에 대한 자세한 검토는 뒤에서 이루어진다.

최근 어휘적 대우를 독립 체계로 다루고, 그 층위를 '평칭어 : 존칭어 : 비칭어'의 대립으로 본 논의에 임홍빈(1990), 임홍빈·장소원(1995)가 있다. 체계 (8)이 바로 그것이다. 임홍빈·장소원(1995)의 체계(8)에서 주목되는 것은 다음과 같다. 첫째, 표현을 '대우 표현'과 '비대우 표현'으로 나눈 것이다. 이는 국어에는 대우 표현이 아닌 표현도 흔함을 중시한 처사로 여겨진다. 둘째, '높임 용언'의 설정과 그 하위에 '주체 높임 용언'과 '객체 높임 용언'을 두고 있는 점이다. 여기서 주의 깊게 살펴보지 않으면 안 되는 것이 '객체 높임법'이 문법적 대우에 포함되어 있고, '높임 용언'이 어휘적 대우에 포함되어 있는 사실이다. 이는 곧 '높임 용언'이 다른 어휘의 대우 기능과 다소 다름을 시사하는 것이다. 임홍빈(1990) 참조. 가령, '아버지가 잡니다'와 '아버님이 주무십니다'가 모두 가능한 발화라 할 때, '자다'라는 동사를 쓰는 경우와 '주무시다'라는 동사를 쓰는 경우는 발화에 참여하는 대상 인물, 즉 화자, 청자, 주격 대상 인물, 등등의 상하 관계에 달렸다고 할 수 있는 것이다. 높임 용언의 이러한 미묘한 특성이 아마도 그 동안 학계에 '-시-' 결합 용언은 높임 용언이요, 일부 객체 높임 동사는 문법적인 기능을 담당하는 것으로 인식케 하였는지도 모른다.

이상에서, 우리는 어휘적 대우가 그간 어떤 모습을 띠며 대우법 체계에서 논의되고 있는지를 살펴보았다. 이른 시기의 암시적이며 부분적인 것은 제외하고, 대우법 체계에서 어휘적 대우가 독립 체계로 자리하기까지는 특히 최현배(1937), 정렬모(1946), 김근수(1947), 이희승(1949), 허 웅(1954), 최태호(1957), 서정수(1984) 등의 특색 있는 논의가 큰 도움이 되었다고 본다. 이들의 깊은 연구가 임홍빈·장소원(1995)의 바탕으로 깔려 있는 것이다

6.3. 어휘적 대우 구분

발화나 문장이 언어 형식으로 표현된다는 것은 자명한 사실이다. 따라서 국어의 대우법도 언어 형식으로 표현되는 것인데 대우법에 관여하는 언어 형식은 생각보다 그리 많은 것이 아니다. 이미 2.2.1. 및 2.3.1.에서 논의된 바 있는 {-시-}나 {-삽-} 또는 어미 형태의 일부가 있으며, 본 절에서 검토될 어휘의 일부가 있을 뿐이다. 그런데, 이미 앞에서 논의된 바와 같이 {-시-}나 {-삽-} 또는 어미 형태는 문법적으로 대우 표현과 관련하지만, 어휘는 어휘의 고유한 특성에 따라 대우 표현과 관련하는 것이다. 여기서 우리는 한 가지 명심하지 않으면 안 될 것이 있다. 대우법의 성격이 대상 인물에 대한 존대나 겸양에 있는 것이라면, 문법적으로나 어휘적으로나 대우 표현과 관련되는 언어 형식은 그 관련 대상으로 결국 사람을 가리키게 되는 것이다. 다만, 그 언어 형식은 사람과 직접 관련하는 것이냐 아니면 간접 관련하는 것이냐 하는 차이가 있을 뿐이다. 우선 어휘가 대우 표현에 어떻게 관련되는지에 대해 검토하기로 한다.

(10) 가. 아버님이 독일제 안경/*안경님'을 쓰셨다.
     나. 철수야, 네가/*당신이 그 일을 하렴.
     다. 아버님께/??아버지에게 여쭈어 봐.
     라. 철수야, 이거 아버지 갖다 드려/*줘.
     마. 아버님이 곤히 주무신다/*잔다.

(10가)에서 '안경님'은 절대로 불가능한 것이다. '-님'은 특별한 경우를 제외하고[6] 사물에는 연결되지 않는 특성을 가지는 것이다. 우리가 여기서 '안경님'과 같이 성립이 불가한 것을 굳이 보인 것은 '안경'이란 어휘는 대우 표현과 관련되지 않는 어휘라는 것을 밝히기 위해서이다. 그런데 '안경'에 대립하는 높임말이나 존칭어가 있다고 가정하는 경우 그런데도 그 높임말을 쓰지 않았다고 하는 경우 (10가)의 '안경'도 절대로 성립되어서는 안 되는 것이다. 그러나 '안경'은 성립이 가능한 것이다. 이러한 점으로 '안경'에 대립하는 높임말은 없다고 해야 온당할 것이다. 이와 같이 대립하는 대우의 층위가 없는 어휘는 논의에서 제외된다. 임홍빈·장소원 (1995)의 체계(8)의 '비대우 표현'에 해당한다. 우리는 세계에 주어진 모든 어휘가 존대와 비존대의 대립으로 나뉜다고는 생각하지 않는다. 또한 (10가)의 '안경'이 높임말은 아니지만 '아버님' 같은 존대 인물과 관련하여 쓰이기 때문에, 이 경우의 '안경'은 무표 존대 형태라고 생각하지도 않는다. 이와 같은 화용론적인 논리에 따르면, 그리고 그 표현이 비아냥거리는 투가 아니라면, 가령 다음 예문에서 쓰인 '안경'은 무표 존대 형태라기보다 비존대 형태라 해야 온당할 것이다. 그러나 언어 현실은 결코 그렇지 않다. 이러한 점에서 서정수(1984:22),[7] 서정수(1984:27)[8]의 견해는 어떤 본질적인 오해에서 비롯한 것으로 이해된다.

(11) 엄마, 거지가 독일제 안경을 썼어.

다시 (10)으로 돌아간다. (10나)는 대명사의 쓰임을 나타내는 문장인데, 이 경우 '철수'를 지칭하는 것으로 '당신'은 절대로 불가하다. 그러나 '네'와 '당신'이 대우법상의 차이를 가지는 어휘라면, 그것들은 대우 표현과 관련되는 어휘임에 분명하다. (10다)에서 '??아버지에게'가 전적으로 부정되지는 않지만, 결코 바람직한 것은 아니라고 하는 경우, (10다)에서는 '아버님께'가 자연스러운 것이다. '에게'와 '께'의 이러한 미묘함은 6.3.3.에서 다루기로 하고, '께'와 '에게'가 '네'와 '당신'의 관계처럼 관계를 가지는 것이라면, 모두 대우 표현과 관련되는 어휘라 할 수 있다. (10라)는 여격 대상 인물이 최상위 존대 대상 인물인 경우의 여격 동사 구문인데, '줘'가 절대로 쓰이지 못하고 반드시 '드려'가 쓰여야 하는 것이다. 그러나 여격 대상 인물이 최상위 존대 대상 인물이 아닌 경우에는 '주다'도 쓰일 수 있음을 고려한다면, '드리다'는 '주다'와 대우상의 층위를 달리하는 어휘임이 분명하다. 이러한 의미에서 '드리다,' '주다'는 어휘적 대우에 속한다.[9) 종래에는 '드리다' 같은 일부 동사가 {-시-}나 {-삽-} 또는 어미 형태처럼 문법적인 기능을 담당하는 것으로 인식되어 왔다. 그러나, 우리는 이들은 본래적으로 어휘적 기능을 담당하는 용언으로 보는 것이다. 다만, 이들 동사가 여격 대상 인물 혹은 목적격 대상 인물을 존대하기 위해서는 명사, 대명사, 조사와 달리 발화나 문장에 참여하는 인물들의 상하 관계의 고려라는 제약이 있어야 하는 것이다. 6.3.2. 및 임홍빈(1990) 참조.

(10마)는 (10라)의 객체 존대와 객체 존대 동사의 관계처럼 주체 존대와 주체 존대 동사의 관계도 성립될 수 있음을 제기한 문장이다. (10마)에서 '주무시다'에 의해 '아버님'이 존대되는 경우, 우리는 '주무시다'와 같은 일부 동사가 문법적인 대우로서의 '주체 존대'나 '주체 대우' 또는 '주체 높임'과 관련되는 어휘로 간주하지 않는다. 그러나 우리는 그간의 대다수 논의나 논저와는 달리 '주무시다'와 같은 일부 동사는 '주체 존대'나 '주체 대우' 또는 '주체 높임'과 관련되는 어휘라고 보는 입장이다.

객체 높임이나 주체 높임과 관련되는 일부 동사의 이와 같은 특성이 그 동안 줄곧 대우법 체계를 혼미하게 하였는지도 모른다. 앞에서도 잠깐 언급했지만, 이러한 오해는 결국 {-시-}에 대한 기

능이 동사를 높임말로 파생시키는 기능을 갖는 것으로 해석하게
하였고, {-삽-}에 대해서도 동사를 겸양어로 만드는 기능을 가지
는 것으로 해석하게 하였다고 생각된다.

　이상에서 살펴본 바와 같이 세계에 주어져 있는 모든 어휘가 존
대 자질에 따라 二分法的인 〔+존대〕, 〔-존대〕로 구분되는 것이
아니며, 어휘적 대우법과 관련되는 어휘는 반드시 대우상의 층위
를 갖는다는 것이다. 이를 다음과 같이 정리할 수 있을 것이다.
2.3.1.2. (24) 참조.

　　(12) 어휘적 대우의 성격
　　　　어휘적 대우법과 관련하는 어휘는 대우상의 층위를 가지는 어
　　　　휘로서 문법적 대우 기능의 {-시-}나 {-삽-} 혹은 어미 형태와
　　　　는 근본적으로 그 성격을 달리한다. 여기서 대우상의 층위란
　　　　대우법상의 높임말, 예삿말, 낮춤말과 같은 층위를 말하는 것
　　　　이며, {-시-}나 {-삽-} 혹은 어미 형태와 성격을 달리한다는
　　　　것은 어휘적 대우는 문장의 특정한 성분과 관련하지 않음을
　　　　뜻한다.

　어휘적 대우의 성격(12)이 뜻하는 바는 자명하다. 무엇보다 대
우법상 높임말, 예삿말, 낮춤말과 같은 층위를 가지지 못하는 어휘
는 어휘적 대우법 논의에서 원칙적으로 제외됨을 뜻한다.[10] 임홍
빈(1990:732) 참조. 따라서, 우리는 (12)에 입각하여 어휘적 대
우법과 관련하는 체언류, 용언류, 조사류를 검토할 것이다.

6.3.1. 체언류

　여기서 체언류라는 것은 명사와 대명사를 포함한다는 뜻이다.
사람이나 사물의 이름을 지칭하거나 호칭하는 경우에 쓰이는 명사
나 대명사에는 높임말로 불리거나 예삿말로 불리거나 또는 낮춤말
로 불리는 어휘들이 있다. 그러나, 한 명사나 대명사가 어휘적 대

우 현상과 관련되는 경우 그 어휘가 반드시 (12)적인 높임말, 예삿말, 낮춤말의 대립과 같은 三枝的 대립을 가지지는 않는다. 어휘에 따라서는 二枝的 대립을 가지기도 하고, 때로는 그와 같은 대립조차 가지지 못하는 것도 있다. '閣下, 聖下'의 경우 높임말만 가지는 것이 그러하다. 임홍빈(1990:733) 참조.

이제 체언이 어떤 대우법상의 특성을 가지는지 검토하기로 한다.

(13) 가. 아버님이 진지를/*밥을 잡수신다.
    나. 아버님 연세/춘추/*나이가 올해 일흔이시다.
    다. 철수야 네가/*당신이 시장에 가려무나.
    라. 아버님을 당신께서/*자기가 직접 가신다.
    마. 너/자네는 요즈음 바쁜가 보다.
    바. 그자/그놈 참 못 쓰겠어.
    사. 어미(에미)가/어멈이 뭘 잘못했나요?
    아. 우리 *慈堂/어머님께서는 무고하십니다.
    자. 祝 아들 結婚/祝 令胤 華婚.
    차. 네 *말씀/말이 말할 수 없이 지당하다.

(13가)에서 '진지'만 가능하고 '밥'이 가능하지 않은 것은 '진지'와 '밥'이 대우적 층위를 이룬다고 할 수 있다. 높임말과 예삿말의 대립이다. 이러한 대립은 (13나)의 '연세, 춘추'와 '나이'에서도 확인된다.

(13다)는 '철수'를 지칭하는 말로서 '너'가 자연스럽지 '당신'은 그렇지 못함을 보이는 것인데, 이러한 한 '너'와 '당신'은 예삿말과 높임말의 대립으로 이해된다. 그런데, (13라)의 '당신'은 (13다)의 '당신'과 성격을 달리하는 것으로 여겨진다. (13라)의 '당신'은 3인칭 '아버님'을 지칭하는 말인데 (13다)의 '당신'은 2인칭을 지칭하는 말이라는 것이 그러하다. 따라서, 우리는 '당신'이란 어휘는 지시 대상이 2인칭이냐 3인칭이냐에 따라 성격을 달리하는 것으로 생각할 수 있다. 특히 (13라)의 '당신'이 '자기'와 대립을 갖는 것이라면, 이 경우 '당신'은 재귀적 용법에 속하는 대명사라 할 수 있

다. 임홍빈(1987) 참조.

(13마)는 친구간의 화자와 청자가 중년층인 경우 '너'나 '자네'가 모두 쓰임에 이상을 보이지 않음을 나타낸다. 이 경우 '너'와 '자네'는 대우법상의 층위를 가진다고 할 수 있을 것이다. 동일한 대상 인물에 대한 지칭어가 연령이란 요인에 의해 달라질 수 있음을 시사하는 것이다. 5.3.1. 참조. 그런데 일반적으로 '자네'가 손아랫사람에게 쓰이는 점을 고려한다면, '자네'는 '너'에 대한 존칭어라 할 수 있다.

(13바)에서 동일한 대상에 대해 '그자'와 '그놈'이 다 가능한 지시어라면, '그놈'은 '그자'의 낮춤말이 될 것이다. 여기서 지시 대상은 화자와 직접적으로 관련하는 인물이 아님을 전제한 것이다. 화자와 직접적으로 관련하는 인물에 대하여 쓰이는 낮춤말은 특별히 '겸칭어'로 불리고 있는 것이다.[11] 여기서 우리는 특히 낮춤말의 경우 그 어휘는 지시 대상이 화자와 직접적으로 관련하느냐 않느냐에 따라 성격을 달리한다는 것을 알 수 있다. 이러한 의미에서 '그자'와 '그놈'은 예삿말과 낮춤말의 대립의 한 예인 것이다. 이러한 논리는 (13사)에서 극명하게 드러난다. 일종의 며느리에 대한 시어머니의 지칭이라 할 수 있는데, '에미'라는 어휘는 청자가 남인 경우에 쓰이고 '어멈'이라는 어휘는 청자가 화자와 직접적으로 관련하는 인물인 경우에 쓰이는 것이다. 물론 '며느리'를 무조건 깎아내리겠다는 멸시적 의도가 개입되었을 때는 청자가 누구냐에 상관없이 '에미'만 쓰일 수 있고, 그 반대의 경우는 '어멈'만 쓰일 수도 있다. 요즈음 '에미'와 '어멈'을 혼동하여 쓰는 경향이 있는데 그러한 경향은 이러한 미묘한 쓰임의 탓으로 여겨지는 것이다. 이러한 혼동의 예는 '애비'와 '아범'에서도 발견된다. 따라서, 지시 대상 인물을 목전에 두고 하는 경우는 '어멈'이나 '아범'이 바람직한 호칭이라 할 수 있다. 그러나 지시 대상이 남인 경우 '에미'나 '애비'는 언제나 낮춤말로 해석되고, '어멈'이나 '아범'은 언제나 겸칭어로 해석

되는 것이다.

이와 같이 화자의 자기 관련 인물이냐 아니냐에 따른 어휘의 쓰임은 (13아)에서도 확인되는 것이다. 화자와 관련하는 '어머니'를 지칭하는 경우 절대로 '慈堂'은 쓰일 수 없음이 그러하다. '慈堂'은 '남의 어머니'를 높여 지칭하는 경우에나 쓰일 수 있는 것이다. 이와 같은 것으로 '椿府丈'이 있는데, 이 또한 반드시 '남의 아버지'를 높여 지칭하는 경우에나 쓰인다. 그렇다면, 화자와 관련하는 '어머니'나 '아버지'는 어떤 어휘로 존대하는 것인가? 필자의 생각으로는 '-님'을 연결한 '어머님'과 '아버님'이 그에 해당하는 것이라고 여겨진다. 혹시 '어머니'에 대한 '母親'이나 '아버지'에 대한 '父親'이 더 존대로 생각될 수도 있다. 그러나 '母親'과 '父親'은 그 지시 대상으로 화자와 관련하는 어머니와 아버지만을 가리키지는 않는 것으로 해석된다. 세상의 모든 어머니와 아버지는 다 '母親'과 '父親'으로 지칭될 수 있는 것이며, 특별히 한자어 '母親'과 '父親'이 우리말 '어머니'와 '아버지'보다 더 높임의 어휘라는 생각이 든다면, '母親'과 '父親'은 '어머님'과 '아버님'의 의미 그 이상도 이하도 아니라고 할 수 있다. 다시 말해서, 남의 '어머니'와 '아버지'를 높여 지칭하고자 하는 경우 특별히 '慈堂'과 '椿府丈'이라는 어휘를 쓰지 않더라도 '-님'을 연결한 '어머님'과 '아버님'만으로도 충분히 존대나 존칭은 되었다는 것이다.[12] 만약 이러한 우리의 해석이 틀리지 않는다면, '-님'은 다만 어휘적 차원에서 어떤 어휘를 높임말로 파생시키는 기능을 갖는 접미사라 할 수 있다.[13] 따라서 우리는 세상의 모든 '어머니'와 '아버지'를 높여 지칭하는 경우 '어머님', '아버님'이 '母親', '父親'과 동등하게 쓰인다는 것이며, 특별히 '남의 어머니'를 높여 지칭하는 경우 '慈堂', '남의 아버지'를 높여 지칭하는 경우 '椿府丈'이 쓰인다고 말할 수 있다.

다시 (13자)로 돌아간다. 필자의 생각으로는 '남의 아들의 결혼'을 축하하는 표현으로서 '祝 아들 結婚'은 아주 퉁명스럽게 느껴진다. 일반적인 표현으로는 '祝 令胤 華婚'이 더 자연스러운 것이라 할 수 있다. 그러나 화자의 아들이 결혼하는 경우 그래서 축하하는 글귀를 남기는 경우, '祝 아들 結婚'이란 표현은 가능하지만 '祝 令胤 結婚'이란 표현은 절대로 가능하지 않다. 이러한 쓰임 현상에서 '남의 아들'을 높여 지칭하는 경우에는 '令胤'이 쓰이고, '結婚'이란 어휘 대신에 '華婚'이 쓰이는 것이다. 따라서 '華婚'이라는 어휘도 예삿말 '結婚'에 대립하는 높임말이 아니라 남과 관련하는 '결혼'에 한하여 높임말이 된다고 할 수 있다. 그런데 가령, '祝 아드님 結婚' 혹은 '祝 아드님 華婚'이라는 말이 가능한 표현인 경우 그 말이 '祝 令胤 華婚'이라는 말에 대신하여 쓰일 수 있는가 하는 것이다. 만약 대신하여 쓰여도 예우상의 문제가 전혀 발생되지 않는 것이라면, '아드님'과 '令胤'은 같은 층위의 높임말로 볼 수 있을 것이다. 일반적으로 '아드님'은 '남의 아들'을 높여 지칭할 때 쓰이는 어휘이다. 화자가 자기 아들을 '아드님'이라 하는 경우는 화자의 유표적 대우 의식이 작용하는 경우에 한한다. 그런데 '아들'이나 '딸'을 지칭하는 어휘로 '子弟'나 '子女'가 있기도 한데, 엄격한 의미에서 이들 어휘는 '아들'이면 '아들', '딸'이면 '딸'만을 가리키는 어휘는 아니라고 해야 온당하다. 그런데도 굳이 '子弟'나 '子女'가 쓰이는 경우, 필자의 생각은 '아들'이나 '딸' 정도의 높이만을 갖는 것으로 이해되는 것이다. '아드님'이나 '따님'에 대해 '子弟님' 혹은 '子女님'이 가능하기 때문이다.[14] 다만, '아들'이나 '딸'을 한자어로 대신하여 쓴 것에 지나지 않는 것이다. 예컨대, '댁의 아드님 결혼을 축하합니다.'와 '댁의 자제(자녀) 결혼을 축하합니다.'가 다 가능한 발화라 할 때, 전자가 더 자연스럽게 느껴질 뿐 아니라 대우법상의 높이를 가지는 것으로 해석된다. '-님'의 작용인 것이다.

(13차)에서 '말씀'은 불가하다. 이러한 쓰임을 통해서 '말씀'이란 어휘는 '존대 대상의 남의 말'인 경우에만 높임말이 되며 '나의 말'인 경우는 언제나 겸칭어가 됨을 알 수 있다. 이러한 의미에서

(13차)의 '너'와 관련하는 '말씀'은 바르지 못한 것이다.

이상에서 우리는 어휘적 대우법에서 사물을 지칭하는 어휘인 경우는 그 어휘의 대우법상의 층위가 예삿말이냐 높임말이냐 낮춤말이냐 하는 대립만 나타낸다고 볼 수 있으나, 사람을 지칭하는 어휘의 경우는 화자와 직접적으로 관련하는 지시 대상의 경우와 그렇지 않은 경우가 다를 수 있고, 또 화자와 직접적으로 관련하는 지시 대상이냐 아니냐와 상관없이 일반적인 지시 대상의 경우가 다를 수 있음을 살펴보았다. 한마디로 대우법상, 어떤 대상 인물과 관련하는 지시 대상이 사물인 경우 그 사물을 지칭하는 어휘는 그 대상 인물이 존대 인물이냐 아니냐에 따라 높임말, 예삿말 혹은 낮춤말을 쓰면 그만인데, 관련 대상이 사람인 경우 그 사람을 지칭하는 어휘는 그 대상 인물이 화자의 자기 관련 인물이냐 아니냐에 따라 존칭어, 높임말, 예삿말 혹은 낮춤말의 쓰임이 달라질 수 있으며, 특히 그 대상 인물이 화자의 자기 관련 인물이 아닌 경우 즉, 남인 경우는 특별한 경우를 제외하고 원칙적으로 높임말만 쓰인다. 서정수(1984)의 '겸사법'과 임홍빈·장소원(1995)의 '자기 낮춤 원칙'에 해당하는 것이다. 가령, '-님'을 예로 든다면, '-님'은 대상 인물이 화자의 자기 관련 인물이면서 상위자인 경우에만 쓰이는 것이나, 대상 인물이 '남'인 경우는 그 대상 인물은 물론이요 그 관련 인물에게도 쓰이는 것이다.

이제 '-님'의 연결 현상에 대해 검토하도록 한다.

　　(14) 가. *연필님/*옷님/*학교님/*가방님/*나무님
　　　　　나. *개님/개새끼, 개놈, *쥐님/쥐새끼,*말님, *돼지님.
　　　　　다. *에미님, *애비님, *거지님, *졸개님/왕초님, *중님/스님,
　　　　　　　중놈/*승녀놈.
　　　　　라. *大統領님/長官님, *閣下님/閣下, *殿下님/殿下, *陛下님/
　　　　　　　陛下, *王님/임금님, *家長님/家長.
　　　　　마. *사촌님, *오촌님

　　바. *神님/神靈님, *救世主님/主님.
　　사. 하느님, 해님, 달님, 별님, 꽃님/*비님, *눈님.
　　아. 王子님, 公主님, 社長님, 課長님, 處長님, 洞長님, 館長님,
　　　　村長님, 會長님.

　　설명의 필요가 없는 (14가)를 제시한 것은 어떤 목적이 있어서이다. 결론적으로 말해서 '-님'의 기능은 말할 필요 없이 오직 '사람' 즉 인물을 중심으로 검토되어야 한다는 것이다. (14가)는 '-님'의 연결이 전적으로 봉쇄된다. 직관적으로도 이들 어휘에 '-님'이 연결되지 못하는 이유는 자명하다. 이들이 모두 [-有情]의 자질을 가지는 어휘이기 때문이다. 그러나 (14나)의 '개, 쥐, 말, 돼지'는 [+有情]의 자질을 가지는 어휘인데도 절대로 '-님'의 연결을 허용하지 않는 것이다. 여기서 주목되는 것은 특정한 사람을 비하하는 俗語로 '개새끼'나 '개놈' 또는 '쥐새끼'라는 어휘는 가능하다는 것이다. '새끼'나 '놈'이 사람을 멸시하거나 비하하여 지칭하거나 호칭하는 경우에 쓰이는 어휘라 한다면, 逆으로 '-님'은 반드시 [+human] 자질의 사람을 지칭하거나 호칭하는 어휘에만 연결된다고 해야 한다. 이러한 우리의 해석이 결코 새로운 것은 아니다. 그러나, 이와 같이 자명한 사실도 때로는 놓칠 수 있다. 더구나 우리가 다루고 있는 대우법의 본질적인 성격이 인간적인 지극히 인간적인 것에 있는 것이라면 더욱 그렇게 생각되는 것이다.

　　그런데, 이러한 '-님'은 (14다)에서 보는 바와 같이 엄연히 [+human] 자질의 사람을 지칭하거나 호칭하는 어휘라 여겨지는 것에도 그렇게 쉽게 연결되지 않는다. 여기서 우리는 일단 (14다)의 '에미, 애비, 거지, 졸개, 중' 같은 類의 어휘는 [+human] 자질을 [-human] 자질로 바꾸게 하는 어휘적 특성을 가지는 것이라고 가정한다. 즉, 이들 어휘는 사람으로서 대접받지 못하는 사람을 지칭하거나 호칭하는 경우에 쓰이는 어휘라는 것이다. 이러한 어휘에 '-님'이 연결될 하등의 이유가 없는 것이다. 예컨대, 일반적

으로 '*졸개님'에 대해 '왕초님'이 가능하고, '중놈'에 대해 '*승려놈'
이 가능하지 않은 것이 그러한 것이다. 여기서 우리는 '-님'은 대상
자체가 어느 정도 존귀한 자질을 가지고 있어야 쓰일 수 있다고
가정하자. 임홍빈(1990:726) 참조.[15] 그리고 '-님'의 쓰임 기능을
다음과 같이 정리하도록 한다.

> (15) '-님'의 쓰임 기능(1)
>   '-님'은 존귀한 인물로 여겨지는 사람을 지칭하거나 호칭하는
> 어휘 뒤에 연결되는 것이다. 다만, 화자와 직접적인 관련이 없
> 는 대상 인물과 관련하는 '인물'에는 그 인물이 존귀한 인물이
> 아니더라도 연결되어 쓰일 수 있다.

이제 (15)에 입각하여 (14라)부터 검토하기로 한다. "'-님'의 쓰
임 기능(1)"에 따르면, (14라)의 '大統領, 閣下, 殿下, 王, 家長'
등과 같은 어휘는 존귀한 인물로 여겨지는 사람을 지칭하거나 호
칭하는 경우에 쓰이는 어휘가 아니라고 해석해야 하고, '長官, 임
금'과 같은 어휘는 존귀한 인물로 여겨지는 사람을 지칭하거나 호
칭하는 경우에 쓰이는 어휘라고 해석해야 마땅한 것이다. 여기서
이러한 해석은 큰 난관에 부딪치게 된다. 상식적으로 생각해 보아
도 '大統領, 閣下, 殿下, 王'이라는 어휘가 '長官, 임금'이라는 어휘
보다 존귀한 자질이 못하다고 할 수는 없는 일이기 때문이다. 그
러나 이러한 파격적인 가정을 그대로 유지하기로 하자. 그리고 이
들 어휘에 대하여 면밀한 검토를 하기로 하자.
    설명을 쉽게 하기 위하여 우리의 주변적인 것에서부터 논의를
시작하기로 한다. 우선, '家長'이 가능한 것인데 왜 '*家長님'이 가
능하지 않은 것부터 검토하자. 가령, '家長'이라는 어휘의 의미가
'한 집안의 長'으로 해석되는 경우, 우리는 그 대상을 지칭하거나
호칭할 때 반드시 '家長님'이라 해야 옳다. 그러나, 현실적으로는
절대로 '*家長님'이라 하지 않는다. 여기서 그 이유가 '家長'이라는

어휘가 결코 존귀한 인물로 여겨지지 않기 때문이라고 생각하지는 않는다. '家長'이란 '한 집안의 長'이라는 의미로 해석되기 때문이다. 그렇다면, 그 이유가 무엇인지 달리 생각하는 수밖에 없을 것이다. 바로 '長'이 뜻하는 의미를 규명하는 일이다. 여기서 우리는 일단 '長'이란 어휘는 두 가지 의미를 함께 지닌다고 가정해 본다. 하나는 위치나 자리(position) 또는 자리와 관련하는 일을 가리키는 의미이고, 다른 하나는 그 위치 또는 자리에 있는 사람을 가리키는 의미이다. 만약 이와 같은 가정이 정당한 것이라면, '*家長님'이 가능한 표현이 되지 못하는 이유는 자명하다고 할 수 있다. 이 경우의 '長'은 다만 위치나 자리(position) 또는 그 관련 일만 나타내는 것으로 이해되기 때문이다. 다시 말해서 이 경우의 '長'은 '사람'을 관련 대상으로 하는 것이 아니라, 집안의 직제(職制) 또는 그에 관련되는 일을 관련 대상으로 하는 어휘라는 것이다. 이와 같이 '長'이란 어휘에 대한 해석이 틀리지 않는다면, 우리의 (15) 는 수정되지 않으면 안 된다. '家長'은 인물을 관련 대상으로 하는 어휘가 아니기 때문이다.

이러한 해석은 '*王님'과 '임금님'의 차이를 극명하게 해명해 준다고 여겨진다. '王'은 직제상의 자리나 그 관련 일을 문제 삼는 어휘이고, '임금'은 그 '王'의 자리에 있는 대상 인물을 문제 삼는 어휘라는 것이다. 이러한 해석이 억측이나 무리가 있다면, 그만큼 논리는 약화되는 것이다. 그러나 다음의 문장에서 보듯이 대상 인물이 전혀 존귀한 인물로 여겨지지도 않는 대상에 '-님'이 연결되는 데 반해 존귀한 인물로 여겨지는 대상에는 '-님'이 연결되지 못하는 것이다.

(16) 가. 왕초, 졸개님들이 종로 바닥을 헤집고 다닙니다.
　　 나. *왕님, 신하들이 入侍하였습니다.

그런데, 임홍빈(1990:726)에서는 이미 '王'이란 어휘에는 대우

의 의미가 포함되어 있으므로 '-님'의 연결이 제약적이라고 한
다.[16] 그러나, 그러한 논리만으로는 (14아)의 성립을 만족스럽게
설명할 수 없어 보인다. 대우의 의미만 문제 삼는다면, '王子'는
'王'에 비할 바가 못 되는 것이다. 우리의 생각으로는 '王子님'이 가
능한 것은 '王子'를 직제나 그 관련 일로 보는 것이 아니라 사람으
로 보는데 따른 것이라 여겨지는 것이다. 따라서, 우리는 '閣下,
殿下, 陛下'에 '-님'의 연결이 봉쇄되는 것도 그 어휘들이 가리키는
바가 자리나 일과 관련되어 있기 때문이라고 해석한다. 그런데, 우
리의 이러한 해석이 '大統領'이란 어휘에 대해서는 다소 어려움을
겪는다. '大統領'이란 어휘는 '閣下, 殿下, 陛下'와 달리 자리 혹은
관련 일보다 '사람'이 먼저 연상되기 때문이다. 여기서 우리가 추측
해 볼 수 있는 것은, '閣下, 殿下, 陛下'는 '누각 아래,' '전각 아래,'
'섬돌 아래'와 같이 구체적인 자리를 예측할 수 있는 어휘이나, '大
統領'은 '보이지 않는 만사를 통할하는 자리' 같은 추상적인 자리만
예측할 수 있을 뿐, 달리 구체적인 자리를 예측할 수 없어서 생기
는 미묘한 현상은 아닌가 하는 것이다. 예컨대, 우리가 '대통령'을
선거에 의해 뽑는다는 것은 '대통령'이라는 자리에 누구를 앉힐 것
인가 하는 문제인 것이지 '대통령'이란 '인물' 자체를 뽑는 것은 아
니라고 생각된다. 이에 대한 지지는 '철수는 대통령 감이야'와 같은
발화에서 '대통령 감'이 뜻하는 바가 '대통령'이라는 직책을 수행할
수 있는 자격'이 있고 없음을 뜻하는 것에 지나지 않음이 그러하
다.

　(14마)의 '*사촌님, *오촌님'이 불가한 것은 전적으로 임홍빈(1990)
적이다. 본래 寸數란 직제의 문제이기 때문에 원칙적으로 '사람' 자체
를 지칭하거나 호칭하는 어휘는 아닌 것이다. 우리가 아버지의 동
생을 '삼촌'이라고 부르는 경우, 작은아버지 '삼촌'은 자기와 화자가
'삼촌 관계'에 있으므로 화자의 부름에 응답하는 것이지 인간적인
'사람'으로서 응답하는 것은 아니라고 보는 것이다. 이러한 논리는

자리(position) 또는 그 관련 일과 인간적인 ‘사람’은 적어도 ‘-님’
의 성격 규명을 위해서라도 극명하게 구분되어야 한다.

 ‘-님’이 반드시 인물과 관련하는 어휘 뒤에 연결되어 쓰인다는
우리의 주장은 (14바)에서 반증된다고 본다. 우선 ‘*神님’과 ‘神靈
님’의 성립 여부부터 검토하자. 우리의 믿음 속에서 ‘神’은 人間이
절대로 아닌 것이다. 그러므로, ‘*神님’은 ‘神’이 아무리 절대자라
하더라도 ‘-님’의 연결이 부당한 것이다. 그런데 ‘神靈님’은 다르다.
우리가 어릴 적에 한 번쯤 매체를 통하여 경험한 대상인 것이다.
따라서, 누구나 神靈님이 어떤 모습을 띠고 있는지 이미 마음속에
그려져 있다고 할 수 있다. 心象 作用이라 할 수 있는 것이다. 이
러한 의미에서 ‘神靈님’에 ‘-님’의 연결은 지극히 자연스러운 것이다.
이러한 심리적 형상화는 ‘主님’을 가능케 하나 ‘*救世主님’은 그렇지
못하다. ‘救世主’는 ‘神’의 개념이기 때문이다. 그러나 (14사)의 ‘비
님, 눈님’은 ‘神’의 개념이기 때문에 성립되지 않는 것도 아니요 이
미 그 어휘가 대우의 의미를 내포하고 있어서 성립되지 않는 것도
아니라, 근본적으로 우리의 세계에서는 그 대상에 대해 인간적인
형상화가 봉쇄되기 때문에 성립되지 않는 것이다. ‘하느님’은 하늘
나라에 계신 분이 인간적으로 형상화된 것이며, ‘해님’이나 ‘달님’
또는 ‘별님’은 비록 의인화의 작용이 개입되어 자연스러운 어휘라
고 할 수 있을지도 모르나, 그보다 필자의 생각으로는 ‘해님’이나
‘달님’은 그 둥근 모양에서 인간적인 형상화가 가능한 것이며 ‘별님’
은 죽은 자의 넋이라는 영적인 세계에서의 인간적인 형상화가 가
능한 것으로 여겨지는 것이다. ‘별 하나 나 하나, 별 둘 나 둘’과
같은 표현이 이를 입증해 준다.

 (14아)에서는 더 이상의 부연이 필요 없을 듯하다. 다만 ‘社長
님’에 성립 가능성에 대해서만 설명을 한다면, ‘社長’이 뜻하는 바
가 회사 職制上의 ‘社長’이기 전에 ‘회사를 이끄는 사람’으로서의
‘社長’이 우선되는 경우라 할 수 있다. 그러나, 우리는 일상 생활에

서 직제나 직책 혹은 직함으로 그 대상 인물을 지칭하고 호칭하는 언어 습관을 가지고 있다. 아마 이러한 언어 습관이 '-님'에 대한 해명을 어렵고 불투명하게 하였는지도 모른다. 그런데 '-님'이 반드시 '사람'과 관련하는 형태라면 그러한 한, 사람의 직책이나 직함에 의해 그 대상 인물이 지칭되거나 호칭된다 하더라도 그 경우에는 '사람'을 전적으로 대상화한다고 해석해야 온당할 것이다. 이러한 해석이 가능한 것이라면, '-님'은 특별한 경우를 제외하고 일단 존귀한 인물과 관련하는 것이되, '-님'의 연결이 제약적인 어휘는 '사람'을 그 지시 대상으로 하는 것이 아니라 '직제 혹은 직책이나 또는 그 직제나 직책과 관련하는 일'을 그 지시 대상으로 하는 일반적인 의미 때문이라 할 수 있을 것이다. 이제 이러한 내용을 (15)에 반영하기로 한다.

> (17) 수정된 '-님'의 쓰임 기능[17]
> '-님'은 특별한 경우를 제외하고 일단 존귀한 인물과 관련하는 것이되, '-님'의 연결이 제약적인 어휘는 '사람'을 그 지시 대상으로 하는 것이 아니라 '직제 혹은 직책이나 또는 그 직제나 직책과 관련하는 일'을 그 지시 대상으로 하는 것이다.

이제 남은 과제는 명사, 대명사와 같은 체언류의 대우 체계의 정립이다. 그러나 이것은 용언류와 조사류의 검토가 다 끝난 뒤에 나타내기로 한다.

6.3.2. 용언류

어휘적인 대우 층위의 설정을 위한 용언에 대한 논의는 두 측면에서 전개할 것이다. 하나는 주체와 관련하는 것이며, 다른 하나는 객체와 관련하는 것이다. 논의에 앞서 밝혀 둘 것은 용언의 경우 앞에서 본 체언보다 수적으로 관련 어휘가 적다는 것이다. 우선

주체와 관련하는 동사나 형용사를 다음의 예문을 통하여 검토하기
로 한다.

    (18) 가. 아버지가 거실에 계십니다/*있습니다/*있으십니다.
        나. 아버지가 코를 고시며 주무신다/*자신다/*잔다.
        다. 아버지가 연시를 잡수신다/*잡순다/*잡숫다/*자신다/*먹으
           신다/*드신다.
        라. 아버지가 돌아가셨다/*죽으셨다.

    (18)은 청자는 화자보다 상위자이나 대상 인물보다는 하위자이
고, 그 대상 인물은 화자와 직계에 속하는 인물인 경우의 발화이
다. (18가)에서 '계십니다'는 청자가 주격 대상 인물 또는 주체 '아
버지'보다 하위자이며 화자가 최하위자인 경우에 한하여 쓰이는 것
이다. 이러한 의미에서 '있으십니다'는 쓰이지 못한다. 그러나, 청
자가 '아버님'보다 상위자로 상정되는 경우에는 때로 '계시다'가 쓰
이기도 하지만 일반적으로는 '있습니다'가 쓰인다. 이러한 현상에서
우리는 두 가지 사실을 직시하게 되는 것이다. 하나는 所在의 의
미로 '있다'와 '계시다'는 대우법상의 대립을 갖는다는 것이고, 다른
하나는 일반적으로 청자가 주격 대상 인물 또는 주체보다 상위자
인 경우에는 '있다'는 쓰이고 '계시다'는 쓰이지 않는다는 것이다.
이같이 청자와 주격 대상 인물 또는 주체와의 상하 관계는 대우법
에서 대립 관계에 있는 용언 중 어느 용언을 사용하는 것이 바람
직한 것인지에 지대한 영향을 끼친다고 할 수 있다. 일종의 청자
최상위 제약과 관련된다고 할 수 있다.[18] 그러나, (18)의 경우는
정확히 말해서 역의 관계이다. 여기에 다시 3.3.에서 정리된 '청자
최상위 조건'(55)을 다시 가져오기로 한다.

    (19) 청자 최상위 조건 (3.3.의 (55))
    (1) 청자와 명제에 나타나는 주격 대상 인물이 화자의 직계에 속하는

인물인 경우 그 대상 인물이 화자의 존대 대상 인물이라 하더라
도 그 대상 인물 대해 존대 표현은 쓰이지 않는다.
(2) 청자는 화자의 직계에 속하는 인물이지만 명제에 나타나는 주
격 대상 인물은 화자의 직계에 속하는 인물이 아닌 경우 그 대
상 인물에 대한 존대 표현은 두 양상으로 나타난다. 화자의
의식에서 존대 대상 인물로 인식되는 경우는 존대 표현이 쓰
이는 것이나 그렇게 인식되지 않은 경우는 반드시 존대 표현
이 쓰이는 것은 아니다.

이러한 영향권에서 (18나)의 '주무시다', (18다)의 '잡수시다'도
자유로울 수 없다. 가령, (18나)가 청자가 화자보다 하위자인 경우
의 발화라 할 때, '주무시다' 외에 '자신다, *잔다'는 절대로 불가한
것이다. 주격 대상 인물 또는 주체가 화자와 청자보다 상위자인 '아
버지'이기 때문이다. 그러나 예 (18라)의 '돌아가다'는 완곡어이므로
이들 용언과 성격을 달리한다. 이를 다음과 같이 정리하도록 한다.

(20) '계시다, 주무시다, 잡수시다'의 성격(1)
　　주격 대상인물 > 청자 ≥ 화자
　　단, 관련 대상 인물이 화자의 직계인 경우.

이제 다음 문장을 검토하기로 한다.

(21) 가. 할아버지, 철수 아버지가 거실에 계십니다/??있습니다.
　　　나. 할아버지, 철수 아버지가 코를 고시며 주무십니다/*자십니다
　　　　　/??잡니다.
　　　다. 할아버지, 철수 아버지가 연시를 잡수십니다/??잡숩니다
　　　　　/*자십니다/*먹습니다.

예 (21)은 청자는 화자의 직계이나 주격 대상 인물은 남인 경
우의 발화이다. 그런데 직관적으로도 (21)의 쓰임 양상이 '계시다,
주무시다, 잡수시다'의 성격(20)에 정면으로 위배됨을 알 수 있다.

(21가-다)에서 알 수 있듯이, 오히려 '계시다, 주무시다, 잡수시다'가 자연스럽게 쓰이는 것이다. 따라서, 우리는 이러한 발화 상황에서는 화자의 주격 대상 인물에 대한 대우 의식이 청자와 무관하다는 것을 이해하게 된다. 이러한 대우 현상에 대해 솔직히 기존의 논의는 조금도 관심을 보이지 않은 것으로 생각된다. '청자 최상위 제약'이 발화나 문장에 참여하는 대상 인물과 화자와의 관계가 분석되지 않으면 안 되는 것이라 할 수 있다. 우리는 6.2.에서 다음과 같은 의미 있는 언급을 한 바 있다. "겸사법(겸양법)과 압존법은 대상 인물의 존대 성향에 따라 대우 표현이 제약을 받는 현상이라는 점에서 상당히 어휘적인 대우법에 가깝다고 여겨지는 부분도 있다. 가령, 화자가 자기 관련 인물이나 사물에 대하여 상위자 청자 앞에서 높임말을 쓸 수 없다는 겸사법의 논리에서 높임말과 낮춤말의 대립이 성립 가능하기 때문이다. 그러나 그것은 결과적으로 나타나는 대우 현상이거나 표현이지 그 자체가 곧 어휘적 대우는 결코 아니다. 본질적으로 어휘가 높임말이냐 낮춤말이냐는 문제와 나타난 대우 현상은 다른 차원의 문제인 것이다. 따라서 겸사법(겸양법)과 압존법이 표현의 문제라면 이러한 대우법은 문법적 대우법에도, 어휘적 대우법에도 속하지 않는 것이다. 본고에서 우리가 겸사법(겸양법)과 압존법의 표현 문제를 운용적인 방법이나 책략적인 방법으로 분류하는 그 근본적인 저의도 이러한 점에 있는 것이다."가 바로 그것이다.

다시 (21)로 돌아가서 다음과 같이 정리하도록 하자.

(22) '계시다, 주무시다, 잡수시다'의 성격(2)
　　　 청자 〉 주격 대상 인물 〉 화자
　　　 단, 청자는 화자 관련 직계이며 주격 대상 인물은 그렇지 않은 경우.

이번에는 청자는 화자의 직계가 아니고 주격 대상 인물은 화자의 직계인 경우를 검토하기로 한다.

(23) 가. 철수 할아버지, 저희 아버지가 거실에 ??*계십니다/있습니다.
　　 나. 철수 할아버지, 저희 아버지가 코를 고시며 ??*주무십니다
　　　　 /*자십니다/ 잡니다.
　　 다. 철수 할아버지, 저희 아버지가 연시를 ??*잡수십니다
　　　　 /잡숩니다/*자십니다/*먹습니다.

　(23)에서 알 수 있듯이, (23)의 현상은 다름 아닌 (20) '계시
다, 주무시다, 잡수시다'의 성격과 일치하는 것이다. 최상위자 청자
가 화자의 직계가 아니고 주격 대상 인물은 화자의 직계에 속하는
경우 자기 관련 인물에는 절대로 높임 표현은 삼간다는 원칙이 지
켜지는 것이라 할 수 있다. 서정수(1984)의 겸사법과 임홍빈·장
소원(1995)의 '자기 낮춤 원칙'이 준수된다고 해석해도 좋을 것이
다. 그렇다면 우리는 (20)과 (22)를 통합하여 '계시다, 주무시다,
잡수시다'의 쓰임 기능을 다음과 같이 정리할 수 있을 것이다.

　(24) '계시다, 주무시다, 잡수시다'의 쓰임 기능[19]
　　　 주격 대상 인물 또는 주체가 최상위자인 경우, 그리고 청자
　　　 가 최상위자이나 주체가 화자의 직계가 아닌 경우, 청자와 무
　　　 관하게 '계시다, 주무시다, 잡수시다'는 그 관련 주격 대상 인
　　　 물에 쓰일 수 있다.
　　　 가. 주격 대상 인물 〉청자 ≥ 화자　화자 ↑ 주격 대상 인물
　　　 나. 청자 〉주격 대상 인물 〉화자　단, 주격 대상 인물이 화자
　　　　　 의 직계가 아닌 경우.

　(24)와 같은 쓰임이 반영된 것이 우리의 청자 최상위 조건(19)이다.
　다음, 여격 대상 인물이나 목적격 대상 인물 즉 객체와 관련하
는 동사들을 검토하기로 한다.

　(25) 가. 아버님, 영수가 할아버님께 선물을 드렸습니다/*주었습니다.
　　 나. 영희야, 아버님이 할머님께 선물을 드렸다/*주었다.
　　 다. 영희야, 네가 이 할아버지에게/*께 선물을 *드렸니/주었

　　　　니? (화자=여격, 최상위)
　　라. 영희야, 할아버지가 네 아버님께/아버지에게 선물을 드렸다
　　　　/ 주었다. (화자=주격, 최상위)
　　마. 영희야, 철수가 이 *할아버지께/할아버지에게 선물을 *드렸다
　　　　/주었다. (화자=여격, 최상위)
　　바. 할멈, 철수가 제 *아버님께/아버지(애비)에게 선물을 *드렸
　　　　어요/주었어요. (화자 최상위)
　　사. 철수야, 할아버지가 *아버님께/아버지에게 선물을 *드렸다
　　　　/*주었다/주셨다. (주격 최상위)
　　아. 할아버님, 형이 *아버님께/아버지에게 선물을 드렸습니다/??*
　　　　주었습니다. (청자 최상위)
　　자. 할아버님, 제가 *아버님께/아버지에게 선물을 드렸습니다
　　　　/??*주었습니다. (청자 최상위)

　일반적으로 '드리다'가 자연스러운 쓰임을 보이려면 여격 대상
인물이 다른 대상 인물보다 상위자이어야 한다. 여기서 다른 인물
이란 화자와 청자 그리고 주격 대상 인물을 가리키는 것이다.
(25)의 (가), (나)가 그러하다. 그런데 (25다)와 같이 화자와 여
격 대상 인물이 동일 인물이면서 최상위자인 경우 '드리다'는 절대
로 쓰이지 못하는 것이다. 일종의 자기 관련 표현의 제약이라고
할 수 있다. 임홍빈·장소원(1995:375) 참조.
　(25라)는 서정수(1984)적인 압존법에 해당하는 문장인데, 이는
두 가지로 해석이 가능하다. 하나는 청자가 화자의 직계인 경우
'드리다'는 절대로 쓰일 수 없는 것이고, 다른 하나는 청자가 화자
의 직계가 아니며 청자가 여격 대상 인물과 관련하는 대상인 경우
'드리다'도 쓰일 수 있다는 것이다. 만약, 이와 같은 문장에서 후자
의 해석이 가능하다면, 서정수(1984)적인 압존법도 예외 없는 철
칙은 결코 아니라고 여겨진다. 후자로의 해석인 경우, 화자의 대우
의식은 유표적으로 작용한다고 할 수 있다. 화자가 '영희'에 감정
이입되는 경우이다. 임홍빈(1985c) 참조.

(25마)는 (25다)의 해석에 準한다. (25바)는 화자가 최상위자이며 다른 대상 인물이 자기 관련 인물인 경우의 발화인데, 이 경우 (25다)와 마찬가지로 '드리다'가 절대로 쓰이지 못한다. (25사)는 주격 대상 인물이 최상위인 점은 (25라)와 같으나 화자가 다른 발화인데, 절대로 '드리다'가 쓰일 수 없는 것이다. 일반적으로 목적격 대상 인물이 최상위자인 경우 이른바 '객체 존대'가 성립하는 것인데, (25사)의 '드리다'는 이를 위배한 것이라 할 수 있다.

(25아), (25자)는 청자가 최상위인 경우의 발화인데, 앞 예와 달리 '주다'보다는 '드리다'가 더 자연스러운 것이다. 여격 대상 인물이 주격 대상 인물보다 상위자인 경우 청자의 제약은 제약적이지 아님을 가리킨다.

이러한 '드리다'의 쓰임 양상을 다음과 같이 정리하도록 한다.

(26) '드리다'의 쓰임 기능
　　가. 무표적 대우 의식
　　　드리다 : 〔주격 대상 〈 여격 대상, 화자 ↑ 여격 대상〕[20]
　　나. 유표적 대우 의식
　　　드리다 : 〔주격 대상 = 화자 〉 여격 대상 〉 청자〕
　　　단, 청자는 여격 대상의 관련 인물인 경우.

다음, '모시다'의 쓰임 기능을 검토하기로 하자.

(27) 가. 아버님, 영수가 할아버님을 모시고/*데리고 역으로 갔습니다.
　　나. 영희야, 아버님이 할머님을 모시고/*데리고 역으로 갔다.
　　다. 영희야, 네가 이 할아버지/나를 *모시고/데리고 역으로 갔니?
　　　（화자＝대격, 최상위）
　　라. 할멈, 철수가 제 아버지를 *모시고/데리고 병원에 갔어요.
　　　（화자 최상위）
　　마. 영희야, 할아버지가 네 아버지를 모시고/데리고 연회장에
　　　갔었다. （화자＝주격, 최상위）

> 바. 아버님, 그 집은 제사를 모시지/*데리지 않습니다.
> 사. 할아버님, 형이 *아버님을/아버지를 모시고/*데리고 갔습니
>   다. (청자 최상위)
> 아. 할아버님, 제가 *아버님을/아버지를 모시고/*데리고 갔습니
>   다. (청자 최상위)
> 자. 철수가 영희를 *데린다/데리고 간다.

일반적으로 '모시다'가 자연스러운 쓰임을 보이려면, 목적격 대상
인물이 다른 대상 인물보다 상위자이어야 한다. 여기서 다른 인물
이란 화자와 청자 그리고 주격 대상 인물을 가리키는 것이다. (27
가-나)가 그러한 것이다. 그런데, (27자)가 나타내 보이는 것처럼
'데리고'는 불구동사이어서 온전한 의미에서 '모시다'와 대립 관계를
가지는 것으로 여겨지지 않는다.[21] (27다)와 같이 목적격 대상 인
물이 화자와 동일 인물이면서 최상위자인 경우 '모시다'는 절대로
쓰이지 못하는 것이다. 일종의 자기 관련 표현의 제약인데 이런
경우 객체로서의 대상은 우선되지 않음을 의미하기도 한다. 이와
같이 '모시다'가 절대로 쓰이지 못하는 제약은 (27라)에서도 확인
된다.

(27마)는 화자와 주격 대상 인물이 동일 인물이면서 최상위자
인 경우의 발화인데, 두 가지로 해석될 여지가 보인다. 하나는 청
자가 화자의 직계인 경우인데 이 경우 '모시다'는 절대로 쓰일 수
없고, 다른 하나는 청자가 화자의 직계가 아니며 목적격 대상 인
물과 관련하는 대상인 경우인데 그 경우 '모시다'가 쓰일 수 있는
것이다. 이 후자로의 해석은 화자의 대우 의식이 유표적으로 작용
하기 때문이라 할 수 있다. 화자가 '영희'에 감정 이입되는 것이다.
그러나, 이와 같이 주격 대상 인물이 화자이면서 최상위자인 경우
화자의 유표적 대우 의식이 작용하지 않는다면 '모시다'는 거의 절
대로 쓰이지 못한다. (27마)는 임홍빈(1990:737)에서 제시된 예
를 손질한 문장인데, 임홍빈(1990)은 '모시다'와 '데리다'가 의미적

으로 일 대 일의 대립을 가지지 않는 점에 주목하여 이 경우의 '모시다'는 목적격의 속격 대상과 관련하는 것으로 해석하고 있다. 의미 있는 지적으로 음미할 가치가 있다고 생각된다.

(27사), (27아)는 청자가 최상위인 경우의 발화인데, 앞 예와는 달리 '데리고'보다는 '모시고'가 더 자연스러워 보인다. 목적격 대상 인물이 주격 대상 인물보다 상위자인 경우 청자의 제약은 제약적이지 않음을 확인할 수 있다.

이상의 논의를 통하여, 우리는 '모시다'가 '드리다'와 그 쓰임 기능이 별로 다르지 않음을 알게 되었다. 다만, '모시다'가 '제사를 모시다'와 같은 특징을 더 갖는다는 차이만 느껴질 뿐이다. 특히 유념할 것은 주격 대상 인물 또는 주제를 높이는 용언과 마찬가지로 이들 용언도 언제나 청자 최상위 조건이나 제약이 강력한 장치는 결코 아니라는 점이다. 이에 속하는 동사에는 '받들다, 우러르다, 進上하다, 上納하다, 올리다, 바치다'가 있는 것으로 생각된다. 이제 '모시다'의 쓰임 기능을 다음과 같이 정리하도록 한다.

(28) '모시다'의 쓰임 기능
　가. 무표적 대우 의식
　　모시다 : 〔주격 대상 〈 목적격 대상, 화자 ↑ 목적격 대상[22]
　　단, '목적격 대상' 외에 '목적격의 속격 대상'인 경우도 있는데
　　이 경우 '↑'는 제외된다.
　나. 유표적 대우 의식
　　모시다 : 〔주격 대상 =화자 〉 목적격 대상 〉 청자〕
　　단, 청자는 목적격 대상의 관련 인물인 경우.

이제 '드리다,' '모시다'와 얼마간 다른 쓰임 기능을 보이는 동사를 검토하기로 한다.

(29) 가. 臣下들이 임금의 裁可를 伏望하고/仰望하고/바라고/??
　　　　*우러르고 있다.

> 나. 임금이 臣下에게 서책을 下賜하자/주자/*드리자 신하들은
>   매우 황송해 하였다.
> 다. 王陵에는 신하들의 立像이/動物들의 立像이 侍立해 있다.
> 라. 文官과 武官이 두 줄로 侍立해 있다.

(29가-다)는 임홍빈(1990:736)의 예문을 손질하여 가져온 것이다. (29가)의 '伏望하고, 仰望하고'는 '??*우러르고'가 거의 성립되지 않는데 반해, '바라고'는 성립하는 것으로 보아 의미적으로 '바라다'의 속성을 가진 것으로 해석된다. 다만, 한자어로 표현함으로써 표현 가치를 더할 뿐이다. '伏望하다'는 머리를 조아려 바라는 행동으로 해석되고, '仰望하다'는 머리를 우러러 바라는 행동으로 해석되는 것이다. 그런데, 우리말에는 그와 같은 상황을 정확히 표현해 주는 한 단어가 없으므로 한마디로 단정할 수는 없지만, 굳이 우리말로 바꿔 표현한다면 전자는 '처분만 기다리는 태도'가 함의된 의미로, 그리고 후자는 '대상의 거동을 주시하는 태도'가 함의된 의미로 볼 수 있으리라 생각된다. 이러한 의미에서 '伏望하다, 仰望하다'는 '바라다'의 높임말로 판단된다. 만약 '伏望하다, 仰望하다'에 이러한 의미가 함의되어 있다면, 그것은 '伏-'과 '仰-'의 의미에서 온 것이며 이러한 한에 있어 인물을 존대한다고 할 수 있다. 따라서, '伏望하다, 仰望하다'는 '裁可' 자체를 존대하는 것이 아니라 그 '임금'을 존대하는 것이다.

그런데, (29가)의 文面만으로는 '임금'이 목적격의 속격 대상으로 되어 있으므로, 이들 동사는 대상 인물로 목적격의 속격 대상으로 해석하기 쉬운 것이다. 그러나 '伏-'과 '仰-'의 의미를 고려한다면 그렇게 속단할 수는 없다. 가령, '누구에게' '伏-'하거나 '仰-'한다는 말은 성립이 가능한 것이나 '누구를' '伏-'하거나 '仰-'한다는 말은 성립되지 않는 것이 그러하다. 이러한 의미에서 '伏望하다, 仰望하다'는 여격 대상 인물을 존대하는 동사라 할 수 있다. 이 경우 화자의 의식은 비관여적이다.[23)]

(29나)에서 ˙드리자'는 절대로 불가한 것이고, '주자'는 가능한 것으로 보아 '下賜하다'는 '주다,' '드리다'와 대우법상의 층위를 이루는 것으로 여겨진다. 그런데, 여기서 한 가지 간과해서는 안 될 문제가 있다. (29나)에서 '주다'가 거의 아무런 저항 없이 쓰이는 것으로 보아 '주다'와 '下賜하다'의 관계는 우리말과 한자어의 대응 관계라 할 수 있다. 그러나 '드리다'가 원칙적으로 여격 대상 인물이 다른 인물 특히 주격 대상 인물보다 낙차가 큰 상위자인 경우에 쓰이는 동사라는 점을 고려한다면, '下賜하다'는 결코 '주다'와 수평적으로 취급된 어휘는 아닌 것으로 해석되기도 한다. 우리는 '下賜하다'가 '드리다' 쓰임 기능의 *逆* 기능을 가지는 것으로 해석한다. 주격 대상 인물이 여격 대상 인물보다 낙차가 큰 존대 대상 인물이라는 것이다. 따라서 '下賜하다'는 '下-'가 뜻하는 바와 같이 여격 대상 인물이 상위자 주격 대상 인물에게 특별한 존대 의식을 가질 때 쓰이는 동사라 할 수 있을 것이다. (29다)는 주목을 요한다. 결론부터 말하면, 임홍빈(1990:736)에서는 처격어의 속격 대상이 주격 대상보다 낙차가 큰 상위자인 경우 '侍立하다'가 쓰인다고 한다. 그러나 (29라)가 성립이 가능한 것이라면 임홍빈(1990) 적인 해석으로 '侍立하다'의 쓰임 기능이 모두 해명되는 것 같지는 않다. (29다)에서는 '王陵'의 대상이 속격 대상 인물인 것이다. 그런데 (29라)의 경우는 다소 달라지는 것으로 보인다. 여기서는 '王 앞에서' 혹은 '임금 앞에서'의 文官과 武官의 행위를 뜻하는 것으로 해석되는 것이다. 이럴 경우 '속격 대상'은 존재하지 않는 것이라 할 수 있다. '侍立하다'가 대상 인물과 관련하는 동사라면, (29다)와 같이 무정 체언이 나타나는 경우는 처격어의 속격 대상이 동사와 관련되는 것이지만, (29라)와 같이 존대 대상이 처격어로 나타나거나 그렇게 예측되는 경우는 그냥 동사가 처격 대상과 관련되는 것으로 해석함이 옳을 듯하다. 그런데, 우리의 '王 앞에서' 혹은 '임금 앞에서'를 '王의 앞에서' 혹은 '임금의 앞에서'로 해

석할 수도 있을지 모른다. 그러나 이런 경우 속격 표지 '의'의 復元
은 그렇게 자연스러워 보이지 않는다.[24) 따라서 우리는 '侍立하다'
와 같은 동사는 무정 체언이 처격어로 나타나는 경우는 그 속격
대상과 관련하는 것이지만, 그렇지 않는 경우는 처격 대상과 관련
한다고 해석한다.

이상에서 논의된 '伏望하다/仰望하다,' '下賜하다,' '侍立하다'의
쓰임 기능을 다음과 같이 나타내보기로 한다.[25)

(30) 가. 伏望하다 類 : 〔주격 대상 《 여격 대상〕
     나. 下賜하다 類 : 〔주격 대상 》 여격 대상〕
     다. 侍立하다 類 : 〔주격 대상 《 처격 대상, 처격어의 속격 대상〕

마지막으로 다음의 동사들을 검토하기로 한다.

(31) 가. 신하들이 임금에게 *謹啓하였다/삼가 아뢰었다/아뢰었다.
     나. 謹啓하옵건대/삼가 아뢰옵건대/아뢰옵건대, 이것은 그것이
         아니옵니다.
(32) 가. 弟子들이 선생님의 健康을 *仰祝하고/祈願하고/빌고 있다.
     나. 會員 여러분의 건강을 앙축하옵니다/祈願하옵니다/비옵니다.

(31), (32)는 임홍빈(1990:736)의 예문에 동사 몇 개를 덧붙
인 문장이다. (31가)에서 '삼가 아뢰었다'와 '아뢰었다'는 가능한
표현인데, '謹啓하였다'는 전혀 쓰이지 못한다. 이로써 우리는 한
가지 사실을 깨닫게 된다. 통사·의미적으로 '謹啓하다'와 '아뢰다'
는 결코 같지 않다는 것이다. '아뢰다'는 가능한 표현인데 '謹啓하
다'는 그렇지 못한 것이라면, 우리는 일단 '謹啓하다'는 어떤 사실
의 객관적인 기술에는 쓰이지 못한다고 추측할 수 있다. 임홍빈
(1990:737) 참조. 그러면 이러한 제약은 어디서 비롯되는 것일
까? 임홍빈(1990:737)에서의 해답은 '謹啓하다'가 화자 자신의
행동에 대해 의미하는 경우에 쓰인다는 것이다. 그러한 해석에 대

해 부분적으로 우리는 동의한다. 그러나 다음과 같은 문장의 대립
이 가능한 것이라면, 문제는 달라지는 것이다.

> (33) 가. *그 문제와 관련해서 제가 아버님께 직접 謹啓하였습니다.
> 나. 그 문제와 관련해서 제가 아버님께 직접 삼가 아뢰었습니다/
> 아뢰었습니다.

'謹啓하다'에 대한 해석에 우리가 근본적인 오해를 가지는 것이
아니라면, 그리고 '謹啓하다'가 화자 자신의 행동에 대해 의미하는
경우에 쓰이는 것이라면, (33가)는 (33나)적인 의미로 성립이 가
능해야 하는 것이다. 우리의 생각은 소박하게 '謹啓하다'는 '데리다'
적인 어휘에 불과하다고 보는 것이다. 다만, '謹啓하다'와 '데리다'
의 차이가 있다면, '謹啓하다'는 일종의 독립 구문[26]에만 쓰이는
것이고 '데리다'는 동사구 보문에만 쓰인다는 것이다. 만약 이러한
우리의 해석에 틀리지 않는다면, '謹啓하다'가 (31나)의 '謹啓하옵
건대'적인 표현 외에 달리 쓰이지 못하는 것은 당연하다고 할 수
있는 것이다. *謹啓하오면, *謹啓하옵고, *謹啓하옵는데, *謹啓하옵
거늘'에서 보듯이 이들 형식은 거의 쓰이지 못하는 것이다. 따라
서, 임홍빈(1990:737)에서 '謹啓하다'가 화자 자신의 행동에 대해
의미하는 경우에 쓰인다는 것은 이러한 경우에 한하여 가능한 해
석이라 할 수 있다. 그리고 특별히 '謹啓하다'가 객관적인 기술에
쓰일 수 없는 것이며 '화자'와 관련되는 것으로 해석될 수 있는 것
은 바로 '謹-'의 의미에 있다고 보는 것이다. '謹啓하다'가 우리말의
'삼가 아뢰다'에 해당하는 어휘라 가정하는 경우 이러한 한, '謹-'은
'삼가'의 의미로 해석되는 것이며 '삼가'의 의미로 해석되는 한, 지
극히 주관적인 느낌을 배제할 수 없게 되는 것이다. 따라서 '謹啓
하다'의 어휘적 특성은 화자의 여격 대상에 대한 존대 의식이 내재
하는 것으로 말할 수 있다. 임홍빈(1990:737) 참조. (32)의 '앙
축하다'는 '謹啓하다'와 같은 구조적 특성을 가지는 동사는 아니지

만, 의미적인 면에서 '謹啓하다'와 같은 특징을 가진다고 할 수 있다. (32가)에서 '祈願하다, 빌다'가 가능한 표현인데 '*仰祝하다'는 가능한 표현이 되지 못하는 것이 그러하다. 따라서, '仰祝하다'도 화자의 의식이 개입되는 어휘라고 할 수 있다. 이를 다음과 같이 나타내 보이기로 한다. 이러한 형식화는 임홍빈(1990:737)에 의거한다.

> (34) 가. 謹啓하다 類 : 〔주격 대상 《 여격 대상, 화자 ↑ 여격 대상〕
>   나. 仰祝하다 類 : 〔주격 대상 《 목적어의 속격 대상, 화자 ↑
>   목적어의 속격 대상〕

이상 우리는 주격 대상 인물 또는 주체와 관련하는 일부 동사, 여격 대상 인물, 목적격 대상 인물 혹은 그의 속격 대상 인물, 심지어는 처격 대상 인물이나 처격어 대상 인물과 관련하는 일부 동사가 어휘적 특성에 따라 대우법과 관련함을 살펴보았다. 어휘적 대우와 관련하여 이제 우리에게 남겨진 과제는 조사의 경우는 어떠하냐 하는 것이다. 이에 대해서는 절을 달리하여 검토하기로 한다.

6.3.3. 조사류

조사 중, 어휘적 대우법과 관련하는 것에는 '께서'와 '께'가 있을 뿐이다. 여기서 우리 논의의 초점은 자명한 것으로 인식돼 온 존칭 조사 '께서'와 '께'가 정말 자명한 존칭 조사인지를 검토하는 데 있다. 우선 주격 조사 '이/가'의 존칭 조사로 알려진 '께서'부터 살펴보기로 한다.

> (35) 가. 아버님께서/이 오신다.
>   나. 아버님께서는/도 작년에도 상을 받으셨다.
>   다. *아버님이는/이도 남방 차림이 썩 잘 어울리신다.

라. *아버님이이 양복이 근사하다.
(36) 가. 나는 영희가 좋아.
　　 나. 나는 아버님이 좋아.
　　 다. *나는 아버님께서 좋아.

　(35가)에서 '께서'는 진정한 의미에서 주격 조사 '이/가'의 존칭 조사처럼 보인다. 아마 이러한 쓰임에 주목하여 아무 비판 없이 '께서'는 '이/가'의 높임말로 인식되어 왔는지도 모른다. 여기서 우리는 일단 '께서'가 '이/가'의 존칭 조사라고 가정하자. 그리고 이러한 가정에 입각하여 예의 문장을 검토하도록 하자. 이러한 믿음을 따르면, 우리는 (35)의 '께서는, 께서도'의 조사 구성을 존칭 조사 '께서' + 특수 조사 '는/도'로 분석하지 않으면 안 되는 것이다.[27] 그런데, 막상 분석해 놓고 보니까 이 조사 구성을 설명할 도리가 없음을 깨닫게 되는 것이다. 즉, 격조사 뒤에 다시 특수 조사가 붙는 현상이 국어에 있는가 하는 근원적인 의문이 제기되는 것이다. 만약 그러한 현상이 있는 것이라면 우리는 다음과 같은 조사 구성이 가능하다고 해야 한다.

(37) 가. *철수(가도, 가는, 가만, 가까지, 가조차, 가부터) 그 일을 한다.
　　 나. *빵(을도, 을은, 을만, 을까지, 을조차, 을부터) 먹는다.

　(37)이 직관적으로도 부당하다는 것을 우리는 알고 있다. 여기서 (37가)와 (37나)에 나타나는 조사 형태를 심층 구조의 형태로 보고 변형부에서 적절한 규칙-적용을 받아 격조사 '이/가'나 '을/를'이 삭제되어 표면 구조에는 특수 조사만 남아 나타나게 된다는 해석은 배제하기로 한다. 어떤 어휘 요소가 저마다 독특한 의미 기능을 가진다 할 경우, 뜻하는 바의 목적을 위해 무참하게 삭제되거나 삽입되는 일은 근본적으로 고유한 구조를 파괴하는 일이기 때문이다. Emonds(1976) 참조. 이러한 의미에서 우리는 의미나

구조는 보존되어야 한다는 입장이다. 이러한 입장이라면, (37)과 같은 조사 구성은 심층 구조에서부터 봉쇄되는 것이다. 이러한 의미에서 '께서는, 께서도'가 자연스러운 조사 구성이라면, 우리는 두 가지 가정을 세워 볼 수 있다. 하나는 이 조사 구성은 심층에서부터 그러한 구성의 형태로 주어져 있다는 것이며, 다른 하나는 '께서'가 진정한 의미의 '이/가'의 존칭 조사가 아닐 수도 있다는 것이다. 이에 대한 우리의 가정을 (35다), (35라)가 지지해 준다. '께서'가 높임말이기는 하나 엄연한 주격 조사라면, (35다)의 '이는, 이도'가 불가할 이유가 없는 것이고 (35라)의 '이이'가 불가할 이유가 없는 것이다.

'께서'가 '이/가'의 존칭 조사가 아니라는 가정을 입증해 주는 결정적인 단서가 (36)이라 할 수 있다. 가령, '께서'는 '이/가'의 존칭 조사이니까 존대 대상 '아버님'에 붙어 쓰이는 일은 당연하고 자연스러운 일로 생각되는데, (36다)는 결코 그렇지 못한 것이다. 그런데, (36가)의 '영희가'나 (36나)의 '아버님이'는 아무 이상이 없는 것이다. 이러한 현상을 어떻게 설명할 것인가? 현재 달리 대안이 없는 것이라면, 그러나 '께서'가 엄연한 존칭 주격 조사로 기능하지 못하는 것이라면, 일단 우리는 '께서'는 주격 조사 '이/가'의 존칭 조사가 아니라고 말할 수 있다. 그렇다면 '께서'는 어떤 성격의 조사인가? 이와 관련하여 다음 문장을 검토하자.

    (38) 가. 돈이 아버님께 있으십니다.
        나. 아버님께 돈이 있으십니다.
        다. 아버님께는 돈이 있으십니다.
        라. 아버님께서 돈이 있으십니다.
        마. 아버님께서는 돈이 있으십니다.

(38가)에서 '아버님께'는 처소적인 기능으로 여겨진다. 마치 '은행'(bank)의 기능인 것이다. (38나)는 '은행'(bank)의 기능의 '아버

님께'를 문두 위치로 이동한 문장인데, 명제 '돈이 있다'의 여부가 '아버님께'에 달려 있는 듯이 해석되는 것이다. 즉, 우리가 일상 생활 속에서 쓸 수 있는 돈이 '은행에' 있나 없나 의심할 때 쓰는 표현과 같은 것이다. (38다)는 '아버님께'에 주제격 조사 '는'을 붙임으로써 '돈이 있다'는 어떤 믿음이 '아버님께' 더 강하게 느껴지는 것이다. '어머님께'는 몰라도 '아버님께'는 있으리라는 강한 믿음이 그러한 것이다. 이것은 '는'의 논리인 것이다. 그런데 (38라)에 이르러서는 우리는 '돈이 있다'는 명제가 '아버님께'에서 확인되는 것처럼 느껴지는 것이다. 가령, 아무런 정보 없이도 우리는 (38라)와 같은 표현에서 그 뜻하는 바가 돈이 있는 곳은 아버님이라든가 돈은 아버님께 있다는 것으로 이해하고 있는 것이다. 그렇다면 (38)의 (가)부터 (다)에 이르는 돈의 소재지로서의 '아버님'의 불투명성이 (38라)에서는 어떻게 확신할 수 있는 것인지가 문제로 제기된다. 우리는 그러한 앎의 정보를 {-서-}가 제시하는 것으로 해석하는 것이다. 만약 이러한 논리가 정당한 것이라면 '께서'는 '께'와 '서'로 분석이 가능한 것이며, 이 경우 '-서-'는 경험 표현과 관련하는 형태라 할 수 있다. 졸고(1988) 참조. 이러한 맥락이라면, {-서-}가 가지는 경험성이 {-시-}와 자연스럽게 호응되는 것은 당연한 것이며, {-시-}가 심리적 행동주의 존대 형태라면 '께서'는 존대 대상 인물로서의 심리적 행동주에 붙는 형태라 해야 온당할 것이다. 따라서, 우리는 '께서'를 심리적 행동주가 존대 대상 인물인 경우 그 대상 인물에 붙는 심리적 행동주 존대 표지라 가정할 수 있다.[28] 이와 같이 '께서'가 심리적 행동주 존대 표지라면 그 구조적 특성은 다음과 같을 것이다.

(39) '께서'의 구조적 특징

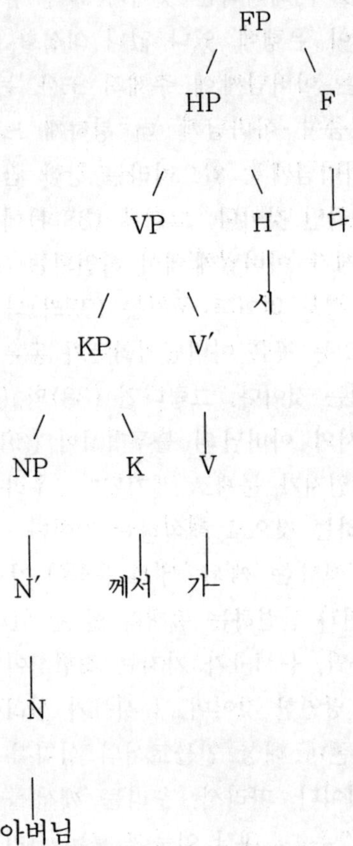

(39)는 대체로 {-시-}의 구조와 흡사하다고 할 수 있다. 그런데 '께서'가 '께'와 '서'로 분석이 가능하다면, 그 때의 구조는 (40)이 될 것이다. 따라서 (40)의 구조는 '께서'의 어원적인 구조라 할 수 있다.

(40) '께서'의 어원적인 구조

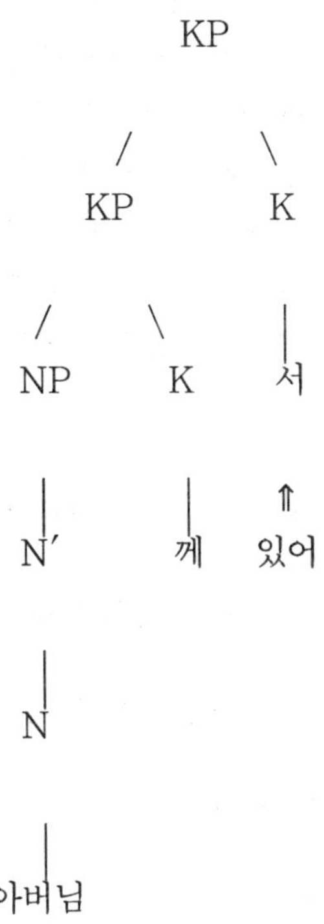

    (40)에서 KP를 KP와 K로 분지한 것은 '께서'가 '께'와 '서'로 분석이 가능한 것임을 전제한 것이다. 만약 이러한 전제가 틀리지 않는다면, '아버님께서'는 일차적으로 '아버님께'의 구성이 되고 이차적으로 '아버님께'에 다시 '-서'가 결합된 구성으로 해석되는 것이다. 그리고 '-서'가 중세 국어 '이시-'의 부사형 '셔'의 발달형이라면, 그 의미는 '있어'의 의미 그 자체는 아니라 하더라도 '있어'적인 속성의 어떤 의미와 관련되는 것으로 생각해 볼 수 있다. 이에 대해 우리는 '-서'가 경험 표현의 첨사라 가정한 바 있다. 졸고 (1988, 1989a) 참조. 문장에서 {-시-}와 '께서'가 잘 호응하는 것도 이와 같은 이치로 설명될 수 있다.

‘께서’가 반드시 존대 대상에 결합되어 쓰이는데 대해, 여격 조사 ‘께’도 존대 대상에 결합되어 쓰인다. 그러나 주격 조사 ‘이/가’와 마찬가지로 ‘에게’도 경우에 따라서는 존대 대상에 결합되어 쓰인다. 이러한 쓰임 양상은 ‘께’가 ‘에게’의 높임말이면서 또 다른 특징을 갖는다고 생각된다. 따라서, 우리는 여기서 ‘께’가 ‘에게’와 달리 어떠한 기능을 가지는지 검토하지 않으면 안 된다. 여격 높임 조사 ‘께’의 쓰임에 대한 규명은 여격 구문을 통해서 검토하는 것이 가장 바람직하다고 생각한다. 따라서 이미 6.3.2.에서 다루어진 동사 ‘드리다’가 쓰인 문장을 가져오도록 한다.

(41) 가. 아버님/아버지, 영수가 할아버님께/할아버님에게/ 할아버지에게 선물을 드렸습니다.

　　 나. 영희야, 아버님이/아버지가 할머님께/할머니에게 선물을 드렸다.

　　 다. 영희야, 네가 이 할아버지에게/*께 선물을 *드렸니/주었니? (화자＝여격, 최상위)

　　 라. 영희야, 할아버지가 네 아버님께/아버지에게 선물을 드렸다/주었다. (화자＝주격, 최상위)

　　 마. 영희야, 철수가 이 *할아버지께/할아버지에게 선물을 *드렸다/주었다. (화자＝여격, 최상위)

　　 바. 할멈, 철수가 제 *아버님께/아버지(애비)에게 선물을 *드렸어요/주었어요 (화자 최상위)

　　 사. 철수야, 할아버지가 *아버님께/아버지에게 선물을 *드렸다/ *주었다/주셨다. (주격 최상위)

　　 아. 할아버님, 형이 *아버님께/아버지에게 선물을 드렸습니다. (청자 최상위)

　　 자. 할아버님, 제가 *아버님께/아버지에게 선물을 드렸습니다. (청자 최상위)

일반적으로 여격 대상 인물이 다른 인물보다 최상위자인 경우 그 여격 대상 인물에는 ‘께’가 결합된다. 이러한 의미에서 (41가),

(41나)에서는 '에게'의 쓰임이 적절하지 못하다고 할 수 있다. 그러나, 그렇다고 해서 '할아버님께'는 높임말이고 '할아버지에게'는 높임말이 아니라고 말할 수는 없는 일이다. 왜냐 하면, 대상 '할아버님'은 그 자체로 높임 대상이고 동사 '드리다'가 '할아버지에게'의 쓰임을 거부하지 않기 때문이다. 가령, 청자가 실재적으로 상정되지 않는 경우, 우리는 '삼촌이 할아버지에게 용돈을 드립니다'와 같은 발화를 얼마쯤이든지 할 수 있는 것이 그러하다. 여기서 우리는 일단 '께'가 화자의 심리적인 작용과 관련하는 것으로 가정하자. 이러한 '께'의 심리적인 작용은 (41다)에서 어느 정도 느껴지는 것이다. (41다)는 (41가), (41나)와 달리 여격 대상 인물과 화자가 동일 인물이면서 최상위자인 경우의 문장인데, 오히려 '께'의 첨가가 불가능하다. 대상 인물이 아무리 최상위자라 하더라도 자기와 관련하는 말에 '께'가 결합되어 쓰이는 것은 누누이 말한 바와 같이 우리의 언어 습관이 아니다. 이러한 언어 습관은 자기 관련 표현에는 존대를 쓰지 않는다는 제약과 일치한다. 서정수(1984:37), 임홍빈·장소원(1995:375) 참조. 여기서, 이러한 제약을 逆으로 생각해 보자. 그러면 특히 '께'의 사용은 화자의 의도에 달렸다고 생각될 것이다.

 '께'와 화자의 이러한 관계가 극명하게 드러나는 것이 (41라)이다. (41라)는 주격 대상 인물이 화자와 동일 인물이며 최상위자인 경우의 문장인데, 만약, '영희'가 여격 대상 인물 '아버지'의 딸로 상정되면, 이 때는 '아버님께'가 가능하다. 그러나 '영희'가 화자 관련 인물인 경우는 절대로 '아버지'에 '께'가 결합되지 않는 것이다. 이러한 상반된 현상을 우리는 어떻게 설명할 것인가? 필자의 추측으로는 대우 현상이 전반적으로 다 그렇지만, 특히 '께'의 쓰임은 전적으로 화자의 대상 인물에 대한 어떤 대우 의식이 작용하는 것으로 생각된다. 가령, '께'가 결합된 존대 대상 인물에게서 받은 모종의 혜택이 화자의 의식을 일깨우는 것과 같은 작용이 그러한 것이다. 이러한 해석은 '드리다'와 같은 동사가 중세 국어적인 {-습-}의 기능과 같은 기능을 담당한다는 현대 국어의 객체 존대법이 그 정당성을 주장하는 논리에서도 어느 정도 설득력을 갖는다고 할 수 있다. 다시 말해서, 현대 국어적인 {-삽-}이 수혜자에 대한 화자 겸양의 기능을 담당하는 것이라면, '께'는 그러한 화자의 의식이 나타나는 경우에 한하여 쓰이는 것이라 할 수 있다.

(41마)는 화자가 최상위자인 경우의 문장인데, 전혀 '께'의 결합이 허용되지 않는다. 화자 자기가 최상위자이므로 하위자인 자기 관련 인물에게 존대할 하등의 이유가 없는 것으로 설명되는 것이다. 우리의 해석으로는 자기가 수혜자가 되고 자기가 그 수혜자 자기에게 어떤 혜택에 대한 존대나 겸양을 표현하는 일은 범상한 일이 아니기 때문에, (41마)와 같은 상황이나 조건에서는 절대로 '께'가 쓰일 수 없다는 것이다. 그러나, 때로 그러한 상황이 전개되는 경우도 있다. 예컨대, {-시-}의 쓰임에서 '아버지 나가신다'와 같이 화자 자신이 자신의 행동에 {-시-}를 쓰는 경우가 그러한 경우이다. (41마)적인 현상은 (41다)에 나타난 현상과 동일한 것이며, (41가), (41나)에 나타난 현상과 대립적이다. 이러한 대립적인 현상을 볼 때, '께'는 화자의 대우 의식과 관련된다고 말할 수밖에 없는 것이다.

(41바)는 주격 대상 인물이 최상위자인 경우의 문장이므로 문장 구조 자체가 우리가 다루는 문장의 성격과 다른 것이다. 이러한 구문에서는 '에게'만 쓰이는 것인데, 그렇다고 '아버지'가 존대 대상이 아니라고는 말할 수 없는 일이다. 다소 과장적으로 말할 것 같으면, 화자가 판단하기로 여격 대상 인물 '아버지'가 자기에게 모종의 혜택을 주는 관계가 아니라 오히려 자기가 그에게 혜택을 베풀어야 할 '아버지'와 '아들'의 관계이므로, '께'가 쓰이지 못한 것뿐이다.

(41사), (41아)는 청자가 최상위자이고 주격 대상 인물보다 여

격 대상 인물이 상위자인 경우의 문장인데, '께'의 쓰임이 봉쇄되고 있다. (41사)는 압존법으로 설명이 가능하고, (41아)는 청자 최상위 제약으로 설명이 가능한 문장이다. 이 경우 아무리 화자가 '께'를 사용하려 해도 최상위자인 주격 대상 인물이나 청자가 심리적으로 압박한다고 볼 수 있다. 왜냐 하면, (41아)의 경우 청자가 상정되지 않으면 '형이 아버님께 선물을 드렸습니다'도 지극히 자연스러운 문장이기 때문이다. 따라서, 이러한 심리적 혹은 정신적 작용이 '께'에 내재해 있다고 가정할 수 있을 것이다.

이상의 논의를 통하여 우리는 '께서'가 주격 조사 '이/가'의 높임 조사가 아니라 심리적 행동주 존대 표지라는 가정 하에 그 쓰임을 살펴보았고, '께'는 일반적으로 존귀한 대상에 첨가되어 쓰이는 높임 조사임에는 틀림 없지만, 특히 화자의 수혜자에 대한 겸양과 같은 대우 의식과 관련하는 것으로 가정하고 그 쓰임을 살펴보았다.

이제 우리는 마지막으로 어휘적 대우법 체계와 그 목록을 다음과 같이 정리하도록 한다.

(42) 어휘적 대우
　가. 높임말 : 높임 체언, 높임 용언, 높임 조사.
　나. 낮춤말 : 낮춤 체언, 낮춤 용언.
　다. 예삿말
(43) 어휘 목록
　가. 체언류
　　A. 예삿말 : 아버지, 어머니, 할아버지, 할머니, 밥, 아들, 딸,
　　　　　　　　나, 너, 자기, 당신, 本社, 當社 등.
　　B. 높임말 : 아버님/春府丈, 어머님/慈堂, 萱堂, 尊堂, 할아버님
　　　　　　　　/王尊丈, 할머님, 진지, 아드님/令胤, 令愛, 말씀,
　　　　　　　　자네, 당신, 어르신/선생님, 귀하, 貴社, 本人, 本官,
　　　　　　　　나이/연세, 춘추, 백씨, 댁, 분부, 이/그/저분, 성/
　　　　　　　　尊號, 아내/內相(남의 '아내'), 夫人, 아우/弟氏, 李氏,
　　　　　　　　伯氏, 仲氏, 삼촌/阮丈, 조카/咸氏 令姪, 병/患候,

疾患, 무덤/산소, 塋域, 이/치아, 執事, 대감, 영감,
나으리, 貴家, 貴校, 貴國, 華翰, 尊銜, 高見, 御馬,
御題, 御命, 며느리/子婦, 이름/諱, 諱字(돌아간 분의
이름), 본/仙鄕, 貫鄕, 생원/碩士, 손자/令抱, 令孫
(남의 손자), 師兄 등.

C. 낮춤말 : 애비/아범, 에미/어멈, 할아비/할아범, 할미, 家豚/
豚兒, 女息, 迷息, 弊社, 저, 小人, 小生, 말씀('나'
의 말), 小僧, 僕, 臣, 鄙族, 卑門, 鄙宗, 內子, 室人,
鄙家, 鄙處, 拙著, 拙筆, 弊校, 弊國, 弊店, 愚見,
鄙見, 계집, 놈, 년, 愚妻, 荊妻, 자식, 貧道, 侍生,
舍弟, 愚弟, 舍兄 등.

D. 속어 : 마누라, 주둥아리, 뱃놈, 대가리, 눈깔, 모가지, 배때기,
공갈, 큰집, 동그라미(돈).

나. 용언류
  A. 높임말
    (1) 주격 대상 높임 : 자시다, 잡수시다, 계시다, 주무시다,
                         읽다/奉讀하다, 일어나다/起寢하다,
                         헤아리다, 亮察하다/洞燭하다, 듭시다,
                         보다/下鑑하다, 就寢하다, 分付하다,
                         擧動하다, 出御하다, 말씀하다 등.
    (2) 여격 대상 높임 : 上納하다, 進上하다, 올리다, 드리다,
                         바치다, 奉獻하다, 묻다/稟하다, 여쭙다,
                         아뢰다, 사뢰다, 上達하다, 下達하다,
                         上申하다, 奉祝하다, 祈望하다 등.
    (3) 목적격 대상 높임 : 拜謁하다, 陪行하다, 隨陪하다, 모시다,
                           뵙다, 받들다, 謁見하다 등.
  B. 낮춤말 : 먹다/처먹다, 죽다/뒈지다, 눕다/자빠지다, 돌아다
             니다/싸지르다 등.
다. 조사류 : 께서, 께.

6.4. 정리

본 장의 관심은 국어 대우법 체계에 어휘적 대우를 어떻게 설정하여야 하는 것이었다. 이를 위해서는 무엇보다 어휘적 대우가 문법적 대우와 어떤 차이를 가지는 것인가에 대한 면밀한 검토가 필요하였다. 그 결과 어휘적 대우는 통사·의미론적 현상에 의한 문법적 대우와는 달리 어휘의 고유한 특성에 의해 나타나는 대우 현상이며, 문장의 특정한 성분과 관련되는 현상이 아님을 확인하였다.

국어에는 어휘적으로 높임말과 낮춤말이 존재하는데, 이러한 대우법상의 층위가 있는 어휘만 어휘적 대우의 논의 대상으로 삼았다. 체언에서는 특히 '-님'이 연결된 형식에 주목하였는데 이 형식은 그 자체로 높임말임을 살펴보았고, 용언에서는 '-시-' 결합 용언과 완곡어는 어휘적 대우와 무관한 것이므로 논의에서 제외하였다. 따라서, 주된 관심은 이른바 객체 존대 관련 일부 동사와 주격 대상 인물 또는 주체를 높인다는 일부 동사에 있었다. 특히 객체 존대 관련 일부 동사의 대우적 기능이나 성격 규명은 그 간의 객체 존대법 논의를 정리하는 성격을 띠기도 하였다. 높임 조사에는 '께서'와 '께'가 있는데 '께서'는 심리적 행동주와 관련하는 특성을 가지는 요소로 소박하게 주격 조사 '이/가'의 높임 조사가 아님을 면밀히 살펴보았고 '께'는 화자의 수혜자에 대한 겸양과 같은 의식 작용이나 심리적인 작용과 관련되는 높임 조사라는 가정 하에 단순한 '에게'의 높임 조사가 아님을 살펴보았다.

이러한 검토 결과, 어휘적 대우를 높임말, 예삿말, 낮춤말의 三枝的 대립 혹은 二枝的 대립에 입각하여 체계화하였다.

각 주

1) 어휘적 대우가 독자적으로 대우 현상에 관여하는 것으로 주장한 유일한 논의는 임홍빈(1990)일 것이다. 그런데 어휘적 대우가 부분적으로 {-시-}, {-삽-} 또는 어미 형태와 관련하는 문법적 대우와 얼마간 다르다는 것을 시사해 주는 논의도 있다. 정렬모(1946:110-113), 김근수(1947:73- 75), 최태호(1957:10-20) 참조.

2) 임홍빈(1990:708)에서는 문법적 대우 형식 위주의 체계를 '단독 체계', 어휘적 대우를 문법적 대우에 포함시키는 체계를 '종속적 체계', 어휘적 대우를 문법적 대우와 구별하여 다루는 체계를 '독립적 체계', 그리고 어휘적인 체계를 독립적으로 다루면서 문법적 대우 속에 다시 포함시키는 체계를 '혼합적 체계'라 한다.

3) 이를 임홍빈·장소원(1995:376)에서는 '일관성의 원리'라 한다.

4) '간접적인 존대'는 장석진(1973)에서는 '존대 파급' 현상, 그리고 서정수(1984)에서는 '간접 대우'로 다루어진다. 그러나 성기철(1985a)에서는 '상위 주체'와 '하위 주체'의 관계로 해석되기도 한다.

5) 이를 임홍빈·장소원(1995:375)에서는 '자기 낮춤 원칙'이라 한다.

6) 여기서 '특별한 경우'란 '해님, 달님, 꽃님'을 염두에 둔 것이다.

7) 대우법 표현 형태를 다음과 같이 나누고 있다.

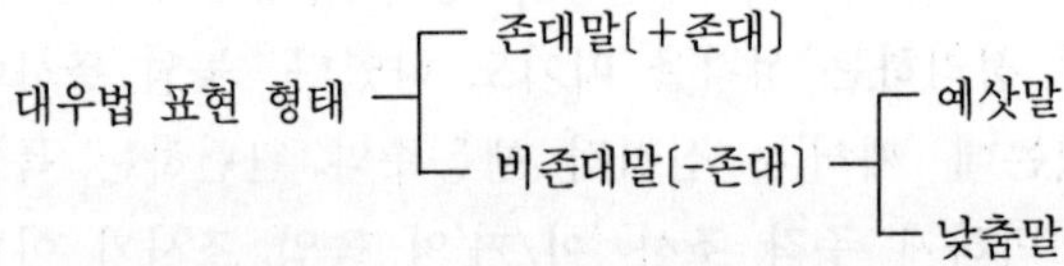

8) 존대 인물과 관련하는 인물 혹은 사물을 높이는 말을 다음과 같이 구분하고 있다.

9) '드리다' 같은 일부 객체 동사가 {-시-}나 {-삽-} 또는 어미 형태처럼 문법적인 기능을 전적으로 담당하는 것이 아니라 어휘적인 기능을 담당하는 것으로 본 논의에 임홍빈(1990), 임홍빈·장소원(1995)가 있다.

10) 임홍빈(1990:732)에서는 대우법상 존칭어, 평칭어, 비칭어와 같은 층위를 가지지 못하는 어휘를 '대우법상 무표적인 어휘'라고 한다.

11) 여기서는 '그놈'이 화자와 관련하는 인물이 아닌 경우를 전제하여 '낮춤말'

이라 한 것이다. 화자와 관련하는 인물에 대해서는 '낮춤말'과 구별하여 '겸칭어'라 한다. 그런데 정렬모(1946:110~113)에서는 전자를 특별히 '타매칭', 후자를 '겸하칭'이라 한다. 정렬모(1946) 이후의 '겸칭어'는 주로 이희승(1949)의 영향이라 할 수 있다.

12) '-님'을 연결한 '어머님'과 '아버님'은 남의 '어머니'와 '아버지'에는 바람직하지 못하다는 견해도 있다. 그러나, 현재 사회 일반에서 일상적으로 쓰이는 어법으로는 조금도 의심의 여지가 없다고 판단된다. 시대의 변화가 어법에 영향을 끼친 한 예라 할 수 있을 것이다.

13) {-시-}와 대비하여 '-님'의 대우 성격을 규명한 것으로 임홍빈(1990:729)이 참고된다.

14) 임홍빈(1990:726)에는 '-님'은 지시 대상이 사람인 경우 그 지시 대상의 어휘에 이미 대우의 의미가 포함되어 있는 경우는 그 뒤에 '-님'이 연결될 수 없다는 제약이 상정되어 있다.

15) 임홍빈(1990:726)에서는 대상 자체가 어느 정도 존귀한 자질을 가지고 있어야 '-님'이 쓰일 수 있다고 한다. 그러나 필자가 생각하기에는 '아들'이나 '딸'은 존귀한 자질이 없어 보이는데도 '-님'의 연결이 가능하다. 따라서 임홍빈(1990:726)의 '어느 정도 존귀한 자질'은 화자와 직접적인 관련이 없는 대상 인물과 관련하는 사람의 경우에만 예외적임을 但書로 밝혔어야 했다.

16) 임홍빈(1990:725-727)에도 우리의 직제와 같은 것에 고심한 흔적이 역력하다. 그러나 결론은 어휘가 일정한 대우 의미를 가지는 경우 그 어휘에는 '-님'의 연결이 제약적이라고 하고 있다.

17) 임홍빈(1990:727)에서는 '-님'의 본래적인 기능이 어떤 대상을 높여 부르는 호칭어적인 용법이라 한다.

18) '청자 최상위 제약'은 많은 학자들에 의해 제기되어 왔다. 그러나 그 조건화는 두 가지 경우에서 차이가 있다. 3.3. (55) 참조.

19) 임홍빈(1990:737)에서는 다음과 같이 나타내고 있다.

　'주무시다' 類 : 〔주격 대상 〉 화자, 화자 ↑ 주격 대상〕

20) '무표적' 대우 의식은 필자의 가정이지만, 그 표식화는 임홍빈(1990:739)을 원용한 것이다. 그러나 우리는 '드리다'의 쓰임에 대해 무표적인 것 외에 유표적인 것도 제기하고 있다.

21) 임홍빈(1990:737)에서는 '모시다'와 '데리다'의 이러한 대립의 양상에 주목하여 '모시다'는 '드리다'와 같은 동사와는 달리 순수한 대우의 의미만을

지니지는 않는 것으로 보고 있다.

22) 임홍빈(1990:738)에서는 '모시다'의 경우 '드리다'와 달리 화자의 대상 인물에 대한 존대 기능이 고려되지 않았다. 그러나 우리는 목적격 대상 인물이 주격 대상 인물보다 상위자인 경우 청자가 최상위자라 하더라도 '모시다'는 쓰일 수 있다는 사실에 주목하여 화자의 대상 인물에 대한 존대 기능이 고려되었다.

23) '伏望하다, 仰望하다'의 이러한 속성을 임홍빈(1990:736)에서는 '이들 동사의 의미 자체에 상위자의 하위자에 대한 행동 또는 하위자의 상위자에 대한 행동의 뜻이 내재해 있다'는 것으로 보고 있다.

24) 임홍빈(1981) 및 졸고(1996a) 참조.

25) '伏望하다/仰望하다,' '下賜하다'는 임홍빈(1990:736)에 의존한 것이고, '侍立하다'는 부분적으로 수정된 것이다.

26) 여기서 일종의 '독립 구문'이라 한 것은 영어의 '독립 분사 구문'에 對하여 불러 본 것인데, 국어에 英語的인 '독립 분사 구문'에 해당하는 구조가 있는지는 확실치 않다. 그러나 그렇다고 (31나)의 '謹啓하옵건대'를 부사절이나 종속절이라 하기에는 다소 무리가 있어 보인다.

27) 실제로 심의린(1936), 이희승(1949)에는 '께서는'이 '는'의 존칭 조사로 언급되어 있기도 하다.

28) 졸고(1988)에서는 '아버님께서'와 같은 형태를 잠정적으로 '상황 제시어'라 하였는데 성격적으로는 여전히 상황 제시어라 할 수 있다. 그렇다고 '께서'를 '상황 제시어'에 붙는 조사라고 할 수는 없다. {-시-}가 심리적 행동주와 관련하는 요소라면, 그리고 그 심리적 행동주가 존대 대상 인물이라면, '께서'는 심리적 행동주에 결합되어 쓰이는 존대 표지라 할 수 있다.

Ⅶ. 운용 및 책략적인 대우

7.1. 도입

{-시-}에 의한 대우, {-삽-}에 의한 대우, 그리고 어미 형태에 의한 대우가 문법적인 대우법에 속하고, 어휘적 특성에 의한 대우가 어휘적 대우법이라 할 때, 이들은 2.3.1.에서 이미 밝힌 바와 같이 언어 형식에 의한, 즉 언어재에 의한 대우법이라 할 수 있다. 그러나, 국어에는 언어 형식에 의한 대우 현상 외에 특정한 발화 상황이나 담화 상황 또는 화자의 특별한 의도나 목적이 작용함으로써 나타나는 대우 현상도 있다. 이와 같이 언어 외적 요소가 대우 표현에 작용하여 실제 언어 생활에서 나타나는 대우 현상을 우리는 언어 형식에 의한 대우법과 구분하여 운용 및 책략적인 대우라 부르는 것이다. 이러한 면을 중시하면, 운용 및 책략적인 대우는 달리 話用的인 대우라 할 수도 있다. 따라서 운용 및 책략적인 대우에는 자연히 사회언어학적인 면이 중요시되고 있다.

운용 및 책략적인 대우는 주된 제약이나 조건이 무엇이냐에 따라 다시 운용적인 대우와 책략적인 대우로 나뉜다. 운용적인 대우는 주로 특정한 발화 상황이나 담화 상황이 제약되어 나타나는 현상이고, 책략적인 대우는 주로 화자의 특별한 의도나 목적이 제약되어 나타나는 현상이다. 특정한 발화 상황이나 담화 상황이 제약되는 운용적인 대우는 제약의 성격상 구체적인 청자의 상정 여부나 담화 현장성 여부가 대우 표현에 영향을 끼치는 대우 현상이라 할 수 있고, 화자의 특별한 의도나 목적이 제약되는 책략적인 대우는 성격상 대상 인물에 대한 화자의 대우 의식의 정도가 대우 표현에 영향을 끼치는 대우 현상이라고 할 수 있다. 그런데, 이와 같은 구분에도 문제는 있다. 즉, 운용적인 대우에는 화자의 의도가 전혀 영향을 끼치지 않고, 책략적인 대우에는 발화 상황이나 담화 장면이 전혀 영향을 끼치지 않는 것으로 여길 수도 있기 때문이다. 그러나, 그 영향 관계에서 어느 것이 더 큰 비중을 차지하느냐에 따라 구분한 것이다.

이러한 미세한 차이를 다음 예를 통하여 검토하기로 한다.

   (1) 가. 아빠 가.
       나. 아빠/아버지가 간다.
       다. 아빠가/아버지가 가신다.
       라. 아버님이/아버님께서 가신다. (이상, 화자='아버지'의 아들)
   (2) 가. 너의 할아버지 돌아왔니?
       나. 너의 할아버지 돌아오셨니? (이상, 화자='할아버지'의 친구)

(1)은 성장함에 따라 대우 표현이 어떠한 양상으로 변하고 있는지를 보이는 패러다임이다. (1가)는 말 배우는 단계의 유아의 발화, (1나)는 10대 초반기의 소년의 발화, (1다)는 10대 후반에서 성장한 뒤의 청년의 발화, 그리고 (1라)는 장성한 어른의 발화이다. (1가)적인 표현에서 (1라)적인 표현에 이르기까지는 많은 교육과 지도가 따른다. 언어 예절 차원에서 규범적인 것에 대한 교육이다. 따라서 언어 예절 교육을 받은 다 자란 소년이나 청년이 (1나)처럼 발화하면, 그 때는 심한 꾸지람을 듣게 된다. 규범성에서 벗어난다는 이유 때문이다. 그러나 (1)과 같은 표현이 사회 일

반적인 현상이고 문법적이지 않은 문장이나 발화가 아니라면, (1)
적인 패러다임은 언어-수행에서 나타나는 현상이다. 이러한 점을
고려하면, 언어 예절 교육을 받은, 다 자란 소년이나 청년이 (1
나)처럼 발화할 때 심한 꾸지람을 듣게 되는 것이거나 규범성에서
벗어나거나 하는 행위 자체는 이미 문법적인 세계를 떠난 언어-수
행의 세계라 할 수 있다. 우리가 {-시-}와 {-삽-}의 대우 기능을
논의하면서 이들 요소가 문장의 특정 성분과 관련되지 않는 사실
에 초점을 맞추어 검토한 것도 이러한 일면을 고려한 것이며, 국
어가 담화-중심적인 언어적 특성을 갖는다거나 주제가 발달한 언
어 유형에 속한다고 전제한 것도 같은 차원에서이다. 따라서 (1)
적인 패러다임은 운용적인 대우 표현에 속하는 것이다.

(2가), (2나)가 각기 문장 성립에 아무런 이상이 없는데, 문제
는 (1)적인 운용적인 대우 표현의 패러다임이 (2)에서 이상을 보
이는 것이다. 이런 경우 {-시-}의 쓰임에 대한 (1)적인 언어 예절
차원이나 규범성이 어떻게 설명되는 것인가? 만약, {-시-}가 쓰이
는 것이 당연히 규범적이라고 하는 경우, (2가)는 잘못되었고, 따
라서 (2가)는 언어-수행에서 생긴 잘못된 발화라고 여길 수도 있
다. 그러나 (2가)가 지극히 자연스러운 발화라 할 때는 (2가)에
대해 언어-수행에서 잘못된 발화라고 단정할 아무런 근거가 없는
것이다. 이러한 (2)적인 현상도 넓게는 언어-수행의 문제 곧 운용
상의 문제라 할 수 있지만, (2)는 (1)적인 운용상의 문제라기보다
화자의 의도나 목적이 표현에 더 깊이 관련되어 있다고 할 수 있
다. 이상의 (1)과 (2)의 대우 현상을 통해서 우리는 운용적인 대
우와 책략적인 대우는 얼마간 구분될 수 있다고 본다.

(1), (2)에 대한 논의를 하면서 우리는 은연중 언어 예절 차원
의 문제나 규범성의 문제를 언급하였는데, 2.1.1.에서 가정한 바
와 같이, 언어 예절 차원이나 규범성을 준수한 표현이 무표적인
화자의 의도와 관련하는 것이라면, 언어 예절 차원이나 규범성에

서 벗어난 표현은 그 반대로 유표적인 화자의 의도와 관련하는 것
이라고 해도 좋을 것이다. 따라서 여기에 2.1.1.의 '화자의 의
도'(1)를 다시 가져오도록 한다.

(3) 화자의 의도 (2.1.1. (1))
화자의 의도는 크게 둘로 나뉜다. 하나는 무표적(Unmarked)
인 것이고 다른 하나는 유표적(Marked)인 것이다. 무표적인
기능은 존대 대상 인물에게는 반드시 존대 절차를, 그리고 비존
대 상 인물에게는 반드시 비존대 절차를 수행하는 규범적이고 처
방적인 것이며, 유표적인 기능은 존대 대상 인물임에도 불구하
고 존대 절차를 수행하지 않거나, 비존대 대상 인물임에도 불
구하고 존대 절차를 수행하는 것이다.

Hill et al.(1986:24)에 의하면, 대우(politeness)의 양상이
서양 언어와 동양 언어에 차이가 있다 한다. 즉, 서양 언어에서는
대우법 사용이 체면, 전략, 의지와 관련하는 것이나, 동양 언어에
서는 사회적 지표, 규범, 강제적 의무, 처방과 관련하는 것이라는
것이다. 만약 이러한 가정이 올바른 것이라면, 우리의 무표적인 대
우 표현은 규범적이며 처방적이며 의무적인 것이라 할 수 있고,
유표적인 대우 표현은 전략적이며 의지적이라 할 수 있다.[1]

7.2. 기존의 논의

이 분야는 거의 미개척 분야라 할 수 있다. 사회언어학적인 입
장에서 논의되거나 연구되고 있으나, 아직은 일천하여 활동이 그
다지 활발하지 않은 것으로 안다. 따라서 이 분야에 대한 기존의
논의는 얼마 되지 않는다. 이러한 가운데 최근 이정복(1998)이
우리의 주목을 끈다. 이정복(1998)의 논의 내용은 '軍'이란 특수

한 조직 사회에서의 대우법 사용의 전략적 특성에 있다. 이러한 점에서 이정복(1998)은 책략적인 대우 현상에만 주목한 논의라 할 수 있다. 이정복(1998)에서의 대우법 사용 대상자는 사관 학교 출신 장교로서 교수와 일반 대학 출신 장교로서 교수로 되어 있다. 이러한 의미에서 대우법 사용 대상자는 신분상 양면적 특성을 지닌다. 이정복(1998) 참조. 그러나, 그 대상자들이 신분상의 양면성만 지닌 것만은 아니다. 신분상의 양면성이라면, 군인이라는 신분과 교수라는 신분을 뜻하는데, 그 이전에 심각한 것은 군인이라는 것의 성격에 있다. 계속 군에 몸을 담는 직업 군인의 성격과 잠시 복무하는 일반 군인의 성격은 현격한 차이가 있는 것으로 생각되는데, 이러한 특수한 상황이라면, 그들 간의 대화는 말할 나위 없이 전략적이거나 또는 책략적일 수밖에 없는 것이다.

이정복(1998)의 논의 구성은 둘로 나눌 수 있다. 하나는 기본적으로 같은 언어공동체에서 생활하기는 하지만, 군인이라는 성격 차이에 따른 신분상의 군인의 이질성과 그러한 신분상의 군인의 이질성에도 불구하고 교수라는 신분상의 동질성에 입각하여 그들의 대우법 사용의 특성을 검토한 것이고, 다른 하나는 이와 같은 이질성과 동질성을 함께 갖는 그들이 전략적인 목적을 위해 말 바꾸기로 대우법을 사용하는 특성을 검토한 것이다. 전자를 본연의 입장에서의 대우법 사용이라 부르고, 후자를 전략적인 대우법 사용이라 부르기로 한다. 전자의 일면 이질적이고 일면 동질적이라는 특수한 상황을 본연의 입장에서의 대우법 사용이라 한 것은 본래의 입장을 뛰어 넘는 대우법 사용은 강한 통제를 받는 것으로 생각해서이다. 이러한 내용을 다음과 같이 정리하도록 한다.

(4) 가. 본연의 입장에서의 경어법 사용
　　a. 사관 학교 출신 장교끼리 대화에서의 대우법 사용.
　　b. 일반 대학 출신 장교끼리 대화에서의 대우법 사용.
　　c. 사관 학교 출신 장교와 일반 대학 출신 장교의 대화에서의

      대우법 사용.
   나. 전략적인 경어법 사용
      a. 수혜자 공손 전략.
      b. 지위 불일치 해소 전략.
      c. 지위 드러내기 전략.
      d. 정체성 바꾸기 전략.
      e. 거리 조정하기 전략.

(4가-a)의 경우는 군 조직 사회가 엄격한 위계 질서가 확립된 사회라는 점을 고려하면, 직관적으로도 대우법 사용은 거의 언제나 계급 우선 주의에 입각할 것이라고 예측된다. 따라서, 일반 사회와는 달리 연령이 큰 요인이 될 수 없다. (4가-b)의 경우는 그들이 일시적으로 군 복무하는 입장에 놓여 있기 때문에 계급을 내세울 하등 이유가 없는 것이라면, 일반적으로 보통 사회 일반인이 사용하는 대우법을 사용할 것이다. 따라서, 이 경우는 연령이나 친소 또는 학번이 대우법 사용의 우선 순위가 되는 것은 지극히 당연한 일이라 할 수 있다. 다만, 그들 간의 대화의 장소에 사관 학교 출신 장교가 참여하지 않은 상황이나 그렇게 예상되는 상황이거나 하는 것이 전제되어야 한다. 이정복(1998)에 의하면, 이들의 대화 내용이 사관 학교 출신 장교에게 알려지는 때는 '軍'을 앞세워 군인다운 대화가 이루어지도록 비판받는 것으로 되어 있다. 그런데, 이러한 (4가-a)나 (4가-b)에서의 대우법 사용은 규범적이라는 데에 공통점을 갖는다. 다만, 사관 학교 출신 장교끼리 대화에서의 대우법 사용이 통제적인 규범성이라 한다면, 일반 대학 출신 장교끼리 대화에서의 대우법 사용은 자율적인 규범성이라고 할 수 있다. 특히 통제적인 규범성을 달리 표현하면, 특수한 조직 사회를 전제한 규범성이므로, 일종의 '또래 의식'이나 '동아리 의식' 적인 대우 표현의 규범성이라 할 수 있다.

이러한 통제적인 규범성이든 자율적인 규범성이든 그들끼리의 말하기 형식은 자기 자신들의 본연의 모습에 충실하고 어울리게 대우법을 사용하는 것이라면, (4가-c)의 사관 학교 출신 장교와 일반 대학 출신 장교의 대화에서의 대우법 사용은 미묘하고 복잡하다. 이들 대화에서의 가장 큰 장애 요소는 한편에서는 계급을 우선하는 입장에서 대화를 진행하려 하는 것이고, 다른 한편에서는 연령이나 친소 또는 학번을 우선하는 입장에서 대화를 진행하려 하는 것이다. 이러한 경우 '軍'이란 조직이 우선하는 것은 말할 필요도 없다. 이정복(1998) 참조. 다만, 사관 학교 출신자로서 일반 대학에서 위탁 교육을 받은 장교는 일반 대학 출신 장교와의 대화에서 반드시 계급을 우선하지는 않는다는 것이다. 이러한 대우법 사용은 상대방에 대한 일종의 배려라 할 수 있으며, 대화의 협동성이라 할 수 있다. 이와 같이 이질성과 동질성을 동시에 갖는 두 편의 대화 참여자들의 대우법 사용이 이정복(1998)적인 전략적인 경어법 사용의 원초가 되는 것으로 판단된다. 두 편의 대화 참여자들은 대화에 임하는 자세가 가능한 한 협력의 바탕 위에 설 것을 전제한다고 예측되기 때문이다.

이제 (4나) 전략적인 경어법 사용에 대해 검토하기로 한다. 이에 대한 이정복(1998)의 기본 인식은 화자의 전략에 따라 청자 대우 등급에 변화가 생기는 것에 두고 있다. 가령, (4나-a) '수혜자 공손 전략'에 의하면 평소에는 청자에게 '해'체를 사용하던 화자가 자기 자신의 그 청자와의 어떤 이해 관계에 따라 '해요'체를 사용한다는 것이다. 이와 같이 화자와 청자와의 이해 관계가 얽히는 경우에는 이 전략은 의미를 갖는다. 그러나, 엄격하게 '해'체를 사용하던 화자가 자신의 필요성에 따라 갑자기 '해요'체를 사용하는 일은 일반 사회에서는 거의 일어나지 않는 것으로 여겨진다. 가령, 친구간이나 父子간에서 제아무리 한쪽이 다른 한쪽에게 부탁을 할 일이 있다 하더라도 '해요'체나 '합니다'체를 사용하는 일은 거의 상상할 수 없으며, 또 어떤 일로 해서 나이가 지긋한 어른이 2-30

대 젊은이에게 '해요'체를 사용하였다 해서 그것이 곧 '수혜자 공손 전략'이라고는 말할 수 없는 것이다. 우리가 생각하는 '수혜자 공손 전략'은 대상에 대해 이미 일정한 대우법 사용은 전제되는 것인데 어떤 일로 해서 그보다 더 높이기 위해 의도적으로 또는 전략적으로 대우법을 사용할 때의 의도나 전략을 의미한다. 예컨대, 한 대상에 대하여 {-시-}나 {-삽-}이 중복된 표현을 사용하는 경우가 그러하다. 7.4.1. 참조.

 (4나-b) '지위 불일치 해소 전략'이란 대립적 지위 관계로 불편한 관계에 있는 화자와 청자가 상대방에 대한 대우 수준을 변화시킴으로써 관계를 안정적인 상태로 바꾸려고 시도하는 의도나 행위를 말한다. 이정복(1998)에서 든 사례 가운데 하나를 가져오면, 같은 처 소속의 참여자들이 회식이 끝난 뒤 2차 술자리에서 사관학교 출신의 대위가 일반 대학 출신 중위에게 '하십시오'체를 한 차례 사용하고 나중에는 '해요'체를 사용한 사실에 주목하여 이러한 경우의 '하십시오'체나 '해요'체는 '지위 불일치 해소 전략'으로 이용되었다고 보는 것이다. 그러나 필자가 생각하기에는 이와 같은 참여자 구성은 같은 처에 소속되어 있다 하더라도 본래 동질성이 없는 집단이므로 언제나 '남'이라는 의식이 팽배해 있는 것이며, 이러한 한에 있어 높임의 대우 표현이 사용되는 일은 지극히 당연하다고 여겨진다. 언어 예절 차원에서이다. 지위 불일치 해소 전략이 정당성을 인정받으려면, 화자와 대상은 이미 잘 아는 사이의 관계가 상정되어야 한다. 가령, 같은 직장에 속해 있는데 부장이 과장의 대학 후배가 되는 상황과 같은 것이어야 한다. 이런 상황의 경우 공적인 자리에서는 부장으로서 행세하지만, 사적인 자리에서는 후배로서 선배에 대한 예우 차원의 높임의 대우 표현을 하는 것이다. 우리의 장면에 따른 대우가 그러한 것이다. 7.3.2. 참조. '지위 드러내기 전략'(4나-c)은 화자가 청자에 대한 대우 수준을 낮춤으로써 자신의 높은 지위를 드러내거나 강조하고, 결과적

으로 청자의 태도 또는 행위의 변화를 유도하려고 시도하는 의도나 행위를 말한다. 그런데, 이정복(1998)에서의 사례는 계급이 높은 상급자가 그보다 낮은 하급자에게 말하는 경우여서 그러한 말하기가 정확히 '지위 드러내기 전략'인가 의심스럽다. 의미 그대로의 '지위 드러내기 전략'이라면, 그리고 그것이 대우법 사용의 한 전략이 되는 것이라면, '지위 드러내기 전략'은 평소에는 청자에게 높임의 대우 표현을 사용하던 화자가 직위나 직책 또는 계급으로 해서 낮음의 대우 표현을 사용하는 경우라 할 수 있다. 앞에서 언급한 바 있는, 같은 직장에 속해 있는데 부장이 과장의 대학 후배가 되는 상황과 같은 상황에서 공적으로 선배 과장에게 때로 명령조로 말하는 경우가 그러하다. 따라서 '지위 드러내기 전략'은 '지위 불일치 해소 전략'과 대립적이라 할 수 있다.

(4나-d) '정체성 바꾸기 전략'이란 군인과 교수라는 신분상의 특이성으로 상황에 따라 때로는 군인으로서 사고하고 행동하는가 하면, 때로는 교수로서 사고하고 행동하는 것을 말한다. 그런데 이것이 대우법 사용의 한 전략이 되는지는 의심스럽다. 이정복(1998:279)에서 부분적으로 지적한 것처럼 청자 최상위 제약에 의한 말 바꾸기에 지나지 않나 여겨진다. 진정한 의미의 '정체성 바꾸기 전략'이란 이런 경우이다. 가령, 아버지와 아들이 같은 회사에 근무하는데 아버지는 수위장이고 아들은 고위직이라 할 때, 아들과 아버지의 말하기가 회사에서와 집에서 달라지는 경우가 그것이다.

(4나-e) '거리 조정하기 전략'이란 화자가 청자에 대한 대우 수준을 변화시키거나 유표적인 대우법 형식을 사용함으로써 청자와의 심리적 거리를 조정하고자 시도하는 의도와 행위를 말한다. 이정복(1998)에서는 이 '거리 조정하기 전략'을 다시 '좁히는 전략'과 '넓히는 전략'으로 나누고 있는데 '좁히는 전략'이 더 일반적이라 한다. 이 경우 친밀감의 한 표시가 되기도 한다는 것이다. 특히 이정복(1998)의 사례는 사적인 자리에서의 군 직급 호칭 대신 '선배

님'의 사용과 반말체를 사용하여 1년 선배와의 거리를 좁힘으로써 친밀감을 나타낸다는 것이다. 그런데 '軍'이라는 특수한 사회 집단만 아니라면, 사회 일반에서는 1년 차의 선·후배간은 대우법 사용에 있어 이처럼 심각하지는 않다. 이상적인 '거리 조정하기 전략'은 연령이나 직책의 차가 큰 화자와 청자의 관계에서 설정되어야 할 것이다.

　이상의 이정복(1998)의 전략적 특성은 실제적인 발화 상황이나 담화 장면에서 있을 수 있는 규범적이 아닌 대우 표현에 나타나는 화자의 특별한 의식을 의미하는 것으로 많은 진실이 담겨 있다. 다만, 그 전략의 적용 대상이 거의 동질성이 없는 특수한 '軍' 집단이라는 것이 옥의 티라 할 수 있다. 원래 특수한 집단의 성격은 강제성을 띠는 것이므로, 다른 일도 그렇지만 대우법 사용도 강제적인 것이다. 따라서 바람직한 전략이나 책략은 담화 참여자 한 사람 한 사람의 적정한 대우 표현은 인정하고 또는 전제하고, 그 바탕 위에 대상을 높이고 낮추는 대우 표현이 나타나는 현상에 개입된 화자의 의도나 목적과 관련하는 것으로 생각한다. 그런데, 이정복(1998)의 전략적 특성 가운데 특히 '수혜자 공손 전략,' '거리 조정하기 전략', 그리고 '지위 드러내기 전략' 등은 주목된다. 그 외의 전략은 대상이 軍 조직과 같은 특수한 사회에서의 대우법 사용 현상에 대해서는 이점이 있는 것으로 생각된다.

　이러한 사실은 Hill et al.(1986:24)에서 언급된 것처럼 대우법 사용에 있어서 서양 언어에 비해 동양 언어가 전략적인 면보다는 규범적이고 강제적이며 처방적인 면이 더 강하다는 것을 뜻하는 것이다. 이러한 점을 액면 그대로 받아들이면 국어의 대우법 사용에서 책략적인 면은 그만큼 한정적인 것이다. 따라서 우리는 존대 대상 인물임에도 불구하고 존대 절차가 수행되지 않거나, 비존대 대상 인물임에도 불구하고 존대 절차가 수행되는 경우에 한하여 운용적인 대우와 책략적인 대우를 상정한다. '화자의 의도'(3) 참조.

7.3. 운용적인 대우

運用的인 대우란 {-시-}나 {-삽-} 혹은 어미 형태에 의한 문법적 대우 현상, 그리고 어휘의 어휘적 특성에 의한 어휘적 대우 현상이 실제 言語-遂行에서 발화 상황이나 담화 상황의 영향으로 대우 표현이 혹은 제약적으로 혹은 지나치게 나타나는 현상을 말한다. 이러한 의미에서 운용적인 대우는 곧 話用的인 대우 현상인 것이다. 이와 같이 운용적인 대우가 곧 화용적인 현상이라면, 화자의 청자나 대상 인물에 대한 대우 의식은 직접적으로 대략 두 상황의 영향을 받는다고 생각된다. 청자나 대상 인물이 實在的이냐 非實在的이냐 하는 것이 그 하나이고, 다른 하나는 담화 장면이나 상황이 격식적이냐 비격식적이냐 하는 문제와 청자의 지위는 어떠하냐 하는 문제이다. 청자나 대상 인물이 실재적이냐 비실재적이냐 하는 것과 명제의 전달 방식이 구어냐 문어냐 하는 것이 제약이 되는 운용적 대우에는 구어체와 문어체 같은 문체적인 대우가 있고, 담화 장면이나 상황이 격식적인 자리이냐 비격식적인 자리이냐 하는 것과 청자의 지위 및 참여 여부가 제약이 되는 운용적 대우에는 장면에 따른 대우가 있다.

7.3.1. 문체에 따른 현상

문체(style)라는 것이 사람이 말을 하거나 글을 쓸 때 드러나는 개인적인 특징을 가리키는 것이라면, 문체의 기원은 아마 랑그(Langue)와 파롤(Parole)에 있다고 할 수도 있다.[2] 한 언어 공동체의 약속(convention)이 개인에 따라 받아들여지는 정도가 다른 경우처럼 랑그(Langue)와 파롤(Parole)의 차이는 있기 때문이다. 예컨대, 개인에 따라 표준어로 말하고 쓰는 사람이 있는가 하면, 사투리로 말하고 쓰거나 한문 투 혹은 지나치게 외국어를

많이 사용하면서 말하고 쓰는 사람도 있는 것이다. 이러한 식으로
문체를 말하기 시작하면 그 범위가 굉장히 넓다고 할 수 있다. 그
러나, 여기서는 랑그(Langue)와 파롤(Parole)의 차이와 같은 문
체적 차이가 아닌 규범적인 틀 안에서의 문체적인 차이를 다룬다.
즉, 대우 현상이라는 한정적인 범위 내에서 화자의 대우 의식이나
담화 장면 혹은 상황에 따라 달라지는 차이만을 검토 대상으로 한
다. 따라서, 파롤(Parole)적인 표현이나 문장은 제외된다. 예컨
대, 다음과 같은 문장은 제외되는 것이다.

    (5) 가. 아버지께서 부산에 가셨어.
        나. *아버지가 부산에 갔어.

    실제로는 (5가), (5나)는 다 가능한 발화이다. 언어-수행적인
면만 고려할 때 그러하다. 그러나 '아버지'가 높임 대상 인물이며,
규범적으로 {-시-}는 존대 인물과 관련하는 형태라는 것을 화자가
안다면, (5나)는 결코 바람직한 발화가 못된다. 이러한 경우 청자
가 누구냐 하는 문제와 담화 상황이 어떠하냐 하는 문제, 그리고
화자의 당시 심경이 어떠하냐 하는 문제는 그렇게 중요한 것이 되
지 못한다. 근본적으로 대우 표현이 규범성에서 벗어나 있기 때문
이다. 이러한 점에서 (5나)적인 발화나 문장은 논의에서 제외된
다. 누누이 언급된 것으로, 문법적인 대우와 어휘적인 대우 또는
어미 형태에 의해, 즉 알맞은 말로 알맞게, 정상적으로 또는 규범
적으로 표현된 문장이나 발화가 검토 대상이 되는 것인데, 그러한
대우 관련 요소들이 규범적으로 쓰이지 않았음에도 불구하고 문장
에 아무런 이상이 없는 표현만 우리 논의의 대상이 되는 것이다.
    이와 같이 문체적인 표현을 제한하는 경우 남는 문체 현상은 口
語와 文語의 차이에서 오는 문제뿐이다. 주지하는 바와 같이, 구어
체(Oral Style)와 문어체(Literary Style)의 근본적인 차이는
언어 형식의 표현을 말로 하는 것이냐 글로 하는 것이냐 하는 것

이다. 그러나, 언어의 기본적인 기능이 의사 전달에 있는 것이라면 말로 표현하든 글로 표현하든 청자는 예상되는 것이다. 물론 청자가 '자기'가 되거나 추상적인 대상이 되거나 하는 경우도 있다. 여기서 청자가 '자기'인 獨白이나 일기문 따위의 문체는 제외하기로 한다. 그 이유는 독백이나 일기문 따위는 전혀 실제적인 담화 장면이나 상황의 상정이 불가하기 때문이다.[3] 독백이나 일기문 따위가 전혀 실제적인 담화 장면이나 상황의 상정이 불가한 것은 이들의 문체는 시제 표현과 경어 표현이 지극히 제약적으로 쓰이는 데 있다. 이와 같이 구어체와 문어체가 청자가 예상되는 발화나 문장에 쓰이는 문체인 데 그 차이가 있는 것이라면, 구어체는 언제나 현재적이며 실제적인 담화 장면이나 상황이 상정되는 문체인 반면에, 문어체는 이와 달리 時空을 뛰어 넘는 장면이나 상황이 상정되는 문체라 할 수 있다. 이러한 차이가 구어체와 문어체의 근본적인 차이라고 판단된다. 따라서, 우리가 구어체의 특성을 'spoken'에 두고, 문어체의 특성을 'written'에 두고 있는지도 모른다. 따라서, 구어체는 개인의 발화를 비롯하여, 강의, 회의, 토론 및 토의, 강연, 연설, TV 보도 등의 '말하기-듣기'의 형식에 주로 쓰이며, 문어체는 텍스트, 논문 및 논저, 신문 보도 및 잡지, 散文類 등의 '말하기-읽기' 형식에 주로 쓰이는 것이다. 구어체에서 개인의 발화는 논의에서 제외한다. 개인의 발화에서 나타나는 문체를 말하기 시작하면, 랑그(Langue)와 파롤(Parole)의 차이와 같은 문체적 차이까지 다루지 않으면 안 되며, 또 별 이득도 없기 때문이다.

개인적인 발화를 제외하는 경우, 일반적으로 대중을 청자로 하는 '말하기-듣기' 형식에 나타나는 구어체는 그 속성상 발화 현장성을 지니게 되며, 따라서 원칙적으로 높음 대우의 언어 형식을 취한다. 가령, 어떤 집회에서의 대중 강연, 회의장에서의 발언, 그리고 강단에서의 선생의 말 등등에서 거의 예외 없이 높음 대우의 언어 형식이 원칙적으로 지켜짐이 그러하다. 이와 같이 구어체가

'말하기-듣기' 형식에 비중을 두는 문체이고 발화 현장성의 특성을 가지는 것이라면, 대우법 사용은 多者 중심이며 청자 중심으로 이루어지는 것이다.[4]

한편, 구어체와 마찬가지로 대중을 대상으로 하는, '말하기-읽기' 형식에 주로 쓰이는 문어체는 대우법 사용에 있어 구어체와 상당히 다른 양상을 띤다. 구어체가 대중이라는 청자를 중심으로 높음 대우의 표현을 사용하는 것이 일반적인 성향이라면, 문어체는 반드시 그렇지만은 않은 것이다. 이와 같은 문체적 차이를 나타내는 것은 어쩌면 당연한 일일는지 모른다. 구어체가 '말하기-듣기' 형식의 문체이고, 발화 현장성의 속성을 지니며, 실재의 대중이란 청자에 대해 쓰이는 문체라면, '듣는' 대상 곧 대중의 청자에 높음 대우의 표현을 사용하는 것은 지극히 당연한 처사인데, 문어체는 '말하기-읽기' 형식의 문체라는 점에서 이미 발화 현장성의 속성과 실재하는 대중이란 청자의 개념은 의미 없게 되는 것이다. 문어체에는 '읽는' 대상 즉 추상적인 '독자'와만 관련될 뿐이기 때문이다. 따라서, 문어체의 경우는 대우법 사용에 있어 多者 원칙이나 청자 중심주의가 별로 설득력을 가지지 못한다. 多者 원칙이나 청자 중심주의의 의미 해석은 대체로 구어체에서 효과적이라 할 수 있다. 문어체가 '읽는' 대상, 즉 추상적인 '독자'와만 관련되는 한, 대우법 사용은 화자 중심적이라 할 수도 있다. 임홍빈·장소원(1995: 374) 참조.

문어체는 전달 목적에 따라 크게 두 갈래로 나누어 볼 수 있다. 보도를 목적으로 하는 형식에서의 문체가 그 하나이고, 다른 하나는 감상을 목적으로 하는 문학 양식에서의 문체이다. 보도를 목적으로 하는 신문, 잡지 등의 문체는 일반적으로 낮음 대우의 언어 형식이 쓰이지만, 문학 양식은 반드시 그렇지 않음이 그러한 차이를 갖게 하는 것이다. 한마디로 문학 양식에서의 대우법 사용은 다양하다 할 수 있다. 가령, 소설의 문체는 일반적으로는 낮음 대우의 언어 형식이 쓰이는 것이지만 그렇다고 반드시 그러한 낮음 대우의 언어 형식만 쓰이지는 않는다. 1인칭 시점의 독백체 소설은 높음 대우의 언어 형식으로 쓰이는 경우가 있음이 그 좋은 예라 할 수 있다. 이와 같이 문학 양식에서의 대우법 사용의 다양함은 작가의 작품 내용에 대한 서술 태도나 작가의 인생관 또는 작가의 개인적 기호가 문체 결정에 결정적인 작용을 하는 점에서 오는 현상으로 생각된다. 따라서, 우리는 구어체와 문어체의 차이를 다음과 같이 정리하도록 한다.

   (6) 문체적 차이
     '말하기-듣기' 형식의 구어체는 본래적으로 발화 현장성의 속성을 지니며, 실재하는 대중이란 청자에 대해 쓰이는 문체이므로, '듣는' 대상 곧 청자 대중에 대한 대우법 사용에 있어 높임 대우의 표현이 일반적으로 사용되는 것이다. 반면에, '말하기-읽기' 형식의 문어체는 본래적으로 발화 현장성의 속성과 실재하는 대중이란 청자의 개념이 없고 '읽는' 대상 즉 추상적인 '독자'에 대해 쓰이는 문체이므로, 대우법 사용에 있어 글의 성격이나 전달 목적에 따라 높임 대우나 낮음 대우의 표현이 다 사용되는 것이다.

이제 구체적인 예를 통해 그 차이를 검토하기로 한다.

   (7) 가. 우리 회사가 오늘처럼 성공적 발전을 거듭한 이면에 창업주를 비롯한 몇 사람 뛰어난 창업 사원의 찬연한 공헌이 숨겨져 있습니다. 우리는 그들의 업적을 자랑할 수 있습니다.
       나. 우리 공장 내의 사고 기록은 매우 중대한 양상을 띠고 있다. 대부분 현장에서 사고가 발생하고 있다. 기계실, 용접실, 기계 설비 근처 또는 그 밖의 장소에서 사고가 발생하고 있다. 몇 건의 사고를 상세히 살펴보면 사고 발생의 원인을 명확히 알게 될 것이라고 생각한다. (이상 尹英雨(1997:94)에서)
   (8) 가. 오늘 제 심장은 10만 3천 번 뛰었습니다. 제 피는 1억 6천

　　　　8백만 마일을 달렸습니다. 저는 2만 3천 번 숨을 쉬었습니다.
　　　　저는 5백 38 입방 피트의 공기를 마셨습니다. 저는 4천 8백
　　　　의 어휘를 말했고, 주요 근육을 7백 50회 움직였습니다.
　　　　저는 7백만의 뇌 세포를 운동시켰습니다. 저는 피곤합니
　　　　다. 몹시 피곤합니다. (全英雨(1997:98)에서)
　　나. 뷔퐁이 제시한 '文體는 人間이다'라는 명제는 文體에 작가의
　　　　개성이 반영된다는 것을 의미 하지만, 크게는 어느 집단이나
　　　　세대, 더 나아가서는 한 민족에 대해서도 그들의 표현 양식
　　　　으로서의 文體라는 말을 쓸 수 있다. 그리고 그것은 시대에
　　　　따라 변하는 것이기 때문에 그 흐름의 대강을 파악하면 언
　　　　어 공학적인 앞으로의 전망도 가능하리라는 전제하에서 지
　　　　금의 작업을 진행하였다.
　　　　　　　　　　(김완진(1983) '韓國語文의 諸問題'에서)

　　(7-8)의 (가)는 구어체의 예이고, (나)는 문어체의 예이다. 이
두 문체의 차이라면 청자 대우 등급과 대명사의 쓰임이 다른 점이
다. 구어체의 예 (7가)에서는 높음 대우의 '합니다'체와 예삿말 대
명사 '우리'를 사용하고 있고, (8가)에서는 높음 대우의 '합니다'체
와 낮춤말 대명사 '저'를 사용하고 있으나, 문어체의 예 (8가)에서
는 낮음 대우의 '한다'체와 예삿말 대명사 '우리'를 사용하고 있고,
(8나)에서는 낮음 대우의 '한다'체를 사용하고 있다.[5] 구어체의 (7
가)에서 대명사 '우리'의 쓰임이 다소 거슬리나 '우리'가 결코 높임말
이 아니라면, 그렇게 문제가 되는 것으로 생각되지 않는다.
　　다음은 소설과 시의 문체를 살펴보기로 하자.

　　(9) 가. 연산주 때 이장곤(李長坤)이란 이름난 사람이 있었는데,
　　　　　　일찍이 등과하여 홍문관 교리(弘文館 校理) 벼슬을 가지
　　　　　　고 있었다. 이 교리는 문학이 섬무하여 한원옥당(翰苑玉堂)
　　　　　　의 벼슬을 지내나 항상 말달리고 활쏘기를 좋아할 뿐아니
　　　　　　라 신장이 늠름하고 여력(膂力)이 절등하여 그 재목이 호
　　　　　　반(虎班)에도 적당한 까닭에, 그의 선배나 제배로 그의 문

무 겸전한 것을 일컫지 아니하는 이가 없었다.

(홍계희 '林巨正'에서)

　나. 벌레 먹은 두리기둥 빛 낡은 丹靑 풍경소리 날러간 추녀 끝에는 산새도 비둘기도 마구 쳤다. 큰 나라 섬기다 거미줄 친 玉座 위엔 如意珠 희롱하는 雙龍 대신에 두 마리 봉황새를 틀어 올렸다. 어느 땐들 봉황이 울었으랴만 푸르른 하늘 밑 鰲石을 밟고가는 나의 그림자. 패옥 소리도 없었다. 品石 옆 에서 正一品 從九品 어느 줄 에도 나의 몸둘 곳은 바이없었다. 눈물이 속된 줄을 모르량이면 봉황새야 九天에 呼哭하리라. (조지훈, '봉황새')

　다. 님은 갔습니다. 아, 아, 사랑하는 나의 님은 갔습니다. 푸른 산빛을 깨치고 단풍나무 숲을 향하여 난 작은 길을 黃金의 꽃같이 굳고 빛나던 옛 盟誓는 차디찬 티끌이 되어서 한숨의 微風에 날아갔습니다. (한용운, '님의 침묵'에서)

　(9가)에서 예의 청자 대우 등급의 쓰임이나 인물에 대한 지칭어의 쓰임이 높음 대우나 높임말로 되어 있지 않음은 (7나)나 (8나)적이다. 이러한 점에서 소설의 문체는 일반적으로 문어체의 전형이라 할 수 있다. (9나)와 (9다)는 운문인 시인데, 그 대우법의 사용이 다른 모습을 띠고 있다. (9나)가 '한다'체로 일관하고 있는데 반해, (9다)는 '합니다'체로 일관하고 있다. 앞에서 지적한 바와 같이 문학 양식에 쓰이는 문체는 글의 성격이나 전달 목적에 따라 높음 대우나 낮음 대우 형식이 모두 가능하다고 하였다. 이러한 점을 고려하면, (9나)는 '한다'체의 등급을 사용함으로써 '망국의 서러움을 토로하는 男兒의 심정'을 효과적으로 표현한 것으로 이해되고, (9다)는 '합니다'체의 등급을 사용함으로써 '임에 대한 애절한 여인의 심정'을 효과적으로 표현한 것으로 이해된다. 따라서 (9가)와 (9나), (9다)는 글의 성격이 청자 대우 등급의 구별을 가져온 것이고, (9나)와 (9다)는 전달 목적이 청자 대우 등급의 구별을 가져온 것이다.

이상에서, '문체적 차이'(6)에서 본 바와 같이, '말하기-듣기' 형식의 구어체는 본래적으로 발화 현장성의 속성을 지니며, 실재하는 대중이란 청자에 대해 쓰이는 문체이므로, '듣는' 대상 곧 청자 대중에 대한 대우법 사용에 있어 높음 대우의 표현이 일반적으로 사용되며, '말하기-읽기' 형식의 문어체는 본래적으로 발화 현장성의 속성과 실재하는 대중이란 청자의 개념이 없고, '읽는' 대상, 즉 추상적인 '독자'에 대해 쓰이는 문체이므로, 대우법 사용에 있어 글의 성격이나 전달 목적에 따라 높음 대우나 낮음 대우의 표현이 다 사용되는 것을 살펴보았다.

7.3.2. 장면에 따른 현상

문체에 따른 운용적 대우 현상이 전형적인 문체론적인 것에 해당하는 것이라면, 장면에 따른 운용적 대우 현상은 명제의 내용을 전달하는 표현 가치에 속하는 것이라 할 수 있다. 따라서, 장면에 따른 대우 현상은 주변적인 상황적 요인에 의해 대우 표현이 달라진다. 주변적인 상황적 요인에 의해 대우 표현이 달라지는 장면에 따른 현상은 두 갈래로 나누어 검토할 수 있다. 하나는 발화 상황이나 담화 장면이 격식적이냐 아니냐에 따른 것이고, 다른 하나는 담화에 참여하는 인물 가운데 청자가 최상위자인 경우 다른 인물과의 관계가 어떠하냐에 따른 것이다. 발화 상황이나 담화 장면이 격식적이냐 아니냐에 따라 대우법 사용이 달라진다는 것에 대해 7.3.1.의 문체에 따른 대우 현상과 무엇이 다르냐고 오해할 수도 있다. 그러나, 여기서 문제 삼는 것은 동일한 화자와 동일한 청자가 발화나 담화가 이루어지는 자리의 변화에 따라 대우법 사용이 가변적이라는 점에 있다.

우선, 발화나 담화가 이루어지는 자리의 변화에 따라 동일한 화자와 동일한 청자의 대우법 사용이 어떤 가변성을 띠는지 예문을 통하여 검토하기로 한다.

> (10) 가. ?김 교수, 세상이 참 한심스럽게 돌아갑니다.
> 나. 김 교수, 세상이 참 한심스럽게 돌아가요.
> 다. 여보게, 세상이 참 한심스럽게 돌아가네.
> 라. 이봐, 세상이 참 한심스럽게 돌아가잖아.
> 마. 야, 세상이 참 한심스럽게 돌아간다.
>
> (이상 화자, 청자는 친구 사이)

(10)은 2.3.2.1.에서 이미 다룬 예이다. 예의 (10)은 중년층의 화자와 청자간의 담화이다. (10가)에서 '김 교수'에 '-님'이 연결되지 않음으로써 다소 기묘해 보이나, 화자와 청자가 친구간이라는 점을 고려하면 문장의 성립까지 의심할 수는 없다. 여기서 주목되는 것은 바로 청자 대우 등급에서 높음 대우의 '합니다'체가 쓰이고 있는 점이다. 아무런 정보가 주어지지 않는다면, 그리고 친구간의 담화라는 사실을 고려한다면, 당연히 (10가)는 문장 성립 자체가 부정되어야 한다. 동등간의 친구 사이에서는 '합니다'체의 사용은 비굴함을 나타낼 수도 있기 때문이다. 이러한 해석은 예 (10)을 책략적인 대우로 보거나 이정복(1998)의 공손법 전략에 의한 대우 표현으로 보는 방식이다. 그러나 여기서의 논점은 책략적인 대우가 아니라, 운용적인 대우에 있기 때문에 그와 같은 해석은 의미 없는 것이다. 따라서 (10가)가 자연스러운 문장이라고 한다면, 이 때의 담화 장면은 격식적이며 공식적인 자리라고 예측할 수 있다. 이러한 자리에서의 '합니다'체는, 문어체의 '한다'체가 상대적인 개념으로 낮음 대우가 아니라 절대적인 개념으로 동등 관계로 해석되는 것처럼, 의례적인 예절이나 예우와 같은 의미로 해석된다.

다음 (10나)에서, 높음 대우의 '해요'체가 격식적이며 공식적인 자리에서 '합니다'체와 교체 사용이 가능하지만, 언어 형식면에서

'해요'체가 비격식체에 해당하는 것이라면, 엄격한 자리에서는 바람직하지 않다고 여겨진다. 다만, 공식적인 자리인데 잠시 쉬는 듯한 분위기가 조성되는 때에는 가능한 것으로 보인다.

(10다)에서 청자 대우 등급이 같음 대우의 '하네'체가 쓰인 것으로 미루어, 담화 자리는 화자와 관련하든 청자와 관련하든 어느 한편의 낯선 사람이 함께 하는 격식적이고 공식적인 자리로 해석된다. 그렇지 않으면, 구태여 특히 '연령'이 작용하는 '하네'체를 사용할 하등의 이유가 없는 것이다.

(10라)와 (10마)는 격식적이고 공식적인 자리를 떠난 사적인 자리에서나 가능한 발화이다. (10라)는 반말체이므로 공식적이며 격식적인 자리에서는 절대로 쓰이지 못한다. 언어 형식 자체가 비격식적일 뿐 아니라 낮음 대우의 표현이기 때문이다. 이러한 해석은 다소 과장적이다. 동창회 같은 자리가 공적인 자리이고 격식적인 자리라면, 이러한 상황에서는 (10라)와 같은 반말체의 쓰임이 더 일반적이기 때문이다. 그러나, 동창회라는 자리는 동질 집단의 자리이므로 언제나 화자와 청자는 동등 관계에 놓이는 것이며, 따라서 이러한 자리는 사적인 자리라 할 수 있다. 이와 유사한 인식이 임홍빈·장소원(1995:375)에도 보이나 우리와 다르다. 거기서는 많은 이질적인 사람이 함께 한 자리에서 그 사람들에 대한 적절한 대우 표현을 어떻게 할 것인지는 '다자 최우선 원칙'을 적용한다는 것이다. 이정복(1998)의 전략 가운데 '정체성 바꾸기 전략'이 얼마간 적용되는 것으로 여겨진다. 그러나, 운용적인 현상이지 전략적인 현상은 아니다. (10라)는 한 마디로 어린 시절 동심의 세계의 발화이다. (10마)는 존대 표현은 쓰이지 않았으나 언어 형식 자체는 격식을 갖추고 있으므로 (10라)와 구별된다. 즉, 사적인 입장은 크게 고려되는 것이지만, 격식을 차려 발화하는 것으로 생각된다. 가령, 화자와 청자 외에 화자 관련이든 청자 관련이든 또 다른 사람이 함께 있는 상황의 발화가 그것이다. 그 '남'을

의식한 만큼 (10마)는 (10라)보다 격식적이다.

다음은 대상 인물에 대한 대우법 사용이 바뀌는 현상에 대해 살펴보기로 한다.

> (11) 순희 : 김 교수 장가간다면서?
> 영희 : 그래? 난 처음 듣는 말인데.
> 순희 : 어제 내가 김 교수가 약혼녀하고 함께 있는 걸 봤어.
> 영희 : 그렇다면 장가가는 게 분명하네?
> 순희 : 그만 해. 저기 교수님 오신다.
> (순희, 영희 모두 '김교수'의 강의 듣는 학생)

(11)은 '순희'와 '영희'가 사적으로 하는 발화이다. 이들 발화의 시작은 '김 교수'에 대한 대우 표현은 전혀 없다. 대화의 대상거리로 '김 교수의 결혼'이란 문제가 호기심을 유발시킬 뿐이다. 그러나, '순희'의 세 번째 발화에서는 '김 교수'에 대한 대우 표현이 지극히 정중하게 바뀐다. 담화 장면에 '김 교수'의 존재가 끼어 든 결과라 할 수 있다. 이러한 경우, 평소에 '순희'와 '영희'가 '김 교수'에 대한 좋은 감정을 가지고 있었는지 없었는지는 고려할 필요가 없다. 분명한 것은 개인적이고 비공개적인 담화 장면에서 대상 인물에 대한 대우법 사용은 그 대상 인물이 담화 장면에 실재하느냐 않느냐 하는 데 영향을 받는다는 사실이다. 여기서는 별다른 화자의 전략은 없는 것으로 이해된다. 이정복(1998)의 '정체성 바꾸기 전략'으로도 얼마간 해석이 되는 듯이 여겨진다. 그러나 과연 '정체성 바꾸기 전략'이 화자의 전략이나 책략 또는 유표적인 의식에 해당하는 것인지는 불분명하다. 우리의 소박한 생각은 장면에 문제의 대상이 갑자기 나타나는 경우에 있을 수 있는 운용적인 현상으로 생각된다.

이와 같이 대상 인물이 발화나 담화 장면에 참여하느냐 여부에 의한 대우법 사용의 가변성은 특히 최상위자 청자가 발화나 담화 장면에 참여되어 있느냐 없느냐의 여부에 따라 대우법 사용은 변화를 보인다. 서정수(1984:37)의 '압존법' 논리에서 두 대상 인물이 다 높임의 대상이나 어떤 한 대상을 더욱 높이기 위해 그보다 덜 높은 대상에 대하여 높임을 억제하는 방식이라 하였는데, 언제나 그와 같은 압존법이 통용되는 것은 아니라는 것이 필자의 생각이다. 이에 대한 논의에 앞서 앞에서 설정된 청자 최상위 조건을 여기에 다시 가져오도록 한다.

(12) 청자 최상위 조건 (3.3.의 (55), 6.3.2.의 (19))
 (1) 청자와 명제에 나타나는 주격 대상 인물이 화자의 직계에 속하는 인물인 경우 그 대상 인물이 화자의 존대 대상 인물이라 하더라도 그 대상 인물에 대해 존대 표현은 쓰이지 않는다.
 (2) 청자는 화자의 직계에 속하는 인물이지만 명제에 나타나는 주격 대상 인물은 화자의 직계에 속하는 인물이 아닌 경우 그 대상 인물에 대한 존대 표현은 두 양상으로 나타난다. 화자의 의식에서 존대 대상 인물로 인식되는 경우는 존대 표현이 쓰이는 것이나 그렇게 인식되지 않은 경우는 반드시 존대 표현이 쓰이는 것은 아니다.

(12-1)은 서정수(1984)의 '압존법'의 전형이라 할 수 있다. 이와 같이 최상위 청자, 다른 대상 인물 모두 화자의 자기 관련 인물인 경우, 당연히 최상위 청자에 대한 높음 대우가 적용되는 것이다. 이러한 언어 예절은 곧 규범적인 것이다. 그러나 (12-2)와 같은 경우는 압존법이 절대적이지 못하다. 화자의 판단이 작용하기도 하지만, 무엇보다 그 대상 인물이 담화 장면에 있을 때 더욱 그러하다. 다음 문장을 통하여 검토하기로 한다.

(13) 가. 할아버지, 아버지가 거실에 *계십니다/있습니다.
    나. 할아버지, 아버지가 코를 골며/*고시며 *주무십니다/잡니다.
    다. 할아버지, 아버지가 연시를 *잡수십니다/먹습니다.
(14) 가. 할아버지, 철수 아버지가 거실에 계십니다/??있습니다.

　　나. 할아버지, 철수 아버지가 코를 고시며 주무십니다/??잡니다.
　　다. 할아버지, 철수 아버지가 연시를 잡수십니다/*먹습니다.

　　(13)은 '할아버지'와 '아버지'가 화자의 관련 대상 인물이다. 이러한 경우 '아버지'를 높이는 일은 규범적인 압존법에 위배되어 문장의 성립에 이상이 생긴다. 청자 최상위 조건 (12-1)의 위배이다. 그러나, (14)의 경우는 다르다. 만약, (14)와 같은 발화나 문장이 자연스러운 것이라면, 압존법이나 청자 최상위 제약은 그만큼 약화될 수밖에 없는 것이다.

　　(14)는 청자는 화자의 직계이나 주격 대상 인물은 남인 경우의 발화이다. 그런데, 직관적으로도 주체 높임 용언 '계시다, 주무시다, 잡수시다'의 쓰임이 아주 자연스러운 것이다. 물론, '남'이라 하더라도 압존법의 논리에 따라 높임 용언으로 대우하지 않을 수도 있다. 그러나, 특히 '남'이 발화 현장에 있거나 화자의 특별한 배려 의식이 있으면 높임 용언으로 대우할 수도 있는 것이다. 따라서, 이러한 성립 가능한 현상을 압존법만으로는 해명할 수 없는 것으로 판단된다. 이러한 의미에서 (12-2)와 같은 조건을 청자 최상위 조건에 넣지 않으면 안 되는 것이다. 그리고 이러한 경우에 한해서 우리는 운용적인 대우 현상이라 한다.

　　그런데, 대상 인물이 화자의 관련 인물이며 담화 장면에 실재하는 경우 대상 인물에 대한 높음 대우가 청자 최상위 제약에 위배되지 않는 것으로 여겨질 때도 있다. 이러한 경우는 운용적인 대우 현상을 극대화한 것인데, 대상 인물이 담화 장면에 실재함과 동시에 화자의 존대 의식이 복합적으로 작용한 경우이다. 다음 문장을 보도록 하자.

　　(15) 가. 할아버지, 회장님이 옵니다..
　　　　　나. 할아버지, 회장님이 ??오십니다. (회장님=화자의 아버지)

(15)는 참여 인물이 모두 화자의 자기 관련 인물인 발화이다. 그런데, (15가)가 자연스러운 것에 대해서는 설명의 필요를 느끼지 않는다. 이러한 점에서 압존법은 유효하다. 언어 예절에 전혀 저촉되지 않는 규범적인 발화이기 때문이다. 그렇다면 (15나)는 절대로 성립되어서는 안 된다. 그러나, (15나)도 얼마간 성립의 여지가 있어 보이는 것이다. 만약 성립의 여지가 있는 것이라면, 압존법과 관련하는 청자 최상위 제약은 그만큼 약화된다고 해야 할 것이다. 다음과 같은 특수한 상황이 전제되는 경우 (15나)도 다소 성립의 여지를 갖는다. 가령, '할아버지'가 집안의 한 가장으로서 자기 구실을 제대로 못하는 상황이 전제되는 경우가 그러하다. 이런 상황이 전제되고, 때마침 아버지 '회장님'이 집으로 들어오시는 모습을 목격했을 때, 화자인 '손자'는 자기 '아버지'에 대한 존대 표현을 어느 정도 할 수도 있을 것으로 추측된다. 물론 이 때의 화자의 청자 '할아버지'에 대한 대우 의식은 전혀 고려되지 않았다고 봐야 온당할 것이다.

이상의 논의에서 압존법과 관련되는 청자 최상위 조건은 언제나 유효한 것이 아님을 살펴보았다.

특히 대상 인물이 담화 장면에 실재하는 경우나 화자의 자기 관련 인물이 아닌 인물이 문장의 주체로 나타나는 경우에는 그 대상 인물에도 높음 대우의 표현은 어느 정도 실현됨을 살펴보았다.

7.4. 책략적인 대우

화자의 특별한 의도나 목적이 제약되는 책략적인 대우는 성격상 대상 인물에 대한 화자의 대우 의식의 정도가 대우 표현에 영향을 끼치는 대우 현상을 말한다. 이러한 의미에서 책략적인 대우는 표현 가치의 문제가 큰 비중을 차지한다고 생각된다. 그런데, 그렇다고 운용적인 대우 현상에 제약적인 발화 상황이나 담화 장면이 책략적인 대우에는 전혀 영향을 미치지 못하는가 하면 결코 그렇지는 않다. 다만, 그 영향 관계가 화자의 특별한 의도나 목적이 발화 상황이나 담화 장면보다 더 크다는 것뿐이다.

책략적인 대우 현상은 다음의 세 경향으로 나타난다. 첫째는 대상 인물에 대한 존대 표현이 중복되어 쓰이는 현상이고, 둘째는 존대 표현이 당연히 쓰여야 할 자리에 쓰이지 않고 쓰이지 말아야 할 자리에 쓰이는 현상이며, 셋째는 존대 인물과 관련하는 인물이나 사물에 대해 일률적으로 존대 표현을 하는 것이 규범적이나 그렇지 않게 표현되는 현상이다. 특히 셋째는 서정수(1984)의 간접 대우와 장석진(1973)의 존대 파급 현상과 관련하는 현상이다. 그러나, 본 절에서는 편의상 크게 둘로 나누어 검토한다. 하나는 존대 표현의 중복 현상이라 해서 대상 인물에 대한 대우 표현이 중복되는 현상과 존대 표현이 쓰이지 말아야 할 자리에 쓰이는 현상을 함께 다루고, 다른 하나는 대상 관련 인물 및 사물의 낮춤 현상이라 해서 대상 인물 자체를 낮추는 현상과 존대 표현이 당연히 쓰여야 할 자리에 쓰이지 않는 현상, 그리고 대상 인물과 관련하는 인물이나 사물에 대한 낮춤 현상을 함께 다룬다. 이와 같이 세 경향의 책략적인 대우 현상을 둘로 나누어 논의하는 것은 대우 현상의 성격에 초점을 맞춘 것이다. 전자는 높이는 측면이고 후자는 낮추는 측면인 것이다.

7.4.1. 높이는 책략

앞에서 언급한 것처럼 존대 표현의 중복 현상은 높이는 측면의 대우 현상이므로, 그 성격을 중시하여 대상 인물에 대한 대우 표현이 중복되는 현상과 존대 표현이 쓰이지 말아야 할 자리에 쓰이는 현상을 함께 다룬다. 이러한 현상은 대우 표현의 일정한 높임 이상의 높임이 대우 표현으로 나타나는 현상으로 화자의 대상 인물에 대한 대우 의식이 유표적으로 작용하는 것이다. 이 경우 화자와 대상 인물과는 이해 관계나 호혜 관계 또는 영향 관계에 있다고 볼 수 있으며, 이러한 의미에서 화자는 대상 인물에 특별한 겸양이나 존대를 나타낸다. 이정복(1998:248)적인 '수혜자 공손 전략'에 해당하는 것이다.

우선, 대상 인물에 대한 존대 표현의 중복 현상부터 검토하기로 한다.

> (16) 가. 당신이 떠나시면/떠나옵시면, 그 섭섭한 마음 금할 수 없
>   사옵니다.
>   나. 손님께서 주문하시면/주문하시오면, 신속히 배달해 올리겠
>   습니다.
>   다. 마마께서 납십니다/납시옵니다.

(16가)-(16다)가 자연스러운 발화나 문장이라 할 때, 예의 斜線(/) 뒤의 형식은 그 선행 형식보다 대상 인물에 대한 화자의 대우 의식이 유별나게 느껴진다. 여기서 유별난 대우 의식이라 한 것은 이와 같은 표현이 언제나 일반적으로 쓰이는 것은 아니라는 의미이다. 그야말로 화자의 유별난 대우 의식의 작용이 없는 한 일반적인 표현은 아닌 것이다. 자명하지만, 예의 (16가, 나)에서 斜線(/)이 나타나는 문장은 내포문이다. 그리고 우리는 현대 국어적인 {-삽-}의 이형태 가운데 '-오-'가 상위자에 쓰이는 것은 오직 내포문에 한한다 하였다. 또한 우리는 현대 국어적인 {-삽-}이 수혜자에 대한 화자의 겸양 기능이라 하였다. 4.4. 참조.

(16가)에서 '-옵-'은 임홍빈(1985b)적인 형태소핵 '-오-'와 '-ㅂ-'이 중복 또는 중가된 형태이다. 형태소핵이 {-삽-}의 기능을 온전히 수행하는 형태라면, '-옵-'은 그 곱절 이상의 기능을 나타내는 것이다. 4장 및 임홍빈(1985b) 참조. 예컨대, {-삽-}의 기능이 수혜자에 대한 화자 겸양이라면, '-옵-'은 그 겸양의 두 배의 기능을 수행하는 것으로 해석된다. 이러한 배가의 겸양은 (16다)에도

그대로 나타난다. 예의 (16다)에서 '-옵-'이 청자에 대한 화자의 겸양이라면 청자는 수혜자로서 화자에 의해 배가된 겸양을 받는다. (16가) 및 (16다)에서 표현 가치의 차이는 있으나 (16나)의 '-오-'도 화자의 수혜자 '손님'에 대한 겸양은 자명한 것이다. 따라서 우리는 '-오-'가 없는 것보다 있는 것이, 그리고 '-오-'보다 '-옵-'이 더 수혜자에 대한 겸양의 표현 가치가 크다고 할 수 있다.

그런데, 대우 표현의 중복 현상은 {-삽-}만으로 나타나는 것은 아니다. 다음의 문장에서 보듯이 '-시＋삽-' 배열이나 '-삽＋시-' 배열도 그러한 중복 현상을 나타내는 것이다.

> (17) 가. 선생님께서 선처해 주시옵시면/주옵시면, 그 은혜 평생 잊지
>   않겠사옵니다.
>   나. 아버님께서 드십니다/드시옵니다/드시옵십니다.
>   다. 할아버님께서 직접 학교에 가십니까?/가옵십니까?/가시옵
>   니까?/가시옵십니까?
>   라. 편히 *계시오/계십시오.

(17가)의 내포문에서 '주시옵시면'의 '-시옵시-'는 결코 동일한 대상과 관련하는 형식은 아니다. 결과적으로 '선생님'과 관련하는 것이지만, 선행 '-시-'는 행동주 또는 주체 '선생님'과 관련하는 요소이고, '-옵시-'는 청자로서 '선생님'과 관련하는 요소이다. 한편, '주옵시면'의 '-옵시-'는 행동주 또는 주체 '선생님'과 관련하는 요소로밖에 해석되지 않는다. 따라서 내포문의 경우 '-삽＋시-' 배열이나 '-시＋삽-' 배열은 그 관련 대상은 다를지 모르나, 존대의 표현의 중복형만은 분명한 것이다.

(17나)의 평서문에서 '드시옵니다'의 '-시＋삽-' 배열은 (17가)적이 아니다. 이 경우의 '-시-'와 '-삽-'은 각각 다른 대상 인물과 관련하므로, '-옵-'으로서 청자에게만 겸양이 배로 표현되는 것이다. 그런데, 만약 '드시옵십니다'가 가능한 표현이라면, 문제의 '-시옵시-'는 행동주 또는 주체 '아버님'과 관련하는 요소라 할 수 있

다. '-시-'의 중복, '-삽-'의 중복형으로 수혜자 '아버님'에게 배가된 겸양을 표현하는 것이다. 따라서, 평서문의 경우도 내포문과 다름 없이 '-삽+시-' 배열이나 '-시+삽-' 배열이 그 관련 대상을 대우하는 것이다.

(17다)는 의문문인데, '가시옵니까'의 '-시+삽-' 배열은 (17가)의 '주시옵시면'의 '-시+삽+시' 배열, 그리고 (17나)의 '드시옵니다'의 '-시+삽-' 배열과 동일하게 해석된다. (17다)의 '-시-'는 행동주 또는 주체 '할아버님'과 관련하는 요소이고, '-옵-'은 청자 '할아버님'과 관련하는 요소이다. 따라서, 엄격하게 말하면 이 경우에는 청자 '할아버님'만 배가된 겸양의 표현 대상이 되는 것이다. 결과적으로는 의문문의 특성으로 '-시-'까지 '할아버님'과 관련하는 것이지만, 문장 구조의 논리에서는 결코 그렇지 않다. 그런데, 만약 '가옵십니까'나 '가시옵십니까'가 성립이 가능한 것이라면, 이 때의 '-삽+시-' 배열과 '-시+삽+시-' 배열은 관련 대상 인물로 행동주 또는 주체 '할아버님'과 관련한다. 따라서 의문문에서는 청자 대상 인물에 '-삽+시-' 배열이나 '-시+삽-' 배열은 전혀 관련되지 않는다. 4장 및 5.3. 참조.

(17라)는 명령문인데, '*계시오'가 성립할 수 없는 것은 자명하다. {-삽-}의 이형태 가운데 '-오-'는 내포문에서만 상위자에 쓰인다고 하였다. 4.4. 및 5.3. 참조. 따라서 '계십시오'만 가능한 형식인데, 이 형식에서 '-삽+시-' 배열은 청자와 관련한다. 예의 내포문 (17가)에서 검토된 내용과 동일한 현상인 것이다. 명령문이라는 특성이 빚는 현상이다. 이러한 특이성이 청자 등급 명칭으로 명령법 어미에 의한 방식이 바람직하지 못하다고 5.3.에서 지적된 바 있다. 그러나, '-삽+시-' 배열이 청자와 관련하는 점에서 청자에 대한 겸양은 배가되는 것만은 분명하다.

이와 같은 대우 표현의 중복 현상은 결국 화자는 최대한 낮은 입장에서 臨하는 姿勢가 되고, 관련 대상 인물은 최대한 높은 입장에서 對하는 姿勢가 된다고 볼 수 있다. 이러한 대우 현상의 극대화가 다음과 같은 발화이다.

    (18) 가. 그렇습니다/그런뎁쇼.
         나. 어서 오십시오/오십쇼/옵쇼.
         다. 주인 어른께서는 여전히 꼼짝도 하지 않으십니다/않으십니다요.

예의 斜線(/) 뒤의 형식은 일반적으로 하층민의 발화라 하여 대우법 논의에서 종종 제외되었던 것이다. 그러나, 현실적으로 우리가 그만한 자리에서 들을 수 있는 발화라는 점을 고려한다면, 논의에서 제외시켜서는 안 될 것으로 생각한다. 특히 사회언어학적인 입장에서라면 더욱 그러하다.

(18가)부터 검토하기로 한다. 가령, 화자가 청자에 대해 별다른 의식이 없는 경우, 그리고 청자가 상위자이면 사건이나 사태에 대해 격식을 차려 정중하게 '그렇습니다'와 같이 대답하면 그만이다. 인격 대 인격의 표현이다. 그런데, '그런뎁쇼'와 같은 대답은 사정이 다르다. 듣기에 따라서 또는 그만한 대답을 들을 자리나 처지가 아닌 입장에서 '그런뎁쇼'와 같은 대답은 거부감을 느끼게 한다. 화자의 청자에 대한 자세가 일상적이고 평범한 것에서 한참 처지는 자세로 생각되는 것이다. 한마디로 굴종의 자세이다. 인격 대 인격의 표현이 아닌 것처럼 느껴진다. 그러나, 화자의 입장에서는 보통 평범한 청자가 느끼는 거부감이나 굴종감과 같은 느낌을 가지고 발화하지는 않을 것이다. 그로서는 최대한 청자에 대한 극진한 예우나 공손을 극대화하려는 것에 지나지 않는다.

이러한 특이한 생각은 '그런뎁쇼'의 형태와 관련되는 것으로 여겨진다. 그렇다고 그 형태에 {-시-}나 {-삽-}이 전혀 없는 것도 아니다. '그런뎁쇼'가 '그러한-+-더-+-이-+-ㅂ시오 〉 그러한데-+-ㅂ시오 〉 그런뎁-+-쇼 〉 그런뎁쇼'와 같은 변화 과정을 거쳐서 형성된 형태라면 더욱 그러하다. 이 형태에는 {-시-}, {-삽-} 외에 현대

국어적인 {-이-}도 결합되어 있다. 그런데, 다만 축약형일 뿐이다.[6]
이러한 형태적 특이성이 한편으로는 하층민의 어투라 해서 바람직
하지 못한 표현으로 비판되기도 하고, 다른 한편으로는 화자의 청자
에 대한 더할 수 없는 대우 표현으로 평가되기도 한다.

(18가)의 '-ㅂ-+-쇼'가 '-ㅂ시오'의 축약형으로서 하층민의 특이
한 청자 대우 등급의 한 어미 형태로 화석화한 것으로 생각하게
하는 증거가 바로 (18나)의 '옵쇼'이다. 그런데, '옵쇼'가 '오-+-ㅂ
-+-시-+ -오 〉 오-+-ㅂ시오 〉 오-+-ㅂ쇼 〉 옵쇼'의 발달 과정
을 밟았다면, 우리의 해석은 약화될 것이다. 그러나, '오십쇼'가 액
면 그대로 '오십시오'의 축약형이라면, '오-+-ㅂ쇼 〉 옵쇼'의 분석
가능성은 희박한 것이다.

(18다)의 '않으십니다요'는 '않으십니다'와 같은 문 종결 형식 뒤
에 다시 '-요'가 결합된 형식인데, '-요'가 본래적으로 첨사 기능의
형태라는 점을 고려하면, 앞의 특이한 축약형이 풍기는 거부감보
다는 솔직히 다소 완화된 느낌이 든다. '-요'로써 관련 대상 인물에
한층 더 높음 대우를 표현하고자 하는 화자의 유표적인 의도가 엿
보이는 것이다.

이상에서 검토된 대우 표현의 중복 현상은 화자가 최대한 낮은
입장에서 臨하는 姿勢가 되고, 관련 대상 인물은 최대한 높은 입
장에서 對하는 姿勢가 되는, 발화 상황이나 담화 상황에서 나타나
는 화자의 특수한 대우 의식의 표현이라 할 수 있다. 이와 같이
표현된 언어 형식이 축약형으로 나타나거나 '-요' 결합형으로 나타
나는 경우 그 형태를 특별히 하층민의 표현 혹은 어투라 한다.

앞서의 대우 표현의 중복 현상과는 다소 성격을 달리하나 결과
적으로는 화자의 관련 대상 인물을 이전보다 높음 대우의 표현을
나타내는 문장을 검토하기로 한다. 다음의 예는 광고문이다. 이러
한 대우 현상은 이정복(1998)의 '수혜자 공손 전략'이나 임홍빈·
장소원((1995))의 청자 중심주의나 多者 최우선 원칙과 일맥 상

통하는 것으로 생각된다.

> (19) "교육의 '둑'이 무너지고 있습니다"
> 우리의 교육은 지금 중대한 도전에 직면하여 흔들리고 있습니
> 다. 바닥 나는 교육재정, 시장 논리를 앞세운 교원 경시 정책,
> 무너지는 교권과 깊어 가는 학교 불신 풍조, 예고되는 교단 갈
> 등으로 교육의 '둑'이 무너지고 있습니다.
>
> (문화일보, 1998. 10. 17. 제2면 광고)

(19)는 일반 기사와 성격을 달리하는 광고문이므로, 보도를 목적으로 하는 일반 신문의 문어체의 성격과는 다르다. 광고문은 광고를 통해서 화자의 사건이나 사태에 대한 어떤 의도나 목적을 달성하려는 취지를 밝히는 글이다. 이러한 화자의 사건이나 사태에 대한 어떤 의도나 목적을 달성하기 위해 높음 대우의 '합니다'체를 사용하는 것은 당연한 일이다. 이 사건이나 사태에 대한 일로 해서 화자의 관련 대상 인물에 대하여 어떤 협조를 구할 목적으로 또는 호혜의 관계로 발전하여 상호 혜택을 나눌 목적으로의 필요성이 '합니다'체로 나타난 것이다.

이제, 존대 표현이 쓰이지 말아야 할 자리에 쓰이는 현상을 검토하기로 한다. 이러한 현상은 원칙적으로 대우 표현의 중복 현상은 아니지만 높이는 면을 중시하여 여기에 가져온 것이다.

> (20) 가. 너의 할아버지 돌아왔니?
> 나. 너의 할아버지 돌아오셨니? (이상 화자＝할아버지 친구)
> (21) 가. 저것이 제 남편이 데리러 올 때만 기다리고 있답니다.
> 나. 저것이 제 남편이 모시러 올 때만 기다리고 있답니다.
>
> (이익섭(1974:47) 예8)
>
> (22) 가. 倭警들은 아버님에게는 끝내 아무 것도 주지 않았습니다.
>
> (이익섭(1974:48) 예10)
>
> 나. 倭警들은 아버님에게는 끝내 아무 것도 드리지 않았습니다.

　　일반적인 발화나 문장으로는 (20가)가 온당하다. 이 점에서 (20가)는 규범적인 발화이다. 그 이유는 화자가 주격 대상 인물의 친구이며 주격 대상 인물의 손자인 청자보다 상위자이므로 {-시-}가 없어도 자연스러운 발화나 문장이 되는 것이다. 이에는 청자 최상위 조건도 제약이 될 수 없다. 그런데, '-시-'가 결합된 (20나)도 문장 성립에 전혀 이상이 없는 것이다. 이러한 현상에 대해 임홍빈·장소원(1995)적인 '화자 중심주의'를 생각해 볼 수도 있다. 넓게 생각해서 대우 현상에 있어 화자의 판단이나 의도가 중요한 요인이 된다는 점에서 그러한 해석에도 가능성의 여지가 있을 수 있으나, 그렇게 액면 그대로 해석하는 경우 자칫 임의적인 것이 될 염려가 있는 것이다. {-시-}의 존재를 쓸모 없는 것으로 버려 둘 수도 있기 때문이다. 여기서 우리가 생각해 볼 수 있는 유일한 것은 화자가 그의 친구 '할아버지'의 입장에서 발화하는 상황을 상정해 보는 것이다.[7] 이러한 전제하에서는 (20나)에 대한 해석이 가능해 보인다. 즉, 화자가 심리적으로 청자 '너'에 대해 그 '할아버지'의 입장이 되고 '할아버지'에 감정 이입이 되는 경우, 화자와 '할아버지'와의 친분 관계, 호혜의 관계, 등등은 '-시-'에 의해 드러나게 된다. 한마디로 화자의 '할아버지'에 대한 책략적인 심리 작용이라 할 수 있다. 3.3. 참조.

　　이와 같이 화자의 대상 인물에 대한 책략적인 심리 작용은 (21나)에도 그대로 적용이 된다. (21)처럼 여격 구문에서는 여격이나 목적격 대상 인물, 즉 객체가 화자는 물론 주격 대상 인물 또는 주체보다 상위자인 경우 '드리다'나 '모시다'와 같은 동사가 쓰이는 것이 국어의 일반적인 현상이다. 일종의 대우 표현의 일관성 원리라 할 수 있다. 임홍빈·장소원(1995:376) 참조. 그런데 예의 (21나)는 목적격 대상 인물 '저것'이 화자는 물론 주격 대상 인물 '남편'보다 결코 상위자가 아닌데도 그 성립에 아무런 이상이 없는 것이다. 이러한 규범성에서 벗어난 대우 표현을 어떻게 설명할 것인가? 이에 대한 이익섭(1974:47)의 언급이 우리의 주목을 끈다. 화자에 의해 '저것'으로 불린 것으로 보면, 그에 대한 화자의 존대 의향이 없음이 분명한데, 그럼에도 불구하고 '모시고'로 존대된 것은 '저것'이 주체, 즉 '남편'과의 對比에서 존대된 것으로 해석한 것이다. 따라서, 화자는 '딸이 도도하게 구니까 그를 비꼬아 그 남편을 卑下시키며 동시에 딸을 치켜세운' 것이라는 것이다. 이러한 이익섭(1974)의 지적은 (21나)의 성립에 대한 현명한 해석을 제시하는 것으로 판단된다. 화자의 대상 인물에 대한 특별한 심리 작용이 주어지면, 대우 표현은 규범적인 테두리를 벗어날 수도 있다는 것이다. 그러나, 여기서 '빈정거림'과 같은 어투는 고려하지 않는다. '빈정거림'과 같은 어투는 바람직한 표현이 아닌 것이다. (21나)와 같은 표현이 빈정거림의 어투가 아니라 일상적인 것이라면, 우리는 화자의 대상 인물에 대한 특별한 심리 작용의 논리로 해석하는 것이다. 가령 어떤 일로 해서 그와 같은 사태가 벌어졌는지는 알 수 없으나, 언어 외적인 면에서 (21나)를 해석하면, '남편'에 대해 떳떳한 부인의 거부적인 행위가 그 어머니 화자의 마음에 정당하게 받아들여졌거나 또는 내적으로 사태에 대하여 '저것'에 동조하는 마음이 개입되었거나 하는 경우에 나타날 수 있는 화자의 계산된 심리적 작용에 의한다고 하는 것이다. 만약, 이러한 대우법 사용에 대한 화자의 의식이 평상심의 의식과 달리 느껴진다면, 이때 화자의 의식은 평상심의 의식과 마땅히 구별되어야 한다. 이와 같은 대우 표현에 대해 특별히 이정복(1998)에서 설정된 전략 그 어느 것도 적용이 쉽지 않아 보인다.

이익섭(1974)에서와 같이 (22가)가 일반적인 발화라 할 때, (22나)는 당연히 일반적인 발화라 할 수 없다. 이에 대해서는 7.4.2.에서 후술할 것이다. 그런데, 여기에 가져온 이유는 (21)의 대우법 사용은 일반적으로 낮음 대우가 통용되는 것에 대해 높음 대우가 특별히 쓰인 현상을 보이는데, 그 逆으로 (22)는 일반적으로 높음 대우가 통용되는 것에 대해 낮음 대우가 특별히 쓰인 현상을 대비하기 위해서이다. 이러한 현상은 화자의 대상 인물에 대한 특별히 계산된 심리 작용으로 해석하지 않는 한, 규범적으로는 거의 해석이 불가능함을 시사하는 것이다.

7.4.2. 낮추는 책략

7.4.1.에서는 대우법 사용에 있어서 높이는 현상을 검토하였는데, 여기서는 낮추는 현상을 검토하기로 한다. 낮추는 현상이란 본래는 높음 대우의 형식을 취하여야 온당한 표현인데, 화자의 유표적인 의도에 의해 높음 대우의 형식이 쓰이지 않는 대우 현상을 말한다.

우선, 낮추는 대우 현상에 대한 이해를 위해 다음의 문장을 살펴보자. 편의상 앞 예 (21), (22)를 다시 가져온다.

(21) 가. 저것이 제 남편이 데리러 올 때만 기다리고 있답니다.
　　　나. 저것이 제 남편이 모시러 올 때만 기다리고 있답니다.
(이익섭(1974:47) 예8)
(22) 가. 倭警들은 아버님에게는 끝내 아무 것도 주지 않았습니다.
(이익섭(1974:48) 예10)
　　　나. 倭警들은 아버님에게는 끝내 아무 것도 드리지 않았습니다.

앞에서 검토한 바와 같이 (21)의 대우법 사용은 여격 구문의 특성상 (21가)와 같은 낮음 대우의 표현이 일반적인 경향인데 (21나)와 같이 높음 대우가 쓰인 현상에 대해 주목하였다. 거기서의 우리의 해석은 화자의 대상 인물에 대한 계산된 특별한 심리적 작용의 결과라 하였다. 이에 대해, (22)는 그 역의 논리가 가능한 것으로 이해된다. 이익섭(1974) 참조. 즉, '왜경'은 화자와 적대 관계에 있는 대상이고 '아버님'은 그렇지 않은 대상이므로 여격 구문의 특성상 (22나)와 같은 높음 대우의 표현이 일반적인 경향인데, 이익섭(1974)에서와 같이 (22가)와 같은 낮음 대우도 가능한 발화라는 것이다. 대우 표현에서 일관성을 잃은 것이다. 임홍빈·장소원(1995:376) 참조. 이와 같이 두 표현이 가능한 것이라면, 그 차이는 해명되어야 한다. 그 해명을 문법적인 대우 현상으로나 어휘적인 대우 현상으로는 밝힐 수 없다고 판단된다. 따라서 언어 외적인 요소, 화자의 의도나 판단에 의존할 수밖에 없는 것이다. 이익섭(1974)에 의하면 화자의 판단에 따라 주체와 객체의 존비 관계가 달리 파악될 수 있다는 것이다. 이러한 화자의 판단이나 의도를 우리는 유표적인 의식이라 가정하였다. 그리고 이러한 화자의 유표적인 의식을 또한 화자의 대상 인물에 대한 특별한 심리적 작용이라 하였다. 이와 같은 화자의 의식을 (22가)에 적용한다면, 화자는 객체 '아버님'보다 적대 관계의 주체 '왜경'을 더 두둔하는 입장에 서 있다고 할 수 있다. 그런데, 객관적인 현실 세계에서는 도저히 화자의 이와 같은 입장은 옹호될 수 없는 것이 문제이다. 그러함에도 불구하고 (22가)가 성립에 아무런 이상이 없다면, 화자가 객체 '아버님'보다 적대 관계의 주체 '왜경'을 더 두둔하는 근본적인 이유가 무엇인지 의심스러운 것이다. 우선, 쉽게 화자의 '아버님'에 대한 '강한 불만이나 못마땅함'이 그런 식으로 표출되었다 할 수 있다. 가령, '아버님'이 어떤 일로 해서 '왜경'에 잡혀 여러 차례 투옥된 객관적인 정황에 대한 화자의 '불만'의 강변일 수 있고, 그와 같이 수 차례 투옥된 '아버님'에 대하여 늘 존경심과 동정심을 잃지 않던 '왜경'이 이번 일로 해서 급기야 '아버님'에 대한 단호한 조치를 내렸을 때, 화자가 '하셔도 너무하셨다'는 '아버님'에 대한 불만이 오히려 심정적으로 '왜경'에 대해 이해를 갖게 된 표현일 수도 있다. 만약 화자의 의도나 판단이 이와 같이 해석된다면, 이 경우 화자의 '아버님'에 대한 대우 의식은 결코 큰 비중을 차지할 수 없다고 여겨진다. 따라서, 화자는 '아버님'에 대해 높음 대우를 사용하지 않음으로써 '아버님'의 행동에 어떤 변화가 있기를 은근히 촉구하는지도 모른다. 이와 같은 책략 하에 대우법이 사용되는 경우를 우리는 책략적인 현상이라 하는 것이다.

책략적인 현상으로 청자 대우 등급이 바뀌는 경우도 있다. 다음의 예에서 한 인물의 대우법 사용이 같은 담화 자리에서 바뀜을 주목하기로 한다.

(23) 사장 : 이번 판매 전략은 누가 기획하기로 했습니까?
     사원 : 김 과장님이 맡아 하시기로 했습니다.
     부장 : 아닌데…. 박 과장이 하기로 하지 않았어요?
     사장 : 최 부장, 그게 사실인가?
     부장 : 예.

(23)은 어느 작은 회사의 '판매 전략'에 대한 회의 상황을 보인 것이다. 여기서 '사장'의 말에서 청자 대우 등급이 어떻게 변하는지 눈여겨볼 필요가 있다. 첫 번째 발언에서는 높음 대우의 '합니다'체를 사용함으로써 이 회의가 공식적인 것임을 시사해 준다. 대우법 사용에 있어 운용적인 현상의 문체와 청자 중심의 표현으로 이루어지고 있다. 그러나, 그의 두 번째 발언에서는 '한다'체가 사용되고 있다. 그의 이러한 갑작스러운 청자 대우 등급 바꾸기는 순간적으로 회의의 분위기에 찬물을 끼얹는 효과를 보인다. 이와 같은 '사장'의 태도 변화는 '판매 전략'에 대한 기획 건이 그 책임 소재가 불투명하게 된 사실을 안 뒤에 일어난 것이다. 즉, '판매 전략'에 대한 기획 건이 책임 소재의 불투명성으로 해서 회의의 안건으로 올라오지 못한 지경에까지 이른 조직의 엉성함에 대한 질책과 그것이 회의의 안건이 되지 못한다면, 지금 열리는 이 공식적인 회의가 무슨 의의가 있나 하는 것에 대한 분노가 '합니다'체에서 '한다'체로 등급의 변화를 가져오게 한 이유가 될 것이다. 이 때, '사장'은 회사를 경영하는 사장으로서 변신한다. 따라서, 회의에 참석한 임원은 지위 高下

는 물론 연령조차도 고려가 되지 못하고 대상 인물 자체가 낮춤의 대상으로 격하한다. '사장'의 의도가 그러한 상황으로 끌고 가는 것이다. 이정복(1998)의 '지위 드러내기 전략'에 해당한다.

이제 장석진(1973)의 존대 파급 현상이나 서정수(1984)의 간접 대우 현상이 대우법 사용에서 전혀 낮춤의 현상은 없는지 검토하기로 한다. 존대 파급 현상이나 간접 대우 현상이 원리적으로 청자가 높은 인물이면 청자 관련 인물이나 사물에 대하여 모두 높임말을 쓰며, 문장에 등장하는 인물이 높은 인물이면 그 관련 인물이나 사물에 대하여 모두 높임말을 쓴다는 것인데, 이러한 원리가 타당한 것이라면 존대 파급 현상이나 간접 대우 현상은 결코 문법적인 대우 현상이 아니라, 얼마간 어휘적인 대우 현상과도 관련이 있으며, 최현배(1937)적인 '존경의 상응'과도 관련이 있고, 부분적으로 임홍빈·장소원(1995:376)의 '일관성의 원리'와도 관련이 있다고 본다.

다음의 예를 살펴보기로 하자.

(24) 가. 아버님의 진지/*밥, 할머니의 병환/*병. (서정수(1984:122)
　　　나. 선생님의 말씀/*말, 회장님의 따님/딸, 교수님의 큰아드님/
　　　　　큰아들.

(24)는 존대 파급 현상이나 간접 대우가 일면 어휘적인 대우 현상과 관련함을 보여 준다. (24가)에서 '진지'와 '병환'은 가능하고 *밥과 *병은 가능하지 않은 것과 (24나)에서 '말씀'은 가능한데 *말은 가능하지 않으며, '따님'과 '딸', 그리고, '큰아드님'과 '큰아들'은 다 가능한 것이 이를 나타내 준다. 여기서 우리가 주목하는 것은 '아버님,' '할머니,' '선생님' 같은 대상은 그 관련 사물에 대하여 높임말만 쓰이는데, '회장님'이나 '교수님' 같은 대상은 그 관련 인물이 대하여 왜 높임말과 그렇지 않은 말도 쓰이는가 하는

것이다. 존대 파급 원리나 간접 대우의 입장에서 보면, (24나)의
관련 인물도 예외 없이 높임말만 쓰여야 한다. 그런데, 그들 어휘
의 성립에 대한 우리의 판단이 틀리지 않는다면, 문제는 심각해지
는 것이다.

이와 관련하여 다음의 문장을 검토하기로 한다.

(25) 가. 아버님께서/아버님이/아버님은 진지를/*밥을 드신다.
　　　 나. 할머님께서/할머님이/할머님은 병환이/*병이 깊으시다.
(26) 가. 교수님이 큰아드님/큰아들을 장가보내신다.
　　　 나. 회장님의 막내 따님/막내딸이 경시 대회에서 대상을 받았다.
(27) 가. 교수님, 큰아드님/*큰아들을 결혼시키십니까?
　　　 나. 회장님, 막내 따님/*막내딸이 경시 대회에서 대상을 받았
　　　　 습니까?

(25)의 경우 예의 (24가)적인 존대 파급 현상이 그대로 적용된
다. 그런데, (26)도 예의 (24나)적인 현상을 그대로 유지한다고
생각된다. 만약, (26)의 성립에 대한 우리의 판단이 옳지 않다면,
우리의 해석은 그만큼 약화되는 것이다. 그러나, (27)에서 높임말
만이 쓰이는 것으로 보아 (26)의 성립에 대한 우리의 판단이 전혀
근거 없는 것으로 여겨지지는 않는다. (26)과 (27)의 차이는 대
상 인물이 청자로서 발화 상황에 참여하고 있는지의 여부에 달렸
다고 생각된다. (27)은 대상 인물이 청자로서 발화 상황에 참여한
경우의 대우법 사용이고, (26)은 그렇지 않은 경우의 대우법 사용
이다. 특히 (27)은 장석진(1973)의 존대 파급 현상, 서정수
(1984)의 존대 자질에 의한 간접 대우, 그리고 임홍빈·장소원
(1995)의 자기 낮춤 원리로 설명이 가능하다. 대상 인물과 관련
되는 인물에게 '-님'을 연결시킴으로써 결과적으로 자기를 낮춘 효
과를 가지는 것이다. 그렇다면 (26)의 대우 현상은 어떤 원리를
적용해야 그 성립성에 대한 해명의 길이 열리는 것인가? 여기서

우리는 다음과 같이 가정해 본다. 높은 인물의 청자가 구체적인 발화 상황에 나타나는 경우에는 거의 예외 없이 그 관련 인물이나 사물은 높임말로 써야 한다는 것이다. 이러한 경우에는 존대 파급 현상이나 간접 대우의 논리가 유효하다. 이는 그렇지 않은 경우에는 (26)과 같이 두 표현이 다 가능하다는 것을 뜻하기도 한다. 우리가 '-님'의 쓰임 기능에 대해 '특별한 경우를 제외하고'를 단서로 넣은 것도 이러한 맥락과 통하는 것이다. 이를 여기에 다시 가져오도록 한다.

> (28) 수정된 '-님'의 쓰임 기능 (6.3.1.의 (17))
> '-님'은 특별한 경우를 제외하고 일단 존귀한 인물과 관련하는 것이되, '-님'의 연결이 제약적인 어휘는 '사람'을 그 지시 대상으로 하는 것이 아니라 '직제 혹은 직책이나 또는 그 직제나 직책과 관련하는 일'을 그 지시 대상으로 하는 것이다.

(28)의 "특별한 경우'란 예의 (26)에서 '-님' 연결형의 높임말이 반드시 쓰이지 않는 경우를 뜻한다. 이러한 쓰임은 화자의 대상 인물에 대한 의식이 이원화되고 있음을 시사한다. 대상 인물 자체에 대해서는 대우 의식을 가지나 그 관련 인물에 대해서는 별다른 대우 의식을 가지지 않는 것이다.

그렇다면, (25)와 같이 예외 없이 존대 파급 현상이나 간접 대우의 해석이 유효한 것과는 어떤 차이가 있는 것인가? 이에 대해서는 대상 인물이 화자의 자기 관련 인물이냐 아니냐가 그 구분의 기준이 되는 것으로 추측한다. 이를 다음과 같이 정리하도록 한다.

> (29) 존대 파급 현상의 제약
> 존대 파급 현상은 대상 인물이 화자의 자기 관련 인물이냐 아니냐에 의해 달라진다. 대상인물이 화자의 자기 관련 인물이거나 그렇게 예상되는 인물에는 그 관련 인물이나 사물에 대해 높임말이 쓰인다. 그러나 대상 인물이 화자의 자기 관

런 인물이 아니면 화자의 의식은 분리되어 대상 인물 청자가
발화 상황에 참여하는 경우나 그렇게 예상되는 경우에는 그
관련 인물이나 사물에 대해 높임말이 쓰이나 그렇지 않은 경
우에는 대상 인물 청자에는 높임 말이 쓰이나 그 관련 인물
이나 사물에 대해서는 반드시 높임말이 쓰이는 것은 아니다.

이제 다음 문장에 (28)을 적용해 보자.

(30) 〈사장실 안〉
    부장 : 사장님, <u>큰아드님</u> 때문에 걱정이 많으시죠?
    사장 : 이루 말할 수 없네.
    〈사장실 밖〉
    부장 : (다른 임원을 향해서) 사장님 <u>큰아들 그 자식</u> 참 못 쓰겠어.
    임원 : 그러게 말야. 아직도 사장님은 <u>큰아들</u> 때문에 속 썩으시나?
(31) 〈할아버지 면전에서〉
    손자 : 할아버님, 작은아버님 때문에 심려가 깊으시죠?
    할아버지 : ….
    〈밖에 나와서〉
    손자 : 어머니, 할아버님께서 작은아버님/*<u>작은아버지</u> <u>그 자식</u>
        때문에 걱정이 많으세요.

(30)과 같은 발화나 담화는 주위에서 흔히 들을 수 있는 것으
로 판단된다. 이와 같이 (30)의 문장 성립에 대한 우리의 판단이
틀리지 않는다면, 예의 (30)에 대한 존대 파급 원리는 심각한 의
문에 봉착하게 된다. 그 심각성은 바로 '사장실 안'에서 부장은 청
자 '사장님' 앞에서는 그 관련 아들을 높임말 '큰아드님'으로 지칭하
고 있으나, '사장실 밖'에서는 '큰아들', 심지어는 '그 자식'으로 지
칭하고 있는 점이다. 우리는 이와 같은 표현이 결코 현실적인 것
이 아니며 일상적인 것이 아니고 바람직한 것이 아니라는 주장은
액면 그대로 받아들이지 않는다. 교육적인 목적으로 또는 규범적
이고 처방적인 이유로, 주위에서 흔히 듣고 말할 수 있는 실제적

인 발화를 외면할 수는 없다고 생각한다. 대우법이 국어의 특징이라 할 때 더욱 그럴 수 없는 것이다. 우리가 (30)에서 주목하는 것은 '부장'이 대상 인물과 그 관련 인물에 대해 분리 의식으로 대우 표현을 한다는 점이다. '사장님'에 대해서는 일관되게 높임말을 쓰고 있으나, 그 아들에 대해서는 발화 현장에 청자가 참여하고 있느냐 없느냐에 따라 혹은 높임말을 혹은 낮춤말을 쓰는 것이다. (28)에서 언급한 바와 같이 화자의 대우 의식이 대상과 그 관련 인물에 대해 분리 의식되고 있다고 할 수 있다. 그러나, 대상 인물이 화자의 자기 관련 인물일 때는 (31)에서와 같이 (30)적인 분리 의식은 찾아볼 수 없다. '손자'의 두 번째 발화의 *작은아버지 그 자식'이 절대로 쓰일 수 없음이 이를 입증해 준다. 따라서, 존대 파급 원리나 간접 대우가 국어의 대우법의 원리로서 강력한 조건은 되지 못한다고 생각한다.

다음, 대우 표현을 통해서 화자의 대상 인물에 대한 의식이 어떻게 투영되는지 검토하기로 한다.

<blockquote>
(32) 가. 그분께서는 따님이 출가하셨습니다.
　　나. 그분은 따님이 출가하셨습니다.
　　다. 그분은 딸이 출가하셨습니다.
　　라. 그분은 딸이 출가했습니다.
</blockquote>

(32가)는 '께서,' '-님', 그리고 '-시-'가 쓰임으로써 대상 인물에 대한 대우 표현이 일관되어 있다. 최현배(1937)의 '존경의 상응'이나 장석진(1973)의 존대 파급 현상, 또는 임홍빈·장소원(1995)의 일관성의 원리에 부합하는 문장이다. 우리의 해석에 의하면, (32가)는 화자의 '그분'에 대한 의식이나 관련 인물 '따님'에 대한 의식이 분리되지 않은 대우 표현의 문장이다. 이와 같이 화자의 대상 인물 '그분'에 대한 높임의 대우 의식은 (32나)에도 어김없다 할 수 있다. 대우 일치와 같은 대우 원리를 주장하는 입장에서는

'께서'가 쓰이지 않음을 지적할 수도 있을 것이다. 그러나 6.3.3.
에서 검토한 바와 같이 '께서'가 단순히 주격 조사 '이/가'의 높임
조사가 아니라 상황 제시어나 심리적 행동주에 결합되는 조사라
한다면, 화자가 '그분'을 그 수준까지는 생각하지 않거나 의식하지
않은 경우에는 쓰이지 않을 수도 있다고 여겨진다. 그리고, '그분'
은 이미 화자의 의식 속에 투영된 높임 대상임이 분명하므로 '께
서'의 결합 없이도 충분히 대우되었다고 생각된다.[8] '그분'은 (32)
의 예상되는 청자와 관련되는 대상이기도 하기 때문이다. 따라서,
'그분'은 곧 청자를 대우하는 효과를 가지는 어휘라 할 수 있다. 그
런데, (32다)와 (32라)에 이르면, 화자의 대우 의식은 분열되기
시작한다. '그분'에 대한 것과 '딸'에 대한 것으로 갈리는 것이다.
(32다)는 그래도 (32라)보다 나아 보인다. '-시-'가 '그분'을 향하
고 있기 때문이다.

 이상에서 우리는, 그 설명 방식에는 차이가 있지만 그러한 대우
현상에 대한 근본적인 인식은 같다고 보는 존대 파급 현상이나 간
접 대우의 원리가 대상 인물이 높은 인물이면 그 관련 인물이나
사물에 대하여 모두 높임말이 쓰인다고 하는 현상을 검토하였다.
그러나, 대상 인물이 화자의 자기 관련 인물이거나 그렇게 예상되
는 인물인 경우 또는 대상 인물 청자가 발화 상황에 참여하는 경
우나 그렇게 예상되는 경우에는 그 관련 인물이나 사물에 대해 높
임말이 쓰이나, 그렇지 않은 경우에는 청자에는 높임말이 쓰이고
그 관련 인물이나 사물에 대해서는 반드시는 높임말이 쓰이지 않
는 제약이 있음을 살펴보았다.

 끝으로, 현대 국어의 대우법 체계를 다음과 같이 설정한다.

 (33) 현대 국어의 대우법 체계
  가. 언어재에 의한 대우
   (A) 문법적 대우— 주체 대우법, 청자 대우법, 객체 대우법.
   (B) 어휘적 대우

(C) 청자 대우법의 체계

높음 대우 —— 합니다체(격식체),　　해요체(비격식체)

같음 대우 —— 하오체(격식체),　　하네체(비격식체)

낮음 대우 —— 한다체(격식체),　　해체(비격식체)

(D) 어휘적 대우

높임말 — 높임 체언, 높임 용언, 높임 조사.

낮춤말 — 낮춤 체언, 낮춤 용언.

예삿말

(E) 높임 용언

(1) 주체 높임 용언

(2) 객체 높임 용언

나. 운용 및 책략에 의한 대우

(A) 운용적인 대우

(1) 문체에 따른 현상

(2) 장면에 따른 현상

(B) 책략적인 대우

(1) 높이는 책략

(2) 낮추는 책략

7.5. 정리

국어 대우법에는 언어 형식 즉 {-시-}, {-삽-} 그리고 어미 형태에 의한 문법적 대우법과 어휘적 특성에 의한 어휘적 대우법 외에 특정한 발화 상황이나 담화 상황 또는 화자의 특별한 의도나 목적이 작용함으로써 나타나는 대우 현상도 있음을 살펴보았다. 이와 같이 언어 외적 요소가 대우 표현에 작용하여 실제 언어 생활에서 나타나는 현상을 우리는 언어 형식에 의한 대우법과 구분하여 운용 및 책략적인 대우라 명명하였다.

이와 같이 운용 및 책략적인 대우가 언어 외적 요소가 대우 표현에 작용하여 나타나는 대우 현상이라 할 때, 운용 및 책략적인 대우는 그 주된 언어 외적 요소가 무엇이냐에 따라, 주로 특정한 발화 상황이나 담화 상황이 제약되어 나타나는 현상은 운용적인 대우 현상으로, 그리고 주로 화자의 특별한 의도나 목적이 제약되어 나타나는 현상은 책략적인 대우 현상으로 구분하여 살펴보았다. 그러나, 이와 같은 구분에도 운용적인 대우에 화자의 의도가 얼마간 영향을 미치고, 책략적인 대우에 발화 상황이나 담화 장면이 얼마간 영향을 미침을 배제하지 않았다.

운용적인 대우는 명제 내용을 어떤 방식으로 전달하느냐에 따라 구분되는 문체에 따른 대우 현상과 실제의 담화 장면이 공식적이냐 아니냐 하는 것과 청자의 지위나 참여 여부에 따른 장면에 따른 대우 현상으로 나누어 살펴보았다. 문체에 따른 대우 현상은 문어체와 구어체로 나누어 살펴보았는데, '말하기-읽기' 형식의 문어체는 본래적으로 발화 현장성의 속성과 실재하는 대중이란 청자의 개념이 없고, '읽는' 대상 즉 추상적인 '독자'에 대해 쓰이는 문체이므로, 대우법 사용에 있어 글의 성격이나 전달 목적에 따라 높음 대우나 낮음 대우의 표현이 다 사용되는 특징을 지녔고, '말하기-듣기' 형식의 구어체는 본래적으로 발화 현장성의 속성을 지니며, 실재하는 대중이란 청자에 대해 쓰이는 문체이므로, '듣는' 대상 곧 청자 대중에 대한 대우법 사용에 있어 높음 대우의 표현이 일반적으로 사용되는 특징을 살펴보았다. 한편, 장면에 따른 대우 현상은 명제의 내용을 전달하는 표현 가치를 중시하는 현상임을 전제하고, 발화 상황이나 담화 장면이 격식적인 자리이냐 아니냐에 따라 대우법 사용이 달라짐을 살펴보았고, 담화에 참여하는 청자가 최상위자인 경우 다른 인물과의 관계가 어떠하냐에 따라 대우법 사용이 달라짐을 살펴보았다. 특히 높임 인물인 청자가 담화에 참여하는 경우, 청자는 화자의 직계에 속하는 인물이지만 명제에 나타나는 주격 대상 인물은 화자의 직계에 속하는 인물이 아닐 때, 그 대상 인물에 대한 존대 표현은 두 양상으로 나타나는데,

화자의 의식에서 존대 대상 인물로 인식되는 경우는 존대 표현이 쓰이지만 그렇게 인식되지 않은 경우는 반드시 존대 표현이 쓰이지는 않는 현상에 주목하였다.

책략적인 대우는 화자의 의식이나 심리 속에 대상 인물에 대한 수혜 관계나 이해 관계 또는 영향 관계가 작용함으로써 나타나는 것으로 보고, 높이는 현상과 낮추는 현상으로 나누어 살펴보았다. 높이는 현상은 대우 표현이 중복되어 나타나는 현상과 규범적으로는 대우 표현이 쓰이지 말아야 할 곳에 쓰이는 현상을 말하고, 낮추는 현상은 본래 높음 대우의 형식을 취하여야 규범적이고 온당한 표현인데, 화자의 유표적인 의도에 의해 높음 대우의 형식이 쓰이지 않는 대우 현상을 말한다. 특히 낮추는 현상에는 기존의 존대 파급 현상에 대상 인물이 화자의 자기 관련 인물이 아닐 때, 화자의 의식은 분리되어 대상 인물 청자가 발화 상황에 참여하는 경우나 그렇게 예상되는 경우에는 그 관련 인물이나 사물에 대해 높임말이 쓰이지만, 그렇지 않은 경우에는 대상 인물 청자에는 높임말이 쓰이나 그 관련 인물이나 사물에 대해서는 반드시 높임말이 쓰이지 않는다는 제약을 제의하였다.

각 주

1) 그러나, 연구자는 Hill et al.(1986:24)을 직접 검토하지 못하였다. 이 내용은 이익섭 교수님의 교시에 의한 것이다. 이 자리를 빌려 고마움을 표한다.
2) Sanders(1979) 및 김현권·목정수 역(1992) 참조.
3) 대체로 독백이나 일기문 따위의 문체는 시제의 표현과 높임 대우의 표현이 지극히 제약적이다. 대부분 절대문의 문체라 할 수 있다.
4) 임홍빈·장소원(1995:374-375) 참조.
5) 이러한 '한다'체의 쓰임에 주목하여 학계에서는 '한다'체가 청자 대우 등급에서 중립적인 기능인 것으로 보고 있기도 하다. 그러나, 이와 같은 문어체에서의 '한다'체의 쓰임은 특별히 불특정한 청자 곧 독자를 낮음 대우로 대하는 것이 아니라 화자가 청자에 대하여 자기와 동등 관계의 대상으로 인식하는 데에서 비롯한 것으로 해석된다. 즉 상대적인 개념의 청자 등급이 아니라 절대적인 개념의 청자 등급이 문제되고 있는 것이다.
6) 우리가 화계 등급의 명칭을 명령법으로 기준하지 말고 평서형으로 기준하여 부르자고 제의한 데에는 이러한 축약 현상도 한 요인이 되었다. 예의 '합쇼'체가 바로 이러한 형식인 것이다. 5.3.2. 참조.
7) 이러한 우리의 접근 방법은 임홍빈(1985c)의 '시점 이동'이나 '감정 이입'과도 얼마간 상통하고, 이정복(1998:259)의 '지위 불일치 해소 전략'과도 통하는 면이 있다.
8) 임홍빈(1987:194)에서 지시사 '그'를 화자가 청자의 세력권 속에 있다고 믿는 대상을 가리킬 때 쓰인다고 한다.

Ⅷ. 결 론

8.1 논의의 정리

이 연구는 우리 나라 사람들의 일상적인 언어 생활에서 중요한 역할을 하고 국어 문법에서 특히 큰 비중을 차지하는, 국어만이 지닌 특징이라 해도 지나치지 않은 대우법 사용에 대한 검토를 바탕으로 현대 국어의 대우법 체계를 확립하고 대우법과 관련하는 언어 형태들의 통사적 특성과 의미적 기능을 체계적으로 기술하는 것을 목적으로 하였다.

제1장의 연구사는 이러한 목적을 위해 기초적인 자료 검토의 성격을 띤다. 이른 시기의 연구는 주로 외국인에 의해 주도된 것으로 볼 수 있는데, 최현배(1937)을 제외하고 대체로 {-시-}와 {-삽-}이 포함된 용언의 활용형에 주목하였다. 이러한 가운데에서도 높임말, '-님', 그리고 객체 대우에 대한 언급 등이 보이는데 특히 Ridel(1881), Underwood(1890), Gale(1894=1903)에는 어휘적 대우에 대한 배려가 돋보인다. 1940년대부터 1960년대까지의 연구는 한편으로는 최현배(1937)에서 시도된 대우법 체계의 얼개가 어느 정도 그 윤곽이 잡혀가고, 다른 한편으로는 1970년대 이후 연구에 중요한 디딤돌이 되는 특징을 갖는다. 특히 어휘적 대우 처리에 있어

서 이 시기의 연구는 두 흐름을 보인다. 최현배(1937) 및 허 웅 (1954=1961)과 같이 어휘적 대우의 독자성을 인정하지 않고 문법적 대우에 예속시키는 방식이 그 하나이고, 다른 하나는 정렬모 (1946), 김근수(1947), 최태호(1957) 등과 같이 다시 문법적 대우에서 다루어지는 한이 있더라도 일단은 그 독자성을 인정하여 독립적으로 다루는 방식이다.

1970년대 이후의 연구는 변형 생성 문법의 도입으로 대우 관련 언어 형식에 대한 개별적인 연구를 포함하여 전반적인 대우법 체계에 대한 연구에 이르기까지 다양한 주장과 가설이 보인다. 이들 연구의 주장과 가설은 결국 국어 문장 구조의 특성을 무엇으로 하였느냐에 따라 달라지는데, 대체로 두 부류의 입장이 있다. 국어는 주어를 둘 이상 가질 수 있는 특성을 지닌 언어라는 가설 하에 국어의 문장 구조를 중주어 구조로 보는 입장이 그 하나이고, 다른 하나는 국어는 담화-중심적인 언어라는 가설 하에 국어의 문장 구조를 '주제-설명'의 구조로 보는 입장이다. 이러한 입장에서 특히 {-시-}에 대한 논의와 논쟁이 활발하게 전개되었다. 그러나, 어휘적 대우의 처리에 대해서는 임홍빈(1990) 및 임홍빈·장소원(1995)를 제외하고, 기존의 체계 방식과 큰 차이를 보이지 않는다.

제2장에서는 첫째로 대우법에 대한 명명법에 대해 살펴보았고, 둘째로 가설적인 대우법 체계를 설정하였다. 대우법에 대한 명명법은 대체로 첫째, '경어법, 공대법, 존대법, 높임법, 존경법'과 같이 높이는 면만 나타내는 명칭, 둘째, '존비법, 더 낮춤법'과 더 높임법과 같이 높임과 낮춤의 면 둘 다를 나타내는 명칭, 셋째, '대우법, 말 대접법, 말 대우'와 같이 높임과 낮춤의 면을 표현에 나타내지 않는 명칭 등으로 나뉜다. 그런데, 대우법 성격이 화자가 대상 인물에 대하여 알맞은 말로 알맞게 대우하는 것이라면, 높임과 낮춤이 포괄적으로 포함되는 '대우법'이란 용어가 적절한 것으로 판단하였다. 다음, 대우법 체계는 첫째, 언어 형식에 의하여 실

현되는 문법적 대우 및 어휘적 대우와 언어 외적 요소, 즉 발화 상황이나 담화 상황 또는 화자의 특별한 대우 의식에 의하여 실현되는 운용적 대우 및 책략적 대우로 구분하여 살펴보았다. 둘째, 문법적 대우와 어휘적 대우는 같은 언어 형식에 의하여 실현되는 대우 현상이기는 하지만, 그 성격과 특성이 다름을 중시하여 문법적 대우와 어휘적 대우를 별 개의 하위 범주로 구분하여 살펴보았다. 문법적 대우는 통사·의미적 특성에 의하여 실현되는 것이나, 어휘적 대우는 어휘의 고유한 특성에 의하여 실현되는 것이다.

　제3장에서는 {-시-}에 대한 기존의 논의를 철저히 검토하는 한편, 국어의 문장 구조가 '주제-설명' 구조라는 가설에 입각하여 {-시-}가 심리적 행동주를 존대하는 요소로 상정하였다. 이에 대한 원리적인 해석은 임홍빈(1985c)와 거의 같다. 그러나, 임홍빈(1985c)에서 상정된 경험주라는 용어는 의미론적으로 좁게는 피동문의 주격 대상 인물은 언제나 경험주로 해석되는 것인데 가령, 그 경험주가 높임 대상이 아닌 '철수'라 하는 경우에도 그 '철수'가 {-시-}와 관련되는지 의심스럽고, 넓게는 문장의 행동주는 어떤 형식으로든 명제의 내용을 경험하는 대상으로 해석할 수도 있다는 점에서 적절치 못한 것으로 판단하였다.

　{-시-}에 대한 기존의 논의는 크게 셋으로 나누어 살펴보았다. 첫째는 {-시-}가 주어와 관련된다는 견해인데, 주어로 지시되는 대상에 대한 존대 표지라는 존대설, 주어 대상 인물의 上位의 身分性에 대하여 그 동사에 호응하여 나타나는 敍法 요소라는 호응설, 그리고 중주어 구문을 상정하여 혹은 하위 주체를 높이기도 하고 혹은 상위 주체를 존대하는 표지라는 주체 존대설이었고, 둘째는 {-시-}가 무정 체언이 허용되지 않는 위치에 그와 공기 제약을 같이 하는 존칭 체언이 실현됨으로써 생기는, 통사론적 파격(syntactic violation)을 해소하는 수단이라 한 존칭 체언의 무정화 절차라는 견해이었다. 그러나, 이 논의에는 {-시-}가 경험주나

소유주 또는 비분리 관계나 종속 관계의 구성에서 존칭 체언과 잘 호응하는 점과 그 어원은 중세 국어의 '시다'에 있다는 점과 같은 {-시-}에 대한 새로운 지평을 열기도 하였다. 셋째는 국어의 문장 구조가 기본적으로 '주제-설명' 구조라는 가설에 입각하여 {-시-}가 주어 외에 주제 대상 인물, 속격 대상 인물, 계사문에서 계사 앞에 오는 대상 인물, 의사-분열문의 주격 대상 인물, 청자, 그리고 목적격 대상 인물이나 여격 대상 인물과도 관련하는 현상을 중시하여 상위문에 경험주를 상정하여 '있다'적인 의미의 특성을 지니는 {-시-}가 경험주 존대 표지라는 경험설이었다.

제4장에서는 현대 국어적인 {-삽-}은 중세 국어적인 {-습-}과 단절된 형태가 아니라 연계가 있다는 기본 인식에서 출발하여 {-삽-}의 기능, 이형태 및 그 쓰임 분포와 기능에 대하여 살펴보았다.

첫째, 현대 국어적인 {-삽-}은 중세 국어적인 {-습-}이 음운, 형태 및 의미의 변화를 입어 변화된 형태이다. 그런데, 이 형태에 대하여 학계에서 보편적으로 중세 국어적인 객체 존대법이나 주체 겸양법의 기능은 잃어버리고 17세기 이후 청자를 대우하는 기능만 담당하게 되었다고 하는데, 실제로 현대 국어적인 {-삽-}은 청자를 대우는 기능 외에 주격 대상 인물, 주제 대상 인물, 여격 대상 인물, 목적격 대상 인물, 심지어는 속격 대상 인물까지도 대우하는 기능을 갖고 있음을 살펴보았다. 이와 같이 문장의 특정한 성분하고만 관련하는 형태가 아니라는 점과 전통적으로 {-삽-}이 겸양이나 공손 또는 존대와 관련되는 요소라는 인식을 받아들여 그 기능을 화자와 이해 관계에 있거나 영향 관계에 있는 '대상 인물에 대한 화자의 겸양'으로 상정하였다.

둘째, '형태소 최대 분석 원리'를 적용하여 현대 국어적인 {-삽-}의 이형태에는 형태소핵만을 가지는 '오'-계의 '오, 옵', 'ㅂ'-계의 'ㅂ', 형태소변도 가지고 있으면서 분리 가능한 '으오, 으옵, 으압, 사오, 사옵, 자오, 자옵', 분리가 불가능하나 실제 발화나 담화에 쓰이는 형태 '읍, 삽, 습, 잡' 그리고 수행-억양을 가지지 못하는 형태 '압' 등이 있음을 살펴보았다.

셋째, 현대 국어적인 {-삽-}의 이형태 가운데 어말 어미화한 것으로 '-오'와 '-압'이 있음을 살펴보았다. '-오'는 내포문에 쓰이는 '-오-'와는 달리 전혀 높임 대상 인물에 쓰이지 못하는 {-삽-}의 한 형태로서 수행-억양 요소를 가지나, '-압'은 그조차 가지지 못함을 살펴보았다. 이는 '-압'은 구체적인 청자를 상정하는 실제적인 발화에는 결코 쓰이지 못함을 뜻하는 것이기도 하다.

넷째, {-삽-}의 이형태 가운데 청자 대우와 관련하는 형태에는 '-ㅂ-', '-습-', '-읍-'이 있음을 살펴보았다. 그런데 이들 형태가 실제로 문 종결 구성 형식에는 선어말 어미 '-느-'와 '-더-' 또는 특이하게 반말 형태 '-지'에 '-요'가 결합된 형식이 거의 융합된 '-ㅂ니-', '-습니-', '-ㅂ디-', '-습디-', 그리고 '-ㅂ죠', '-읍죠' 등이 있는데, 이들에 결합된 {-삽-}을 우리는 특별히 재구조화된 {-삽-}으로 상정하였다.

제5장에서는 청자 대우 등급 체계의 확립과 그 명명법에 대하여 살펴보았다. 청자 대우 등급 체계의 확립을 위해서, 첫째, 4장에서 검토된 바와 같이 '-ㅂ-', '-습-'은 높음 대우 기능을 가지며 '-오'는 높음 대우 기능을 갖지 못하고 '-소'는 어원적으로 중세 국어적인 {-습-}과 무관함을 살펴보았고, 둘째, '해'체 명령과 '해라'체 명령은 명제 내용에 대한 전달 가치의 차이만 있을 뿐 등급의 차이는 없음을 살펴보았다. 셋째, 반말 형식은 '수행-억양'이 걸리기 전에는 不定 상태의 형식이라는 점을 중시하여 청자 대우 등급에서 '등분'과 구분되는 '등외'가 아니라 다만, 비격식체의 낮음 대우에 해당하는 것이며, 이 반말 형식에 존대 첨사 '-요'가 결합된 '해요'는 높음 대우 기능을 가지나 비격식체임을 살펴보았고, 넷째, 등급의 기준에는 '높임 자질' 외에 '격식과 비격식'이 있으며, '하오'체와 '하네'체가 30대 이하의 연령층에서는 쓰일 수 없다는 점을

중시하여 '연령'도 고려되어야 함을 제안하였다.

청자 대우 등급의 명명법은 기존의 명명법이 첫째, 형용사에는 대체로 명령법이 성립되지 않는다는 것, 둘째, 명령법 어미에는 평서법에 없는 {-시-}가 있어 특별히 청자를 높인다는 것, 셋째, 특히 '합쇼'체는 하층민의 어투라는 것 등의 불합리한 점을 가짐으로써 그 명명법으로는 부적절하므로 평서법 어미에 의한 명명법으로 부를 것을 제안하였다.

제6장에서는 어휘적 대우를 전반적인 대우법 체계의 한 하위 범주로 상정하는 문제와 어휘적 대우의 성격에 대하여 살펴보았다. 어휘적 대우를 대우법 체계의 한 하위 범주로 상정하는 문제는 곧 어휘적 대우를 문법적 대우와 엄격히 구별하는 문제와 같다 할 수 있는데, 이에 대해서 문법적 대우는 통사·의미론적인 것과 관련하는 대우 현상이나 그와 달리 어휘적 대우는 어휘의 고유한 특성과 관련하는 대우 현상임을 살펴보았다. 어휘적 대우가 어휘의 고유한 특성에 의해 나타나는 대우 현상이라면, 이는 곧 국어의 어휘에는 유표적으로 높임이나 낮춤과 같은 어휘 자질을 가지는 어휘가 있음을 뜻하는 것인데, 이에 대해 국어의 모든 어휘가 그와 같은 어휘 자질을 가지는 것은 아니며 그와 같은 어휘 자질을 가지는 어휘들은 높임말, 예삿말, 낮춤말과 같은 三枝的 대립 층위를 지니는 어휘도 있으나 二枝的 혹은 그 자체만의 층위를 가지는 어휘도 있음을 살펴보았다. 여기서 우리는 완곡어와 문법적 대우 관련 요소 {-시-}가 결합된 형식이 결코 높임 용언이 아님을 주목하였다.

어휘적 대우에는 높임말로 '-님' 연결형과 주체를 높이는 일부 용언과 객체를 높이는 일부 용언이 있는데, '-님'의 연결 원리는 형태론적인 것이 아니라 조어론적인 것임을 살펴보았고, 주체를 높이는 일부 용언과 객체를 높이는 일부 용언은 어휘적 대우의 속성을 지니면서 특이하게 문장의 특정한 성분에 대하여 높임 기능을 담당함을 살펴보았다. 높임 조사에는 '께'와 '께서'가 있는데, '께'는 화자의 수혜자에 대한 겸양과 같은 의식 작용이나 심리적인 작용과 관련되는 것으로 소박하게 '에게'의 높임 조사라고 할 수 없음을 살펴보았고, '께서'는 특히 심리적 행동주와 관련하는 특성을 가지는 요소로 단순하게 주격 조사 '이/가'의 높임 조사라고 할 수 없음을 살펴보았다.

제7장에서는 국어 대우법에는 언어 형식 즉 {-시-}, {-삽-} 그리고 어미 형태에 의한 문법적 대우법과 어휘적 특성에 의한 어휘적 대우법 외에 언어 외적 요소, 즉 특정한 발화 상황이나 담화 상황 또는 화자의 특별한 의도나 목적이 작용함으로써 나타나는 대우 현상도 있음을 살펴보았다. 그리고, 이와 같이 언어 외적 요소에 의해 나타나는 대우 현상을 특별히 운용 및 책략적인 대우라 명명하였다.

운용적인 대우는 명제 내용을 어떤 방식으로 전달하느냐에 따라 구분되는 문체에 따른 대우 현상과 실제의 담화 장면이 공식적이냐 아니냐 하는 것과 청자의 지위나 참여 여부에 따른 장면에 따른 대우 현상으로 나누어 살펴보았다. 문체에 따른 대우 현상은 문어체와 구어체로 나누어 살펴보았는데, '말하기-읽기' 형식의 문어체는 본래적으로 발화 현장성의 속성과 실재하는 대중이란 청자의 개념이 없고, '읽는' 대상, 즉 추상적인 '독자'에 대해 쓰이는 문체이므로, 대우법 사용에 있어 글의 성격이나 전달 목적에 따라 높음 대우나 낮음 대우의 표현이 다 사용되는 특징을 지녔고, '말하기-듣기' 형식의 구어체는 본래적으로 발화 현장성의 속성을 지니며, 실재하는 대중이란 청자에 대해 쓰이는 문체이므로, '듣는' 대상 곧 청자 대중에 대한 대우법 사용에 있어 높음 대우의 표현이 일반적으로 사용되는 특징을 살펴보았다. 한편, 장면에 따른 대우 현상은 명제의 내용을 전달하는 표현 가치를 중시하는 현상임을 전제하고, 발화 상황이나 담화 장면이 격식적인 자리이냐 아니냐에 따라 대우법 사용이 달라짐을 살펴보았고, 담화에 참여하는 청자가 최상위자인 경우 다른 인물과의 관계가 어떠하냐에 따라 대우법 사용이 달라짐을 살펴보았다. 특히 높임 인물인 청자가 담화에 참여하는 경우, 청자는 화자의 직계에 속하는 인물이지만 명제에 나타나는 주격 대상 인물은 화자의 직계에 속하는 인물이 아닐 때 그 대상 인물에 대한 존대 표현은 두 양상으로 나타나는데, 화자의 의식에서 존대 대상 인물로 인식되는 경우는 존대 표현이 쓰이지만 그렇게 인식되지 않은 경우는 반드시 존대 표현이 쓰이지는 않는 현상에 주목하였다.

책략적인 대우는 화자의 의식이나 심리 속에 대상 인물에 대한 수혜 관계나 이해 관계 또는 영향 관계가 작용함으로써 나타나는 것으로 보고, 높이는 책략과 낮추는 책략으로 나누어 살펴보았다. 높이는 책략은 대우 표현이 중복되어 나타나는 현상과 규범적으로는 대우 표현이 쓰이지 말아야 할 곳에 쓰이는 현상을 말하고, 낮추는 책략은 본래 높음 대우의 형식을 취하여야 규범적이고 온당한 표현인데, 화자의 유표적인 의도에 의해 높음 대우의 형식이 쓰이지 않는 대우 현상을 말한다. 특히 낮추는 책략에는 기존의 존대 파급 현상에 대하여, 대상 인물이 화자의 자기 관련 인물이 아닐 때 화자의 의식은 분리되어 대상 인물 청자가 발화 상황에 참여하는 경우나 그렇게 예상되는 경우에는 그 관련 인물이나 사물에 대해 높임말이 쓰이지만 그렇지 않은 경우에는 대상 인물 청자에는 높임말이 쓰이나 그 관련 인물이나 사물에 대해서는 반드시 높임말이 쓰이지 않는다는 제약을 제의하였다.

8.2. 남은 문제

끝으로, 이 연구를 마무리 지으면서 떠오르는 몇 가지 미진함 또는 남은 문제에 대해 적기로 한다. 그것은 무엇보다 현대 국어의 대우법을 논의하면서 관련 연구서나 연구 논문 등의 자료에만 의존하여 설문지를 통한 생생하고 실질적인 언어 자료를 등한히 한 점이다. 둘째로는 언어 외적 요소, 즉 특정한 발화 상황이나 담화 상황 또는 화자의 특별한 의도나 목적이 작용함으로써 나타나는 운용 및 책략적인 대우 현상에 대한 더 많은 사례와 자료를 충분히 갖추지 못하여 결과적으로 관련 논의가 미흡해진 점이다. 이에 대해서는 앞으로 더 치밀하고 구체적인 검토와 연구가 뒤따라야 할 것으로 생각한다. 셋째로 우리 말에 나타나는 대우 현상에 대한 논의에 급급함으로써 가까운 일본이나 서양의 대우 현상이나 그 체계에 대해서는 전혀 다루지 못한 점이다. 이에 대한 연구도 앞으로 반드시 이루어져야 한다고 생각한다. 넷째로 국어의 대우 현상은 들여다보면 볼수록 다양한 현상이 있음을 감지할 수 있는데, 이러한 세밀한 구석구석까지 모두 다루지 못한 점이다.

대우법은 국어 문법에서 핵심적인 범주라 할 수 있다. 이를 달리 표현하면, '말'이 곧 대우법 사용이요, 그 사람의 인격이다. 어떤 방식으로 대우법을 사용하느냐가 곧 그 사람의 됨됨이를 나타내는 것이다. 따라서, 우리 나라 사람의 인간 관계는 대우법 사용에서 형성된다고 본다. 이러한 대우법이 지닌 중요성을 인식하여 많은 부족함 속에서도 이 연구가 오늘을 사는 현대인들의 대우법 사용의 한 단면을 드러냈다면, 그래서 학계에 도움이 된다면, 우리에게는 더 할 수 없는 보람이 될 것이다.

참고문헌

姜圭善(1990), "20世紀 初期 國語의 謙讓法 小考," 國語學論文集, 姜信沆 敎授 回甲 紀念.

강명윤(1994), "국어 초점/부정구문의 재탐구," 생성문법의 탐구, 양동휘 선생 화갑 기념 논총, 한국문화사.

강신항(1978), "안동 방언의 서술법과 의문법," 언어학 3.

강신항(1980), "안동 방언의 경어법," 난정 남광우 박사 화갑 기념 논총, 일조각, 김종훈 편(1984) 재수록.

姜邁・金鎭浩(1925), 잘 뽑은 조선말과 글의 본, 漢城圖書株式會社.

姜邁(著者兼 發行人)(1932), 精選朝鮮語文法, 朝鮮語研究會編, 博文書館.

강윤호(1969), "개화기의 교과용 도서 문장에 나타난 종지법 어미에 대하여," 한국문화연구원 논총, 이화여대 14.

강창석(1987), "국어 경어법의 본질적 의미," 울산어문논집 3, 울산大.

고영근(1968), "주격 조사의 한 종류에 대하여," 이숭녕 박사 송수 기념 논총, 을유문화사.

고영근(1974a), "現代國語의 終結語尾에 대한 構造的 研究," 어학연구 10-1, 서울대 어학연구소.

고영근(1974b), "現代國語의 尊卑法에 대한 研究," 어학연구 10-2, 서울대 어학연구소.

고영근(1976), "現代國語의 文體法에 대한 研究 - 敍法體系(續) -," 어학연구 12-1, 서울대 어학연구소.

고영근(1981), 중세국어의 시상과 서법, 탑출판사.

고영근(1989), 書評: 허웅(1975), 우리옛말본, 주시경 학보 4.

고영근・남기심(1985), 표준국어문법, 탑출판사.

고창수(1992), "국어의 격이론," 홍익어문 10・11, 홍익대 국어교육과 홍익어문연구회.

고창수・시정곤(1991), "목적어 있는 정동문," 주시경 학보 7.

고창식・이명권・이병호(1965), 학교문법해설서, 서울, 普文社.

국응도(1968), Embedding Transformations in Korean Syntax, The University of Hawaii 학위 논문.

권재일(1983), "현대국어의 강조법 연구," 대구어문논총 1

金奎植(1909), 大韓文法, 油印本.

金奎植(1912), 朝鮮文法, 油印, '大韓文法(1908)'의 改題修正版.

金根洙(1947), 중학국문법책, 文敎堂出版社.

김동식(1984), "객체 높임법의 '습'에 대한 검토," 관악어문연구 9.

金枓奉(1916), 조선말본, 경성, 新文館.

金枓奉(1922), 조선말본, 상해 새글집 發行, '조선말본(1916)'의 修正增補版.

김민수(1960), 國語文法論研究, 서울, 通文館 발행.

김민수(1969), 國語構文論研究, 油印 私刊本.

김민수(1971=1985), 國語文法論, 一潮閣.

김민수(1981), 국어문법론, 일조각.

김민수·남광우·유창돈·허웅(1960), 새 고교 문법, 동아출판사.

김민수·梁在淵 공저(1955), 대학국어, 서울, 永和出版社.

김석득(1968a), "한국어의 존대법의 확대 구조," 人文科學 20.

김석득(1968b), "현대 국어 존대법의 一致와 擴大 構造," 국어국문학 41,
     국어국문학회.

김영희(1977), "단언 서술어의 통사 현상," 말 2, 연세대 한국어학당.

김영희(1978), "겹주어론," 한글 162, 한글학회.

김영희(1980), "정태적 상황과 겹주어 구문," 한글 169, 한글학회.

김영희(1984), 한국어 셈숱화 구문의 통사론, 탑출판사.

김영희(1985), "주어 올리기," 국어학 14, 국어학회.

김영희(1988), 한국어 통사론의 모색, 탑출판사.

김영희(1989), "한국어 제시어의 문법," 주시경학보 4.

김완진(1975), "음운론적 유인에 의한 형태소 증가에 대하여," 국어학 3,
     국어학회.

김용범(1991), "존대법의 형식론적 접근," 애산학보 11집, 국어학 관계 논
     문 자료집 권 20 재수록, 보고사.

金元祐(1922), 朝鮮正音文典, 朝鮮圖書株式會社 및 東昌書屋 공동 發行.

김정대(1983), "'요' 청자 존대법에 대하여," 가라문화 2, 경남대.

김정란(1994), *Korean Topic Constructions*, 태학사.

김정수(1984), 17세기 한국말의 높임법과 그 15세기로부터의 변천, 정음사.

金宗澤(1973), "무주어문과 주어생략문," 국어교육론지 1(대구교육大), 국

　　　어학자료논문집 3 : 통사론, 대제각 재수록.

金宗澤(1978), "國語 尊待法의 位相과 그 記述," 國語敎育論志 6, 대구교대.

金宗澤(1981), "국어 대우법 체계를 재론함 - 청자대우를 중심으로 -," 한글 172, 한글학회.

金宗澤(1984), 國語話用論, 형설출판사.

김종훈(1958), "婦女子의 稱號攷," 김종훈 편(1984), 집문당.

김종훈(1959), "卑稱에 관한 一考 - 특히 賤人階級의 職業을 中心으로 -," 文耕 6, 중앙대 문리대,김종훈 편(1984) 재수록, 집문당.

김종훈(1961), "尊稱에 관한 小攷," 자유문학 통권 52, 자유문학사, 김종훈 편(1984) 재수록, 집문당.

김종훈(1962a), "높임말 '당신'에 대하여," 한글 130, 한글학회.

김종훈(1962b), "'님'과 '任'에 대한 고찰," 현대문학 90, 현대문학사.

김종훈(1984), "國語 敬語法의 形態," 김종훈 편(1984), 집문당.

김종훈 편(1984), 국어 경어법 연구, 집문당.

김진우(1998), 시와 언어, 한국문화사.

金允經(1932), 조선말본, '培花' 제4호, 배화여자고등보통학교 교우회.

金允經(1948a), 나라말본, 동명사.

金允經(1948b), 중등말본, 동명사.

김충회(1990), "謙讓法,"國語硏究 어디까지 왔나, 李基文 敎授 回甲 紀念, 서울대학교 大學院 國語硏究會編, 동아출판사.

김형규(1947), "敬讓詞의 연구," 한글 124, 한글학회.

김형규(1948), "敬讓詞의 硏究(續)," 한글 125, 한글학회.

김형규(1956), "「계집」에 대하여," 한글 119, 한글학회.

김형규(1960), "경양사와 '가' 주격토 문제," 한글 126, 한글학회.

김형규(1962a), "경양사 문제의 재론," 한글 129, 한글학회.

김형규(1962b), 國語史硏究, 一潮閣.

김형규(1975), "국어 경어법 연구," 동양학 5, 단국대 동양학연구소, 김종훈 편(1984) 재수록.

김흥수(1985), "심리동사 구문의 단언적 의미," 국어학 14, 국어학회.

김흥수(1987), "'좋다' 구문의 통사와 의미," 국어국문학 97, 국어국문학회.

김흥수(1990), "심리동사," 국어연구 어디까지 왔나, 李基文 敎授 回甲 紀念, 동아출판사.

김흥수(1993), 현대국어 심리 동사 구문 연구, 탑출판사.

金熙祥(1909), 初等國語語典, 경성, 唯一書館.

金熙祥(1911), 朝鮮語典, 경성, 普及書館.

金熙祥(1927), 울이글틀, 경성, 永昌書館, ‘朝鮮語典(1911)’의 修正改稿版.

南宮檍(1913), 조선문법, ‘鄕土’誌 제4호.

남기심(1973), 국어 완형 보문법 연구, 한국학 연구소, 계명대.

남기심(1981), “국어 존대법의 기능,” 인문과학 4·5, 연세대 인문과학연
　　구소.

남기심(1985), “주어와 주제어,” 국어생활 3, 국어연구소.

남기심(1986), “‘서술절’의 설정은 타당한가?,” 국어학 신연구 1, 탑출판사.

남기심·이정민·이홍배(1977), 언어학 개론, 탑출판사.

魯璣柱(1923), 應用自在 朝鮮語法詳解, 재판(1924).

민현식(1984), “개화기 국어의 경어법 연구,” 관악어문연구 9.

박병수(1973), On the Multiple Subject Construction in Korean,
　　Linguistics 100.

박병수(1974), *Complement Structures in Korean, A Syntactic
　　Study of the Verb ʹhaʹ*, University of Pittsburgh 학위논문,
　　백합출판사.

박병수(1982), “On the Multiple Subject Constructions Revised,”
　　Linguistics in the Morning Calm, 한신문화사.

박병수(1983), “문장 술어 의미론: 중주어구문의 의미 고찰,” 말 8, 연세대.

朴相埈(1932), 改定綴字準據 朝鮮語法, 평양, 東明書館.

박순함(1970), “格文法에 입각한 국어의 「겹주어」에 대한 고찰,” 어학연
　　구 6-2, 서울대 어학연구소.

朴勝彬(1931), 朝鮮語學講義要旨, 경성, 보성전문학교.

朴勝彬(1935), 朝鮮語學, 경성, 朝鮮語學硏究會, ‘朝鮮語學講義要旨’의 증
　　보판.

朴勝彬(1937), 簡易朝鮮語文法, 경성, 朝鮮語學硏究會.

박승윤(1981), *Studies in Korean Syntax : Ellipsis, Topic and
　　Relative Constructions*, Univ. of Hawaii 박사학위 논문.

박승윤(1986), “담화의 기능상으로 본 국어의 화제,” 언어 제11-1, 한국언
　　어학회.

박양규(1972), 國語 處格에 대한 硏究, 국어연구 27.

박양규(1975a), "존칭 체언의 통사론적 특징," 진단학보 40, 진단학회.

박양규(1975b), "소유와 소재," 국어학 3, 국어학회.

박양규(1980a), "서남 방언 경어법의 한 문제: 이른바 주체 존대법에 나타나는 '-게-'의 경우," 방언 3, 한국정신문화연구원.

박양규(1980b), "주어의 생략에 대하여," 국어학 9, 국어학회.

박양규(1991), "국어경어법의 변천," 새국어생활 1·3, 국립국어연구원.

박양규(1993a), "「국어경어법의 변천」에 관한 논평," 한국어문 2, 한국정신문화연구원.

박양규(1993b), "존대와 겸양," 국어사 자료와 국어학의 연구, 문학과 지성사.

朴榮順(1976), "國語 敬語法의 社會言語學的 硏究," 국어국문학 72·73, 김종훈 편(1984) 재수록, 집문당.

朴榮順(1978), "*Aspects in the Development of Communicative Competence with Reference to the Korean Deference System*," University of Illinois 학위 논문.

朴榮順(1985), 韓國語 統辭論, 집문당.

박재연(1998), 현대 국어 반말체 종결 어미 연구, 서울대 석사 학위 논문.

朴鍾禹(1946), 한글의 文法과 實際, 부산, 衆聲社出版部 活版 發行.

朴重華(1923), 日本人之 朝鮮語獨學, 경성, 光東書局 발행.

박진호(1994a), "선어말 어미 '-시-'의 통사 구조상의 위치," 관악어문연구 19.

박진호(1994b), 통사적 결합 관계와 논항 구조, 국어연구 123.

박창해(1946), 쉬운 조선말본, 갱지 假綴本.

박창해(1964), 한국어 구조론 3 - 형태소 및 형태소 배합론 -, 연세대.

박태윤(1948), 중등국어문법 하급용, 京城印書社.

서정목(1983), "명령법 어미와 공손법의 등급," 관악어문연구 8.

서정목(1984), "후치사 '-서'의 의미에 대하여," 언어 9-1, 언어학회.

서정목(1987), 국어 의문문 연구, 탑출판사.

서정목(1988), "한국어 청자 대우 등급의 형태론적 해석(1)," 국어학 17, 국어학회.

서정목(1989), "'반말체' 형태 '-지'의 형태소 확인," 이혜숙 교수 정년 퇴임 기념 논문집.

서정목(1993), "국어경어법의 변천 - 활용 형태소를 대상으로 -," 한국어문 2, 한국정신문화연구원.

서정목·이광호·임홍빈 역(1984), 앤드루 래드포드, 변형문법이란 무엇인가, 을유문화사.

서정목·이광호·임홍빈 역(1990), 앤드루 래드포드, 변형문법, 을유문화사.

서정수(1971) "국어의 이중 주어 문제," 국어국문학 52.

서정수(1972), "현대 국어의 대우법 연구 - 표식화 문제를 중심으로 -," 어학연구 8-2, 서울대 어학연구소, 서정수(1984) 재수록.

서정수(1974), "한일 양국어의 경어법 비교 연구," 수도여사대 논문집 5, 서정수(1984) 재수록.

서정수(1977b), "주체 대우법의 문제점," 배달말(배달말 연구회) 2.

서정수(1978a), "Remarks on Subject Honorification," 김진우(1978).

서정수(1978b), "韓國 現代 敬語法の 推移," 朝鮮學報 89.

서정수(1979a), "존대말은 어떻게 달라지고 있는가(I) - 부름말과 가리킴말 -," 한글 165, 한글학회.

서정수(1979b), "사회 구조 변동과 한국어 경어법의 추이," 省谷論叢 제10집, 국어학 관계 논문 자료집 7권 재수록, 보고사.

서정수(1984), 존대법 연구, 한신문화사.

서정수(1991), 현대 한국어 문법 연구의 개관 제1권, 한국문화사.

서정수(1994), 국어 문법, 뿌리깊은 나무.

서태룡(1981), "문법 형태소 중심의 통사론 연구에 대하여," 한국학보 25.

서태룡(1984), "動名詞와 副動詞의 意味論的 對立," 성심여대논문집 제16집.

서태룡(1985), "정동사 어미의 형태론," 진단학보 60, 진단학회.

서태룡(1988), 국어 활용 어미의 형태와 의미, 탑출판사.

石璟澄(1977), "한국어 언화층의 화용론적 근거," 언어와 언어학 5.

성기철(1970), "國語 待遇法 硏究," 충북대 논문집 4.

성기철(1975), "國語 待遇法 硏究," 남기심 외 편(1975), 현대국어 문법.

성기철(1976), "現代國語의 客體尊待 問題," 어학연구 12-1, 서울대 어학연구소.

성기철(1984), "현대 국어 주체 대우 연구 - 주체 존대를 중심으로 -," 한글 184, 한글학회.

성기철(1985a), 현대국어 대우법 연구, 개문사.

성기철(1985b), "국어의 주제 문제," 한글 188, 한글학회.

성기철(1987), "문 서술어 복합문," 국어학 16, 국어학회.

성기철(1990), "恭遜法," 國語研究 어디까지 왔나, 李基文 敎授 回甲 紀念, 서울대학교 大學院 國語研 究會編, 동아출판사. 小倉進平(1929), 謙讓の助動詞の變遷, 鄕歌及吏讀の研究, 서울.

손호민(1980), "Theme Prominence in Korean," *Korean Linguistics* 2, The International Circle of Korean Linguistics.

손호민(1983), "Power and Solidarity in Korean Language," *Korean Linguistics 3.*

송석중(1967), "Some Transformational Rules in Korean,"Indiana University 박사 학위 논문

시정곤(1992), "'-(으)시-'의 통사적 위치에 대하여," 남사 이근수 박사 환력 기념 논총.

申明均(1933), 朝鮮語文法, 三文社書店.

신창순(1962), "現代國語 尊待法 槪說," 문리대학보(고려대 문리대) 5, 김종훈 편(1984) 재수록.

신창순(1964), "존대어론," 한글 133, 한글학회.

신창순(1975), "국어의 주어 문제 연구," 문법연구 2, 문법연구회.

신현숙(1989), 〈'거리'와 '유동성'으로 본 대우 표현〉, 이용주 박사 회갑 기념 논문집.

沈宜麟(1936), 중등학교 朝鮮語文法, 경성, 朝鮮語研究會.

沈宜麟(1949), 改編 國語文法, 서울, 世紀科學社.

심재기(1982), 國語 어휘론, 집문당.

안병희(1961), "주체 겸양법의 접미사 '-습-'에 대하여," 진단학보 23, 진단학회.

안병희(1963), "15C 국어의 경어법 : 접미사 '님'에 대하여," 문리대 학보 1, 건국대.

안병희(1965a), 十五世紀 恭遜法의 한 研究, 국어국문학 28.

안병희(1965b), "후기 중세 국어의 의문법에 대하여," 학술지 6, 건국대.

안병희(1968), "中世國語의 屬格語尾 'ㅅ'에 대하여," 이숭녕 박사 송수 기념 논총.

안병희(1982), "중세국어의 경어법 연구에 대한 반성," 국어학 11, 국어학회.

안병희(1983), "중세국어 경어법의 한두 문제," 백영 정병욱 선생 환갑 기념 논총.

安自山(1922), 朝鮮語原論, '朝鮮文學史'의 附編으로 수록된 '朝鮮語學原論'의 抄錄, 경성, 韓一書店.

安自山(1923), 修正朝鮮文法, 1917 '朝鮮文法'(逸失) 修正再版, 경성, 회동서관.

양동휘(1974), On the Notion of Topic, Part I, 논총, 이화여대 23.

양동휘(1975), *Topicalization and Relativization in Korean*, 범한서적.

양동휘(1980), "Topicality in Anaphora Revisited," 언어 5-2, 한국언어학회.

梁鑽錫(1972), *Korean Syntax : Case Markers, Delimiters, Complementation and Relativization*, 백합출판사.

梁鑽錫(1973), "Semantics of Delimiters in Korean," 어학연구 9-2, 서울대 어학연구소.

兪吉濬(1904), 朝鮮文典, 筆寫本(1902 謄草, 1904 造)

兪吉濬(1905), 朝鮮文典, 草稿의 淨書 筆寫本.

兪吉濬(1906), 朝鮮文典, 油印本.

兪吉濬(1904-1907 사이?), 大韓文典, 油印本.

兪吉濬(1909), 大韓文典, 漢城 隆文館 發行.

유동석(1990), "국어 상대 높임법과 호격어의 상관성에 대하여," 주시경 학보 6.

유동석(1991a), "상대 높임법에 대한 통사론적 접근," 국어 敎育論集, 부산대 11.

유동석(1991b), "중세국어 객체 높임법에 대한 통사론적 접근," 국어학의 새로운 인식과 전개, 민음사.

유동석(1993b), 국어 매개 변인문법, 서울대 박사 학위 논문.

유동석(1996), "보조용언 구문의 높임법," 이기문 교수 정년 퇴임 기념 논총.

유송영(1993a), "종결어미 연구사," 현대의 국어 연구사(김민수편), 서광학술자료사.

유송영(1996), 국어 청자 대우 어미의 교체 사용과 청자 대우법 체계, 박사 학위 논문, 고려대.

柳在軒(1947), 국어 풀이씨 가름, 國學社.

윤만근(1980), 국어의 중주어는 어떻게 생성되나?, 언어 5-2, 언어학회.

윤석민(1994), "'-요'의 담화 기능," 텍스트 언어학 2.

이경우(1990), "최근세국어 경어법의 사회언어학적 연구," 애산학보 제10
집, 국어학 관계 논문 자료집 20권 재수록, 보고사.

이광호(1983), "후기 중세국어의 종결어미 '다/라'의 의미," 국어학 12,
국어학회.

李奎昉(1922), 新撰朝鮮語法, 초판, 1923 재판, 1926 수정3판, 1935
重刊, 1946 '한글문법' 재중간.

李奎榮(1913년경), 말듬, 筆寫.

李奎榮(1916-1919), 한글적새 첫째떼 ㄱ(전6권), 필사.

李奎榮(1920), 現今朝鮮文典, 新文館 發行.

이남순(1985), "주격 중출문의 통사구조," 국어국문학 93.

李孟盛(1973), "Variation of Speech Levels and Interpersonal
Social Relationship in korean," 閑山 李鐘洙 博士 頌壽 論叢.

李鳳雲(1897), 국國문文경正리理, 경성, 묘동 리봉운 져작 겸 발행.

李常春(1925), 朝鮮語文法, 개성, 崧南書館.

李常春(1946), 국어문법, 서울, 朝鮮國語學會出版局, '朝鮮語文法' 수정판.

李崇寧(1949), 古語의 音韻과 文法, 서울, 文化堂.

李崇寧(1954), 古典文法, 을유문화사.

李崇寧(1956a), 중등국어문법, 을유문화사.

李崇寧(1956b), 고등국어문법, 을유문화사.

李崇寧(1960), 고등국어문법 개정판, 서울, 을유문화사, '고등국어문법' 개
정판.

李崇寧(1961), 중세국어 문법, 을유문화사.

李崇寧(1964), "경어법 연구," 진단학보 25·26·27, 진단학회.

李崇寧(1969), "주격 중출의 문장 구조에 대하여," 어문학 20.

李崇寧(1983), "國語의 人代名詞와 身分性支配에 대하여," 학술원 논문집
22집, 국어학 관계 논문 자료집 6권 재수록, 보고사.

이승욱(1957), 국어의 postposition에 대하여, 일석 이희승 선생 송수 기
념 논총.

이승욱(1968) "'-습시'고," 이숭녕 박사 송수 기념 논총.

이승욱(1973), 국어 문법 체계의 사적연구, 일조각.

이승욱(1976), "주어와 술어," 한국어문논총(우촌 강복수 박사 회갑 기념 논문집), 형설출판사, 국어학자료논문집 3집 : 통사론, 대제각 재수록.

이승욱(1980), "종결형 어미의 통합적 관계," 난정 남광우 박사 화갑 기념 논총.

이시형(1983), "존대 형태소 '-시-'에 대한 연구," 서강대 대학원.

李永哲(1948), 중등국어문법, 을유문화사.

李完應(1926), 朝鮮語發音及文法, 朝鮮語研究會 발행.

李完應(1929), 中等教科 朝鮮語文典, 경성, 朝鮮語研究會.

이윤하(1988), 경험 표현의 {-서-}에 대한 연구, 국어연구 81.

이윤하(1989a), "{-께서} 문법," 제효 이용주 박사 회갑 기념 논문집.

이윤하(1995a), "현대 국어 대우법에 대하여 1," 김우종 교수 정년 퇴임 기념 논문집.

이윤하(1995b), "현대 국어 대우법에 대하여 2," 이종철 교수 회갑 기념 논문집, 한림대.

이윤하(1996a), "조사의 생략 현상에 대한 고찰," 이기문 교수 정년 퇴임 기념논총.

이윤하(1996b), "현대 국어 대우법에 대하여 3," 덕성여대 인문과학연구소.

이익섭(1973), "嶺東 方言의 敬語法 研究," 학술 연구 조성비 논문집 6, 문교부, 김종훈 편(1984) 재수록.

이익섭(1974), "국어 경어법의 체계화 문제," 국어학 2, 국어학회.

이익섭(1975), 국어 조어론의 몇 문제, 동양학 5, 단국대.

이익섭(1978), "피동성 형용사문의 통사구조," 국어학 6, 국어학회.

이익섭(1994), 사회언어학, 민음사.

이익섭, 임홍빈(1983), 국어문법론, 학연사.

이인영(1996), "'주제'와 '화제' - 기존 화제 개념에 대한 재고," 어학연구 32-1, 서울대 어학연구소.

이정민(1974), *Abstract Syntax and Korean with Reference to English*, Indiana University 학위 논문, 범한서적(1974).

이정민(1981), "한국어 경어 체계 연구의 제 문제," 한국인과 한국 문화, 심설당.

이정민(1986), 언어 이론과 현대 과학 사상, 서울대 출판부.

이정민·박성현(1991), "'요' 쓰임의 구조와 기능 - 문중 '-요'의 큰 성분 가르기 및 디딤말(hedge) 기능을 중심으로," 언어 16-2, 언어학회.

이정복(1992), "경어법 사용에 대한 사회언어학적 연구," 국어연구 109.

이정복(1998), 국어 경어법 사용의 전략적 특성, 서울대 박사 학위 논문.

李喆洙(1976), "現代國語 名詞類語의 待遇表現," 金亨奎 敎授 정년 퇴임 기념 논문집.

李弼秀(1922), 鮮文通解, 漢城圖書株式會社.

李弼秀(1923), 정음문전, 조선정음부활회 발행.

이현희(1982a), 국어의 疑問法에 대한 通時的 硏究, 국어연구 52.

이현희(1982b), "국어 종결어미의 발달에 대한 관견," 국어학 11, 국어학회.

이현희(1994), 중세 국어 구문 연구, 신구문화사.

이홍배(1970), A Study of Korean Syntax, 범한 서적 주식회사.

이홍배(1971), "이행소(performative)와 국어 변형 문법 Ⅱ," 한글 제148, 한글학회.

이홍배·김미경(1988), "Double Nominative Constructions in Korean," Linguistics in the Morning Calm 2, 한신문화사.

이홍식(1996), "현대국어 주성분 연구," 서울대 박사 학위 논문.

李熙昇(1949), 초급국어문법, 博文書館, '고등문법'으로 改題 간행 1956.

李熙昇(1956), 존재사 '있다'에 대하여, 서울대 논문집 3.

李熙昇(1957), 새 문법, 일조각.

이희승·안병희(1994), 고친판 한글 맞춤법 강의, 신구문화사.

임동훈(1994), "중세 국어 선어말 어미 {-시-}의 형태론," 국어학 24.

임동훈(1995), "통사론과 통사 단위," 어학 연구 31-1, 서울대어학연구소.

임동훈(1996), 현대 국어 경어법 어미 '-시-'에 대한 연구, 서울대 박사 학위 논문.

임홍빈(1972), 국어의 주제화 연구, 국어연구 28.

임홍빈(1974), "주격 중출론을 찾아서," 문법연구 1, 문법 연구회.

임홍빈(1976b), "선어말 '-거-'와 대상성," 국민대학 논문집 제11집.

임홍빈(1976c), "존대 겸양의 통사 절차," 문법연구 3, 문법연구회.

임홍빈(1978a), "피동성과 피동 구문," 국민대 논문집 12.

임홍빈(1978b), "국어 피동화의 의미," 진단학보 45.

임홍빈(1981), "존재 전제와 속격표지 {의}," 언어와 언어학 7, 외대.

임홍빈(1982), "선어말 '-더-'와 단절의 양상," 관악어문연구 7.

임홍빈(1983), "國語의 絕對文에 대하여," 진단학보 제 56, 진단학회.

임홍빈(1984a), "문종결의 논리와 수행 - 억양," 말 9, 연세대 어학당.

임홍빈(1984b), "선어말 {-느-}와 실현성의 양상," 목천 유창균 박사 환갑
        기념 논문집.

임홍빈(1985a), "청자 대우상의 '해'체와 '해라'체," 소당 천시권 박사 회갑
        기념 국어학 논총.

임홍빈(1985b), "현대의 {-삽-}과 예사높임의 '-오'," 선오당 김형기 선생
        팔지 기념 국어학 논총, 창학사.

임홍빈(1985c), "{-시-}와 경험주 상정의 시점," 국어학 12, 국어학회.

임홍빈(1985d), "국어의 '통사적인' 공범주에 대하여," 어학연구, 서울대
        어학연구소.

임홍빈(1987), 국어의 재귀사 연구, 신구문화사.

임홍빈(1989), "통사적 파생에 대하여," 어학연구 25-1, 서울대 어학연구소.

임홍빈(1990a), "語彙的 待遇와 待遇法 體系의 問題," 國語學論文集(姜信
        沆 敎授 回甲 紀念).

임홍빈(1990b), "尊敬法," 國語研究 어디까지 왔나(李基文 敎授 回甲 紀念).

임홍빈(1992a), "생성 문법의 도입과 전개," 국어학 연구 백년사, 일조각.

임홍빈(1996), "양화 표현과 성분 주제," 이기문 교수 정년 퇴임 기념 논
        총, 신구문화사.

임홍빈(1997), "국어 굴절의 원리적 성격과 재구조화," 관악어문 제22집.

임홍빈·장소원(1995), 국어문법론 I, 방송대 출판부.

장석진(1972), "Deixis의 생성적 고찰," 어학연구 8-2, 서울대 어학연구소.

장석진(1973), "A Generative Syntax of Discourse pragmatic
        Aspects of Korean with Reference to English," 어학연구
        9-2 별권, 서울대 어학연구소.

장석진(1976), 화용론의 기술 (토론회 주제발표), 어학 연구 12-2.

장석진(1985), 화용론 연구, 탑출판사.

張志暎(1930년대), 朝鮮語典抄本, 양정고보 교재로 騰寫.

張河一(1947), 중등 새말본, 서울, 敎材研究社.

전영우(1997), 국어 화법론, 집문당.

전재관(1958), "'습' 따위 敬讓詞의 散攷," 경북대 논문집 2, 김종훈 편

(1984) 재수록.

鄭國采(1926), 現行朝鮮語法, 전남 광주, 宮田文光堂 발행.

鄭烈模(1946), 신편고등국어문법, 서울, 한글문화사.

鄭烈模(1948), 초급국어문법독본, 고려서적주식회사 발행.

鄭烈模(1948), 고급국어문법독본, 고려서적주식회사 발행.

정인상(1980), 현대 국어의 주어에 대한 연구, 국어연구 44.

鄭寅承(1949), 표준 중등말본, 서울, 雅文閣.

鄭寅承(1956), 표준 중등말본, 서울, 新丘文化社.

朝鮮語學會(1930), 精選朝鮮語文法, 博文書館.

朝鮮總督府(1917), 朝鮮語法 及 會話書, 假綴本 編輯 발행.

朝鮮總督府(1943), 朝鮮語敎科書, 朝鮮總督府 警察官講習所 발행.

趙俊學(1976), 화용론의 기술(공동토론), 어학연구 12-2, 서울대 어학연구소.

趙俊學(1980), "話用論과 공손의 규칙," 어학연구 16-1, 서울대 어학연구소.

趙俊學(1982), *A Study of Korean Pragmatics: Deixis and Politeness*, 한신문화사.

조항범(1992), 국어 친족 어휘의 통시적 연구, 서울대 박사 학위 논문.

주시경(1906), 대한국어문법, 油印本.

주시경(1909 경), 高等國語文典, 油印.

주시경(1910), 國語文法, 博文書館.

주시경(1910), 朝鮮語文法, 京城, 新舊書林·博文書館 發行.

주시경(1911), 朝鮮語文法, 京城, 博文書館 발행.

채 완(1976), "조사 '는'의 의미," 국어학 4, 국어학회.

채 완(1979), "화제의 의미," 국어학 자료집 4.

崔光玉(1908), 大韓文典, 한성, 安岳勉學會 발행.

최명옥(1976), "현대국어의 의문법연구 - 西南 慶南方言을 中心으로," 학술원논문집 15, 어학편 II, 국어학 관계 논문 자료집 6권 재수록, 보고사.

최수영(1984), "주제화와 주격 조사, - 조사 '는'과 '가'를 중심으로 -," 어학연구 20-3, 서울대 어학연구소.

崔在翊(1918), 朝鮮語の 先生, 大阪屋號書店 발행.

崔泰榮(1973), "全北 東部 地域語 尊待法 硏究," 전북대 어문학 語學 1,

전북대 어학연구소, 김종훈 편(1984) 재수록, 집문당.

최태호(1957), 중학말본Ⅱ, 대구, 思潮社.

최현배(1930), "조선어의 품사 분류론," 연희전문학교 문과 연구집 1.

최현배(1934), 중등조선말본, 東光堂書店.

최현배(1937=1961), 우리말본, 연희전문학교 출판부.

한국국어교육연구회(1964a), 중학국문법, 李應鎬・李吉鹿 집필, 서울, 향
　　문사.

한국국어교육연구회(1964b), 고등국문법, 서울, 향문사.

한 길(1982), "반말 종결 접미사 '-아'와 '-지'에 대하여," 말 7, 연세대
　　어학당.

한 길(1991), 국어종결어미 연구, 강원 대학교 출판부.

한동완(1988), "청자 경어법의 형태 원리 - 선어말어미 {-이-}의 형태소
　　정립을 통해 -," 말 13, 연세대 한국어 학당.

허 웅(1954), "국어 존대법 연구," 성균학보 1, 허 웅(1963b)에 재수록.

허 웅(1961), "15세기 국어의 존대법과 그 변천," 한글 128, 한글학회,
　　허 웅(1963b) 및 김종훈 편 (1984) 재수록.

허 웅(1962), "존대법의 문제를 다시 논함," 한글 130, 한글학회.

허 웅(1963a), "또 다시 존대법의 문제를 논함," 한글 131, 한글학회.

허 웅(1963b), 중세 국어 연구, 정음사.

허 웅(1975), 우리 옛말본(15세기 국어 형태론), 샘문화사.

허 웅(1989), 16세기 우리 옛말본, 샘문화사.

玄平孝(1977), "濟州道 方言의 尊待法," 국어국문학 74, 국어국문학회, 김
　　종훈 편(1984) 재수록.

洪起文(1927), 朝鮮文典要領, 現代評論 1권 1호-5호.

洪起文(1946), 朝鮮文法研究, 서울신문사.

홍기선(1994), "Subjecthood Tests in Korean," 어학 연구 30-1, 서울
　　대 어학연구소.

홍윤표(1985), "助詞에 의한 敬語法 表示의 變遷," 국어학 14, 국어학회.

黃迪倫(1975), "*Role of Sociolinguistics in Foreign Language
　　Education with Reference to Korean and English Terms of
　　Address and Levels of Deference*," University of Texas at
　　Austin 박사 학위 논문.

黃迪倫(1976a), "한국어 대우법의 사회언어학적 기술," 언어와 언어학 4.
黃迪倫(1976b), "國語의 尊待法," 언어 1-2, 한국 언어학회.
黃迪倫(1980), "言語와 社會," 어학연구 16-2, 서울대 어학연구소.
高橋 亨(1909), 韓語文典, 동경, 博文館 발행.
寶迫繁勝, 李瑞慶 校閲(1880), 日韓 善隣通話 卷之下, 日人을 위한 韓語學
　　習書.
新庄順貞(1918), 鮮語階梯, 조선총독부 편찬 발행.
藥師寺知曨(1909), 韓語硏究法, 용산, 구한국정부 인쇄소 인쇄.
奧山仙三(1928), 語法, 會話 朝鮮語大成, 朝鮮敎育會(조선총독부학무국
　　내) 발행.
前間恭作(마에마 교사쿠)(1909), 韓語通, 동경, 丸善株式會社 발행.
幸田寧達(권영달)(1941), 朝鮮語文正體, 德興書林 발행.

Aston, W. G. (1879), "A Comparative Stydy of Japanese and
　　Korean Languages," The Journal of Royal Asiatic Society
　　of Great Britain and Ireland Vol. 3.
Brown, P. & Levinson, S. (1987), *Politeness : Some Universals
　　in Language Usage*, New York : Cambridge University
　　Press.
Camille Imbault-Huart M. (1889), *Manuel de la* Langue Coréenne
　　Parlée, Paris, Imprimerie Nationale.
Chafe(1976), "Givenness, Contractiveness, Definiteness, Subject,
　　Topics, and Point of View," in Lied.(1976).
Chafe, W. (1994), *Discourse, Consciousness, and Time*, Chicago
　　& London : The University of Chicago Press.
Chomsky, N.(1957), *Syntactic Structure*, The Hague : Mouton,
　　이승환·이혜숙 역(1966), 변형생법의 이론, 범한서적.
Chomsky, N.(1965), *Aspect of the Theory of Syntax*,
　　Cambridge: MIT PRESS, 이승환·임영재 역 (1980),생성문법
　　론, 범한서적.
Chomsky, N. (1973), "Conditions on Transformation," *A Festschrift
　　for Morris Halle*, Anderson, S.R./P. Kirparsky(eds.). New

York: Holt, Rinehart & Winston.

Chomsky, N. (1981), *Lectures on Government and Binding*, Foris Publication.

Chomsky, N. (1982), *Some Concepts and Consquences of the Theory of Government and Binding*, Cambridge,: MIT Press.

Chomsky, N. (1984), *Knowledge of Language : Its Nature, Origin, and Use*, ms. MIT.

Chomsky, N. (1986), *Barriers*, The MIT Press.

Clark, A. D. (1965), *Korean Grammar for the Language Students*, 대한 기독교서회 발행.

Dallet Ch. (1874), *La Langue Coréenne, Histoire de L'Eglise de Corée*, Paris 제1권.

Dupont, R. & Millot, J. (1965), *Grammaire Coréenne*, 서울, 카톨릭출판사.

Eckardt, A. (1923), *Grammatik der Koreanischen Sprache*, Heidelberg, Julius Groos.

Emonds, J. E. (1976), *A Transformational Approach to English Syntax*, New York, Academic Press.

Fillmore, C. (1968), The Case for Case, in Bach & Harms (1968).

Gale, J. S. (奇一)(1894), 辭課指南, *Korean Grammatical Forms*, 서울 Trilingual Press, 1903 再版 서울 Methodist Publishing House.

Gale, J. S. (1916), *Korean Grammatical Forms*, 初版 1894, 재판 1903 의 改訂版, 서울, 耶蘇 敎書會(The Korean Religious Tract Society) 발행.

Hopper, P. J. and S. A. Thompson(1980), "Transitivity in Grammar and Discourse," *Language 56*.

Kuno, S. (1972), "Functional Sentence Perspective : A case study from Japanese and English," *Linguistic Inquiry 23*.

Kuno, S. (1973), *The Structure of the Japanese Language*, The

MIT Press.

Kuno, S. and Kaburaki(1974), "Empathy and Syntax," *Linguistic Inquiry* 8-4.

Lee, C. H. (1955), *Practical Korean Grammar*, Seattle, 워싱톤대학교 출판부.

Levinson, S. C. (1983), *Pragmatics*, Cambridge University Press.

Li, C. N. (ed.)(1976), *Subject and Topic*, New York, Academic Press.

Li, C. N. and Thompson, S. A. (1976), "Subject and Topic," in Li, C.N. (ed.), *Subject and Topic*.

Lukoff, F. (1954), A Grammar of Korean, 펜실바니아 대학교 박사 학위 제출 논문.

Lukoff, F. (1978a), On Honorific Reference, 눈뫼 허웅 박사 환갑 기념 논문집, 과학사.

Lukoff, F. (1978b), Ceremonial and expressive uses of the styles of address of Korean, *Papers in Korean Linguistics*, ed. by Chin-W, Kim, Columbia, S. C.

Lyons, J. (1969), *Introduction to Theoretical Linguistics*, Cambridge Univ. Press.

Lyons, J. (1977), *Semantics* I,2, Cambridge : Cambridge Univ Press.

MacIntyre, J. (1880-82년간), Notes on the Corean Language, The China Review Vol. 8-9.

Martin, S. E. (1954a), *Korean Morphophonemics*, 미국언어학회 (Linguistic Society of America) 발행.

Martin, S. E. (1954b), *Korean in a Hurry*, 동경, Charles E. Tuttle Company 초판 발행, 1960 수정판, 1979 20판.

Nida, E. A. (1949), *Morphology : The Descriptive Analysis of Words*, 2nd ed., University of Michigan Press.

Pai, E. W. (1944), *Conversational Korean*, 워싱톤 한국문제연구소 (Korean Affairs Institute) 발행.

Pulth, A. (1960), *Lehrbuch der koreanischen Sprache*, Halle

(Saule) VEB MAX Niemeyer, 1954 프라하 간행, O. Biek 독일어 번역.

Quirk, R. et. al. (1972), *A Grammar of Contemporary English*, Seminar Press.

Radford, A. (1981), *Transformational Syntax*, Cambridge University Press.

Radford, A. (1988), *Transformational Grammar:A First Course*, Cambridge University Press.

Ramstedt, G. J. (1928), "*Remarks on the Korean Language*," Mémoires de la Société Finno-ougrienne Vol. LVIII(58), Helsinki.

Ramstedt, G. J. (1939), *A Korean Grammar*, Mémoires de la Société Finno-ougrienne Vol. LXXXII(82), Helsinki.

Ridel, F. C. (1881), *Grammaire Coréenne*, Yokohama écho du Japan 인쇄소 印行.

Rogers, M. C. (1953), *Outline of Korean Grammar*,1956 수정판, 캘리포니어 대학 東洋語學科 발행.

Ross, J. (1877), *Corean Primer*, 上海 美長老教書部 출간.

Ross, J. (1882), *Korean Speech*, ‘Corean Primer’의 修正版, Yokohama Kelly & Walsh Kelly & Co.

Rothstein, A. (1983), *The Syntactic Form of Predication*, Doctoral dissertation, MIT, IULC(1985).

Sanders, C. (1979), *Cours de Linguistique générale de Saussure*, Paris, Hachette, 김현권·목정수 역(1992).

Saussure, F. de. (1916), *Cours de Linguistique générale*, Payot.

Scott, J. (1887), 언문말칙, A Corean Manual or Phrase Book with Introductory Grammar, 1887 상해 초판, 1893 서울 재판.

Scott, J. (1891), *Introduction, English Corean Dictionary* 권두, 韓國英國教會出版部.

Scott, J. (1893), *A Corean Manual or Phrase Book 2nd* ed, 서울, English Church Mission Press, 「언문말칙」의 再版.

Shibatani, M. ed. (1976), *Syntax and Semantics 5*, Academic

Press.

Sohn, H. M. (1980), "Theme Prominence in Korean," *Korean Linguistics* 2, TCKL.

Sunoo, H. W. (1940), *A Korean Grammar*, Seattle 초판, 1952 Praha(프라하) 출판.

Underwood, H. G.(元杜尤)(1890), 韓英文法, *An Introduction to the Korean Spoken Language*, Yokohama Seishi Bunsha(橫濱製紙分社) 印刷, Kelly & Walsh 발행.

Whitman, J. (1989), "Topic, Modality and IP Structure,"*Harvard Studies in Korean Linguistics* Ⅲ(Harvard WOKL, 1989), 한신문화사.

ABSTRACT

A study on Politeness in Contemporary Korean

Lee Yunha

This study examines the politeness use, the characteristic of Korean language has, which is the great gravity in Korean grammar, and plays an important role in the casual speech and behavior of people, upon this basis, I try to establish the system of politeness in contemporary Korean and to describe the syntactic properties and semantic function of the language forms relative to politeness.

In chapter 1, the studies on politeness of the past are the basic data for our purpose. I try to investigate, the first how to be described the syntactic properties and semantic function of the language forms relative to politeness, the second how to be established the system of politeness relative to the system of the lexical politeness.

In chapter 2, I try to make a definite decision of designation of politeness and establish the hypothetical system of politeness. The existing designations of politeness are various. There are designations only one side to be respected, but on the other hand there are designations both sides to be honorific and to be humble and also there are designations not to be expressed 'honorific-humble'. However, considering character of politeness, I decide 'Dai woo pup(대우법)' which includes the respect and the humbleness is the proper designations. The next, first, I classify politeness into two which are come from the linguistic material and the linguistic external factor like the situation of speech, the situation of conversation, and the special consciousness of speaker. On politeness come from the linguistic material I divide it into the grammatical politeness and the lexical politeness according to the syntactic properties and the semantic functions of the language forms relative to politeness. On politeness come from the external factors like the situation of speech, the situation of conversation, and the special consciousness of speaker I divide it into the linguistic performative politeness and the strategic politeness according to what the main linguistic external factor is. Second, although the grammatical politeness and the lexical politeness are come from the same language forms, I took a serious view of the difference of the character and the properties of the grammatical politeness from the lexical politeness as an independent subcategory. I think the grammatical politeness is come from the syntactic and semantic properties and the lexical politeness is come from the peculiar properties of the words.

In chapter 3, I propose that the function of {-si-}(-시-) treats the mental agent with respect. This theory is based on the hypothesis Korean language has 'topic-comment(주제-설명)' structure. According to this theory, {-si-}(-시-) is related to not only the nominative person but also the topic person, the genitive person, the object person in front of the copula in the sentence with a copula, the nominative person in the pseudo-cleft sentence, the audience, the accusative person and the dative person, and so I try to establish the mental agent who include them.

In chapter 4, I propose {-sap-}(-삽-) in contemporary Korean is related to {-sɐp-}(-습-) in middle Korean and the function of {-sap-}(-삽-) is 'the modesty of speaker' for the object person who has an interest with speaker or influences speaker. {-sap-}(-삽-)

has various allomorphemes like 'o(오), op(옵), p(ㅂ), euo(으오), euop(으옵), euap(으압), sao(사오), saop(사옵), jao(자오), jaop(자옵), eup(읍), sap(삽), seup(습), jap(잡), and ap(압)', and I propose their syntactic- semantic functions are different from each other. I investigate first '-o'(-오) and '-ap'(-압) are the final ending forms, second '-p'(-ㅂ), '-seup-'(-습-), and '-eup-'(-읍-) are reconstructed allomorphemes for the audience politeness with combining '-ni-'(-니-) or '-di-'(-디-), third the final ending form '-o'(-오) can't be used for the person who is respected, and '-o-'(-오-) is the form on the embedded sentence, can be used for the person who is respected and fourthly '-o'(-오) has the performative- intonation factor and '-ap'(-압) doesn't have it.

In chapter 5, I divide the audience politeness class into the honor politeness, the equal politeness, and the humble politeness according to the respectability and divide into formal style and informal style according to the properties of language forms and also considering 'age'. First, I investigate 'Hap ni da (합니다)' style is reconstructed by combining '-p-'(-ㅂ-) and '-seup-'(-습-) is the honor politeness, 'Ha o'(하오) is the equal politeness, and the half-talk(반말) is an unfixed form and therefore is the humble politeness. Second, I investigate the reconstructed forms, the final ending form are formal style and 'Hai(해)' style, 'Hai yo(해요)' style, and 'Ha ne(하네)' style are informal style as language forms are formal or informal. And I propose designation of the audience politeness follows designation of the declarative final ending. I think the existing imperative designation is inadequate because there are illogicalities like these ; first you can't use adjective on an imperative sentence, second an imperative ending has {-si-}(-시-) which is not exist on the declarative sentence, so especially it respects the audience, third especially 'Hap sho(합쇼)' style is the language of the lowest-class etc.

In chapter 6, I propose the lexical politeness is come from the peculiar properties of the words is an independent politeness because its grammatical politeness differs from its character according to the syntactic-semantic properties. I investigate the lexical politeness has the opposite classes like the honorific terms, the ordinary terms, and the humble terms which the grammatical politeness can not. Therefore the only words which has the opposite classes or is expected to have them is related to the lexical politeness, so I investigate the words which do not have the opposite classes or is not expected to have them and the euphemistic words, or {-si-}(-시-) combined-verb do not have relation with the lexical politeness.

In chapter 7, I investigate the linguistic performative politeness which is restricted by using the specified situation of speech or situation of conversation and the strategic politeness which is restricted by using the speaker's special purpose or aim on the expression of actual politeness. I propose the linguistic performative politeness is divided into the phenomenon according to the way how to deliver the content of proposition and the phenomenon according to the scene taking a serious view of the expression value to deliver the content of proposition like the written style and the spoken style. Also, I investigate the phenomenon according to the scene taking a serious view of the expression value to deliver the content of proposition, you must use different politeness, according as the situation of speech or the scene of conversation are the formal place or the informal place and what kind of relation of the supreme audience and the other audience is. I divide the strategic politeness into the honorific strategy and the humble strategy, according as the relation of the interests and the influence with the objective person in the speaker's consciousness and mind. I investigate the honorific strategy is the phenomenon which is more respected by the politeness expression and the politeness phenomenon which is used where the politeness should not be used normally, and the humble strategy is the phenomenon which the speaker does not use the honorific politeness expression intentionally, actually it is normal and reasonable expression to use the honorific politeness expression.

In chapter 8, I arrange the study and propose the incompleteness.

찾아보기– 용어

■ 국·한문 용어

〈ㄱ〉

〈ㄹ〉

-라 26, 54, 231, 252, 257,
  259, 260~262, 269, 274
랑그(Langue) 345, 346, 347

〈ㅁ〉

■ 영문 용어

〈A〉

action 116, 117, 124
actor 116, 117

〈C〉

comp 87, 145

〈F〉

F(=final endings) 87, 213
formal, polite, intimate,
  familiar, authoritative, plain
  227
FP 87, 123, 148, 153, 171,
  205, 324

〈H〉

high forms, common forms,
  half-talk forms, low forms
  227
HMP(=humble phrase) 90,
  205, 206, 213
honorific, low 226
HP(=honorific phrase) 87, 88,
  148, 153, 171, 172, 205, 206
[+human] 자질 302

〈I〉

INFL(=일치 요소) 145

〈K〉

K 324, 325
KP(=kasus phrase) 88, 153,
  161, 171, 172, 177, 205, 206,
  324, 325

〈M〉

MDP(=modal phrase) 90,
  205, 206

〈N〉

NP NP 127
NP의 NP 127

〈P〉

PFP(=performative phrase)
  213
PLP(=polite phrase) 90, 205,
  206

〈S〉

S 88
S+C 87
subject-verb 117

〈ㅈ〉

■ 영문 인명

現代 國語의 待遇法 硏究

이윤하(李潤夏)

· 1944년 서울 출생
· 서울대학교 사범대학 국어교육과 졸업
· 서울대학교 대학원 석사과정, 박사과정 수료
· 1988년 문학석사, 1999년 문학박사.
· 양정 중·고등학교 교사 역임
· 서울대학교, 단국대학교 등 강사 역임
· 국립국어연구원 연구원 역임
· 현재 : 덕성여자대학교 인문과학대학 국어국문학과 부교수

【主要論著】
· 經驗表現의 {-서}에 대한 硏究

인쇄 2001년 5월 26일
발행 2001년 5월 31일

지은이 李潤夏
펴낸이 이대현
편 집 이태곤·이은희
표지디자인 홍동선·김호정
펴낸곳 도서출판 역락 / 서울 성동구 성수2가 3동 277-17
　　　　성수 아카데미타워 319호(우133-123)
Tel 대표·영업 3409-2058 편집부 3409-3060 FAX 3409-2059
전자우편 yk3888@kornet.net / youkrack@hanmail.net

등록 1999년 4월 19일 제2-2803호
ISBN 89-88906-98-5-93710

정가 20.000

** 잘못된 책은 교환해 드립니다.*